KB214564

폐허 위에 세워지는 빛나는 하늘나라

개혁신앙강해 10

**폐허 위에 세워지는 빛나는 하늘나라**

**초판1쇄**  2023년 9월 18일
**발 행 일**  2023년 10월 13일
**지 은 이**  강현복 목사
**펴 낸 이**  장문영
**펴 낸 곳**  도서출판 R&F

**등   록**  제 2011-03호(2011.02.18)
**주   소**  경북 경산시 하양읍 대학로 298길 20-9, 110동 2003호
**연 락 처**  054-251-8760 / 010-4056-6328
**이 메 일**  k-calvin@hanmail.net
**디 자 인**  김진희, 이은지
**일러스트**  최애련
**I S B N**  979-11-975069-3-2
**가   격**  24,000원

# 폐허 위에 세워지는
# 빛나는 하늘나라

강현복 목사

RnF

# 목 차

# 서문

말씀의 잔치가 축제의 삶을 살아가는
교회를 탄생시키는 그날을 기다리며

『폐허 위에 세워지는 빛나는 하늘나라』라는 제목은 신약 성경에 대한 제 나름의 요약입니다. 아담으로부터 시작하여 아브라함과 모세를 거치며 이어온 이스라엘은 다윗과 솔로몬 대에서 하늘의 영광스러움을 땅 위에 풍성하게 아로새겼습니다. 그러나 분열된 왕국은 내리막길을 걸었고, 종내 두 왕국은 멸망했습니다. 그 멸망의 끝에서, 하나님께서는 다니엘에게 새 언약의 성취가 어떻게 이루어질 것인지 알려주셨습니다. 소위 신구약 중간기라는 것은 학자들이 만든 개념인데, 바로 그 개념이 다니엘서를 이해하는데 종종 방해가 됩니다.

다니엘서는 언약 백성들의 포로생활에서 시작하여 새 언약을 완성하려고 오시는 하나님의 때에 대한 계시로 끝납니다.

그 하나님의 때는 역사라는 이름으로 역사의 시공간 안에 등장합니다. 하나님 나라는 바벨론, 페르시아, 헬라를 지나 로마 세계에 드디어 그 모습을 드러냅니다. 인자 같은 이의 출현과 그분의 승천은 새로운 시대로의 진입을 알리는 이정표입니다(단 7:13~14). 제국들의 역사를 배경으로 메시아는 오실 것이며, 그분을 통하여 새로운 왕국은 시작될 것입니다.

그러니 신약 성경은 언약을 완성하기 위해 친히 인간의 몸을 입고 오시는 메시아의 모습을 증거합니다. 신약 성경은 약속된 메시아가 구약의 모든 약속을 성취하시고, 새롭게 부른 하나님 나라의 백성들이 새 나라를 건설한다는 내용입니다. 이러한 큰 흐름 속에 예수님의 삶과 죽음과 부활 그리고 승천이 자리합니다. 이것이 복음입니다. 그 복음이 성령님의 강림과 사도들을 통한 교회의 출현으로 이어집니다.

이러한 배경에서 신약 성경은 멸망한 북 이스라엘과 유다 왕국의 후손들, 곧 옛 언약 백성들의 믿음을 펼쳐 보이는 성령님의 작품입니다. 성령님께서는 사람들을 감동시키셨고, 바로 그 성령님의 감동을 입은 이들이 신약 성경을 기록했으니 삼위 하나님의 계시입니다(벧후 1:21, 딤후 3:16). 신약 성경은 아담 언약에서 시작된 하나님의 맹세가 어떻게 결말을 맺는지를 낱낱이 알려줍니다.

스스로를 믿음의 백성이라 자부하던 이들은 철저하게 메시아를 거절합니다. 아브라함과 모세의 후손으로 자처하던 이들은 아브라함과 모세를 제대로 이해하지 못했습니다. 오히려 그들은 아브라함과 모세가 받은 계시를 오해했고, 그 결과 스스로 언약 저주의 길로 들어갔습니다(요 5:39~47). 자신들이야말로 아브라함과 모세 그리고 다윗을 이을 적통이며 신앙 계승의 용사라 확신했지만, 정작 메시아이신 예수님께서는 그들을 사단의 자식들이라 선언하셨습니다. 신약 성경은 그러한 배교의 시대에 참 믿음과 복음의 도리를 계시합니다. 저는 이러한 옛 언약 백성의 배교를 '폐허'라는 단어로 정리했습니다.

역사의 대전환이 일어났습니다. 옛 언약 백성들의 주류는 사단의 자식들이 되었고, 소수의 남은 자들과 이방인들이 새로운 언약 백성이자 역사의 주역으로 등장했습니다. 곧, 교회입니다. 복음서는 예수님의 입을 통하여 이를 전달합니다. 사도행전은 바로 이 역사의 대전환이 구체적으로 어떻게 진행되었는지를 사도들의 행적을 통해 보여줍니다. 서신서는 새롭게 등장한 교회를 향한 가르침으로 가득합니다.

이스라엘이 하나님의 언약 백성이듯이 교회도 하나님의 언약 백성입니다. 그 언약적 통일성이 신약과 구약을 한 줄로 이어주며, 씨줄과 날줄처럼 서로 엉켜 대하(大河)처럼 흘러갑니다. 그러니 옛 백성과 새 백성은 한 백성이요 하나의 목적을 향하여 달려가는 한 군대입니다. 저는 바로 이 역사를 입체적으로 보여주고자 노력했습니다.


『땅 위에 아로새겨진 하늘나라』를 출간하고 벌써 십 년이 지났습니다. 구약 성경을 쉽게 풀어 정리하면서, 성도들이 자연스럽게 성경을 읽는 눈을 배양하면 더없이 좋겠다고 소망했습니다. 그러나 그 책이 이러한 목적에 얼마나 가까웠는지를 생각하면 부끄러움이 앞섭니다. 짝하여 신약 성경을 같은 관점으로 써야겠다고 생각하였지만, 좀체 진도가 나가지 않았습니다. 어느덧 십 년이 훌쩍 흘렀습니다. 신약 성경 개론서를 쓰는 일은 그리 쉬운 일이 아니었습니다. 한 말씀 한 말씀의 뜻을 알아내는 데 어려움이 많았고, 때론 도무지 정리가 되지 않아 몇 년을 읽고 고민하기를 반복했습니다. 특히, 요한계시록이 그러했습니다. 그러다 보니 자연, 신약개론은 늦어졌고, 이제야 내어놓습니다. 부끄럽고 민망하여 좌불안석입니다.

고마운 분들이 많습니다. 성경 지식은 결코 저 혼자의 결과물이 아닙니다. 본서는 오랫동안 말씀의 교제를 나눈 개혁주의 목회자 성경연구 모임의 목사님들과 보편교회를 꿈꾸는 목회자 성경연구 모임의 목사님들의 공동 작품이라 해도 과언이 아닙니다. 특별히 권기현 목사의 수고를 잊을 수 없습니다. 그의 말씀 사랑과 풍성한 말씀 이해는, 제게는 어두움 속에서 길을 찾는 등불과 같았습니다.

샘터교회 성도들에게도 감사를 전합니다. 우리 교회 성도들은 열정적으로 신약개론 강의를 경청해 주셨습니다. 강의가 끝나면 주일학교 아이들은 제 서재 앞에서 오탈자를 고치려고 줄을 서서 기다렸습니다. 아이들은 그렇게 본서에 동참했습니다. 바로 그 아이들의 눈동자에서 희망을 읽었습니다. 강의가 끝난 후, 성도들은 여러 면에서 조언과 도움을 주었습니다. 성도들의 질문은 문장을 다듬고 내용을 명료하게 하는 데 큰 도움이었습니다. 우리 교회 당회는 두 번째 안식월(5개월)을 제게 선물로 주었고, 그 덕분에 책을 마무리하였습니다.

샘터교회 출판위원들의 노고를 잊지 못합니다. 이미향(출판위원장), 강영래, 김영훈, 김진희, 송창익, 이은지, 이주원, 정영광 성도에게 큰 빚을 졌습니다. 특히, 기꺼이 표지 디자인에 도움을 준 최애련 성도(실로암 교회 소속)의 수고에 감사드립니다. 언제나 말없이 내조하는 아내(최애리)의 사랑은 책을 쓰는 내내 큰 자양분이었습니다. 이 모든 과정을 인도하시며 힘을 주신 삼위 하나님의 은혜가 본서의 동력이었습니다.

2023년 9월
강현복

# 제1부

# 예수님의 탄생과
# 어린 시절

Shining Kingdom of God Being Built on the Ruins

# 제1장

# 예수님의 탄생 예언

## 드디어 & 다양하게

드디어 하늘이 열렸습니다. 고대하던 소식이 들렸습니다. 긴 침묵은 폭풍전야의 고요와 같았고, 하늘 소식은 지진처럼 세상을 흔들었습니다. 누군가는 그 소식을 복음으로 받았고, 누군가는 번뜩이는 칼을 숨긴 채 위장된 찬송을 불렀습니다. 약속된 여자의 후손, 아브라함의 후예, 다윗 왕가에서 탄생할 메시아가 드디어 오신다고 합니다.

아버지 요셉은 꿈으로, 어머니 마리아는 천사 가브리엘을 통하여 소식을 들었습니다. 말라기 이후 사백여 년의 침묵은 참 백성과 거짓 백성을 갈라놓았습니다. 긴 침묵의 시대였지만 하늘의 뜻이 소멸된 시대는 아니었습니다. 언약 백성들에게 구약 성경은 한줄기 빛이었습니다.[1] 요셉과 마리아는 이 빛을 붙들고 산 믿음의 증인들이었습니다. 쉬 받아들이기 힘든 소식에 놀라긴 했지만, 두 분 모두 하늘의 계시를 기쁨으로 수납했습니다. 메시아 탄생 소식은 때가차매 작정대로 실현되었습니다.

세 복음서는 여러 측면에서 우리 주님의 탄생을 소개합니다. 마태복음은 족보를 먼저 언급합니다. 왕의 족보입니다. 또한, 주님의 탄생을 여느 아이들의 탄생과는 다르게 잔혹한 살육 사건을 덧붙여 소개했습니다. 누가복음은 제사장 사가랴 집안의 불임에서 시작합니다. 누가복음은 사가랴 집안에 세례 요한이 태어날 것과 마리아에게 잉태 소식이 전해지는 것을 비교합니다. 요한복음은 예수님의 탄생에 대한 직접적인 정보보다 탄생이 주는 의미가 무엇인지 계시했습니다.

이렇듯 각각의 복음서는 예수님의 탄생에 담긴 다양한 의미를 알려줍니다. 이는 우리에게 은혜입니다. 계시의 풍성함은 구주 예수님과 아버지 하나님의 뜻을 풍성하게 이해하도록 만듭니다. 또한, 마태와 누가 그리고 요한이 예수님의 탄생에 대해 가르치는 다양함은 우리 믿음의 내용이 얼마나 풍성하며, 세밀하고, 다양한지도 보여줍니다.

---

1) 신구약 중간기를 흔히 계시가 사라진 시기로 이해한다. 그러나 하나님께서는 다니엘을 통하여 이미 상당한 계시를 주셨다. 네 제국(바벨론, 메대 바사, 헬라, 로마)에 대한 계시는 신구약 중간기에 하나님께서 어떻게 구속역사를 이어가셨는지를 선명하게 알려준다. 피터 라잇하르트(Peter J. Leithart), 『손에 잡히는 사 복음서』, 안정진 역,(서울: IVP, 2018), 23~65.

## 성령으로 잉태됨과 동정녀 탄생 | 눅 1:5~38 |[2]

누가복음은 예수님의 탄생을 제사장 사가랴의 사역과 연결하여 말씀합니다(눅 1:5~38).[3] 사가랴는 아비야 반열의 제사장이고, 그의 아내는 엘리사벳입니다(눅 1:5). 부부는 하나님 앞에서 의인이었고 자식이 없었습니다. 천사 가브리엘이 사가랴에게 나타나 그의 아내가 잉태한다고 예고했습니다. 아이의 이름까지 알려주었습니다. 요한입니다. 우리가 세례 요한이라고 부르는 바로 그 분 입니다. 제사장 사가랴는 그 말씀을 믿음으로 받지 못했습니다(눅 1:20). 결국, 그 일 때문에 사가랴는 아이가 태어나 이름을 지을 때까지 벙어리로 삽니다.

구약 성경에는 자녀가 선물처럼 주어지는 사례가 여러 번 나옵니다. 아브라함이 가장 대표적입니다. 아브라함은 늙었고 아내 사라의 생리는 끝났지만, 이삭을 선물로 받았습니다(창 18:11, 21:1~3, 롬 4:19~22). 이삭은 사십 세에 리브가와 결혼했지만,

---

2) 예수님의 탄생이 갖는 의미를 개혁신학의 관점에서 잘 해설한 책으로는 다음을 참고하라. 고재수(N. H. Gootjes), 『그리스도를 고백함』,(서울: 성약, 2010), 8~104. 김홍전, 『그리스도께서 오심』,(서울: 성약, 1990).

3) 누가복음을 성전과 제사장의 사역을 중심으로 읽으면, 매우 놀라운 교훈을 얻는다. 제사장 사가랴는 예수님 당대 언약 백성들의 영적 상태를 알려준다. 사가랴는 제사장으로 의인이고 흠이 없는 사람이었지만, 천사 가브리엘의 계시에 믿음으로 응답하지 못했다. 사가랴의 이러한 모습은 당대 언약 백성들의 믿음 없음이 잘 반영된다. 누가복음 마지막은 이와는 대비되는 내용을 보여주는데, 우리의 참 대제사장이신 예수님께서는 하나님 아버지의 뜻을 온전히 순종하며 따랐다. 또한, 누가복음 마지막은 새 시대의 새로운 직분자인 사도들이 조금 있으면 사라질 옛 성전에서 – 사실 사도들은 새로운 성전이다 – 하나님을 찬송한다.

이십년 동안 자녀가 없었습니다. 이삭은 육십 세에 에서와 야곱을 선물로 받았습니다(창 25:19~26). 마노아의 아내도 자녀가 없었습니다. 하나님께서 마노아의 가정에 삼손을 선물로 주셨습니다(삿 13:2~3,24). 이렇듯 하나님께서 자녀가 없는 가정에 자녀를 주시는 일은 믿을 수 없는 독특한 일이 아닙니다. 그러나 사가랴는 천사 가브리엘의 계시를 믿음으로 받지 못했습니다. 이는 당대 언약 백성의 영적 상태를 보여주는 한 단면입니다.

오히려 마리아는 믿음으로 반응했습니다. 사가랴의 믿음 없음과 마리아의 신실함은, 약속을 버린 어두운 시대와 그 어두움을 넘어 약속을 붙들고 살아가는 이들의 삶이 절묘한 대비를 이루며, 동시에 하나님의 일하심도 강조합니다. 가브리엘이 마리아에게 수태고지를 행할 때, 엘리사벳은 이미 임신 육 개월이었습니다. 그래서 누가복음 1장 26절은 "여섯째 달에"라는 말로 시작합니다. 이 말씀은 제사장의 불신과 신실한 여자의 믿음을 대비시킵니다.

하나님의 능력을 신뢰하지 못하고 믿음 없는 제사장을 통하여 당대 교회의 영적 상태를 잘 보여줍니다. 그러한 중에도 하나님께서는 약속하신 대로 모든 것을 이루십니다. 반면, 이름 없는 한 시골 여성은 위대한 믿음을 가졌습니다. 어둠의 시대에도 신실한 남은 이들을 통하여 구원역사는 이어집니다. 이렇듯 누가복음은 당대 제사장이 하나님의 능력을 신뢰하지 못하는 사건과 그러한 불신에도 불구하고 오히려 하나님께서는 그 가정에 자녀를 선물로 주신 일을 언급함으로 마리아의 신앙과 하나님의 일하심을 함께 부각시킵니다.

가브리엘은 요셉과 정혼한 처녀 마리아를 찾아갔습니다. 그리고 평안을 빌며 "은혜를 받은 자여 주께서 너와 함께 하신다"라고 했습니다(눅 1:28). 마리아는 이러한 인사에 놀랐습니다. 가브리엘은 마리아를 안심시킨 후, 곧장 잉태 소식을 전합니다.

"보라 네가 수태하여 아들을 낳으리니 그 이름을 예수라 하라 저가 큰 자가 되고 지극히 높으신 이의 아들이라 일컬을 것이요 주 하나님께서 그 조상 다윗의 위를 저에게 주시리니 영원히 야곱의 집에 왕 노릇 하실 것이며 그 나라가 무궁하리라"(눅 1:31~33)

"예수"라는 이름과 그가 다윗을 이을 왕이 될 것을 말씀하셨습니다. "다윗의 위를 저에게 주시리니 영원히 야곱의 집에 왕 노릇" 한다는 말씀은 단순한 예언이 아닙니다. 이 말씀은 다윗 언약(삼하 7장)의 성취입니다. 예수님께서 새로운 왕국 곧 하나님의 집을 건축할 분이라는 뜻입니다. 우리는 이러한 가르침을 마태복음에서도 풍성히 발견합니다.

가브리엘의 수태고지는 인간의 이성으로 이해할 수 없습니다. 남자를 가까이하지 않은 마리아가 어떻게 아이를 가질 수 있는지 의아해합니다. 마리아의 질문에 가브리엘은 놀라운 말씀을 합니다.

"성령이 네게 임하시고 지극히 높으신 이의 능력이 너를 덮으시리니 이러므로 나실 바 거룩한 자는 하나님의 아들이라 일컬으리라"(눅 1:35)

"지극히 높으신 이의 능력이 너를 덮으시리니"라는 말씀은 실로 놀랍습니다. 이는 하나님께서 천지를 창조하셨다는 말씀과 비견할 만합니다. "너를 덮는다"라는 말씀은 창세기 1장 2절의 "하나님의 신은 수면에 운행하시니라"라는 말씀 중, "운행하신다"라는 말씀의 헬라식 표현입니다. 성령님께서는 혼돈하고 공허한(질서가 없고 모양이 갖추어지지 않은) 땅을 마치 독수리가 날개로 새끼를 덮어 보호하듯이, 성령님께서 마리아를 그렇게 덮으신다고 하셨습니다.[4] 이는 천지 창조(창 1장)로 하나님의 왕국을 창조하셨듯, 예수님께서 오셔서 하늘 왕국을 재창조하시겠다는 선언입니다.

가브리엘은 마리아에게 "성령이 네게 임하시고"라고 했습니다(눅 1:35, 참고, 마 1:18,20). 예수님께서 성령님으로 잉태된다는 것은 우리 믿음의 핵심입니다. 성령으로 잉태되었다는 말씀은 인간의 능력이나 부부간의 사랑의 결과가 아니라는 뜻입니

---

4) 모세오경에서 이 용어는 신명기 32장에서 유일하게 사용되었다. 신명기 32장 11절에서 독수리의 너풀거림으로 표현되었는데, 이는 언약 백성들이 출애굽 하여 약속의 땅 가나안으로 향하는 그 과정이 새로운 하나님 왕국의 창조임을 시각적으로 보여준다. 그러므로 마리아를 통하여 성령님으로 주님이 잉태되시는 것은 재창조와 출애굽의 이미지가 통합되어 하나님의 구속을 설명하는 중요한 원리이다.

다. 성령으로의 잉태는 주님의 동정녀 탄생과 함께 가장 비과학적 가르침입니다. 마태복음도 "그 모친 마리아가 요셉과 정혼하고 동거하기 전에 성령으로 잉태된 것이 나타났더니"라고 했습니다(마 1:18). 성령님께서 역사하시지 않으면 결코 고백될 수 없는 믿음입니다.

그래서 고대 교회로부터 '동정녀 탄생'을 고백하는 것은 믿음의 핵심 내용입니다. 니케아 신조는 "성령으로 말미암아 동정녀 마리아에게서 성육하셨고"라고 고백하고, 사도 신조 역시 "그분은 성령으로 잉태되어 동정녀 마리아에게서 나셨고"라고 했습니다. 한국의 거의 모든 장로교회가 받아들이는 웨스트민스터 신앙고백서도 예수님의 동정녀 탄생을 고백합니다. "성령의 능력으로 동정녀 마리아의 태에서 마리아의 실체로부터 잉태되셨다"(웨스트민스터 신앙고백 8장 2절).

예수님의 성령으로의 잉태는 그분이 죄가 없다는 뜻입니다. 아담과 하와에게서 태어난 모든 인류는 죄인입니다(롬 3:23). 로마서 5장 12절은 "한 사람으로 말미암아 죄가 세상에 들어오고 죄로 말미암아 사망이 왔나니 이와 같이 모든 사람이 죄를 지었으므로 사망이 모든 사람에게 이르렀느니라"라고 합니다. 다윗은 "내가 죄악 중에 출생하였음이여 모친이 죄 중에 나를 잉태하였나이다"라고 고백했습니다(시 51:5). 그러니 예수님의 성령으로의 잉태를 고백하는 일은 온전한 믿음의 표며, 아담의 죄를 이어받은 죄인들을 구원하시려는 하나님의 사랑을 찬양하는 것입니다.

허순길 목사는 이를 다음과 같이 강조했습니다. "실로 우리는 우리 부모에 의해 인류의 병든 나무로부터 잉태되었습니다. 그러나 예수님의 경우에는 하나님께서는 우리 모두를 아담에 연결 짓는 끈을 끊어버리셨습니다. 아담의 모든 자손은 부패했습니다. 아기마다 죽음과 부패의 무서운 균을 가지고 있습니다. 그러나 우리 구주가 탄생하셨을 때, 그분은 아담에게 속하지 않으셨기 때문에 죽음과 부패의 균을 가지고 있지 않았습니다. 그분은 아담의 죄에 물들지 않았습니다. 그래서 우리는 하나님의 아들이 성령으로 잉태되고 탄생해야 할 필요성을 고백합니다."[5]

또한, 성령으로의 잉태는 죄인들을 구원하시기 위한 하나님의 주권적인 개입입니다. 죄인은 결코 스스로를 구원하지 못합니다. 하나님의 능력 곧 성령님의 사역이 아니고는 결코 새로운 창조가 이루어질 수 없습니다. 첫 창조 시에 성령님의 능력이 나타났듯이, 재창조의 역사도 성령님께서 이루십니다. 그러므로 성경은 자주 죄인들을 구원하시는 성령님의 사역을 말씀합니다.

"예수께서 대답하시되 진실로 진실로 네게 이르노니 사람이 물과 성령으로 나지 아니하면 하나님 나라에 들어갈 수 없느니라"(요 3:5)

---

5) 허순길, 『교리문답 해설 설교』 I 권,(부산: 사랑과 언약, 2010), 263~279.

"너희 중에 이와 같은 자들이 있더니 주 예수 그리스도의 이름과 우리 하나님의 성령 안에서 씻음과 거룩함과 의롭다 하심을 얻었느니라"(고전 6:11)

"우리를 구원하시되 우리의 행한 바 의로운 행위로 말미암지 아니하고 오직 그의 긍휼하심을 좇아 중생의 씻음과 성령의 새롭게 하심으로 하셨나니 성령을 우리 구주 예수 그리스도로 말미암아 우리에게 풍성히 부어 주사 우리로 저의 은혜를 힘입어 의롭다 하심을 얻어 영생의 소망을 따라 후사가 되게 하려 하심이라"(딛 3:5~7)

하이델베르크 교리문답 35,36문은 성령으로 잉태되신 것과 동정녀 탄생의 의미를 요약하여 잘 설명했습니다. 이를 통해 주님은 참된 인성을 취하셨고 다윗의 참된 자손이 되셔서 자기 형제들과 같이 되셨지만 죄는 없으십니다. 그래서 우리의 중보자이신 그리스도께서는 자신의 죄 없으심과 온전한 거룩하심으로 내가 잉태되고 태어날 때부터 지니고 있는 그 죄를 하나님 앞에서 덮어주십니다.[6]

---

6) 하이델베르크 교리문답 35문과 36문은 다음과 같다.
   35문. "이는 성령으로 잉태하사 동정녀 마리아에게 나시고"는 무슨 뜻입니까?
   답. 참되고 영원하신 하나님이신 하나님의 영원하신 아들께서 변함없이 참되고 영원하신 하나님으로서 성령님의 일하심으로 동정녀 마리아의 살과 피에서 참된 인성을 취하셨다는 뜻입니다. 이렇게 해서 또한 다윗의 참된 자손이 되시고 범사에 자기 형제들과 같이 되셨지만, 죄는 없으셨습니다.
   36문. 그리스도의 거룩하신 잉태와 탄생은 당신에게 어떤 유익을 줍니까?

## 마리아와 요셉의 경이로운 신앙 |눅 1:36~45, 마 1:24~25|

가브리엘은 마리아에게 엘리사벳의 잉태를 알려주었습니다 (눅 1:36). 이어 놀라운 진리를 선언합니다. "대저 하나님의 모든 말씀은 능치 못하심이 없느니라"(눅 1:37). 실로 하나님께서는 말씀으로 천지를 창조하셨고, 말씀이신 예수님을 보내어 언약을 성취하셨습니다(요 1:1~14). 가브리엘의 선언을 들은 마리아는 신앙고백으로 화답합니다. "주의 계집종이오니 말씀대로 내게 이루어지이다". 이 신앙은 요셉에게서도 발견됩니다. 요셉도 꿈에서 계시를 받은 후에, 주님의 사자가 분부한 대로 행하였고, 아내 마리아를 데려왔지만 출산할 때까지 동침하지 않았습니다(마 1:24~25).

부부의 신앙고백은 이들의 신앙이 얼마나 깊고 놀라운지를 보여줍니다. '말씀대로 이루어지이다'라는 고백은 하나님의 주권에 대한 찬송입니다. 모든 구속역사는 하나님의 열심이 이루십니다(사 9:6~7, 고후 11:1~2). 그래서 우리는 성경을 읽을 때, 항상 하나님의 일하심과 하나님께서 어떤 분이신지를 먼저 생각해야 합니다. 인간의 노력이나 행동에 초점을 맞추어 성경을 읽으면 안 됩니다. 그럼에도 불구하고 하나님께서는 시대 시대마다 사람을 사용하여 거룩한 구원역사를 이루십니다. 그래서 우리는 마리아와 요셉의 신앙을 들여다봄으로 하나님의 일하심을

---

답. 우리의 중보자이신 그리스도께서 자신의 죄 없으심과 온전한 거룩하심으로 내가 잉태되고 태어날 때부터 지니고 있는 그 죄를 하나님 앞에서 덮어 주십니다.

배웁니다.

마리아와 요셉의 신앙은 어느 날 갑자기 깊어진 것이 아닙니다. 1세기 당시의 언약 백성들의 형편을 생각해 봅시다. 이들은 구약 성경을 이미 가졌습니다. 그러나 사백여 년 동안 하나님의 계시가 중단되었습니다. 필연적으로 이들은 구약 성경이 말하는 바가 무엇인지 연구하고 묵상하여, 하나님의 뜻을 헤아려야 합니다. 모든 신앙의 기준이 구약 성경입니다. 그러니 성경의 의미를 정확하게 이해하고 그것을 근거로 자신의 신앙을 해석하고 자기 시대를 살펴야 합니다. 갑자기 어떤 사람이 등장하여 무슨 해괴한 이야기를 하면서 하나님의 계시를 받았다고 할 때, 그 말의 진실성과 계시성을 확증하기 위해서는 반드시 구약 성경의 가르침에 근거하여 평가해야 합니다. 곧, 계시의 점진성과 통일성에 대한 풍성한 이해가 없으면 새로운 계시가 참 하나님의 말씀인지 아닌지 구별하지 못합니다.

요셉과 마리아는 바로 이러한 고도한 신앙을 가졌습니다. 요셉은 꿈을 통해 사자가 전하는 내용이 하나님의 뜻임을 어떻게 알았을까요? 마리아는 천사 가브리엘의 방문을 받고 계시의 말씀을 들을 때, 그가 참 하나님의 천사인지, 그 내용이 진정한 하나님의 뜻인지 어떻게 분별할 수 있었을까요? 이는 그들의 신앙이 그것을 분별할 만큼 분명하고 온전했음을 뜻합니다. 마리아는 천사 가브리엘의 계시를 참 하나님의 말씀으로 받았고 그 말씀대로 자기에게 이루어질 것이라 고백했습니다. 요셉도 마찬가지였습니다. 그도 주의 사자의 분부대로 행했습니다(마 1:24).

마리아는 엘리사벳을 만나기 위해 나사렛에서 남쪽 유대 지방의 한 도시로 달려갔습니다. 그리고 천사가 전한 말씀이 진실임을 확인합니다. 마리아가 믿음이 없어서 이러한 행동을 한 것이 아닙니다. 오히려 천사의 가르침에 대한 확신이 있었기에 엘리사벳에게 달려갔습니다. 엘리사벳은 마리아의 문안을 받자 성령으로 충만하여 "여자 중에 네가 복이 있으며 네 태중의 아이도 복이 있도다 내 주의 모친이 내게 나아오니 이 어찌 된 일인고"라고 찬송했습니다(눅 1:42~43). 엘리사벳은 이미 임신한 지 육 개월이나 되었습니다. 마리아의 입장에서 엘리사벳의 찬송은 천사 가브리엘의 계시를 확증하는 표였습니다.

### 마리아의 찬송 | 눅 1:46~56 |

이 모든 과정을 통해 마리아는 이제 큰 기쁨으로 하나님을 찬양합니다(눅 1:46~55). 마리아는 찬송의 이유를 말하는데, '그 계집종의 비천함을 돌아보셨기 때문이라'라고 했습니다(눅 1:48). 이 찬송 이전에 이미 마리아는 천사 가브리엘과 대화하면서 자신을 "주의 계집종이오니"라고 했습니다(눅 1:38). 계집종의 비천함을 돌아보았다는 말씀은 사무엘상 1장 11절의 인용입니다. 마리아는 자신이 구속역사의 중요한 전환점에 살았던 한나와 같다고 생각했습니다.

"한나가 마음이 괴로와서 여호와께 기도하고 통곡하며 서원하여 가로되 만군의 여호와여 만일 주의 여종의 고통을 돌아보

시고 나를 생각하시고 주의 여종을 잊지 아니하사 아들을 주시
면 내가 그의 평생에 그를 여호와께 드리고 삭도를 그 머리에
대지 아니하겠나이다"(삼상 1:10~11).

사무엘상 1장 11절인 "주의 여종의 고통을 돌아보시고"라는
말씀은 누가복음에서 "그 계집종의 비천함을 돌아보셨음이라"
라는 마리아의 찬송에서 반복됩니다. 마리아가 사무엘의 어머
니 한나의 찬송을 자신의 찬송의 원본으로 선택한 이유는 무엇
일까요?

사무엘은 사사 시대에 태어났습니다. 사사 시대의 특징을 한
마디로 표현하면, "그 때에 이스라엘에 왕이 없으므로 사람이
각각 그 소견에 옳은 대로 행하였더라"입니다(삿 21:25). 성도들
이 하나님의 뜻에는 관심이 없고 자기 생각에 옳은 대로 살아간
시대였습니다. 그로 인해 하나님께서는 침묵하셨습니다. 곧, 하
나님의 계시가 희귀했습니다(삼상 3:1). 엘리의 두 아들 홉니와
비느하스는 제사장으로 섬겼는데, 그들은 불량자였습니다(삼상
1:3, 2:12).[7] 그들은 여호와를 알지 못하는 자들이었습니다. 탐욕
에 눈이 먼 그들은 백성의 제물을 갈취했고, 회막문에서 수종드
는 여인들과 음행의 죄를 저질렀습니다(삼상 2:12~17,22).

바로 그 시대에, 한나는 아이가 없어서 괴로워했습니다. 그래
서 하나님께 아이를 달라고 기도했습니다. 이 기도는 아이 없는

---

7) "불량자"를 직역하면, '벨리알의 아들'이다. 엘리 제사장의 시대는 제사장이
   우상의 자식이 된 시대였다.

여자의 하소연이 아닙니다. 아이 자체가 하나의 목적이 아니었습니다. 한나가 사무엘을 하나님의 집에 바친 것은 이를 증명합니다. 한나의 목적이 아이 자체였다면, 어린 사무엘을 하나님의 집에서 자라게 했을 이유가 없습니다. 그렇다면 그녀는 아이를 원한 목적은 무엇이었을까요? 이것은 그녀의 기도에 선명하게 드러납니다.

"내 마음이 여호와를 인하여 즐거워하며 내 뿔이 여호와를 인하여 높아졌으며 내 입이 내 원수들을 향하여 크게 열렸으니 이는 내가 주의 구원을 인하여 기뻐함이니이다 … 중략 … 여호와께서 땅 끝까지 심판을 베푸시고 자기 왕에게 힘을 주시며 자기의 기름 부음을 받은 자의 뿔을 높이시리로다 하니라"(삼상 2:1~10)

"내가 주의 구원을 인하여 기뻐함이니이다"(삼상 2:1). 한나는 아들 사무엘을 하나님의 집에 바치고 주의 구원 때문에 기뻐합니다. 그녀는 주님의 구원을 학수고대한 영적인 여인이었습니다. 곧, 사람이 각기 소견에 옳은 대로 행하는 시대에, 하나님의 백성들이 하나님의 구원과는 먼 거리에 있을 때, 그녀는 주님의 구원으로 기뻐합니다.

그뿐만 아닙니다. "여호와께서 땅 끝까지 심판을 베푸시고 자기 왕에게 힘을 주시며 자기의 기름 부음을 받은 자의 뿔을 높이시리로다"라고 했습니다. '여호와께서 기름 부음을 받은 자의 뿔을 높이신다'라는 찬송은 직분자를 통해 도래할 승리의 새로운 시대를 예고합니다. 왕, 제사장, 선지자는 언제나 '기름 부음을 받았고', 이들은 새 시대를 활짝 여는 구속역사의 주인공들이었습니다. 실제로 사무엘은 사사 시대를 마감하고 왕정 시대를 여는 마중물이었습니다. 한걸음 더 나아가, 한나의 이 찬송은 궁극적으로 메시아를 통한 승리를 내다봅니다. 여자의 후손이 뱀의 머리를 상하게 할 것이라는 약속에 대한 믿음이 희미한 시대에, 한나는 온전한 직분자의 승리를 찬송합니다. 그녀의 소망은 자신이 낳은 아들 사무엘을 통해 사단의 권세를 꺾고 구원의 새로운 시대를 여는 것입니다. 한나의 기도는 연약한 여성의 가슴에 불타는 믿음의 용광로를 보여줍니다.

그녀는 하나님의 구원역사가 중단되고 희미한 것 때문에 슬퍼했고, 시대의 아픔과 하늘 백성들의 무뎌진 영적 안목에 대한 탄식을 기도로 승화시켰으며, 종내 새 시대를 열망했습니다. 한나의 기도대로 사무엘은 영적 암흑에 있는 이스라엘을 각성시켰습니다. 사무엘은 회개 운동을 일으키고 왕정 시대의 문을 열었습니다. 사울과 다윗을 왕으로 세우는 일이 사무엘의 주된 사역이었습니다(삼상 9:15~24, 10:17~24, 16:1~13).

마리아는 이러한 한나의 기도가 갖는 구속적 의미를 너무나 잘 알았습니다. 사사 시대처럼 계시가 희미한 시대, 지도자들은 우상숭배의 범죄에 깊이 물든 시대, 그 흑암의 시대에 여전히 일하시는 하나님의 세미한 손길을 마리아는 깨달았습니다. 천사를 통하여 임신 소식을 전해 들음으로 어둠의 시대가 지나고, 해처럼 빛나는 새 시대, 메시아의 시대가 왔음을 확신했습니다. 이것이 마리아가 한나의 찬송을 인용한 이유입니다.

중단된 것처럼 보이는 하나님의 구속역사가 오래 메말랐던 대지에 소나기처럼 쏟아지는 시원함을 경험했습니다. 가브리엘이 전하는 계시는 목마른 이의 갈증을 해소하는 생수였습니다. 닫힌 하늘이 열려 여자의 후손이요, 다윗의 자손이며, 길 잃은 양들의 목자가 인류 역사 속으로 들어오시는 소식을 들었습니다. 그러니 어찌 마리아의 찬송에 열기 가득한 감격이 배어있지 않겠습니까! 마리아의 찬송은 새로운 하나님 나라가 가까웠다는 선언이며, 축포입니다.

마리아는 엘리사벳과 삼 개월 즈음 동거한 후, 자기 집으로 돌아갔습니다(눅 1:56). 마리아가 엘리사벳과 삼 개월을 함께 거했다는 말씀은 그녀의 지혜로움을 잘 드러냅니다. 마리아는 자신이 다른 남자를 가까이하지 않았다는 증인을 확실히 확보했습니다. 삼 개월은 여성의 임신이 확증되는 기간입니다(창 38:24). 이 기간이 지난 후에 마리아는 그녀의 남편인 요셉을 찾아간 것으로 짐작됩니다. 그래서 마태복음 1장 18절은 "마리아가 요셉과 정혼하고 동거하기 전에 성령으로 잉태된 것이 나타났더니"라고 했습니다. 요셉은 이 소식을 듣고 혼인 관계를 가만히 끊고자 했습니다. 이를 미루어보아 마리아가 요셉에게 임신 소식을 알린 것은 그녀가 엘리사벳의 집에서 삼 개월을 지낸 이후로 보입니다. 이러한 과정을 통해 우리는 마리아가 참으로 지혜롭고 신중한 신앙인임을 깨닫습니다. 하나님께서는 하나님의 시간에, 하나님의 사람을 준비하시고, 하나님의 큰일을 이루셨습니다.

### 족보가 가르치는 탄생 | 마 1:1~17 |

족보는 예수님의 탄생 의미를 이해하는 핵심 열쇠입니다. 한글 개역성경은 마태복음 1장 1절을 "아브라함과 다윗의 자손 예수 그리스도의 세계라"라고 합니다. 한글 성경은 역사의 순서를 따라 아브라함을 다윗보다 앞서 언급했지만, 헬라어 성경은 다윗을 앞세웁니다(Βίβλος γενέσεως Ἰησοῦ Χριστοῦ υἱοῦ Δαυὶδ υἱοῦ Ἀβραάμ.). 그러나 헬라어 성경은 강조점이 명확합니다. 곧, '다윗'과 아브라함의 후손 예수 그리스도의 세계입니다.

마태복음이 다윗을 앞세운 것은 예수님의 왕권을 강조하려는 의도 때문입니다. 이는 다윗 언약의 성취입니다. 다윗 언약의 성취라는 말씀은 왕권에 대한 강조와 더불어 그 왕권을 해설하는 중요한 모티브도 포함합니다. 이는 다름 아닌 목자 다윗에 대한 강조입니다. 다윗은 어려서부터 목자였고, 왕이 된 후에도 여전히 목자였습니다. 그는 짐승을 돌보는 목자에서 하나님의 백성을 돌보는 목자가 되었습니다. 그래서 예수님의 왕권을 풍성하게 이해하려면, 언약 백성들을 이끄는 목자(이들은 백성들의 지도자들이다)에 대한 선지자들의 예언을 함께 생각해야 합니다. 이러한 측면에서 에스겔 34장 23~24절 말씀은 핵심적인 내용

입니다.[8]

다윗언약의 핵심은 다음 두 가지 내용인데, 먼저 "너를 위하여 집을 이루고 … 중략 … 그 나라를 견고케 하리라"라는 약속과 "네 집과 네 나라가 내 앞에서 영원히 보전되고 네 위가 영원히 견고하리라"라는 약속입니다(삼하 7:11~12,16). 예수님께서는 다윗 보다 더 크고 위대한 왕으로서 하나님의 왕국을 건설하기 위해 오셨습니다. 다윗은 하나님의 왕국 건설에 한계를 보였습니다. 그는 아브라함에게 약속된 가나안 일경을 전쟁으로 확보했지만, 성전 건축은 그의 아들 솔로몬에게 위임되었습니다. 다윗은 밧세바 사건으로 범죄의 늪에 빠졌고, 제사장 나라로서의 사명을 온전히 드러내는 것에도 많은 한계를 보였습니다. 그러나 참 왕이신 예수님께서는 하늘 아버지의 뜻을 따라 온전한 왕국 건설을 시행하기 위해 오셨습니다.[9] 다윗에게 약속하신 '집을 이루고 그 나라를 견고하게 하는 것'과 '네 집과 네 나라가 영원히

---

8) 에스겔 34장은 선한 목자와 삯꾼에 대해 가르친다. 삯꾼은 양들을 돌보지도 먹이지도 않는다. 오히려 양들을 자기 배를 채우는 먹잇감으로 삼는다. 하나님께서는 친히 양들의 목자가 될 것임을 약속하셨다(15절). 그리고 선한 목자인 다윗을 그들 위에 세울 것을 말씀하시며, 24절에서 "다윗은 그들 중에 왕이 되리라"라고 했습니다. 다윗이 왕이 될 때, 하나님의 백성들의 형편은 어떠했는가? 삯꾼들이 양을 돌보고 있었다. 예수님의 오심은 삯꾼에게 빼앗긴 자기 양들을 찾기 위함이다(요 10:10~18).

9) 하나님의 왕국을 건설하시려는 예수님의 사역은 다윗을 넘어 아담이 근원이다. 하나님께서는 사람을 창조하시고 그들에게 생육하고 번성하여 땅에 충만하라고 하셨다. 이어 땅을 정복하고 다스리라는 사명도 주셨다. 아담은 하나님을 대리하는 왕으로서 지음 받았다. 그러므로 예수님의 왕국 건설은 실패한 아담의 사역을 완성하는 것이다.

보전되는 것'은 솔로몬에 의해 이루어질 것처럼 예고되었지만, 솔로몬도 이를 온전히 이루지 못했습니다. 솔로몬은 오히려 왕이 해서는 안 될 일들을 했습니다(왕상 11:1~13). 그렇게 다윗 언약은 실패한 것처럼 보였습니다. 그러나 예수님께서 다윗의 자손으로 오셔서 옛 왕들이 실패한 언약을 온전히 이루십니다. 마태복음은 족보를 통해 이를 잘 보여줍니다.

마태복음은 예수님의 왕권을 다른 측면에서도 보여줍니다. 마태복음 1장 17절은 14대를 강조합니다. 아브라함부터 다윗까지, 다윗부터 바벨론 포로까지, 그리고 바벨론 이거부터 그리스도까지입니다. 다윗이라는 이름의 히브리어 자음을 숫자로 환산하여 합하면 14가 됩니다.[10] 마태복음은 의도적으로 족보를 14대로 나눔으로써 예수님의 왕 되심을 강조합니다. 14는 7의 두 배이며, 세 번 반복 되었으니 7이 여섯 번 반복되었습니다. 마태복음은 예수님께서 일곱 번째 안식년(7년)을 제공하실 분이며, 그분이 세울 왕국의 본질이 영생임을 암시적으로 계시합니다.

다음으로, 예수님께서 아브라함의 후손으로 오셨다는 말씀은 그분이 아브라함 언약의 온전한 성취자라는 뜻입니다. 하나님

---

10) 다윗 곧 דוד은 각각 4, 6, 4를 의미한다. 이 숫자를 합하면 모두 14가 된다. Craig L. Blomberg, editors G. K. Beale and D. A. Carson, Commentary on the New Testament Use of the Old Testament,(Baker Academic; 2007), 3.

께서 아브라함에게 민족, 땅, 복을 약속하셨습니다(창 12:1~7).
큰 민족은 하나님의 백성에 대한 것이며, 땅은 하나님의 왕국이
이루어질 영역을 의미합니다. 복의 근원은 이 왕국의 정체성에
대한 약속입니다. 하나님께서 태초에 계획하셨던 바로 그 왕국
입니다. 실패한 아담을 대신하며, 아브라함과 언약하신 그 나라
를 건설할 분이 예수님이십니다. 곧, 하나님께서 통치하시는 땅
(가나안)에서, 하나님에 의해 만들어진 백성들(큰 민족)을 통하여,
제사장 나라와 거룩한 백성(복)이 되어, 이방인들을 하나님의 왕
국으로 이끌 것이라는 약속입니다. 이것이 예수님께서 아브라
함의 후손으로 오셨다는 말씀이 의미하는 바입니다.

그래서 마태복음 1장 1절에서 "세계라"라고 말씀하셨습니다.
족보라 하지 않고 세계라고 했습니다. 창세기에 사용된 '톨레도
트'라는 말이 "세계"입니다. 창세기에서 '톨레도트'는 대략, 계
보, 사적 등으로 번역되었습니다(창 2:4, 5:1, 6:9, 10:1, 11:10,27,
25:19, 36:1, 37:2). 반더발은 이 용어를 설명하길, "어떤 기원
(genesis)과 출생 및 새로운 세대(new generation)에 관한 사실들
을 발견하게 되는데 그것은 곧 하나님께서 구원을 베푸시어 자
신의 백성인 이스라엘을 불러 모으시고자 하셨을 때에 사용하
시는 통상적인 방법"이라고 했습니다.[11] 이어 그는 마태복음 1
장 1절을 언급하면서 "구속역사에 있어서 새로운 사건이 시작됨

---

11) 반더발(Cornelis Vanderwaal), 『반더발 성경연구』 1권, 명종남 역,(서울:
   도서출판 연합, 1994), 98.

을 계시하여 주고 있는 것이다"라고 했습니다.[12] 마치 창조를 통하여 하나님의 역사가 시작되었듯이 예수님의 오심은 재창조의 역사가 시작됨을 가르칩니다. 그러니 마태복음은 처음부터 아브라함에게 약속하신 '나라'가 예수님을 통하여 온전히 건설될 것이라 강조합니다.

### 요셉이 받은 계시 | 마 1:18~25 |

앞서 살핀 바와 같이, 엘리사벳과 삼 개월을 동거하다 나사렛으로 돌아온 마리아는 자신이 임신했다는 것과 그 일이 성령으로 된 것임을 요셉에게 전한 것으로 보입니다. 요셉은 그 문제로 큰 고민에 빠졌고, 결국 드러내지 않고 혼인 관계를 가만히 정리하려 했습니다(마 1:18~19). 요셉의 마음이 얼마나 복잡했을지 짐작됩니다. 요셉은 의로운 사람이기에 율법을 따라 행하면, 마리아는 그에 합당한 처벌을 받아야 합니다. 그러기에 요셉은 마리아의 처벌을 자신이 주도적으로 행하는 것에 상당한 부담을 가졌을 수도 있습니다. 다른 한편으로 마리아가 평소 경건한 사람임을 알았기에 그녀가 전해준 "성령으로 잉태"되었다는 소식이 무엇을 의미하는지 깊이 묵상하면서, 판단을 유보한 채, 하나님의 뜻을 기다리며 관계를 정리하려는 의도도 있었으리라 짐작합니다. 그때, 주의 사자가 요셉에게 나타나 하나님의 뜻을 전합니다.

---

12) 앞의 책, 98.

사자는 요셉을 "다윗의 자손"이라 부릅니다. 이 역시 예수님께서 다윗의 왕권을 이어받은 참 왕으로 오셨음을 강조합니다. 예수님께서는 자기 왕국을 건설하려고 이 땅에 오셨습니다. 그래서 예수님께서는 공적 사역의 첫 일성으로 "회개 하라 천국이 가까왔느니라"라고 하셨습니다(마 4:17). 주님의 사자는 요셉에게 마리아 데려오는 것을 무서워 말라고 하며, 마리아가 성령으로 잉태되었음을 명확히 합니다(마 1:20). 주의 사자는 한걸음 더 나아가 마리아가 아들을 낳을 것을 알리고 이름까지 지정해 주었습니다. 이것은 이사야의 예언이 성취되는 것입니다.

요셉이 받은 계시는 두 가지 중요한 내용을 가르칩니다. "예수"라는 이름을 통하여, 예수님께서 인간의 몸을 입고 오신 의미와 선지자 이사야의 예언을 통한 가르침입니다.

예수라는 이름은 "자기 백성을 저희 죄에서 구원할 자"라는 뜻입니다(마 1:21). 하늘 백성들을 그들의 죄에서 구출하신다는 말씀은 구약을 배경으로 이해해야 합니다. 구약에서 구원을 설명하는 사건들이 많은데, 대표적으로 출애굽과 포로 회복입니다.

애굽의 압제로부터 탈출하여 약속의 땅 가나안에 이르는 사건이야말로 죄로부터의 구원을 가르치는 핵심입니다. 하나님께서는 이스라엘이 사백 년이나 이방의 객으로 살 것을 아브라함에게 미리 알려주셨습니다. "네 자손이 이방에서 객이 되어 그들을 섬기겠고 그들은 사백 년 동안 네 자손을 괴롭게 하리니"(창

15:13). 야곱 시대에 이스라엘은 애굽으로 갔고, 그곳에서 사백여 년을 지냈습니다. 하나님께서는 바로의 권세를 꺾으시고, 열가지 재앙으로 원수를 물리쳤습니다. 이는 대적에 대한 승리이며 동시에 자기 백성에 대한 구원입니다. 마지막 재앙으로 애굽의 장자와 초태생을 죽이셨습니다. 그러나 이스라엘은 어린 양의 피를 문설주에 바름으로 죽음에서 생명으로 옮겨졌습니다. 어린 양이 죽음으로 언약 백성들은 구원받았습니다. 그래서 세례 요한은 예수님을 보고 "보라 세상 죄를 지고 가는 하나님의 어린 양이로다"라고 했습니다(요 1:29).

시편은 출애굽의 다른 측면을 알려줍니다. 시편 78편 51절과 105편 23절입니다.

"애굽에서 모든 장자 곧 함의 장막에 있는 그 기력의 시작을 치셨으나"(시 78:51)

"이에 이스라엘이 애굽에 들어감이여 야곱이 함 땅에 객이 되었도다"(시 105:23)

두 시편은 애굽을 "함의 장막" 혹은 "함 땅"이라 했습니다. 시편은 출애굽을 노아와 그 아들의 관계를 통해 설명합니다. 하나님의 구원은 노아의 세 아들 중 셈을 통하여 이루어집니다(창 9:26). 셈과는 대조적으로 함과 함의 아들 가나안에게는 저주가 선언되었습니다. "노아가 술이 깨어 그 작은 아들이 자기에게 행한 일을 알고 이에 가로되 가나안은 저주를 받아 그 형제의 종들의 종이 되기를 원하노라"(창 9:24~25). 함과 가나안은 여자의 후손이 아니라 뱀의 씨였습니다. 시편에서 애굽은 "함의 땅"이었습니다. 함의 아들 가나안의 후예들은 바로 약속의 땅 가나안에 정착하여 삽니다. 그래서 애굽과 가나안은 뱀의 후손들이 세운 나라였습니다. 그러므로 출애굽은 죄와 사단의 권세를 꺾음이요, 가나안 입성은 사단의 권세 아래 있는 세력을 제거하는 구원의 현장입니다.[13]

또한, 출애굽은 언약 백성이 살아가는 목적과 사명을 알려주는 사건입니다. 시내산에 다다른 백성들은 모세를 중보자로 하나님과 언약을 체결합니다. 시내산 언약에서 그 백성들은 "제사장 나라와 거룩한 백성"으로 부름 받았습니다(출 19:6). 그러므로 사단의 권세를 무너뜨린 하늘 백성들은 새로운 나라를 건설해야 합니다. 그 나라는 거룩한 나라이며 제사장 역할을 하는 나라입니다. 이는 모든 만방에 대한 이스라엘의 사명입니다.

예수님께서 자기 백성들을 그들의 죄에서 구원하신다는 말씀은 이렇듯 출애굽을 배경으로 이해해야 합니다. 예수님께서는 자기 백성들을 사단의 권세로부터 해방시켜 하나님 나라 건설을 위한 주역으로 삼으시는 사역을 하십니다. 이를 위해 예수님

---

13) 물론 우리는 애굽이라는 나라의 긍정적 측면도 함께 이해해야 한다. 애굽이 요셉의 통치 아래 있을 때, 그 나라는 하나님의 교회(언약 백성들)를 보호하는 역할을 감당했다. 애굽의 이러한 역할은 사도시대 초기의 로마 제국에서도 발견된다.

께서는 성령님으로 잉태되셨으며, 동정녀 마리아에게서 출생하셨습니다. 이것이 "예수"라는 이름과 '출애굽'의 관계를 통해 알게 되는 주님의 오심이 주는 의미입니다.

다음으로 "예수"라는 이름과 '포로 회복'의 관계를 통해 주님의 오심이 어떤 의미를 가르치는지 살피겠습니다. 마태복음 1장은 예수님의 족보입니다. 족보는 의도적으로 아브라함부터 다윗까지, 다윗에서 바벨론 포로까지, 다시 바벨론 포로에서 그리스도까지 14대를 기준으로 나누었습니다. 그러면서 그리스도라는 이름이 바벨론 포로와 연결되어 사용되었습니다. 마태는 언약 백성들이 여전히 포로 생활 중에 있는 것처럼 기록했습니다. 마태는 의도적으로 포로 회복에 대하여 한 마디도 언급하지 않습니다. 그런데 족보를 한숨에 쭉 읽어나가면, 언약 백성들이 여전히 포로 생활 중인 것처럼 읽힙니다(마 1:12~16).

물론, 포로 생활로부터의 해방 곧 고토로의 돌아옴은 이스라엘 백성들에게 이미 일어난 과거사입니다. 주전 586년 유다가 멸망한 후, 스룹바벨(538년), 에스라(457년), 느헤미야(444년)의 인도로 얼마간의 백성들이 예루살렘으로 돌아왔습니다. 돌아온 이들은 성전과 성벽을 재건했습니다. 실제로 포로 생활을 끝내고 백성들은 돌아왔지만, 마태복음은 이상하게 이 사실을 생략합니다. 족보를 찬찬히 읽으면, 오히려 진정한 회복이 이루어지

지 않은 상태에서 드디어 메시아가 오신 것임을 알게 됩니다.[14]

언약 백성들이 바벨론으로 잡혀가는 것은 하나님의 뜻이었습니다(렘 29:4~14). 예루살렘 성전은 완전히 파괴되었습니다. 잡혀가는 백성들을 위해 하나님께서 친히 성전이 되셨습니다(겔 11:16). 선지자 에스겔은 하나님께서 잠깐 그들의 성소가 되신다고 했습니다. 그리고 에스겔 37장은 진정한 포로 회복이 무엇인지 알려줍니다. 하나님께서는 에스겔에게 마른 뼈가 살아나는 놀라운 광경을 목격하게 하십니다. 마른 뼈들이 부활하여 하나님의 군대가 됩니다(겔 37:10). 마른 뼈들의 부활은 언약 백성들이 이스라엘 땅으로 돌아간다는 뜻입니다(겔 37:12,14). "내가 또 너희를 너희 고토에 거하게 하리니"(겔 37:14).

에스겔 당대의 언약 백성들에게 고토로 돌아가는 것은 포로 회복입니다. 그러나 마태복음은 그것이 진정한 포로 회복이 아님을 족보와 예수님의 탄생을 연결하여 암시적으로 가르칩니다. 온전한 포로 회복은 고토인 예루살렘으로 돌아가는 것이 아닙니다. 진정한 포로 회복은 예수님의 십자가 죽음과 부활을 통하여 영생을 얻는 것입니다. 사단의 권세로부터 해방되는 것이 진정한 포로 회복입니다.

이후 에스겔 40장~47장은 에스겔이 본 참 성전의 모습을 자

---

14) 스룹바벨, 에스라, 느헤미야를 통한 포로 회복은 진정한 의미에서의 회복이 아닐 뿐만 아니라 옛 언약의 법 아래에서도 회복이 아니다. 왜냐하면, 여전히 바벨론 왕이 파송한 총독에 의해 가나안이 다스려지기 때문이다. 이러한 면에서 예수님께서는 진정한 포로 회복의 의미도 가르치신다.

세히 묘사합니다. 이 성전이야말로 진정한 성전입니다. 에스라와 느헤미야의 인도로 예루살렘으로 돌아와 백성들이 재건축한 성전은 예수님께서 건설할 참 성전의 모형과 그림자입니다. 에스겔이 환상으로 본 성전은 예수님과 성령님의 강림을 통하여 완성되었습니다. 하나님께서 친히 자기 백성의 성소가 되심은 예수님을 통하여 다시 이루어졌습니다. 예수님은 예루살렘 성전 대신 자기 몸이 성전임을 분명히 말씀하셨습니다.

> "예수께서 대답하여 가라사대 너희가 이 성전을 헐라 내가 사흘 동안에 일으키리라 유대인들이 가로되 이 성전은 사십육 년 동안에 지었거늘 네가 삼 일 동안에 일으키겠느뇨 하더라 그러나 예수는 성전된 자기 육체를 가리켜 말씀하신 것이라"(요 2:19~21)

이렇듯 포로 회복은 거대한 구속역사의 드라마입니다. 물론, 우리는 유다 백성들의 세 차례에 걸친 돌아옴을 회복의 시작으로 이해합니다. 그러나 그것이 진정한 회복은 아닙니다. 참다운 회복은 옛 고토로 돌아오는 것이 아니라 완전히 새로운 나라를 건설하는 삼위 하나님께로 돌아가는 것입니다. 이것이 진정한 포로 회복입니다. 참 성전이신 예수님께로 돌아가는 것이야말로 포로 회복의 완결입니다. 족보와 예수님의 탄생의 이러한 상관관계는, 사람의 몸을 입고 이 땅에 오시는 예수님의 사역과 직접적으로 연결됩니다. 예수님은 새로운 여호와의 집을 지으려고 인간의 몸을 입고 탄생하셨습니다. 예수님은 사단의 가장 강력한 무기인 죽음을 뛰어넘어 영생을 선물로 주시는 사역을 위해 사람의 몸을 입고 이 땅에 오셨습니다.

우리는 지금까지 "예수"라는 이름이 '출애굽'과 '포로 회복'의 관계에서 어떤 의미를 담았는지 살폈습니다. 이제 이사야 선지자의 예언과 예수님의 오심의 관계를 살핌으로 주님의 탄생이 주는 하나님의 뜻을 살핍니다.

이사야의 예언은 크게 두 가지로 요약됩니다. 예수님께서 "처녀의 몸"에서 나시는 것과 "임마누엘"로 불리는 것입니다. 이를 이해하기 위해서는 이사야 7장의 내용을 알아야 합니다.

선지자 이사야는 유다 왕 아하스에게 하나님의 뜻을 전합니다. 아하스 때에 아람 왕 르신과 이스라엘 왕 베가가 유다를 공격했고, 에돔과 블레셋도 침략했습니다. 유다 왕국이 이방의 공격을 받은 이유는 우상숭배 때문입니다.[15] 아하스 왕은 성전 문을 닫고 제사를 파괴하였습니다. 바알을 섬겼으며, 에돔이 공격하니 하나님을 의지하지 않고 앗수르 왕을 섬기고자 합니다. 한마디로 요약하면, 아하스는 우상숭배와 예배를 파괴함으로 하나님의 저주를 받아 이방의 공격을 지속적으로 받았습니다.

그때, 이사야는 아하스 왕을 위로하고 용기를 주며 회복의 길을 알려줍니다. 아람과 베가를 무서워하지 말라고 하며, 주님께

---

15) 이에 대한 더 상세한 내용은 열왕기하 16장, 역대하 28장을 참고하라.

서 징조를 주실 것이라 약속합니다(사 7:3~9,14). 그 징조는 다름 아닌 처녀가 잉태하여 아들을 낳고 그 이름을 임마누엘이라 하리라는 것입니다. 바로 이 예언이 마태복음 1장 23절의 말씀입니다.

언약을 어기며 불순종하는 왕에게 회개를 촉구하며 돌이킬 것을 권면하면서, 회복의 징조로 처녀의 몸에서 아이가 태어날 것과 그 이름을 말씀하셨습니다.[16] 처녀의 몸에서 아이가 탄생한다는 예언대로, 실제로 예수님께서는 동정녀의 몸에서 성령님으로 잉태되시고 탄생하셨습니다. 그러므로 예수님께서 처녀의 몸을 통해 탄생한다는 말씀은 언약 백성들의 죄 문제를 해결하며, 언약을 파기한 백성들을 회복시킨다는 뜻입니다.

특히, 처녀의 몸에서 탄생하신다는 말씀은 옛 언약 백성들의 죄가 어떠한지를 선명하게 드러내고 고발합니다. 옛 언약 백성들은 순결을 상실한 신부였습니다(겔 16장, 23장, 호세아). 마치 창기와 같이 되었습니다.[17] 그 결과, 머지않아 언약 백성들은

---

16) 이사야의 예언은 먼 훗날 예수님을 통해 온전히 성취된다. 이 예언은 그 당대에도 이루어지는데, 이는 예수님께서 이루실 구속사역의 모형과 그림자이다. 아하스를 이어 히스기야가 왕이 된다. 히스기야는 아하스가 행한 우상 숭배와 성전의 타락을 회복시킨다. 히스기야는 성전 문을 다시 열고, 그 안을 청소하며, 레위인들을 시켜 제사를 회복하고 유월절을 지킨다. 이러한 측면에서 이사야의 예언이 당대에 어떻게 성취되는지를 살피는 것도 중요하다. 더불어 처녀의 몸에서 날 이를 히스기야가 아니라, 임마누엘이라는 이름을 가진 다른 이로 보는 견해도 상당한 지지를 받는다.

17) 예레미야는 새 언약을 말하면서 "내가 그들의 남편이 되었어도 그들이 내 언약을 파하였음이니라"라고 했다(렘 31:32). 언약 백성들은 남편인 하나님과 맺은 혼인 언약을 깨뜨림으로 스스로 부정한 여자가 되었다. 그 결과, 그

포로가 되었습니다.[18] 언약 백성의 포로 생활은 여자의 후손(창 3:15)이 오신다는 약속이 위기에 처했음을 의미합니다. 여자의 후손은 하나님의 언약을 확실히 믿는 이들을 통하여 이루어집니다. 요셉과 마리아는 이 약속을 믿고 의지한 신실한 남은 자들이었습니다. 특히, 마리아는 남자를 알지 못하는 처녀였습니다. 이를 통해 예수님의 탄생은 음녀가 되어버린 옛 백성에 대한 최종적 심판이 시작되는 징조이며, 신실한 남은 백성들을 불러 정결하고 깨끗한 신부를 모으시는 출발점이요, 사단의 머리를 상하게 하는 역사의 전환점이기도 합니다.

처녀가 아들을 낳는데 "임마누엘"이라 이름 짓습니다. 이는 하나님께서 우리와 함께하신다는 뜻입니다. 이사야의 예언에서 하나님께서 자기 백성과 함께하심으로 나타나는 결과는 무엇입니까? 이사야 7장 15~25절은 임마누엘이라는 이름을 가진 아이가 태어난 후에 일어날 일을 자세히 묘사합니다.

아이가 악을 버리며 선을 택할 줄 알 시기가 되면 버터와 꿀을 먹습니다. 아이가 자라 악을 버리고 선을 택한다는 말씀은 선악을 분별하는 재판자가 된다는 뜻입니다. 버터와 꿀을 먹는다는

들은 언약의 저주를 받아 포로가 되었다. 이로 인해 여자의 후손이 오셔서 뱀의 머리를 상하게 할 것이라는 언약이 큰 위기를 맞았다.
18) 언약 백성이 음녀가 되었기에 언약의 저주를 받아 멸망하거나 포로가 된다. 예수님의 오심은 멸망한 백성을 일으켜 세우며, 포로가 된 백성에게 자유를 선언한다. 멸망한 백성을 세운다는 것은 새 나라를 만든다는 것이요, 포로를 자유하게 하는 것은 포로 회복을 의미한다. 이처럼 재창조와 포로 회복은 예수님의 탄생을 이해하는 열쇠이다.

말씀은 언약의 복을 누린다는 뜻입니다. 우유와 꿀은 풍족한 낙원의 이미지이며 에덴의 회복을 상징합니다.

한걸음 더 나아가 아이가 악을 버리며 선을 택할 줄 알기 전에 어떤 일들이 일어납니까? "두 왕의 땅이 폐한바 되리라"(사 7:16). 두 왕, 곧 아람 왕 르신과 북 이스라엘 왕 베가입니다. 아하스 왕 시기에 남 유다를 괴롭히던 아람과 북 이스라엘에 대한 심판이 선언됩니다. 강대국 앗수르를 사용하여 그렇게 하십니다(사 7:17). 이사야는 계속해서 하나님의 심판과 구원을 말하며 아하스에게 용기를 줍니다(사 7:18~25). 아람과 북 이스라엘이 철저하게 파괴되며, 언약 백성들은 풍족한 식물을 먹습니다. 임마누엘이라는 이름을 가진 아이가 태어나 일정 기간이 지나면 – 선과 악을 분별하는 때가 되면 – 대적들은 심판을 받고, 유다 왕국은 언약의 복을 누립니다.

예수님께서 임마누엘이라는 이름으로 이 땅에 오셨습니다. 어느 시점이 되면 예수님께서는 대적을 물리치고 자기 백성에게 낙원의 회복을 맛보게 할 것입니다. 사단의 권세를 무너뜨리시고 제거하실 것입니다. 이때, 참 백성들은 새 하늘과 새 땅을 선물로 받아 영생과 구원을 얻고, 신령한 양식을 먹고 마십니다. 죄와 비참은 사라지고 사죄의 은총과 즐거움으로 주의 백성들이 찬송합니다. 새 왕의 오심은 새 나라의 시작입니다. 이스라엘의 약속된 왕이 오셔서 자기 백성을 모으며, 거절하는 이들에게는 심판을 내리시고, 새 나라를 건설하십니다.

1. 천사는 사가랴에게 그의 아내가 아이를 가질 것을 예고하고, 그 아이의 이름까지 알려줍니다. 그러나 사가랴는 이 예언에 믿음으로 화답하지 못합니다. 사가랴의 믿음과 마리아의 믿음을 비교하여 보고, 이를 통해 우리가 배워야 할 교훈을 정리해 봅시다.

2. 가브리엘은 마리아에게 "지극히 높으신 이의 능력이 너를 덮으시리니"라고 했습니다. 여기 "너를 덮으시리니"라는 말씀 속에 담긴 뜻은 무엇입니까?

3. 예수님께서 성령님으로 잉태되셨다는 말씀을 통해 우리가 배우는 교훈은 무엇입니까?

4. 하이델베르크 교리문답 35, 36문은 우리 주님의 동정녀 탄생과 성령으로의 잉태를 어떻게 가르칩니까?

5. 요셉과 마리아는 비록 평범한 유대인들이었지만 숭고한 신앙의 소유자들이었습니다. 그들의 신앙을 확인할 수 있는 내용은 무엇입니까?

6. 마리아가 사무엘의 어머니 한나의 기도(찬송)를 인용하여 찬송한 이유는 무엇입니까?

7. 마태복음 1장 1절은 "아브라함과 다윗의 자손 예수 그리스도의 세계라"라고 했습니다. 그러나 헬라어 성경은 다윗을 먼저 언급합니다. 이것이 강조하는 예수님 오심의 의미는 무엇입니까?

8. 예수님께서 아브라함의 후손으로 오셨다는 말씀이 가르치는 바는 무엇입니까?

9. 예수라는 이름은 '자기 백성을 저희 죄에서 구원할 자'라는 뜻입니다. 이러한 예수님의 사역을 출애굽과 포로회복이라는 사건을 통해 설명해 보세요.

10. 마태복음 1장 23절에서 예수님께서는 처녀의 몸에서 나며, 임마누엘이라는 이름을 얻습니다. 메시아가 처녀의 몸에서 나는 것과 임마누엘이라는 이름을 얻는 것이 의미하는 바는 무엇입니까?

# 제2장

# 예수님의 탄생과 어린 시절

## 주님의 탄생과 황제의 명령 | 눅 2:1~7 |

요셉과 마리아는 신실한 남은 백성입니다. 침묵하던 하나님의 계시가 드디어 재개되었습니다. 마리아는 성령님으로 잉태되었다는 하늘의 뜻을 믿음으로 받았습니다. 요셉도 마리아 데려오는 것을 두려워하지 않았습니다. 마리아는 성령님으로 임신했고, 요셉은 하나님의 뜻을 기다리는 중이었습니다. 그때, 가이사 아구스도의 명령이 로마 전역에 하달됩니다.

"이 때에 가이사 아구스도가 영을 내려 천하로 다 호적하라 하였으니 이 호적은 구레뇨가 수리아 총독 되었을 때에 첫 번한 것이라"(눅 2:1~2)

가이사 아구스도는 옥타비아누스이고, 구레뇨는 키레니우스입니다.[19] 호적하라는 황제의 명령 때문에 요셉과 마리아는 고향으로 갑니다. 황제의 명령은 예수님의 탄생지가 결정되는 외부적 요인이었습니다. 나사렛에 살던 요셉과 마리아가 베들레헴으로 가고, 그곳에서 예수님께서 탄생하십니다. 이렇듯 옥타비아누스의 명령은 예수님께서 베들레헴에서 탄생하는 배경이 됩니다.

세속 역사와 하나님의 구속역사가 절묘하게 연결되었습니다. 황제는 자신의 목적을 위해 명령을 내렸습니다. 일반적으로 황제가 인구 조사를 명령하는 이유는 공정한 조세 제도의 시행이나, 국력을 가늠할 목적 때문입니다. 비록 황제는 호적 명령을 내렸지만, 하나님께서는 그 명령을 이용하여 구원의 역사를 진행시키셨습니다. 우리는 여기에서 세속사가 구속사를 위한 수단임을 깨닫습니다. 겉으로 보기에는 황제가 역사의 주인공 같지만, 실상은 여호와 하나님께서 역사의 주인이십니다.

세상에는 다양한 사관(史觀)이 있고, 각기 자신의 사관을 따라 역사를 이해합니다. 그러나 그리스도인들은 하나님께서 구원의 역사를 이루시기 위하여 역사를 사용하심을 믿어야 합니다. 이것이 개혁신앙인의 고백입니다. 성경은 이러한 역사 이해는 명시적으로 가르칩니다. 다니엘과 바울이 대표적입니다.

다니엘이 바벨론에 포로로 잡혀간 시기, 느부갓네살 왕은 꿈

---

19) 옥타비아누스는 악티움 해전에서 안토니우스와 클레오파트라 연합군을 제거함으로 명실공히 로마의 일인자가 되었다.

을 꾸었습니다. 나라 안의 모든 박수, 술객, 점쟁이들을 불러 그 꿈을 해석하라 명령했지만, 아무도 해석하지 못했습니다. 다니엘은 그 꿈을 해석했습니다. 느부갓네살이 꾼 꿈은 다음과 같습니다.

큰 나무 한 그루가 있었는데, 많은 사람이 그 나무에서 양식을 얻었고, 그 나무에는 새가 머물며 짐승들이 살았습니다. 그러자 한 순찰자가 등장하여 그 나무 아래 있는 짐승과 새들을 흩고, 나무를 베어 버립니다. 그루터기만 남았는데 철과 놋줄로 그것을 동이고 들에서 지내며 일곱 때를 지나게 했습니다(단 4:10~18).

다니엘이 그 꿈을 해석합니다.

"왕이 사람에게서 쫓겨나서 들짐승과 함께 거하며 소처럼 풀을 먹으며 하늘 이슬에 젖을 것이요 이와 같이 일곱 때를 지낼 것이라 그 때에 지극히 높으신 자가 인간 나라를 다스리시며 자기의 뜻대로 그것을 누구에게든지 주시는 줄을 아시리이다 또 그들이 그 나무뿌리의 그루터기를 남겨 두라 하였은즉 하나님이 다스리시는 줄을 왕이 깨달은 후에야 왕의 나라가 견고하리이다"(단 4:25~26)

다니엘의 해석대로 꿈은 현실이 되었고, 느부갓네살은 몸소 경험했습니다. 이를 경험한 왕은 다음과 같이 고백합니다.

"땅의 모든 거민을 없는 것같이 여기시며 하늘의 군사에게든 지 땅의 거민에게든지 그는 자기 뜻대로 행하시나니 누가 그의 손을 금하든지 혹시 이르기를 네가 무엇을 하느냐 할 자가 없 도다"(단 4:35)

느부갓네살의 꿈이 주는 교훈은 명확합니다. 지극히 높으 신 하나님께서 인간 나라를 다스리십니다. 하나님께서 친히 자 신의 뜻대로 그 나라를 주고 싶은 사람에게 주시며, 때때로 지 극히 천한 자를 나라의 위(位)에 세우기도 하십니다(참고, 단 4:17,25,32). 무슨 말씀입니까? 하나님께서 한 나라의 흥망성쇠 를 주관하시고, 하나님이 원하시는 사람을 통치자로 세우신다 는 것입니다. 쉽게 말해, 역사의 주관자는 하나님이시라는 뜻입 니다.

사도 바울도 이와 동일하게 가르쳤습니다. 바울이 아테네에서 설교하면서 한 말씀입니다.

"바울이 아레오바고 가운데 서서 말하되 아덴 사람들아 너희 를 보니 범사에 종교성이 많도다 내가 두루 다니며 너희의 위 하는 것들을 보다가 알지 못하는 신에게라고 새긴 단도 보았 으니 그런즉 너희가 알지 못하고 위하는 그것을 내가 너희에게 알게 하리라 우주와 그 가운데 있는 만유를 지으신 신께서는 천지의 주재시니 손으로 지은 전에 계시지 아니하시고 또 무엇이 부족한 것처럼 사람의 손으로 섬김을 받으시는 것이 아니니 이는 만민에게 생명과 호흡과 만물을 친히 주시는 자이심이라 인류의 모든 족속을 한 혈통으로 만드사 온 땅에 거하게 하시고 저희의 연대를 정하시며 거주의 경계를 한하셨으니 이는 사람으로 하나님을 혹 더듬어 찾아 발견케 하려 하심이로되 그는 우리 각 사람에게서 멀리 떠나 계시지 아니하도다 우리가 그를 힘입어 살며 기동하며 있느니라 너희 시인 중에도 어떤 사람들의 말과 같이 우리가 그의 소생이라 하니 이와 같이 신의 소생이 되었은즉 신을 금이나 은이나 돌에다 사람의 기술과 고안으로 새긴 것들과 같이 여길 것이 아니니라"(행 17:22~29)

26절은 "인류의 모든 족속을 한 혈통으로 만드사"라고 했고, "저희의 연대를 정하시며 거주의 경계를 한하셨으니"라고 했습니다. 우리는 이를 통해 세속의 역사가 하나님의 주권 아래 있음을 분명히 깨닫습니다. 비록 가이사 아구스도가 정적을 제거하고 로마의 일인자가 되었지만, 그도 하나님의 구속역사를 이루는 도구에 불과합니다. 옥타비아누스가 아버지를 신으로 추앙하고, 스스로를 신의 아들이라고 선포해도, 진정한 신이시오 참 왕은 하늘에 계신 우리 아버지 하나님이십니다.

누가는 데오빌로에게 매우 의도적으로 주님의 탄생과 로마 황제를 연결하여 구원의 도리를 설명했습니다. 로마의 정치 상황과 황실의 형편에 대해 누구보다 잘 알고 있는 데오빌로는 바로 이 사실을 깨달아야 했습니다. 지금 눈에 보이는 황제가 최고의 통치자 자리에 앉은 것은 하나님의 섭리이며, 그 속에서 진정한 하늘의 왕이 자기 백성들을 구원할 계획을 실행하고 있으니, 이 사실을 깊이 이해해야 한다고 가르칩니다. 황제가 아니라 예수 님께서 이 땅에 진정한 평화를 주십니다.

우리 눈에 보이는 국가들과 권세자들이 최고의 권위를 가지며 힘을 사용하고 있는 것처럼 보이지만, 결국 그들은 교회를 위해 존재합니다. 교회를 보호하고, 성도들이 평안한 중에 신앙생활 하도록 돕는 것이야말로 국가 권세의 의무입니다. 동시에 악을 제어하고 통제하는 것이 국가의 의무입니다. 이렇듯, 하나님의 구원역사를 이루기 위해 세속 역사가 그 배경에 자리하고 있음 을 알 때, 우리는 삶의 방향을 바르게 잡게 됩니다.

요셉과 마리아는 베들레헴으로 갔습니다. 예수님께서 탄생하 셨습니다. 베들레헴은 구약 역사에서 아주 중요한 도시 중 하나 입니다. 그곳은 야곱의 아내 라헬의 묘가 있는 곳이었고, 다윗 의 조상들이 살던 곳이기에 다윗의 동네라 불렸습니다(창 48:7, 룻 4:17, 삼상 17:12, 미 5:2). 곧, 베들레헴은 왕의 도시입니다. 그 래서 누가복음 2장 4절은 베들레헴을 매우 의도적으로 "다윗의 동네"로 소개합니다. 선지자의 예언대로 예수님께서는 베들레 헴에서 태어났습니다. 가이사의 명령은 예언을 이루는 수단이 었습니다. 로마의 일인자가 호적을 명했지만, 하나님께서는 왕 의 도시에 하늘 왕이 탄생하게 하셨습니다. 구약 성경은 이스라 엘을 다스릴 왕이 베들레헴에서 태어날 것을 예언했습니다. 미가서 5장 2절입니다.

"베들레헴 에브라다야 너는 유다 족속 중에 작을지라도 이스
라엘을 다스릴 자가 네게서 내게로 나올 것이라 그의 근본은
상고에, 태초에니라"

예수님의 베들레헴 탄생은 그분이 다윗의 후손으로, 이스라엘
을 다스릴 왕으로 오셨음을 증거하는 표입니다. 마태복음 1장에
서 예수님께서 다윗의 후손으로 오신 것을 증거 하듯이, 베들레
헴 탄생도 예수님께서 다윗의 왕권을 이을 왕임을 증거합니다.

### 목자들에게 임한 주의 영광과 그들의 보고 | 눅 2:8~20 |

예수님의 탄생을 축하하며 경배하는 이들은 목자들과 동방에
서 온 박사들입니다. 목자들은 밤에 밖에서 양 떼를 지키고 있
었습니다. "목자"가 "밤"에 "밖에서", "양 떼"를 "지키고" 있었다
는 점은 여러 가지를 떠올리게 만듭니다. '목자', '밤', '밖', '양',
'지킴'이라는 표현들은 예수님의 사역과 무관하지 않습니다. 목
자들은 자신들에게 맡겨진 양 떼를 지키는 일에 최선을 다합니
다. 이는 당대 지도자들의 모습과는 너무나 대조적입니다. 대제
사장과 서기관, 바리새인들과 장로들은 맡겨진 양 무리를 온전
히 돌보지 않았습니다(마 23:13~15). 이들은 목자가 아니라 삯꾼
의 행태를 보였습니다. 이들은 이러한 모습을 그 조상들로부터
물려받았습니다. 선지자 에스겔은 누가 참 목자이며, 누가 삯꾼

인지 말씀했습니다.

"인자야 너는 이스라엘 목자들을 쳐서 예언하라 그들 곧 목
자들에게 예언하여 이르기를 주 여호와의 말씀에 자기만 먹이
는 이스라엘 목자들은 화 있을진저 목자들이 양의 무리를 먹이
는 것이 마땅치 아니하냐 너희가 살진 양을 잡아 그 기름을 먹
으며 그 털을 입되 양의 무리는 먹이지 아니하는도다 너희가
그 연약한 자를 강하게 아니하며 병든 자를 고치지 아니하며
상한 자를 싸매어 주지 아니하며 쫓긴 자를 돌아오게 아니하며
잃어버린 자를 찾지 아니하고 다만 강포로 그것들을 다스렸도
다 목자가 없으므로 그것들이 흩어지며 흩어져서 모든 들짐승
의 밥이 되었도다"(겔 34:2~5)

에스겔은 이스라엘 목자들의 잘못을 낱낱이 고소합니다. 옛
언약 백성의 직분자들이 자신들의 배를 채우는 수단으로 양 떼
를 대하는 모습은 우리의 마음을 너무나 불편하게 합니다. 우리
는 이러한 말씀을 읽을 때마다 우리 시대의 직분자들을 위해 기
도할 필요를 절감합니다. 에스겔은 거짓 목자들을 대신하여, 하
나님께서 참 목자가 되셔서 자기 양 떼를 보호할 것이라 예언했
습니다(겔 34:7~16). 하나님께서 친히 목자가 될 뿐만 아니라 또
다른 목자를 예고했습니다. 다윗입니다. 다윗은 목자이면서 왕
으로 옵니다(겔 34:23~24). 다윗이 죽은 지 이미 약 400여 년이
지난 시점에, 다윗의 등장을 예고합니다. 이는 자기 백성들의

참 왕이요, 목자이신 예수님의 출현에 대한 예언입니다.

누가복음 2장은 예수님의 탄생에 초대된 목자들을 소개합니다. 거짓 목자들과는 대조되는 참 목자들의 모습을 보십시오. 그들은 낮이 아니라 밤에, 안이 아니라 밖에서, 부지런히 양 떼를 지킵니다. 참 목자들에게 주님의 사자가 찾아왔고 주의 '영광'이 비추었습니다.

구약 성경에서 '하나님의 영광'이 머문 사례를 살펴보면, 이것이 얼마나 중요한 의미인지 쉽게 깨닫습니다. 성막이 완성되자 하나님의 영광이 그 가운데 충만했습니다(출 40:34~38). 엘리 제사장 때에, 이스라엘은 블레셋과의 전투에서 언약궤를 빼앗겼습니다. 그때, 엘리 제사장의 며느리가 아이를 낳으면서 하나님의 영광이 떠났다고 울부짖었습니다(삼상 4:21~22). 그 후, 솔로몬이 성전을 짓고 성전 봉헌식을 할 때, 하나님의 영광이 성전에 가득했습니다(왕상 8:6~11). 그 솔로몬 성전은 다시 우상숭배의 장소로 변질되었습니다(겔 8:1~18). 그러자 하나님의 영광은 솔로몬 성전을 떠납니다(겔 9:3, 10:4,18, 11:16,23). 여호와의 영광이 성전을 떠나자 그 성전은 파괴되었고, 회복 불능의 상태가 되었습니다. 포로에서 돌아온 이들이 성전을 재건하지만, 옛 영광에는 미치지 못합니다. 떠나버린 하나님의 영광이 재건된 성전에 다시 돌아옵니다. 그러나 그 영광의 돌아옴은 완전한 돌아옴이 아닙니다. 그 돌아옴은 시작에 불과합니다. 그렇게 시작된 하나님의 영광의 회복은 드디어 예수님의 탄생에서 완성을 향하여 나아갑니다. 바로 그 영광이 목자들에게 나타났습니다. 성전에 임하시는 하나님의 영광이 목자들에게 나타났습니다. 이는 목자들과 같은 이들을 통하여, 그리고 참 목자인 다윗의 왕계를 이어 오시는 그리스도를 통하여 하나님의 영광이 회복될 것에 대한 계시입니다.

천사는 목자들에게 기쁜 소식을 전했습니다. 다윗의 동네에 구주가 나셨고, 그분이 바로 그리스도 주(主)라 전했습니다. 그러면서 강보에 싸여 구유에 누인 아기를 보라고 했습니다. 그것이 바로 표적이었기 때문입니다. 곧, 강보에 싸여 구유에 누인 아기가 그리스도 주가 되는 표였습니다. 표가 된다는 말씀은 어떤 특정 행위와 모습이 무엇인가를 지시한다는 뜻입니다. 아기가 강보에 싸여 구유에 누인 일은 그 아기가 바로 메시아이며 왕이라는 표시입니다. 드디어 메시아이시오 왕이신 분이 이 땅에 오셨습니다. 왕이 낮고 비천한 인간의 몸을 입으셨고, 구유에 뉘었습니다.[20] 말씀이 육신이 되어 우리 가운데 거하셨습니다(요 1:14). '거하셨다'는 말씀은 장막을 치셨다는 뜻입니다. 하나님의 영광이 임재하는 참 성전이 오셨습니다.

---

20) 아기 예수님께서 구유에 뉘었다는 말씀은 낮고 비천한 인간 세상에 오셨다는 의미와 함께 훨씬 다양한 의미를 담고 있다. 이사야 1장 3절은 짐승들은 주인을 아는데, 자기 백성들은 주인을 모른다고 말씀한다. 이를 통해 짐승들은 언약의 증인으로 기능한다. 강보에 싸여 구유에 누인 다른 의미는 주님께서 우리를 위하여 몸소 가난한 이들의 옷을 입으셨고, 인간이 짐승으로 떨어진 것을 보여주셨으며, 그분의 몸이 짐승의 여물이 아니라 하늘에서 내려온 빵, 생명이시라는 것이다. 아서 A. 저스트 2세 엮음(Arthur A. Just Jr.), 『교부들의 성경 주해 신약성경 Ⅳ(루카복음서)』, 한국교부학연구회 이현주 역,(경북: 분도출판사, 2011), 100~107.

이어 천사들의 찬송이 울려 퍼졌습니다. "지극히 높은 곳에서는 하나님께 영광이요 땅에서는 기뻐하심을 입은 사람들 중에 평화로다"(눅 2:14). 드디어 하나님께서 자기 백성들에게 화목의 길을 여셨습니다. 평화 곧, 샬롬이 선포되었습니다. 사단의 머리를 상하게 하는 승리의 왕, 평화의 왕이 오셨습니다.

베들레헴에 간 목자들은 예수님의 탄생을 보았습니다. 목자들은 천사들로부터 들은 내용 모두를 그곳에 있는 이들에게 전달했습니다. 바로 그 일로 그들은 하나님께 영광을 돌리고 찬송했습니다. 듣고 보아도 깨닫지 못하는 시대에, 이들은 들었고, 보았습니다. 이들은 참으로 복됩니다(시 69:23, 마 13:16).

우리는 목자들을 통하여 시대의 전이를 읽습니다. 옛 언약 백성들의 주류는 눈이 멀고 귀가 막힌 자들이 되었던 반면, 변방으로 밀려났던 이들은 참 언약 백성으로 인정되는 역사가 펼쳐집니다. 시대마다 하나님께서는 사람을 외모로 취하지 않으십니다(삼상 16:7, 행 10:34). 약속을 부여잡고, 하나님의 살아계심을 확신하며, 진실로 그 믿음을 따라 살아가는 이들은 언제나 구속역사의 주인공들입니다.

### 동방박사들의 방문과 헤롯의 정체 |마 2:1~12|

동방에서 박사들이 예수님의 탄생을 보려고 예루살렘으로 왔습니다. 박사들은 헤롯 왕궁에 들러 예수님께서 탄생하신 곳을 묻습니다. 박사들의 질문 속에 금 같은 믿음이 빛납니다.

"유대인의 왕으로 나신 이가 어디 계시뇨 우리가 동방에서

그의 별을 보고 그에게 경배하러 왔노라"(마 2:2)

박사들은 예수님을 "유대인의 왕"이라 불렀습니다. 또한, "그
에게 경배하러 왔노라"고 했습니다. 박사들은 왕에게 경배하
러 왔습니다. '경배하다'는 말씀은 '예배하다'는 뜻입니다(요
4:20~24). 박사들은 예수님께 예배하려고 멀리서 별을 보고 찾
아왔습니다. 박사들은 예수님께서 유대인의 왕이지만 자신들의
왕으로 예배하려고 합니다.

성경에서 박사는 대개 고위 관료입니다(창 41:8, 출 7:11, 단
2:12~14). 왕의 옆에서 통치를 돕는 이들입니다. 구약 성경에서
박사들은 종종 술사나 점치는 자로 불리기도 합니다. 요셉이 대
표적인데, 그는 점치는 자였습니다(창 44:5,15). 다니엘은 왕이
꾼 꿈을 알려주고 해석하여 박사의 어른이 되었습니다(단 2:48).

도대체 이방의 박사들이 어떻게 예수님의 탄생을 알았고, 심
지어 예배하러 찾아왔을까요? 신비입니다. 그러나 어느 정도 추
정은 가능합니다. 유다 왕국은 바벨론에 의해 멸망했고, 수많은
언약 백성들이 포로가 되었습니다. 그 포로 중에 다니엘과 세
친구는 가장 높은 관직에 오른 인물들입니다. 포로 기간 중 에
스더는 왕비가 되었습니다. 모르드개도 상당히 높은 관료였습
니다. 우리가 에스더서를 통해 확인하듯이, 바벨론 전역에는 많
은 언약 백성들이 흩어져 살았습니다(에 8:9). 바로 그들이 구원
의 복음을 전했다고 생각하는 것은 너무나 자연스럽습니다. 실
제로 신약 본문 중에는 이를 뒷받침 하는 구절이 있는데, 사도

행전 15장입니다. "예로부터 각 성에서 모세를 전하는 자가 있어"(행 15:21).

　박사들의 질문에 헤롯 왕궁은 소동이 벌어졌습니다.[21] 헤롯은 대제사장과 서기관들을 모아 그리스도가 태어날 장소가 어디인지 묻습니다. 대제사장과 서기관들은 일종의 공회적 성격을 띱니다. 이들은 종교적으로 백성의 대표자인 산헤드린 공회입니다. 그들은 베들레헴에서 그리스도가 태어난다고 대답했습니다. 그들은 구약 예언을 정확히 이해했습니다(미 5:2).

　헤롯은 박사들을 베들레헴으로 보내면서 그리스도가 탄생한 장소를 찾는다면, 자신에게 알려달라고 부탁합니다. 자신도 그리스도에게 경배하겠다고 합니다. 그러나 헤롯은 이미 그리스도를 죽이기로 마음먹었습니다. 실제로 박사들은 하나님의 계시로 헤롯에게 돌아가지 않았고, 곧장 자신들의 고국으로 돌아갔습니다. 그 사실을 안 헤롯은 두 살 아래의 사내아이들을 죽입니다(마 2:16). 애굽의 바로가 히브리 남자아이들을 하수에 던지라는 명령을 내린 것과 같은 모습입니다. 헤롯은 바로처럼 되었습니다.

　이방의 박사들은 참 왕에게 예배하러 왔습니다. 그들은 예수

---

21) 헤롯 왕궁에서 소동이 일어날 수밖에 없는 역사적 배경에 대해서는 다음 책을 참고하라. 헤롯 대왕의 자녀들 사이에 아버지의 왕권을 이어받기 위한 암투가 치열했다. 헤롯 대왕 자신도 이 문제로 많은 어려움을 경험했다. 요세푸스(Flavius Josephus), 『유대전쟁사Ⅰ』, 하버드판, 성서자료연구원 역,(대구: 도서출판 일호문화사, 1997), 198~288.

님을 만나 황금과 유향과 몰약을 예물로 드렸습니다. 황금과 유향과 몰약은 왕에게 드리는 왕적 선물입니다. 동시에 이 선물들은 제사장적 선물이기도 합니다.[22] 박사들은 새 성전이신 예수님께 새로운 선물을 드림으로, 성전과 제사 제도가 변화되는 새 시대의 도래를 알립니다. 이방인의 회심은 진정한 포로 회복과 새 시대의 출현을 의미합니다(사 2:2~4, 56:3~8, 66:18~21). 박사들의 방문은 이방인이 구원으로 들어오는 새로운 시대의 개시를 알리는 표입니다.

### 예수님의 애굽 행과 나사렛 거주 | 마 2:13~23 |

박사들이 예수님께 경배하고 돌아간 뒤, 주님의 사자는 요셉에게 헤롯의 계획을 알려줍니다. 요셉은 밤에 아기와 마리아를 데리고 애굽으로 갑니다. 헤롯이 죽을 때까지 그곳에 머뭅니다. 예수님께서 애굽으로 가심으로 선지자의 말씀이 성취되었습니다. 호세아 11장 1절입니다.

"이스라엘이 어렸을 때에 내가 사랑하여 내 아들을 애굽에서 불러내었거늘"

하나님께서 이스라엘을 사랑했습니다. 이스라엘은 하나님의 아들이었습니다(출 4:22~23). 사랑하는 아들을 사단과 같은 애

---

22) 이에 대한 좀 더 구체적인 가르침은 다음 책을 참고하라. 이동수 편역, 『신약의 구속사적 연구』,(서울: 도서출판 로고스, 2002), 18~21.

굽의 권세에서 구원하셨습니다. 바로 이 말씀이 성취되었습니다. 예수님께서 애굽으로 가신 것과 이스라엘을 애굽에서 불러내신 일이 어떻게 연결됩니까? 물론, 아기 예수님은 일정 시간이 지난 후 애굽에서 다시 가나안으로 돌아옵니다. 그러나 마태복음 2장은 예수님께서 '애굽으로 가시는 것'을 보고 호세아 선지자의 말씀이 성취된 것이라 합니다. 거꾸로입니다. 애굽에서의 나옴이 아니라 애굽으로 가는 것을 두고 호세아 11장 1절을 인용했습니다.

그러므로 예수님의 애굽 행은 가나안이 애굽처럼 되었다는 암시입니다. 가나안은 약속의 땅이 아니라 애굽처럼 사단이 지배하는 곳이 되었습니다. 헤롯은 바로처럼 되었습니다. 마치 바로가 이스라엘을 노예처럼 취급하고 압제하며, 남자아이들이 태어나면 모두 나일강에 던져 죽인 것처럼, 헤롯도 아이들을 죽였습니다. 약속의 땅 가나안이 사단의 권세 아래 들어갔고, 참 백성들은 장차 그곳으로부터 탈출해야 함을 가르칩니다. 예수님 당대의 대제사장과 장로들은 헤롯과 손을 잡을 것이 아니라 메시아이시오, 참 성전이며, 하나님의 아들이신 그리스도와 함께해야 합니다. 그것이 진정한 구원의 길입니다.


예수님께서 애굽으로 가시는 것과 이스라엘을 애굽에서 불러내었다는 말씀의 또 다른 연결고리는 예수님께서 전체 이스라엘을 대표하신다는 점입니다. 호세아 11장은 분명 '이스라엘'을 불러내었다고 말씀하지, '한 사람'을 불러내었다고 말씀하지 않습니다. 그런데 마태복음 2장 15절은 예수님 한 분을 말씀합니다. 예수님께서는 진정한 이스라엘이시며 참 하나님의 아들입니다.

전체가 하나로 연결되는 신비는 하나님의 아들이라는 호칭 속에 잘 드러납니다. 이스라엘은 하나님의 아들로 불렸습니다(출 4:22~23). 후에, 다윗의 아들인 솔로몬도 하나님의 아들이 됩니다(삼하 7:14). 왕은 전체 언약 백성을 대표합니다. 왕이 죄를 범하면, 그 백성들이 벌을 받습니다. 왕이 율법을 따라 반듯하게 나라를 다스리면, 그 복이 모든 백성에게 미칩니다. 이러한 가르침은 아담을 통하여 매우 선명하게 드러납니다. 한 사람 아담으로 인해 죄가 세상에 들어옴으로 모든 사람이 죄를 지었습니다(롬 5:12). 그래서 아담은 오실 그리스도의 표상입니다(롬 5:14).

참 아들이신 예수님께서는 이스라엘과는 다릅니다. 구약의 이스라엘은 하나님의 인도와 보호로 출애굽 했지만, 곧장 우상숭배의 자리로 넘어갔습니다(호 11:2). 우상숭배의 죄를 지은 그 백성들을 하나님께서는 사랑의 줄로 이끄셨으며 먹을 양식을 제공하셨습니다(호 11:4). 이 하나님의 사랑이 예수님의 오심을 통해 온전해집니다. 아담의 불순종은 많은 사람이 죄인 되게 했습니다. 그러나 우리 주 예수 그리스도의 순종은 많은 사람이 의인으로 만듭니다(롬 5:19).

헤롯이 죽자 예수님의 가족들은 이스라엘로 돌아와 나사렛에 정착했습니다(마 2:23).[23] 주님의 나사렛 정착은 선지자의 예언 성취입니다. 마태복음 2장 23절에서 "선지자로 하신 말씀에"라고 합니다. 한글 개역성경에는 선지자를 단수처럼 번역했지만, 정확하게는 '선지자들'입니다. 여러 선지자들이 메시아가 나사렛 사람으로 불리리라고 했습니다. 바로 이 사실이 나사렛 사람이라는 말씀을 이해하는 열쇠입니다. 여러 선지자들이 말했다는 것은 나사렛 사람이라는 말이 다양한 의미를 담고 있다는 뜻이기도 합니다. 그러니 우리는 나사렛 사람이라는 호칭을 하나의 의미로 이해할 이유가 없습니다.

예수님께서 나사렛 사람으로 불리신다는 말씀의 의미는 나사렛에 대한 신약의 용례를 살펴보면 쉽게 이해됩니다. 또한, 예수님을 직접적으로 나사렛 사람으로 부르는 본문을 읽어보면 금방 그 의미를 깨닫습니다.

대체로 나사렛은 조롱이나 경멸의 대상입니다(요 1:46, 7:41~43,52). 또한, 예수님께서 고난 받으시고 십자가에 죽으실 때, 늘 나사렛이라는 지명과 예수라는 이름이 함께 언급됩니다(요 19:19~24, 행 2:22~23, 22:8). 이처럼 나사렛은 예수님의 고난과 죽음을 지시하는 대명사입니다. 실제로 여러 구약 성경은 메시아가 멸시받고 배척당할 것을 말씀하셨습니다(시편 22편, 40편, 69편, 사 42~53장의 4가지 종의 노래). 주님의 나사렛 거주는 그분이 받으실 경멸과 고난의 삶을 계시합니다.

---

23) 예수님께서 나사렛에 거주하신 의미에 대한 좀 더 자세한 설명은 다음 책을 보라. 이동수 편역, 『신약의 구속사적 연구』, 22~28.

나사렛을 나실인으로 이해하는 이들도 많습니다. 칼빈이 가장 대표적입니다.[24] 칼빈은 부써의 해석을 지지하는데, 부써는 사사기 13장 5절에서 삼손을 나실인이라 부르는 것을 마태복음 2장 23절에서 인용했다고 주장했습니다.

나실인은 '하나님께 성별된'이라는 의미입니다. 민수기 6장은 나실인의 규례를 소개합니다. 나실인은 자신의 사역을 완성할 때까지 여러 가지 규례를 지켜야 합니다. 포도주를 마시지 않는 것, 포도나무에서 난 것을 먹지 않는 것이 좋은 사례입니다. 하지만, 자신에게 주어진 직무를 완성한 뒤에는 포도주를 마십니다. 예수님께서는 진정한 나실인으로서 자신이 감당해야 할 구속의 역사를 십자가 위에서 이루셨습니다.

예수님께서 나사렛 사람으로 불리는 또 다른 견해는 이사야 11장과 연결하여 해석하는 것입니다. 나사렛은 히브리어의 '가지'(네쩨르)와 발음상 가장 유사하기 때문입니다. 이사야 11장 1절은 "이새의 줄기에서 한 싹이 나며 그 뿌리에서 한 가지가 나서 결실할 것이요"라고 합니다. 여기 "한 가지"가 그다음 절에서 여러 가지 사역을 행한다고 소개되었습니다. 이사야 11장 2~5절은 그 가지에 성령님께서 강림하시고, 그 가지가 재판관으로서 판결하는 권세를 가졌다고 말씀합니다. 실로 성령님께서는 예수님께 강림하셨고, 예수님께서는 성령님으로 충만하셨으며, 공의로 언약 백성들을 심판하셨습니다. 그리하여 대적들

---

24) 칼빈(John Calvin), 『성경주석: 공관복음 Ⅰ, Ⅱ』, 존 칼빈 성경주석 출판위원회 편역,(서울: 성서원, 1999), 171~173.

을 무너뜨리시고 자기 백성을 구원하여 하나님 나라의 백성으로 삼으셨습니다. 주님은 참으로 이새의 줄기에서 난 싹이며 그 뿌리에서 나신 가지입니다.

### 결례를 행하시는 예수님 | 눅 2:21~24 |

누가복음 2장 21~24절은 예수님의 탄생과 관련한 결례를 말씀합니다. 세 가지 결례가 시행되는데, 할례받음, 초태생을 드리는 예식, 그리고 육신의 어머니 마리아의 산후 정결예식입니다. 예수님께서는 철저하게 율법을 지키셨습니다. 율법은 선합니다(롬 7:12). 예수님께서 결례를 행하여 율법을 지킴으로 율법을 완성하셨습니다. 그러므로 예수님께서는 율법의 마침이 되셨습니다(롬 10:4).

주님의 탄생과 관련한 세 가지 결례는 각각 고유한 의미를 갖습니다. 할례는 언약의 표징입니다(창 17:11). 표징이라는 말은 표(sign) 혹은 기호(banner)라는 뜻입니다.[25] 하나님의 언약을 받아들이며 신뢰한다는 표가 할례입니다. 옛 언약 백성들에게 할례는 믿음의 가장 강력한 증거였습니다. 그래서 할례를 행하지 않으면 그 백성 중에서 끊어집니다(창 17:14).[26]

---

25) 신약 성경에서는 이 용어가 주로 "표적"($\sigma\eta\mu\varepsilon\hat{\imath}o\nu$)으로 번역된다(마 12:38, 16:1,3, 24:3,24,30, 26:48, 막 8:11, 13:4,22, 16:17,20, 눅 2:12,34, 11:16,29,30, 21:7,11,25, 요 2:11,18,23, 3:2, 4:48,54, 6:2,14,26,30, 7:31, 9:16, 10:41, 11:47, 12:18,37, 20:30).

26) 바로 이러한 측면에서 구약 이스라엘 백성은 혈통적이지 않다. 아브라함이 언약의 징표인 할례를 받을 때 그에게 혈통은 이스마엘밖에 없었다. 처음부터

아브라함 집 사람 모두가 할례를 행함으로 언약 백성으로서의 자격을 얻었습니다. 아브라함에게 하신 하나님의 약속의 내용은 무엇입니까? 큰 민족, 복의 근원, 땅입니다. 세 가지를 종합하면 '나라'입니다. 아브라함 언약의 핵심은 '하나님 나라'입니다. 이 언약의 내용을 받아들이며 신뢰한다는 표가 할례입니다.

예수님께서 할례 받으셨다는 사실은 바로 이 언약을 받아들인다는 의미입니다. 누가복음 2장 21절은 주님의 할례와 이름 지음을 동시에 말씀합니다. "예수"라는 이름은 '저가 자기 백성을 저희 죄에서 구원할 자'라는 뜻입니다. 예수님께서 이루실 대속 사역과 할례를 연결함으로 주님이야말로 언약의 중보자이면서 완성자임을 강조합니다. 주님의 할례 받으심은 결코 건너뛸 수 없는 구속역사의 중요한 한 과정입니다.

예수님의 육신의 부모는 초태생을 드리는 규례도 지킵니다. 초태생을 드리는 규례는 유월절에서 출발합니다. 출애굽 전날 밤에, 하나님은 이스라엘 백성들에게 양을 잡아 그 피를 문설주에 바르도록 명령합니다. 피를 바르지 않은 집은 하나님의 사자들이 들어가 처음 난 것을 모두 죽였습니다. 백성들은 순종하여 피를 문에 발랐고, 그날 밤에 천사들은 피가 있는 집을 건너갔습니다(The Passover). 애굽 전역에 슬픔과 통곡이 넘쳤습니다. 애굽의 초태생들은 죽었습니다. 이스라엘 초태생은 아무도 죽

---

이스라엘은 하나님의 약속을 신뢰하는 믿음으로 이루어진 거룩한 하나님 나라였다.

지 않았습니다. 엄밀하게 말하면, 이스라엘의 초태생들은 양의 피 흘림을 통해 살았습니다. 그러니 실상은 그들도 죽었다 살아났습니다. 죽음에서 부활로 옮겨갔습니다.

이후, 이 제도는 이스라엘 열두 지파 중 한 지파를 하나님께 온전히 드림으로 더욱 확대되었습니다. 하나님께서는 모든 백성의 첫 아이(그리고 첫 짐승)를 첫 유월절에 거룩히 구별하여 살리셨습니다. 하나님께서는 자기 백성들에게 베푸신 이 구원의 비밀을 레위인을 구별하는 제도 속에 심어두셨습니다. 이러한 이유로 레위인들은 모두 하나님의 것입니다(민 3:11~13).

유월절에 죽은 양과 레위인은 모두 하나님의 것입니다. 이스라엘 백성들은 첫 아이를 위해 제사를 드림으로 자신의 삶 모두가 하나님의 것임을 고백하며 그 신앙으로 살아갑니다. 백성들을 대신하여 드려진 레위인들의 삶은 늘 성막과 성전에 집중됩니다. 레위인들의 삶은 하나님께 드려진 삶입니다. 그러므로 초태생 규례는 다중적 의미를 지닙니다. 유월절의 기본적 의미인 죽음을 넘어 부활이라는 신비, 양의 피 흘림을 통한 대속, 처음 난 자를 대신하여 드려진 레위인이 구별되어 하나님의 것이 되는 은혜가 초태생 규례에 모두 포함됩니다.

예수님께서 이 규례를 지키심으로 하나님의 구원역사를 온전히 성취할 것을 미리 보여주셨습니다. 예수님께서는 하나님의 백성 모두를 대신하는 장자가 되셔서 친히 자신을 드렸고, 제사장이 되셔서 중보자가 되셨으며, 피 흘림으로 자기 백성들의 죄를 대신 지셨습니다. 초태생 규례를 지키신 주님은 장차 자신이 이루어야 할 놀라운 구속의 은혜를 미리 계시하셨습니다.

마리아는 산후 결례 예식도 지켰습니다. 자녀를 출산한 산모
는 일정기간이 지난 뒤 제사장에게 가서 제사를 드림으로 정결
하게 되었습니다(참고, 레위기 12장). 산모가 남아를 출산하면 7
일 동안 부정하고, 제8일에 아이에게 할례를 행하며, 33일이 지
난 후 산혈이 깨끗해집니다. 여아가 태어나면, 산모는 7일 동안
부정하고 66일이 지난 후 깨끗해집니다. 마리아가 이 규례도 온
전히 지킴으로 예수님께서 율법아래 태어났음을 가르칩니다.

그런데 누가복음은 여기에서 한 걸음 더 나아갑니다. 곧, 각
종 율법을 지키는 것을 시므온과 안나가 예수님을 만나 찬송하
는 것을 연결했습니다. 시므온은 예수님께서 이방을 비추는 빛
과 이스라엘의 영광이라고 찬송합니다(눅 2:32). 선지자 안나는
예수님께서 예루살렘의 구속을 기다리는 모든 이들에게 구속자
이심을 말씀합니다.[27]

### 예수님의 어린 시절 | 눅 2:41~52 |

예수님의 어린 시절에 대한 기록은 누가복음에만 나옵니다.
예수님의 부모는 신실한 사람들이었기에 율법을 따라 살았습니

---

27) 선지자 안나는 아셀 지파 출신으로 결혼 7년에 남편이 죽고 84년 동안 과부
로 살았다. 그녀가 성전에서 기도 중에 예수님에 대해 말한다. 그녀의 84년
의 과부 생활은 안식년이 12번이나 지났다는 뜻이다. 그녀가 84년 동안 남
편 없는 과부였듯이 이스라엘도 남편 없는 과부처럼 살았다. 그러나 드디어
참 신랑이 등장하신다.

다. 그들은 해마다 예루살렘으로 가서 유월절을 지켰습니다. 예수님께서 12세가 될 때도 그리했습니다. 절기를 지키고 돌아올 때, 예수님께서는 부모와 동행치 않으셨습니다. 부모는 3일이 지나서야 예수님을 성전에서 만났습니다. 그곳에서의 대화가 매우 의미심장합니다.

이 일 역시 예수님의 오심이 어떤 의미인지를 알려줍니다. 이 본문에서 세 가지 핵심 단어는 유월절, 12살, 예수님의 답변입니다. 유월절은 출애굽에서 기원한 절기입니다. 양의 피는 생명과 사망을 가르는 표였습니다. 세례 요한은 예수님을 보고 세상 죄를 지고 가는 하나님의 어린양이라 했습니다(요 1:29,36). 예수님께서는 유월절에 십자가에서 죽으셨습니다(마 26:2, 요 12:1, 13:1). 실로 예수님께서는 우리의 유월절 양이십니다(고전 5:7).

주님께서 유월절 절기를 친히 지킴으로 율법을 완성하셨습니다. 동시에 유월절의 원래 의미를 더욱 풍성케 하셨습니다. 주님의 탄생과 어린 시절은 구속역사의 한 부분입니다. 어떤 이들은 예수님의 어린 시절에 대해 별 의미가 없는 것처럼 말합니다. 그러나 예수님의 어린 시절 역시 우리의 구원을 위해 꼭 필요합니다. 예수님께서는 친히 인간이 되셔서 죄인들의 죄를 대신 지셨습니다.

이 일은 유월절과 더불어 주님의 나이 12세에 일어났습니다.[28] 열한 살이나 열세 살이 아니라 12살에 일어난 일을 기록한 것은

---

28) 성경에 기록된 숫자 11,12,13에 대해서는 다음 책을 참고하라. 권기현, 『예수 그리스도의 사도』,(경산: 도서출판 R&F, 2022), 219~256.

성령님의 뜻입니다. 숫자 12는 누가 보아도 이스라엘 12지파를 의미합니다. 곧, 어린 예수님께서는 이미 이스라엘 12지파를 대표하시는 분이십니다. 실패한 옛 언약 백성들을 대신하여 예수님께서는 하나님의 구속역사를 이루어 가십니다.

덧붙여 부모님이 예수님을 잃어버리고 3일 뒤에 성전에서 만납니다. 3일간의 잃어버림과 재회는 우연히 일어난 것이 아닙니다. 표적을 구하는 이들을 향하여 예수님께서는 요나의 표적을 말씀하셨고, 요나가 큰 물고기 뱃속에서 3일을 보낸 것과 자신의 죽음을 연결했습니다(마 12:40).

부모님은 예수님을 성전에서 만났습니다. 12살의 예수님께서는 율법 선생들과 묻고 답합니다. 듣는 자들은 그 지혜와 대답을 기이하게 여깁니다. 어머니가 많이 걱정했다고 말하자 돌아온 대답이 의미심장합니다. "어찌하여 나를 찾으셨나이까 내가 내 아버지의 집에 있어야 될 줄을 알지 못하셨나이까"(49절). 성전을 "내 아버지의 집"이라 말씀하셨습니다. 물론 이를 전혀 다르게 번역할 수 있습니다. '내 아버지의 일'입니다. 헬라어 성경에는 '집'이라는 단어가 없습니다. 한글 성경을 포함하여 많은 성경이 의역했습니다. '아버지의 일'이나 '아버지의 집'이나 그 의미는 같습니다. 아버지의 일은 아버지의 집에서 시작됩니다. 더 중요한 것은 성전에서 '아버지'의 일을 행하는 것입니다. 12살 예수님께서는 이미 자신에게 주어진 구속역사의 의미와 무게를 아셨습니다.

복습을 위한 질문

1. 가이사 아구스도의 명령으로 요셉과 마리아는 베들레헴을 방문합니다. 예수님께서는 베들레헴에서 탄생하셨습니다. 가이사의 명령과 예수님의 베들레헴 탄생을 통해 배워야 할 교훈은 무엇입니까?

2. 성막과 성전은 하나님의 영광으로 가득했지만, 바벨론 포로를 기점으로 하나님의 영광이 떠납니다. 이러한 측면에서 목자들에게 주의 영광이 비춘 것은 어떤 의미를 담고 있습니까?

3. 동방의 박사들이 예수님을 찾아 예루살렘에 온 목적은 무엇입니까? 이를 통해 박사들은 믿음의 사람들임을 짐작합니다. 그들이 복음을 듣게 된 역사적 배경은 무엇입니까?

4. 동방의 박사들은 예수님께 경배하지만 헤롯은 두 살 미만의 아이들을 죽입니다. 헤롯의 행동과 애굽 왕 바로의 행동을 비교함으로 얻는 가르침은 무엇입니까?

5. 마태복음은 예수님의 애굽 행을 호세아 11장 1절의 성취라고 말씀합니다. 이 사실을 통해 언약 백성을 어떻게 평가해야 합니까?

6. 마태복음 2장 23절은 예수님께서 나사렛 사람으로 불릴 것이라 말씀합니다. 이를 해석하는 세 가지 견해를 정리해 보고, 그것을 근거로 예수님의 사역을 정리해 보세요.

7. 누가복음은 예수님의 탄생과 세 가지 결례를 연결합니다. 이를 통해 예수님의 탄생이 주는 의미는 무엇입니까?

8. 예수님께서 열두 살 때 일어난 사건의 의미를 '유월절', '열두 살', '주님의 답변'과 관련하여 정리해 보세요.

# 제2부

# 예수님의 행적

Shining Kingdom of God Being Built on the Ruins

# 제3장

# 세례와 시험 그리고 제자들을 부르심

## 세례 받으신 예수님

### (1) 세례의 기본적 의미

예수님의 세례와 시험받으심은 예수님께서 자기 백성을 대신하여 구원을 이루신 대표적 사역 중 하나입니다. 마태와 마가는 두 사건을 서로 연결하여 기록했습니다(마 3:13~4:11, 막 1:9~13). 두 사건이지만 하나의 여정처럼 다룹니다. 마치 옛 이스라엘 백성들이 홍해를 건너고 광야를 통과한 것처럼, 예수님께서도 동일한 여정을 지나셨습니다.

누가복음은 조금 독특합니다. 예수님의 세례 받음과 시험받으신 사건 사이에 긴 족보를 배치했습니다(눅 3:21~4:13). 누가복음 본문의 두 절이 세례 사건, 열세 절이 시험받으심, 열여섯 절이 족보입니다. 분량을 기준으로 보면, 누가복음의 강조는 족보입니다. 곧, 누가복음은 예수님께서 하나님의 아들이심을 강조하면서 세례와 시험을 말씀합니다.

요한복음은 세례와 시험받으심을 특이하게 다룹니다. 요한복음은 여섯 절을 할애하여 세례 받으심을 말씀하고, 시험받으신 사건은 기록하지 않았습니다(요 1:29~34). 요한복음은 세례 요한의 증언 형식으로 주님의 세례 받으심을 소개합니다.

각 복음서가 주님의 세례와 시험받으신 사건을 조금씩 다른 방식으로 기록한 것은 강조하는 바가 각기 다르기 때문입니다. 예수님의 세례 받으심의 의미를 생각기에 앞서 세례의 기본적 의미를 간략히 살피겠습니다.

바울은 골로새 교회가 예수님 안에서 손으로 하지 않은 할례를 받았다고 했고, 그 할례가 "그리스도의 할례"라고 가르쳤습니다. 이어 그 그리스도의 할례를 세례로 설명합니다(골 2:11~12). 그리스도의 할례가 어떻게 세례와 연결될까요? 원래 할례는 하나님의 언약을 신뢰하며 수납한다는 표였습니다(창 17:1~14). 할례는 하나님의 약속을 믿는다는 표였습니다. 그 약속(아브라함 당대에는 큰 민족, 땅, 복의 근원)은 예수님을 통하여 온전히 성취되었습니다. 예수님께서는 약속을 믿는 표인 할례를 스스로 온전케 하셨습니다. 예수님께서는 하나님의 약속을 어떻게 온전히 성취하셨습니까? 죽음으로 온전히 성취하셨습니다. 이 그리스도의 죽음이 옛 언약 아래에서 주어진 하나님의 왕국 건설의 초석이 되었습니다. 그래서 마가복음은 예수님의 죽음을 세례로 설명하기도 합니다(막 10:35~45). 바로 이것, 예수님의 죽음이 그리스도의 할례입니다. 그러므로 세례는 하나님의 약속을 예수 그리스도께서 완전히 성취하셨다는 사실을 믿음으로 받아들인다는 외적인 표입니다.

그리스도와 할례의 관계를 이렇게 이해하고 나면, 왜 사도들이 각기 다른 구약 사건으로 세례를 설명하는지 쉽게 이해할 수 있습니다. 사도 바울은 옛 언약 백성들이 모세에게 속하여 다 구름과 바다에서 세례를 받았다고 합니다(고전 10:1~2). 사도 베드로 역시 노아 홍수 사건에서 물이 세례라 말합니다(벧전 3:21). 세례의 의미가 두 사도의 가르침 속에 선명히 드러납니다. 바로의 군대는 죽고 이스라엘은 생명을 얻었습니다. 노아의 여덟 식구 외에 모든 인류가 사망했습니다. 이처럼 세례는 죄와 비참에서 건짐 받아 영생으로 옮겨진 표입니다. 사단의 권세에서 해방되어 하나님의 나라 백성이 되었다는 표입니다. 세례는 구원의 표입니다. 약속의 말씀을 믿지 않은 이들은 모두 죽었고, 언약을 굳게 믿은 이들은 모두 생명을 얻었습니다. 세례는 죽음을 넘어 새 생명을 얻은 표입니다.

이렇게 세례가 너무나 중요하기에, 주님께서는 사도들에게 모든 족속으로 제자를 삼아 삼위 하나님의 이름으로 세례를 주라고 명령하셨습니다(마 28:18~20). 제자 삼으라는 말씀은 교회를 세우라는 뜻입니다(행 2:38,41). 말씀과 성례는 교회 건설의 두 축입니다. 그러므로 세례가 없으면 교회가 세워지지 않습니다.

세례는 새 언약의 표입니다.[29] 그래서 세례 받음으로 언약 공동체인 교회 회원이 됩니다.

예수님께서 세례 요한으로부터 세례 받음으로 장차 하늘 백성이 될 모든 이들의 터가 되셨습니다. 주님의 세례 받음은 죄인인 자기 백성들의 대속을 위한 사랑의 증거였습니다. 그래서 주님은 세례 요한에게 "이와 같이 하여 모든 의를 이루는 것이 합당하니라"라고 하셨습니다(마 3:15). 주님의 세례 받음이 자기 백성들의 세례 받음의 모범이지만, 그보다 더 심오한 가르침과 의미도 담겨 있습니다. 이제 그 내용을 좀 더 구체적으로 살피겠습니다.

### (2) 성령님께서 예수님에게 임함

주님께서 세례 받으실 때, 두 가지 놀라운 일이 일어났습니다. 성령님의 임재(마 3:16, 막 1:10, 눅 3:21~22)와 하늘에서 난 소리입니다(마 3:17, 막 1:11, 눅 3:22). 이 둘은 주님의 세례를 이해하는 열쇠입니다.

성령님께서 비둘기처럼 예수님께 임했습니다. 성령님의 임하심은 이사야의 예언과 관련됩니다. 이사야 61장과 11장입니다. 예수님께서 나사렛 회당에서 이사야 61장을 친히 읽으시고, "이 글이 오늘날 너희 귀에 응하였느니라"라고 말씀하셨습니다(눅

---

29) 바로 이러한 측면에서 세례는 구약의 할례와 같은 기능을 한다. 할례는 언약의 표였으며, 이 표가 없으면 하나님의 백성이 되지 못한다(창 17:14).

4:16~21, 사 61:1~2).[30] 이사야 61장은 예수님께서 성령님을 받으심으로 희년과 보복의 날이 온다고 예언했습니다. 곧, 진정한 포로 회복입니다. 이사야 11장은 예수님의 세례 받음과 좀 더 직접적으로 연결됩니다.

"이새의 줄기에서 한 싹이 나며 그 뿌리에서 한 가지가 나서 결실할 것이요 여호와의 신 곧 지혜와 총명의 신이요 모략과 재능의 신이요 지식과 여호와를 경외하는 신이 그 위에 강림하시리니"(사 11:1~2)

이새의 줄기에서 한 싹이 납니다. 뿌리에서 한 가지가 나서 결실합니다. 이새는 다윗의 아버지입니다. 곧, 다윗 왕가에서 지속적으로 왕이 등장하여 나라를 건강하게 세울 것을 말씀합니다. 이사야가 예언하던 시기는 유다 왕국이 그들의 죄로 인

---

30) "주 여호와의 신이 내게 임하셨으니 이는 여호와께서 내게 기름을 부으사 가난한 자에게 아름다운 소식을 전하게 하려 하심이라 나를 보내사 마음이 상한 자를 고치며 포로 된 자에게 자유를, 갇힌 자에게 놓임을 전파하며 여호와의 은혜의 해와 우리 하나님의 신원의 날을 전파하여 모든 슬픈 자를 위로하되"(사 61:1~2). 이사야 61장은 메시아를 예언하며, 성령님의 임하심과 기름 부음 받음을 연결한다. 예수님께서는 이 본문을 인용하시며 메시아의 때가 왔음을 선포하셨다. 먼저 성령님께서 임하신 메시아 자신을 통해 왕, 제사장, 선지자로서의 사역이 시작되었음을 선언하셨다. 또한, 이를 "여호와의 은혜의 해"라고 하셨다. 이는 이사야 본문의 "여호와의 은혜의 해와 우리 하나님의 신원의 날"의 인용이다. 곧, 희년과 보복의 날을 의미한다. 완전한 포로 회복이다. 사단의 권세에서 해방되어 하나님 나라로 옮겨지는 날이 왔다는 뜻이다.

해 나라의 근간이 흔들릴 때입니다. 그러나 히스기야의 등장으로 개혁운동이 일어나 왕국은 회복을 맛봅니다. 그 후, 므낫세의 등장으로 개혁이 일어나 유다 왕국은 멸망이 확정됩니다(렘 15:4). 요시야의 등장으로 개혁을 통하여 조금 회복을 맛보지만 역부족이었습니다. 요시야 이후의 왕들은 악하였고 결국, 유다는 바벨론에 의해 멸망했습니다. 70년 후, 포로 생활을 마감하고 다윗의 씨에서 스룹바벨이 납니다. 그가 성전을 재건합니다. 그럼에도 불구하고 그 역시 온전한 회복을 이루지 못합니다.

히스기야, 요시야, 스룹바벨은 모두 오실 "싹"과 "가지"의 그림자입니다. 실체는 바로 예수님이십니다. 그 예수님께 여호와의 신이 임합니다. 예수님의 세례 받음은 바로 이 예언의 성취입니다. 예수님께서는 진실로 이새의 줄기에서 난 "싹"이며 뿌리에서 난 "가지"입니다. 주님이 성령님을 받음으로 새로운 시대가 열립니다.

"이는 물이 바다를 덮음같이 여호와를 아는 지식이 세상에 충만할 것임이니라"(사 11:9)

여호와를 아는 지식이 세상에 충만한 시대가 옵니다. 새 시대가 옵니다. 곧, 새 언약의 성취입니다. 새 언약이 무엇입니까? "내가 나의 법을 그들의 속에 두며 그 마음에 기록하여 나는 그들의 하나님이 되고 그들은 내 백성이 될 것이라"라는 약속입니다(렘 31:33). 이는 성령님께서 오심으로 완성됩니다. 에스겔도 같은 내용을 예언했습니다. "새 마음을 너희에게 주되"라고 하였고, "부드러운 마음을 줄 것이며"라고 했습니다. 이는 새 영이신 성령님의 사역을 의미합니다(겔 36:26). 새 언약은 옛 언약처럼 돌판에 기록되지 않았습니다. "내 법을 저희 생각에 두고 저희 마음에 이것을 기록하리라"라는 것입니다(히 8:10, 10:15~18). 새 언약의 시대는 물이 바다를 덮음같이 여호와를 아는 지식이 세상에 충만한 시대입니다. 왜냐하면, 인간의 능력이나 힘이 아니라 성령님께서 진리의 영이 되셔서 자기 백성들을 깨우치며 믿음을 주시기 때문입니다.

예수님께서 세례 받으실 때 임하신 성령님은 다른 신이 아닙니다. 그 신은 여호와의 신 곧, 지혜와 총명의 신이요, 모략과 재능의 신이요, 지식과 여호와를 경외하는 신입니다(사 11:2). 예수님께서는 자기 백성들을 대신·대표하여 세례 받으셨습니다. 더불어 세례 때에, 성령님께서 임하심으로 새 언약이 성취되어, 옛 언약 백성과 이방인이 함께 새로운 나라를 건설할, 새 시대를 여셨습니다.[31] 예수님께서 세례 받으실 때, 성령님의 임재는 옛 언약 백성들이 고대하던 하나님의 왕국 건설이 시작했다는 표입니다.

---

31) 이사야 11장 1~2절에서 메시아는 이새의 줄기와 뿌리에서 나신다고 했다. 이어 그에게 성령님께서 임하신다. 바로 그때에 이리와 어린 양이 함께 거하고, 표범이 어린 염소와 함께 누우며 송아지와 어린 사자와 살진 짐승이 함께 있어 어린아이에게 끌리는 시대가 온다. 이는 예수님의 재림이 아니라 초림으로 시작된 하나님 나라를 의미한다. 칼빈은 이를 문자적으로 이해하기보다 사람들에 대한 비유적 표현으로 해석했다. 칼빈, 『성경주석: 이사야 Ⅰ, 시편 Ⅴ』, 387~391.

### (3) 하늘에서 난 소리

하늘에서 소리가 들렸습니다. 그것은 강력한 선언이었습니다. "이는 내 사랑하는 아들이요 내 기뻐하는 자라 하시니라"(마 3:17, 막 1:11, 눅 3:22). 예수님께서는 하나님 아버지의 사랑하는 아들입니다.[32] 주님의 아들 됨과 기뻐하는 자라는 선언은 구약성경의 인용입니다.

"내 사랑하는 아들"이라는 말씀은 시편 2편 7절을, "내 기뻐하는 자"라는 말씀은 이사야 42장 1절의 인용입니다. 근본적으로 하나님의 아들 됨은 사람 창조와 무관하지 않습니다. 하나님의 아들 됨은 '하나님의 형상' 개념과 깊이 연결됩니다. 아담이 자기 모양과 형상과 같은 아들을 낳았습니다(창 5:3). '자기 모양과 형상'이라는 표현은 하나님께서 사람을 지을 때 쓰였습니다(창 1:26~28). 그러니 사람이 하나님의 형상과 모양으로 창조되었다는 말씀은 사람이 하나님의 아들임을 넌지시 암시합니다. 이 면에서 누가복음 3장이 세례 사건 이후에 족보를 기록하고, 마지막 구절에서 하나님을 언급한 것은 아주 인상적입니다.

"그 이상은 아담이요 그 이상은 하나님이시니라"(눅 3:38)

---

32) "사랑하는 아들"이라는 표현은 삼위 하나님께서 영원 전부터 서로 사랑하는 관계였음을 알려준다(요 17:24). 동시에 이 표현은 쌍방 간에 언약이 맺어졌음을 선언하는 전형적인 방식이다. 요나단은 다윗을 자기 생명처럼 사랑하여 언약을 맺었다(삼상 18:3, 20:16~17). 예수님께서 니고데모와의 대화에서 "하나님이 세상을 이처럼 사랑하사 독생자를 주셨으니"라고 하셨는데, 이는 하나님과 세상(온 우주가 아니라 언약 공동체)이 언약을 맺었고, 그에 대한 책무를 다하기 위해 독생자를 주신 것으로 이해해야 한다.

아담과 하나님의 관계가 부자 관계처럼 표현되었습니다. 더 넓은 측면에서 예수님께서 하나님의 아들이심을 강조합니다. 누가복음 3장의 족보는 예수님께서 하나님의 아들로 오셨고, 그분이야말로 하나님의 진정한 형상임을 강조합니다(참고, 골 1:15). 한 걸음 더 나아가 하나님으로부터 예수님에 이르는 과정에 등장하는 인물들은 모두 언약 백성들입니다. 곧, 이스라엘이 하나님의 아들들입니다.

출애굽기에서 이스라엘 백성은 하나님의 아들로 등장합니다. 출애굽을 준비하는 모세를 향하여 하나님께서는 "이스라엘은 내 아들 내 장자라"고 하셨습니다(출 4:22). 그러므로 하나님의 아들들(이스라엘 백성들)의 출애굽은 그들의 정체성을 규정하는 획기적인 사건입니다. 출애굽은 애굽 곧 함의 땅에서 해방되어 약속의 땅에 들어가는 구원의 여정입니다. 애굽은 노아의 아들 함의 후손들이 거하는 곳입니다(시 78:51, 105:23,27, 106:22). 당대의 의인이요, 완전한 자이며, 구원자인 노아로부터 저주 받은 아들이 함입니다(창 6:9, 9:20~27). 함의 후손인 니므롯은 바벨 운동의 주동자였습니다(창 11:1~9, 10:6~14). 실제로 요셉이 죽고 난 뒤, 애굽은 사단의 왕국이 되었습니다.

그 사단의 왕국에서 아브라함의 후손들이 탈출합니다. 아브라함의 후손들은 사단의 왕국에서 노예처럼 살았고, 그 고통을 하나님께서 들으셨습니다. 무엇보다도 하나님께서는 아브라함과 이삭과 야곱에게 하신 "언약"을 기억하셨습니다(출 2:24). 하나님의 아들들이 출애굽 한 사건은 하나님의 왕국 건설을 위한 출발점이었습니다. 그래서 시내산에서 아들들인 이스라엘과 언약을 맺으시면서 "제사장 나라가 되며 거룩한 백성이 되리라"고 선언하셨습니다(출 19:6). 그러므로 아들 됨은 하나님의 왕국 건설이라는 위대한 사명을 받았다는 표이요, 그 사명을 시작한다는 표입니다.

　이는 다윗 언약에서 더 분명해집니다. 하나님께서는 다윗과 언약을 맺으면서 "네 몸에서 날 자식을 네 뒤에 세워 그 나라를 견고케 하리라"라고 하셨습니다(삼하 7:12). 이어 그 아들이 "내 이름을 위하여 집을 건축"한다고 말씀한 후, "나는 그 아비가 되고 그는 내 아들이 되리니"라고 하셨습니다(삼하 7:13~14). 다윗의 뒤를 이은 왕은 솔로몬입니다. 솔로몬은 하나님과 부자(父子) 관계를 맺었습니다.

　그러므로 아들 됨은 집을 건축하는 일과 자연스럽게 연결됩니다. 이 집은 다름 아니라 성전입니다. 성전은 하나님의 집입니다. 아들은 하나님의 집을 지을 사명을 받았습니다. 그래서 솔로몬은 그 일을 충실히 수행합니다(왕상 6:1).[33] 이삭을 제물로 드

---

33) 솔로몬이 성전을 건축하기 시작했다는 열왕기상 6장 1절은 다른 의미도 담고 있다. 곧, 출애굽과 왕적 사역이 서로 연결되었다는 점이다. 왕이 성전 건축을 언제 시작했느냐는 내용은 출애굽 연도와 서로 연동되어 있다. 출애굽은 왕국을 세우는 출발점이요, 왕국 건설은 새 언약 백성들에게 주어진 책무이다. 그러므로 예수님께서는 새 언약 백성들을 불러 모아 그들과 더불어 새로운 나라인 교회를 건설한다.

렸던 모리아산에 성전이 건축되었습니다(대하 3:1). 모리아산은 아브라함의 씨가 대적의 문을 얻는다는 약속이 주어진 바로 그 장소입니다(창 22:17). 성전은 사단의 가장 강력한 권세인 죽음의 저주를 해결하는 유일한 공간입니다. 짐승의 피가 백성들을 대신하여 흘려짐으로 죄가 사라집니다. 그곳이 바로 성전입니다. 사단 곧, 대적의 문을 얻는 일은 성전에서 출발합니다.

출애굽기 4장과 사무엘하 7장을 통하여 아들 됨은 이스라엘 전체와 왕에게 주어진 신분임을 알게 됩니다. 시편 2편 7절은 바로 이러한 내용을 배경으로 합니다. 흔히, 시편 2편을 왕위즉위식에서 부르는 찬송이라 합니다. 하나님께서 왕을 거룩한 산 시온에 세웁니다(시 2:6). 그리고 그 왕을 향하여 "너는 내 아들이라 오늘날 내가 너를 낳았도다"라고 선언합니다(시 2:7). 열방과 세상의 군왕들이 기름 부음 받은 왕을 대적하지만, 그 공격은 무용지물입니다. 오히려 기름 부어 세우신 왕이 열방과 세상의 군왕들을 철장으로 깨뜨리며 질그릇처럼 부숩니다. 시편 2편을 한마디로 표현하면, 하나님께서 세우신 왕이 대적을 철저히 부술 것이니, 대적들은 그분에게 복종하며 입맞춤으로 복된 길을 선택하라는 것입니다. 세례를 통하여 예수님께서는 바로 그 아들 – 왕으로 선포되셨습니다.

그러니 예수님께서 세례 받으실 때, 내 사랑하는 아들이라는 선언은 단순한 부자 관계의 선언이 아닙니다.[34] 이는 하나님과의 부자 관계를 넘어, 예수님께서 하나님의 집을 건축할 합법적인 자격을 지녔다는 선포입니다. 하나님과의 관계를 규정할 뿐만 아니라 예수님께서 이루실 사역의 성격까지도 알려줍니다. 주님은 실패한 이스라엘을 대신하여 새롭게 하나님의 왕국을 건설할 분이십니다.

"내 사랑하는 아들"이라는 소리와 함께 "내 기뻐하는 자라"라는 말씀도 선언되었습니다. 이사야 42장 1절의 인용입니다. 이사야 42장은 이사야 40장부터 시작되는 포로 회복 예언의 한 부분입니다. 유다 백성들이 바벨론에 포로로 잡혀갔습니다. 70년이 지난 뒤에 그들은 다시 본국으로 귀환합니다. 포로 귀환 예언이 이사야 40장부터 시작됩니다. 42장은 '여호와의 종'에 대한 첫 번째 말씀입니다.

"내가 붙드는 나의 종, 내 마음에 기뻐하는 나의 택한 사람을 보라 내가 나의 신을 그에게 주었은즉 그가 이방에 공의를 베풀리라"(사 42:1)

---

34) "이는 내 사랑하는 아들이요"라는 선언은 언약 체결 예식에서 중요한 의미를 지닌다. 이는 전형적인 언약 용어인데, 우리는 이를 관계 규명이라 한다. 시내산 언약에서 하나님께서는 이스라엘을 자신의 소유로 삼았고, 제사장 나라와 거룩한 백성이 될 것이라 하셨다. 이것이 바로 관계 규명이다. 예수님께서 이제 하나님과 언약을 맺었고, 그것을 온 세상에 알린다. 그러므로 주님의 세례 받음은 공적 사역이 시작되었다는 공적 선언이다.

"내 마음에 기뻐하는 나의 택한 사람"이라는 말씀이 주님의 세례 받으심에서도 울려 퍼졌습니다. 그는 여호와의 종입니다. 그러나 왕 같은 종입니다. 이사야 42장에서 종은 이방에 공의를 베풀며, 상한 갈대를 꺾지 않고, 꺼져가는 등불을 끄지 않으시는 분입니다(사 42:3). 여호와 하나님께서는 이 종을 "백성의 언약과 이방의 빛"이 되게 하신다고 말씀하셨습니다(사 42:6). 백성의 언약과 이방의 빛인 종은 소경의 눈을 밝히며 갇힌 자를 이끌어 내고, 흑암에 처한 자를 옥에서 나오게 합니다(사 42:7). 바로 포로 회복에 대한 예언입니다.

여호와의 종이신 예수님께서는 실제로 사단의 권세 아래 포로로 잡혀 있는 이들을 해방시켜 새 생명을 주십니다. 주님의 세례 사건은 바로 이 점을 가르칩니다. 세례 사건과 광야에서 사단에게 시험받으시는 사건이 서로 긴밀하게 연결된 이유이기도 합니다. 주님의 공생애 사역은 사단에게 포로된 그분의 백성들을 불러내어 하나님의 왕국 백성이 되게 하시는 것이었습니다.

이러한 주님의 사역은 생애 내내 역동적으로 이루어졌습니다. 산상보훈에서 "다만 악에서 구하옵소서"라고 기도해야 된다고 가르치셨고(마 6:13), 백성들이 구하고 찾고 두드릴 때, 성령님을 선물로 받는다고도 말씀하셨습니다(마 7:7~11, 눅 11:9~13).[35] 또한, 귀신 들린 자를 고침으로 사단의 권세에서 해방시켜 자유를 주셨습니다(마 8:28~34). 각종 병자를 고치시며, 심지어 죽은

---

35) 구하고 찾고 두드리라는 말씀은 예레미야 29장 12~13절의 인용이다. 이 본문은 바로 포로 회복에 대한 핵심적인 구절이다(렘 29:10~14).

자를 살림으로 진정한 포로 회복을 이루셨습니다(마 9:18~26, 마 12:17~21).

예수님께서는 죄인들을 구원하시려고 친히 세례를 받으셨습니다. 주님의 세례 받음은 스스로 메시아임을 증거한 것이요, 자신의 사명이 무엇인지 알리신 사건입니다. 세례 시에 성령님께서 임하시고 하늘에서 들린 소리는 하나님의 왕국을 건설할 이가 바로 예수님이심을 공포한 것입니다. 실패한 이스라엘을 대신하여 드디어 새 시대를 선언하고, 땅 위에 하나님의 왕국을 재건합니다. 요한복음은 이러한 예수님을 "성령으로 세례를 주는 이"라고 말씀합니다(요 1:33). 세례 사건은 이 일이 시작되었음을 알리는 신호탄입니다.

### 시험 받으신 예수님[36]

예수님께서 사단에게 시험받으신 일은 전쟁의 서막입니다. 그것은 이미 결과가 정해진 전쟁입니다. 여자의 후손이 뱀의 머리를 상하게 할 것이라는 말씀의 성취입니다(창 3:15). 성령님께서는 예수님을 광야로 인도하셨습니다. 이 시험은 성령님께서 주도하셨습니다. 그러므로 주님의 40일 금식과 사단의 시험은 하

---

36) 예수님의 시험 받으심에 대한 계시적 의미를 정리한 책으로는 게르할더스 보스(Geerhardus Vos), 『성경신학』, 원광연 역, (경기: 크리스챤다이제스트사, 2005), 454~470을 참고하라. 설교집은 김성수, 『마태복음 설교1, 예수 그리스도의 세계라』, (경기: 마음샘, 2019), 99~140; 고재수, 『구속사적 설교의 실제』, (서울: 기독교문서선교회, 2005), 108~115를 보라.

나님께서 의도하시고 실행하신 것입니다. 이 사건은 구속역사의 준봉 중 하나입니다.

예수님께서는 무엇 때문에 이렇게 시험받으셨습니까? 성경은 그 이유를 선명하게 밝힙니다.

"우리에게 있는 대제사장은 우리 연약함을 체휼하지 아니하는 자가 아니요 모든 일에 우리와 한결 같이 시험을 받은 자로 되 죄는 없으시니라"(히 4:15)

예수님께서는 하나님의 아들이시지만 고난받으심으로 순종함을 배워 온전하게 되셨고 자기를 순종하는 모든 자에게 영원한 구원의 근원이 되셨습니다(히 5:8~9).

### (1) 40일과 하나님의 아들

성령님께서는 예수님을 광야로 이끄셨습니다. 광야에서 40일 동안 사단에게 시험받으셨습니다. '광야'라는 말씀에서 출애굽한 이스라엘의 광야 여정을 떠올리게 만듭니다. 세 가지 시험에 대해 예수님께서는 신명기 말씀으로 답변하셨습니다. 이를 통해 시험의 의미와 강조점이 명확해졌습니다. 무엇보다도 예수님의 시험받으심은 불순종하여 실패한 광야 백성들을 대신한 것입니다. 사단의 권세 아래 있는 죄인들의 비참과 불순종의 죄를 덮으시기 위해 주님은 기꺼이 시험받으셨고, 그 시험을 무사히 통과하셨습니다.

주님은 광야에서 40일 동안 금식하셔서 매우 주리셨습니다. 40일은 매우 의도적입니다. 바란 광야 가데스에 도착한 백성들의 요구대로 12명의 정탐꾼들은 40일 동안 가나안 전역을 살폈습니다(신 1:22~24, 민 13:1~2). 여호수아와 갈렙을 제외한 모든 정탐꾼들은 약속의 땅을 정복하는 일이 불가능하다고 했습니다. 다수의 백성들은 애굽으로 돌아가자고 했습니다(민 14:3~4). 이 모든 과정을 지켜본 하나님께서 갈렙과 여호수아를 제외한 모든 이들이 광야에서 죽을 것이라 하셨습니다. 40일을 정탐했으니, 하루를 1년으로 계산하여 40년 동안 광야에서 유리하다 죽을 것이라 하셨습니다(민 14:28~35). 40일은 심판의 기간입니다.[37] 예수님의 40일 금식은 불순종하여 믿음을 저버린 이들의 대속을 위한(위해 받으신) 시험입니다.

마귀는 '하나님의 아들'이라는 예수님의 신분을 시험의 단초로 삼았습니다(마 4:3,6). 예수님께서 세례 받으실 때, 하나님의 아들로 공표되셨습니다. 이제 예수님께서는 하나님의 아들로서

---

37) 노아 시대의 홍수도 40일간이었다(창 7:17). 창세기 본문은 노아와 방주에 들어간 생물들이 여호와께서 명령하신 대로 들어갔다고 하면서 "여호와께서 그를 닫아 넣으시니라"라고 말씀한다. 이 표현은 이후 이사야 26장 20절에서 그대로 반복된다. 이사야 26장은 범죄한 유다를 긍휼히 여기시는 하나님의 은혜를 찬양한다. 범죄한 백성들에게 평강과 부활의 은혜가 주어진다. 이사야 26장 20절이 노아 홍수에서 사용된 용어를 그대로 인용한 것은 우연이 아니다. 동일하게 예수님께서는 죽음에서 부활하신 후에 40일 동안 이 땅에 계셨다(행 1:3). 부활하신 주님의 40일은 신실한 남은 자들에게는 은혜의 복음이지만, 복음을 거부한 옛 언약 백성들에게는 심판 선언이다.

공적 사역을 개시하십니다. 복음서가 예수님의 세례 받음과 시험 사건을 연결하여 기록한 이유가 여기에 있습니다. 바로 그 순간, 마귀는 이 신분을 이용합니다. 아들 됨은 왕이 되었다는 뜻입니다. 왕은 모든 것을 스스로 결정하며 주권적으로 행합니다. 타인의 허락을 필요로 하지 않습니다. 마귀는 바로 이 시점에 예수님을 시험합니다. 넌지시 '당신이 이제 아들, 곧 왕이 되지 않았느냐! 그러니 곧바로 영광의 길을 가면 되지 않느냐!'라고 유혹하며 자극합니다.

그러나 예수님의 '하나님 아들 됨'은 철저하게 아버지의 뜻에 귀속됩니다. 영광의 보좌로 나아가려면 순종과 고난의 바다를 헤쳐가야 합니다. 바로 이 면에서 예수님께서는 첫 사람(혹은 첫 아들) 아담의 불순종을 따르지 않고 둘째 사람으로서의 사명을 온전히 감당하십니다(롬 5:12,14,17,19, 고전 15:45~49). 아담과 예수님의 이러한 대비는 마귀의 시험이 얼마나 집요하며 긴 역사를 가졌는지 보여줍니다.

첫 사람 아담과 여자는 선악을 알게 하는 나무 열매를 먹어도 된다는 유혹을 받았습니다. 아담과 여자는 금지된 나무 열매를 먹으면 죽으리라는 하나님의 말씀보다 사단의 말을 더 신뢰했습니다. 죽는다는 하나님의 경고는 무시하였고, 하나님같이 될 것이라는 사단의 말은 믿었습니다. 아담과 여자는 하나님을 자신의 방패와 구원으로 여기지 않았고, 오히려 사단을 자신의 보호자로 삼았습니다. 아담과 여자는 하나님과 같이 된다는 사단의 말에 귀를 기울임으로 만국의 영광을 차지하려 했습니다. 그러므로 예수님께서 받으신 시험은 첫 사람이 받은 시험과 본질적으로 같습니다.

사울, 다윗, 솔로몬을 지나 북 이스라엘이 멸망하고, 남 유다도 멸망했습니다. 두 왕국의 멸망의 원인을 예레미야는 말하길, 백성들이 생수의 근원이신 하나님을 버린 것과 스스로 웅덩이를 파서 구원의 길을 모색한 것이라 했습니다(렘 2:13). 하나님과 맺은 언약을 파기함으로 북 이스라엘도 남 유다도 멸망했습니다. 그들도 아담이 받은 유혹을 이기지 못했습니다. 아들로 부름 받은 이들이 아들답지 못했습니다(출 4:22).

예수님의 시험받으심은 아담과 언약 백성 전체의 범죄 때문이었습니다. 이스라엘과 유다 왕국은 아담처럼 언약을 어겼습니다(호 6:7). 주님의 시험받으심은 옛 언약 공동체 모두를 위한 것이었으며, 그리하여 사단과의 전쟁을 단번에 역전시키셨습니다. 성령님께서는 매우 의도적으로 주님을 광야로 이끄셨고, 주님은 아버지의 뜻을 따라 시험을 승리로 이끄셨습니다. 승리의 첫 단추가 꿰어졌습니다.

### (2) 세 가지 시험과 승리의 전조 [38]

첫 시험은 돌이 떡이 되게 하라는 것입니다. 예수님께서는 신

---

[38] 누가복음은 예수님께서 시험받으신 순서를 마태복음과 다르게 기술한다. 마태복음은 돌로 떡을 만듦, 성전 꼭대기에서 뛰어내림, 사단에게 절함의 순서이지만, 누가복음은 사단에게 절하는 시험 다음에 성전 꼭대기에서의 뛰어내림을 기록한다.

명기 8장 3절 말씀으로 답변하셨습니다.

"사람이 떡으로만 사는 것이 아니요 여호와의 입에서 나오는
모든 말씀으로 사는 줄을 너로 알게 하려 하심이니라"

예수님께서는 모세가 출애굽 2세대들에게 하신 권면을 인용
했습니다. 하늘 양식인 만나는 사람의 수고로 획득된 것이 아닙
니다. 광야 백성들은 스스로의 노력 없이 날마다 만나를 먹었습
니다. 만나는 광야 교회의 양식이었습니다. 그 양식을 하나님께
서 직접 공급하셨습니다. 광야 교회는 하나님으로 인해 생명을
유지했습니다. 만나는 생명의 양식인데, 진정한 생명의 양식은
여호와의 말씀입니다. 광야의 옛 언약 백성들은 하늘 양식인 만
나를 먹었지만, 언약에 신실하지 않았습니다(시 78:24,37). 광야
교회는 말씀을 버린 자들이었습니다.

하나님의 아들이신 예수님께서는 마귀의 시험을 물리치시면
서 떡이 아니라 아버지의 뜻에 순종하는 길을 택하십니다. 물
론, 충분히 돌로 떡을 만들어 스스로의 힘으로 배고픔을 해결하
실 수 있으셨습니다. 그러나 주님은 그 길을 가지 않고, 철저하
게 아버지 하나님의 말씀에만 복종합니다. 말씀에 복종하는 길
이 영생의 길입니다. 마치 아담에게 선악을 알게 하는 나무 열
매를 먹으면 죽으리라는 하나님의 말씀에 순종할 때, 진정한 영
생이 주어지는 것과 같습니다.

두 번째 시험은 성전 꼭대기에서 뛰어내리면, 하나님께서 사자들을 보내 안전하게 하시리라는 것입니다. 마귀는 이 시험에서 시편 91편 12절을 인용했습니다. "저희가 그 손으로 너를 붙들어 발이 돌에 부딪히지 않게 하리로다". 시편 91편은 여호와를 피난처와 요새로 믿으며 살아가는 참 성도의 신앙고백입니다. 하나님께서는 자신을 믿는 백성들을 지키시며, 승리를 선물로 주십니다. 그래서 사자와 독사를 밟으며 젊은 사자와 뱀을 발로 누른다고 하셨습니다(시 91:13).

　마귀는 무엇 때문에 시편 91편을 인용했을까요? 마귀의 의도는 너무 교묘합니다. 이 시험은 첫 번째 시험과 깊이 연결됩니다. 첫 시험에서 예수님께서는 오직 여호와의 말씀만을 붙들고 살아가는 것이 참 언약 백성의 삶임을 강조하셨습니다. 마귀는 바로 이 믿음을 이용합니다. 하나님을 진정으로 의지한다면, 성전 꼭대기에서 뛰어내려 보라고 합니다. 그래서 그 믿음을 증명해 보라고 은근히 종용합니다. 떡이 아니라 여호와의 말씀으로 산다는 그 믿음을 지금 증명해 보라 합니다.

　성전은 하나님께서 자기 백성과 만나는 공간입니다. 그곳은 하나님의 집입니다. 곧, 아들이신 예수님의 입장에서 성전이야말로 아버지의 품속입니다. 안전을 확실히 보장받는 장소가 성전입니다. 마귀는 바로 그 성전을 선택하여 꼭대기에서 뛰어내리라 유혹합니다. 예수님께서는 신명기 6장 16절 말씀으로 마귀의 계략을 물리칩니다.

"너희가 맛사에서 시험한 것 같이 너희의 하나님 여호와를 시험하지 말고"

신명기 6장은 십계명(신 5장)과 연결하여 주어진 권면입니다. 여호와를 사랑하고, 주신 법을 자녀들에게 가르치고, 자신들의 손목과 미간에 붙여 표로 삼으며, 집 문설주와 바깥문에 기록하여 기억할 것을 권합니다. 이어 하나님께서 약속하신 바를 믿고, 오직 여호와만 섬길 것을 말씀합니다. 그 이후에 여호와를 시험하지 말라는 말씀을 주십니다. 한 마디로 언약에 충성하라는 권면입니다.

그리고 맛사 사건을 언급합니다. 맛사는 므리바라고도 불리는데, 원래 이름은 르비딤입니다. 마실 물이 없어 백성들이 모세와 다투었습니다. 하나님의 명령대로 모세는 호렙산 반석을 지팡이로 쳐서 물을 공급했습니다. 모세는 이를 두고 "여호와를 시험하느냐"고 책망했습니다(출 17:2). 출애굽기 본문도 "그들이 여호와를 시험하여 이르기를 여호와께서 우리 중에 계신가 아닌가 하였음이더라"라고 말씀합니다(출 17:7).

신명기 6장과 출애굽기 17장의 맛사 사건을 연결해봅시다. 하나님께서는 출애굽 과정과 그 이후 광야의 여정에서 단 한 번도 자기 백성을 버리지 않았습니다. 오히려 백성들이 하나님을 배반하고 우상숭배의 죄를 지었습니다. 먹고 마시는 문제는 백성들이 자주 죄를 범한 소재입니다. 백성들은 하나님의 인도와 보호를 자주 의심했습니다. 광야 교회는 여호와를 시험했습니다.

사단은 하나님의 아들이신 그리스도를 향하여 옛 백성들이 실패한 바로 그 시험지를 은밀히 내밀었습니다. 사단이 시편 91편의 말씀으로 예수님을 시험한 것은 아버지 하나님에 대한 의심을 불러일으킬 목적입니다. 하나님의 보호가 정말로 시행되는지 확인해 보자는 도발입니다. 그 시험지를 받은 예수님께서는 오히려 하나님께서 시험의 대상이 아님을 분명히 하셨습니다. 하나님께서는 실로 언약에 충실한 분입니다. 구약 성경은 언약을 하나님의 맹세라고 수없이 반복하여 말씀합니다.[39]

사단의 시험은 첫 사람 아담에게서도 동일했습니다. 아담은 금단의 열매를 먹으면 죽으리라는 하나님의 말씀을 믿고 순종해야 했습니다. 그러나 사단은 여자에게 그 열매를 먹어도 죽지 않는다고 했으며, 오히려 하나님처럼 된다고 부추겼습니다. 사단의 전략은 하나님의 약속을 신뢰하지 못하도록 유혹한 것이었습니다. 그것이 바로 하나님을 시험하는 행위입니다. 여자를 이용한 사단의 속임은 아담이 하나님을 시험하는 자리에 이르게 했습니다. 예수님께서는 첫 사람 아담을 대신하여 둘째 사람으로서 이 시험을 능히 이기셨습니다.

세 번째 시험에서 마귀는 높은 산에서 예수님께 천하만국을 보여주었습니다. 그리고 자신에게 엎드려 경배하면, 이 모든 것을 줄 것이라고 했습니다. 만물은 삼위 하나님의 것입니다. 말

---

39) 창 26:3, 출 6:8, 13:5,11, 33:1, 신 1:8,35, 4:31, 6:10, 8:18, 11:9, 29:12~14, 수 1:6, 21:43~44, 시 89:3, 105:9, 렘 11:5, 겔 16:8, 20:6 등등.

씀이신 예수님께서는 창조에 직접 참여하셨습니다(골 1:16~17). 천하만국은 삼위 하나님의 주권을 따라 출현하고 소멸합니다(창 10장, 단 2:21, 4:32, 행 17:26). 하나님의 소유가 마치 자신의 것인 양, 마귀는 노골적으로 자신을 경배할 것을 요구합니다. 예수님께서는 마지막 시험에서도 말씀으로 방어하셨습니다. 신명기 6장 13절입니다.

"네 하나님 여호와를 경외하며 섬기며 그 이름으로 맹세할 것이니라"

마귀의 시험은 천하만국을 얻으려는 인간의 욕망에 대한 것이며, 누구를 섬길 것인가의 문제입니다. 천하만국과 그 영광은 인류의 역사가 시작될 때부터 인간이 쉬지 않고 탐한 대상입니다. 그것을 쟁취하려면 마귀에게 경배하라 합니다. 곧, 우상숭배가 인간의 탐욕을 채우는 수단입니다.

첫 사람 아담과 여자도 이 유혹에 무참히 넘어졌습니다. 하나님처럼 된다는 사단의 속삭임은 모든 인류를 이 악으로 몰아넣었습니다. 그렇게 시작된 사단의 유혹은 노아 시대에 극대화 되었다가, 이후 세상 역사의 보편적 가치가 되었으며, 심지어 언약 백성들을 유혹하는 치명적인 독약이 되었습니다. 하나님의 구속역사의 변곡점에서 마귀는 최고의 카드를 예수님께 내밀었습니다.

예수님께서는 자기 백성들을 대신·대표하여 시험을 물리쳤습니다. 참 아들 됨을 확증하셨습니다. "주 너의 하나님께 경배하고 다만 그를 섬기라"(마 4:10)라는 말씀은 새 언약 공동체인 교회가 새겨야 할 진리입니다. 교회는 천하만국과 그 영광이 아니라 하나님의 나라 건설과 삼위 하나님만을 섬기기 위해 부름 받았습니다.

말씀으로만 사는 믿음, 그 믿음에 의심을 품지 않고 일관되게 살아가는 삶, 그리고 오직 여호와 하나님만 섬기는 삶은 옛 언약 백성들의 가장 큰 결함이었습니다. 죄 아래 있는 모든 인류의 결핍이기도 합니다. 예수님의 시험받으심은 죄와 비참 아래에서 실패한 백성들을 위한 구원자의 전쟁입니다. 그러니 시험받으심은 승리의 출발점입니다.

다른 한편으로, 이는 새 언약 백성인 교회가 지속적으로 도전받는 문제입니다. 교회는 먹고 마시는 문제에서 자유 하여, 오직 여호와의 말씀만으로 사는 신앙을 가져야 합니다. 산성과 방패가 되시는 하나님을 추호도 의심치 않고, 일관되게 믿음의 삶을 살아야 합니다. 나아가 우상숭배의 유혹을 단호히 물리치며, 하나님 나라 건설의 책무를 다해야 합니다.

### 제자들을 부르심과 그들의 사명
#### - 심판자로 부름 받은 제자들 -
예수님께서는 12명의 제자를 부르셨습니다. 이스라엘 12지파를 대신하여 12명의 사도를 세우셨습니다. 이스라엘 12지파를 대신한다는 말은 사도들이 옛 백성들을 심판한다는 뜻입니다.
예수님께서는 이것을 명시적으로 말씀하셨습니다.

> "예수께서 가라사대 내가 진실로 너희에게 이르노니 세상
> 이 새롭게 되어 인자가 자기 영광의 보좌에 앉을 때에 나를 좇
> 는 너희도 열두 보좌에 앉아 이스라엘 열두 지파를 심판하리
> 라"(마 19:28)

"인자가 자기 영광의 보좌에 앉을 때"는 언제일까요? 어떤 이
들은 예수님의 재림이라 말합니다. 그러나 그렇지 않습니다. 다
니엘은 환상을 통하여 이를 보았습니다.

> "내가 또 밤 이상 중에 보았는데 인자 같은 이가 하늘 구름
> 을 타고 와서 옛적부터 항상 계신 자에게 나아와 그 앞에 인도
> 되매 그에게 권세와 영광과 나라를 주고 모든 백성과 나라들과
> 각 방언하는 자로 그를 섬기게 하였으니 그 권세는 영원한 권
> 세라 옮기지 아니할 것이요 그 나라는 폐하지 아니할 것이니
> 라"(단 7:13~14)

다니엘은 "인자 같은 이가 하늘 구름을 타고 와서 옛적부터
항상 계신 자에게 나아와"라고 했습니다. 예수님의 승천을 말씀
합니다. 승천하신 예수님께 "권세와 영광과 나라"가 주어집니
다. 실제로 예수님께서는 갈릴리에서 제자들을 만난 자리에서

하늘 아버지가 '하늘과 땅의 모든 권세를 내게 주셨다'라고 했습니다(마 28:18). 다니엘은 인자가 영광의 보좌에 앉는 때를 예수님의 승천이라고 이미 알려주었습니다. 예수님께서 승천하실 때, 사도들은 "열두 보좌에 앉아 이스라엘 열두 지파를 심판할" 것입니다. 12사도는 심판자로 부름 받았습니다. 그래서 사도행전은 심판자인 12사도가 증인으로서의 역할을 어떻게 실행하는지를 자세히 소개합니다.

12사도는 심판자로 부름 받았습니다. 그들의 심판은 두 가지 측면에서 이루어집니다. 우선은 옛 언약 백성들에게 경고의 메시지를 선언하는 것입니다. 다음으로, 언약 백성들 중 잃어버린 백성을 부르는 것입니다. 제자들을 파송하시면서 예수님께서는 이를 선언하셨습니다.

"예수께서 이 열둘을 내어 보내시며 명하여 가라사대 이방인의 길로도 가지 말고 사마리아인의 고을에도 들어가지 말고 차라리 이스라엘 집의 잃어버린 양에게로 가 가면서 전파하여 말하되 천국이 가까왔다 하고"(마 10:5~7)

"천국이 가까왔다"라고 전파하라는 주님의 명령은 설렘과 희망의 울림입니다. 예수님 당대의 이스라엘은 바로 그 천국을 학수고대했기 때문입니다. 노심초사 기다리던 하나님 나라가 온다는 소식이야말로 복음입니다. 그러나 다른 한편으로 이 소식은 청천벽력 같은 소리입니다. 이스라엘이 기다린 하나님 나라와 예수님과 제자들이 전하는 하나님 나라가 완전히 다르기 때문입니다. 그래서 주님은 제자들에게 "이방인의 길로도 가지 말고 사마리아인의 고을에도 들어가지 말고 차라리 이스라엘 집의 잃어버린 양에게로 가라"라고 하셨습니다.

잃어버린 양을 찾으시는 주님의 사역을 사도들이 이어받았습니다. 양을 찾는 사역은 목자의 고유 직무입니다. 모세가 여호수아를 후계자로 세울 때 하나님께 청하길, 여호와의 회중이 목자 없는 양같이 되지 않기를 원합니다(민 27:17). 이후 이스라엘 왕국에서 직분자들은 항상 목자로 비유되었습니다. 에스겔 34장은 악한 목자와 선한 목자의 대비가 선명합니다. 여호와 하나님이야말로 선한 목자이십니다(겔 34:11). 이 선한 목자의 뒤를 따라 다윗이 등장할 것을 예언합니다(겔 34:23~24). 그분은 바로 우리 예수님이십니다(눅 19:10, 요 10:11). 예수님께서는 12제자를 불러 자신의 잃어버린 양을 찾으라 명령하셨습니다. 주님은 친히 목자들의 장이 되셨습니다(벧전 5:1~4).

이스라엘의 잃어버린 양에게로 가는 제자들의 사역은 두 가지 결과를 가져옵니다. 양들은 주인의 음성을 알고, 주인의 일꾼들을 따라나섭니다. 그러나 잃어버린 양들이 아니면, 그 양들은 주인을 따라나서지 않습니다. 그러니 제자들의 사역은 양과 염소를 구별하는 심판의 사역입니다. 이스라엘 12지파 중에 잃어버린 양들을 찾아 우리에 넣고, 이리들은 우리 밖으로 내어 쫓습니다. 이처럼 심판은 언제나 구원과 멸망을 가릅니다.

심판자로 부름 받은 제자들은 새로운 언약 공동체를 건설하는 터가 됩니다. 가이사랴 빌립보에서 베드로는 예수님에 대한 신앙을 고백했습니다. "주는 그리스도시요 살아 계신 하나님의 아들이니이다"(마 16:16). 베드로의 고백 위에 교회가 건설됩니다. 예수님께서는 "내 교회"라 하셨습니다(마 16:18). 이는 바로 옛 언약 공동체에서 찾아낸 잃어버린 양들과 이방인들로 구성된 새 언약 공동체입니다.

사도들은 이를 위해 철저하게 준비되어야 합니다. 그들의 신앙이 흔들리면 교회의 터가 흔들립니다. 부활하신 주님께서 도마의 신앙을 굳건하게 하신 이유가 여기에 있습니다. 도마는 부활의 주님을 믿지 못했습니다. 도마는 부활한 주님을 직접 보고, 만져야 믿겠다고 했습니다. 도마의 불신앙은 교회의 터가 흔들리는 강력한 지진입니다.[40] 그리하여 주님은 도마에게 직접 나타나셔서 보고 만지게 했습니다. 주님을 세 번 부인하여 실패한 베드로를 위해 예수님께서는 친히 그를 다시 첫 소명의 자리로 부르셨고, 그의 믿음을 강화시키셨습니다(요 21장). 그래서 바울은 교회가 사도와 선지자들의 터 위에 세워졌다고 했습니다(엡 2:20). 사도들은 세례를 주고 가르쳐 교회를 건설해야 합니다(마 28:18~20).[41]

---

40) 고재수, 『구속사적 설교의 실제』, 145~152. 고재수는 이 설교에서 주제와 대지를 다음과 같이 말한다. 주제: 그리스도는 교회에 확실한 믿음을 주기 위하여 도마에게 나타나셨습니다. 대지: 1. 교회의 터가 손상되다. 2. 교회의 터가 회복되다. 3. 교회의 터가 사용되다.

41) 이에 대한 더 풍성한 이해는 다음 책을 참고하라. 권기현, 『선교, 교회의 사명』.

사도들은 천국의 열쇠를 받았습니다. 천국의 열쇠는 천국 문을 열고 닫는 권세를 의미합니다. 그래서 땅에서 매면 하늘에서도 매이고, 땅에서 풀면 하늘에서도 풀립니다(마 16:19). 이는 권징 사역을 통하여 더 선명하게 드러납니다(마 18:18, 요 20:23). 천국의 열쇠는 교회에게 그대로 이어집니다. 복음을 전하여 천국의 문을 열며, 복음을 파수하려고 천국의 문을 닫는 그 사역이야말로 천국의 열쇠권입니다. 이 열쇠는 한 사람에게 주어지지 않았고, 교회 공동체에 주어졌습니다.

사도들은 심판자로 부름 받았습니다. 그 사역은 잃어버린 양을 찾음으로 나타납니다. 그 사역의 목표는 교회 건설입니다. 이는 증인으로 부름을 받은 사도들의 사역에서 더 구체화 됩니다(행 1:8). 사도들은 증인입니다. 사도는 성령님과 더불어 증인입니다(행 5:32).[42] 증인은 언약의 조건에 대한 고발자이며, 동시에 변호자입니다. 하나님과 그의 백성들은 언약을 맺었습니다. 언약에는 항상 조건이 따르는데, 백성들은 그 언약을 신실하게 지켜야 합니다. 사도들은 백성들이 하나님과 맺은 언약의 조건을 얼마나 신실하게 지켰는지를 살펴, 대적하는 자들을 고발하고 힘써 믿음으로 반응하는 이들을 위해 변호합니다. 이것은 교회 건설이라는 사도들의 사명을 이루는 핵심 내용입니다.

사도들은 새 언약 백성들의 지속을 위해 새로운 직분자들을

(경산: 도서출판 R&F, 2012), 14~28.

42) 사도들의 증인 사역에 대한 더 자세한 내용은 본서 제5부 10장을 참고하라.

세웠습니다. 그들이 바로 장로와 집사 곧 교회의 일꾼들입니다 (행 6:1~6, 14:23, 20:28, 빌 1:1, 딤전 3:1~13, 4:14, 5:17~18, 딤후 2:2, 딛 1:5, 벧전 5:1~4). 직분자는 그리스도의 몸인 교회를 세우는 일꾼입니다. 그러므로 봉사 없는 직분자는 없습니다. 직분의 가장 기본적 의의는 봉사입니다. 교회가 명예 직분을 허용하면 안 되는 이유입니다. [43]

---

43) 사도와 관련된 더 자세한 내용은 다음 책을 참고하라. 권기현, 『예수 그리스도의 사도』, (경산: 도서출판 R&F, 2022). 직분과 관련하여 다음 책을 참고하라. 코르넬리스 반담(Cornelis Van Dam), 『성경에서 가르치는 장로』, 김헌수·양태진 역, (서울: 성약, 2012). 김헌수·코르넬리스 반담(Cornelis Van Dam), 윈스팅 후이징가(Winston Huizinga), 『성경에서 가르치는 집사와 장로』, (서울: 성약, 2013). 허순길, 『잘 다스리는 장로』, (서울: 도서출판 영문, 2007). 이성호, 『직분을 알면 교회가 보인다』, (서울: 좋은씨앗, 2018). 안재경, 『직분자반』, (서울: 세움북스, 2020). 성희찬, 『기독교사용설명서 3, 교회직원』, (서울: 세움북스, 2021).

1. 노아 홍수와 출애굽 사건이 가르치는 세례의 기본적 의미는 무엇입니까?

2. 예수님의 세례 받으심을 이사야 11장과 연결하여 정리해 보세요.

3. 예수님께서 세례 받으실 때, 하늘로서 "내 사랑하는 아들"이라는 소리가 났습니다. 하나님의 아들 됨이 의미하는 바를 정리해 보고, 이를 통해 예수님의 사역을 한마디로 정의해 보세요.

4. 예수님께서 세례 받으실 때, 하늘로서 "내 기뻐하는 자"라는 소리가 났습니다. 이 말씀이 의미하는 바는 무엇입니까?

5. 예수님께서는 성령님께 이끌리어 40일 동안 사단에게 시험을 받으셨습니다. 이 시험의 기간이 의미하는 바는 무엇입니까?

6. 예수님께서는 하나님의 아들로서 사단에게 시험을 받으셨습니다. 이 시험을 첫 사람 아담의 시험과 연결하여 정리해 보세요.

7. 예수님께서 받으신 첫 번째 시험이 교훈하는 바는 무엇입니까?

8. 예수님께서 받으신 두 번째 시험이 교훈하는 바는 무엇입니까?

9. 예수님께서 받으신 세 번째 시험이 교훈하는 바는 무엇입니까?

10. 예수님께서 세우신 열두 사도의 두 가지 중요한 직무는 무엇입니까?

제4장

# 예수님의 죽음과 부활, 그리고 승천

변화산에서 예수님께서는 모세, 엘리야와 만나셨습니다. 세 분은 예수님께서 예루살렘에서 별세하실 것을 말씀하셨습니다 (눅 9:28~36). "별세"는 예루살렘에서의 죽음인데, 이 단어의 문자적 의미는 '출애굽'(exodus)입니다. 예수님의 예루살렘행은 죽음을 향하여 달려가는 길입니다. 그 길은 진정한 출애굽입니다. 주님의 죽음은 사단의 권세 아래 갇힌 자기 백성들을 피 값으로 건져내는 구속의 절정입니다. 후일, 베드로는 이 광경을 회상하며, 예수님께서 존귀와 영광을 받으셨다고 말했습니다(벤후 1:17). 죽음의 길이 영광의 길입니다.

사실, 베드로는 변화산 사건 전에 예수님의 죽음에 대해 이미 아주 구체적으로 들었습니다. 가이사랴 빌립보에서 베드로가 그 위대한 신앙고백을 한 후, 예수님께서는 자신의 죽음과 부활을 말씀하셨습니다(마 16:21). 그때, 베드로는 주님으로부터 큰 책망을 들었습니다(마 16:23). 베드로가 책망을 듣고 육일이 지난 뒤, 변화산 사건이 있었습니다(마 17:1).

예수님께서 하늘의 신비를 낱낱이 드러내셨습니다. 자신이 하나님께서 보내신 메시아임을 갖은 방법으로 증명하셨습니다. 그러나 나라의 본 백성들은 예수님을 거부했습니다. 특히, 예수님의 메시아 됨을 공적으로 거부했는데, 이는 곧 공회의 거부였습니다(요 9:22, 11:47~53). 이러한 공회의 거부는 옛 언약 백성 모두의 언약 파기요, 언약의 저주가 임하는 원인이었습니다. 예수님에 대한 유대인들의 반대는 점점 거칠어졌고, 집요해졌습니다. 그즈음, 주님은 예루살렘에 입성하셨습니다.

죽음을 향하여 예루살렘에 입성하신 예수님께서는 마지막 일주일 동안 많은 가르침을 주셨습니다. 나귀를 타고 성으로 들어가셨고, 무화과나무를 저주하셨으며, 비유로 자신의 죽음이 갖는 의미를 가르치셨습니다. 사두개인들과 부활 논쟁을 하셨으며, 성찬을 제정하셨고, 감람산 강화를 통하여 언약의 저주를 선언하셨습니다. 마침내, 공회의 공작과 가룟 유다의 입맞춤으로 잡히셔서 빌라도의 법정에서 사형 선고를 받아 십자가에 달리셨습니다.

십자가에 달린 주님은 일곱 말씀을 하셨고, 죽으시고, 삼일 만에 부활하셨습니다. 부활하신 주님은 교회의 터가 될 사도들을 견고케 하셨고, 40일 동안 하나님 나라의 비밀을 알려주셨으며, 승천하셔서 하늘 보좌에 앉으셨습니다.

## 십자가에 가까이

'언약 조건'은 언약의 중요한 요소 중 하나입니다. 우리에게 익숙한 언약 조건은 십계명입니다. 십계명은 하나님과 언약을 맺은 이스라엘이 지켜야 할 의무 조항입니다. 언약 조건은 구원의 조건이 아닙니다. 언약 조건은 백성의 사명과 정체성을 보여주는 법입니다. 언약 조건은 양 당사자 사이의 합의로 인준되고 시행됩니다. 어느 쪽이든지 언약 조건을 어기면 중대한 대가를 치러야 하는데, 곧 죽음입니다. 그래서 언약에는 항상 복과 저주가 따라옵니다(레 26장, 신 28장).

언약의 저주는 다양한 모습으로 나타납니다. 가뭄, 질병, 전쟁, 등등. 가장 대표적인 것은 죽음입니다. 아브라함이 하나님과 언약을 맺을 때, 짐승이 쪼개졌습니다(창 15:9~10). 시내산 언약에서도 동일합니다. 짐승을 잡아 피를 뿌립니다(출 24:5~8). 쪼갠 송아지는 언약 저주의 전형적인 표입니다(렘 34:17~22). 이처럼 피 흘려 죽는 것은 언약 저주의 표입니다. 주님의 예루살렘행은 이 저주를 스스로 받으시기 위해 가는 죽음의 길입니다. 그래서 주님이 가신 길은 자기 백성의 죄를 대신 받으시는 대속의 길입니다.

### (1) 나귀를 타시고 입성하심 | 마 21:1~11, 막 11:1~10, 눅 19:28~40 |
예수님께서는 나귀를 타시고 예루살렘에 들어가셨습니다. 마태복음은 이를 "시온 딸에게 이르기를 네 왕이 네게 임하나니 그는 겸손하여 나귀, 곧 멍에 메는 짐승의 새끼를 탔도다"라고 했습니다(마 21:5). 마태복음은 주님의 나귀 타심을 "선지자의 말씀을 이루려 하심이라"(마 21:4)라고 했습니다. 마태복음은 두 선지자의 글을 인용했는데, 이사야 62장 11절과 스가랴 9장 9절입니다.

이사야 62장은 시온 곧 예루살렘의 회복에 대한 예언입니다. 시온의 공의가 빛같이, 예루살렘의 구원이 햇불같이 나타납니다(사 62:1). 시온은 여호와의 손의 면류관과 왕관이 됩니다(사 62:3). 헵시바와 뿔라로 불립니다. 곧, 나의 기쁨이 그녀에게 있다는 뜻입니다. 그래서 시온을 딸이라 표현했습니다. 시온 백성들은 성문으로 나아가 길을 정비하여 이방인들이 들어오도록 해야 합니다(사 62:10). 바벨론에 의해 파괴되어 폐허가 된 예루살렘에 구원이 임합니다. 이사야 62장의 예언은 에스라·느헤미야 시대에 성취가 시작되었습니다. 하지만 이 예언의 완전한 성취는 예수님의 예루살렘 입성입니다. 마태의 이사야 62장 인용은 예루살렘의 진정한 회복이 예수님의 죽음과 부활을 통해, 그리고 예수님 안에서 이루어진다고 가르칩니다. 그래서 마태는 "네 왕이 네게 임하나니"라고 했습니다(마 21:5).

스가랴 9장도 같습니다. 예수님께서 나귀를 타고 성으로 들어가신 것이 스가랴서의 성취입니다. 스가랴서의 핵심 메시지는 성전 재건입니다(슥 1:12~17). 시온의 딸에게 기뻐하고 즐거워하라고 합니다. 왜냐하면, 왕이 임하여 구원을 베풀기 때문입니다. 그 왕은 겸손하여 나귀를 타고 오십니다(슥 9:9). 실제로 예수님께서는 성전을 재건하시기 위해 예루살렘에 들어가셨습니다. 그러나 그 성전은 이미 강도의 소굴처럼 바뀌었습니다. 그래서 주님은 새로운 성전을 지으십니다. 새 성전은 예수님 자신이며, 예수님의 몸인 교회입니다.

동방박사들이 헤롯왕에게 "유대인의 왕으로 나신 이가 어디 계시뇨?"(마 2:2)라고 문의한 바로 그 왕이 드디어 예루살렘에 입성하셨습니다. 이사야가 예언한 평강의 왕이 입성하셨습니다(사 9:6~7). 다윗이 그들 중에 왕이 되리라는 에스겔의 예언도 성취됩니다(겔 34:24). 왕이 새로운 성전을 짓기 위해 드디어 옛 성전이 있는 예루살렘에 입성하셨습니다.

마태복음은 예수님께서 겸손하여 나귀를 탔다고 말씀합니다. 나귀를 타는 것은 겸손의 표입니다.[44] 예수님께서는 세상의 왕처럼 칼과 창의 힘이 아니라, 오직 자신을 대속 제물로 드리는 섬김의 왕이십니다. 이는 세상에서 볼 수 없는 신비로운 통치자의 모습입니다. 하늘의 왕국은 낮아지고, 섬기며, 희생함으로 세워집니다(막 10:45).

주님이 입성하실 때, 백성들은 호산나 찬송했습니다(마 21:9, 요 12:13). "호산나"는 '우리를 구원하소서'라는 뜻입니다. 백성들의

---

44) 나귀 새끼를 타셨다는 말씀은 흠 없으심을 의미한다. 레위기 1장에서 제물은 항상 흠이 없어야 한다고 가르친다(레 1:3,10). 그런데 비둘기는 새끼를 드려야 한다(레 1:14). 이런 측면에서 새끼는 흠 없음의 상징이다.

찬송은 시편 118편 25~26절의 인용입니다.[45] 시편 118편의 핵심은 대적들의 집요한 공격에도 불구하고, 하나님께서 오른손의 권능으로 자기 백성들을 구원하신다는 것입니다. 하나님의 구원은 너무나 기이합니다. 곧, 건축자의 버린 돌이 집 모퉁이의 머릿돌이 되었습니다(시 118:22). 예수님께서 나귀를 타고 입성하실 때, 백성들이 호산나 찬송한 것은 건축자의 버린 돌 같은 예수님께서 모퉁이의 머릿돌이 되신다는 말씀의 성취입니다.

주님이 입성할 때, 백성들은 종려나무 가지를 베어 길에 폅니다. 종려나무 가지는 초막절 절기에 사용되는 나무입니다(레 23:40). 초막절은 광야 여정에서 자기 백성을 보호하시며 인도하신 일을 기념하는 절기입니다. 그래서 솔로몬 성전에도 종려나무가 새겨졌습니다(왕상 6:29). 또한, 종려나무는 에스겔이 환상 중에 본, 새 예루살렘 성전 안에 새겨진 나무입니다(겔 40:16,26,31,34,37, 41:18~20,25~26). 예수님께서는 스스로 자신이 새 성전이라 하셨습니다(요 2:19~21). 주님이 건축할 새 성전에는 종려나무가 많습니다. 왜냐하면, 구약 성경에서 종종 종려나무는 이방을 상징하기 때문입니다(출 15:27, 신 34:3, 삿 1:16, 3:13). 유대인과 이방인이 함께 새로운 성전이 됩니다(고전 3:16~17, 엡 2:20~22). 그러므로 백성들이 종려나무 가지를 길에

---

45) 여호와여 구하옵나니 이제 구원하소서 여호와여 우리가 구하옵나니 이제 형통케 하소서 여호와의 이름으로 오는 자가 복이 있음이여 우리가 여호와의 집에서 너희를 축복하였도다(시 118:25~26).

편 것은 새로운 성전을 지을 참 왕이신 예수님을 증거하며, 그 성전이 어떻게 지어질 것인지를 알려줍니다. 그 성전은 수많은 이방인이 동참함으로 지어집니다.

### (2) 옛 성전을 정죄하심

백성들의 환영도 잠시, 예수님께서는 타락한 옛 언약 백성들을 심판하셨습니다. 왕으로 자기 성에 들어가신 주님은 왕의 핵심 사역인 판결을 시작합니다. 성전에서 장사하는 자들을 쫓으시고, 그 집을 강도의 소굴이라고 선언하셨습니다(마 21:13, 막 11:17, 눅 19:46). 주님은 사역 초기에 성전에서 장사하는 이들을 쫓으시고 "내 아버지의 집으로 장사하는 집을 만들지 말라"라고 하셨습니다(요 2:16). 성전이 장사하는 집에서 강도의 소굴로 더욱 악하게 변질되었습니다. 성전에 대한 예수님의 정죄는 옛 언약 백성에 대한 마지막 경고입니다.

마태복음은 "내 집은 기도하는 집"이라 했습니다(마 21:13). 마가복음에서는 "만민의"라는 말씀이 첨가되었습니다(막 11:17). 마태복음이 기도를 강조했고, 마가복음은 이방인들도 성전에서 기도함을 강조했습니다. 예레미야는 "성전이 도적의 굴혈"이 되었다고 했습니다(렘 7:11). 그러면서 유다 자손이 하나님의 성전에 가증한 것을 두었다고 했습니다(렘 7:30). 에스겔은 성전이 얼마나 가증한지 낱낱이 고발합니다(겔 8장). 그 결과, 예루살렘 성전은 완전히 파괴되었습니다(대하 36:17~21). 70년 후, 에스라, 느헤미야, 스룹바벨에 의해 성전은 재건되었지만, 그 영광은 볼품없었습니다.

이 모든 것을 아신 삼위 하나님께서는 이사야를 통하여 성전 재건을 예언하셨습니다. 그 성전 재건에 이방인이 대거 참여합니다(사 56:7). 그래서 이사야는 "나의 언약을 굳게 지키는 이방인마다 내가 그를 나의 성산으로 인도하여 기도하는 내 집에서 그들을 기쁘게 할 것이며 그들의 번제와 희생은 나의 단에서 기꺼이 받게 되리니 이는 내 집은 만민의 기도하는 집이라 일컬음이 될 것임이라"라고 했습니다(사 56:6~7). 성전에 대한 예수님의 선고는 이사야 56장을 인용한 것입니다.

이사야서를 인용하신 예수님께서는 결국 성전 파괴를 말씀합니다(마 24장, 막 13장, 눅 21장).[46] 성전 파괴는 언약의 저주입니다. 옛 이스라엘을 향한 최후통첩입니다. 성전 파괴는 옛 시대가 끝나고 새 시대가 왔다는 표입니다. 성전 파괴는 옛 이스라엘의 시대와 그들에게 주어진 모든 특권과 사명은 사라졌고, 새로운 백성인 교회가 그 언약의 특권을 모두 이양받는다는 선언입니다.

예루살렘 입성 후, 예수님께서는 많은 가르침을 주셨습니다. 무화과나무를 저주하셔서 열매 없는 언약 백성의 미래를 보여 주셨습니다. 제자들에게는 믿음과 기도를 강조하셨습니다(마 21:21~22). 대제사장과 장로들로 더불어 '권세 논쟁'을 하셨으

---

46) 성전 파괴에 대한 더 자세한 내용은 본서 제4부 9장을 참고하라.

며, 사두개인들과는 '부활 논쟁'을 하셨습니다. 세금 논쟁을 통해 하늘 왕국을 땅의 왕국으로 이해하는 이들의 잘못을 교정하셨습니다. 하나님 사랑과 이웃 사랑이 율법의 강령이라는 가르침도 주셨습니다. 여러 비유로 옛 언약 백성들의 죄를 드러내셨고, 결국 예루살렘 성전 파괴를 선언하셨습니다. 이 모든 것이 예수님의 십자가를 향합니다.

## 십자가

### (1) 잡히시고 재판 받으심

유대인들의 공격은 시간이 흐를수록 집요해졌고, 더 과감해졌습니다. 결국, 그들은 본색을 드러냈습니다(요 8:42~44). 예수님을 죽이기로 결의하고, 실행을 위해 요모조모 궁리합니다. 끝내 가룟 유다에게 은 30을 주고 예수님을 넘겨받았습니다. 백성들은 구원자를 종으로 취급했습니다(출 21:32). 이는 스가랴 11장의 성취입니다.[47] 중요한 점은 예수님을 빌라도의 재판정에

---

47) 선지자 스가랴는 도살당할 가련한 양들을 먹인다. 이 양들은 거짓 목자들에게 착취당하고 있다. 스가랴는 은총과 연락이라는 두 막대기로 가련한 양들을 먹인다. 목자 3명을 고용하여 양들을 친다. 그런데 그 목자들이 진정한 목자가 아니었다. 스가랴는 세 목자를 해고한다. 그리고 양들을 저주 가운데 던진다. 선지자는 은총이라는 막대기를 자름으로 양들과의 관계가 끊어졌음을 선언한다. 선지자는 수고의 대가를 양들에게 요구한다. 그러자 양들은 은 30을 준다. 스가랴는 그 은 30을 성전에서 토기장이에게 던져버린다. 선지자는 양의 주인으로부터 삯을 받아야 마땅하다. 그런데 양들이 은 30을 준다. 은 30은 목자의 삯이지만 주인이 아니라 양들이 주었기에 선지자와 양들의 관계는 단절된다. 곧, 은 30은 참 목자인 스가랴 선지자와 백성의 관계 단절을 알려주는 표이다. 사실, 은 30은 종 한 사람의 가격이다

넘겨준 이들이 '공회'라는 사실입니다(마 26:3~5,47,57,59~68, 27:1,41,62, 막 14:53~55, 15:1, 눅 22:2,66). 공회는 공적 기관입니다. 백성들의 대표입니다. 그러니 공회의 결정은 언약 백성 전체의 결정입니다. 공회가 주님을 십자가에 못 박으라 요구함으로 온 백성 전체가 그리스도를 부인하는 꼴이 되었습니다.

공회와는 반대로 빌라도는 마지막까지 예수님을 석방하려 했습니다. 심문 과정에서 예수님께서 죄가 없음을 알았습니다(마 27:18,23, 눅 23:4,14,22). 빌라도는 예수님을 석방하기 위해 죄수인 바라바와 예수님 중 한 사람을 선택할 것을 요구했습니다. 그러나 공회와 백성들은 바라바를 풀어주라 했고, 예수님을 죽이라고 했습니다. 빌라도의 아내는 예수님을 "저 옳은 사람"이라 하며, 예수님께 아무 상관도 하지 말라고 사람을 보내기도 했습니다(마 27:19). 공회와 백성들은 집요하게 예수님을 십자가에 못 박으라 소리쳤습니다(요 19:6). 심지어 백성들은 주님의 피 값을 자신들과 자신들의 후손들에게 돌리라고 했습니다(마 27:25). 빌라도의 거듭된 권유에도 언약 백성들은 예수님을 십자가에 못 박으라 외쳤습니다. 종국에는 대제사장들이 스스

---

(출 21:32). 이는 양들이 선지자를 종으로 취급했음을 의미한다. 구원자인 목자를 종으로 취급했으니 얼마나 불손한가. 그래서 스가랴는 그 은 30을 토기장이에게 던졌다. 바로 이러한 면에서 유다가 예수님을 판 대가로 은 30을 받는 것이 어떤 의미인지 분명해진다. 예수님께서는 거짓 목자들을 해고하시고, 죽기로 예정된 양들을 돌보신다. 그러나 그 양들은 이제 참 목자인 예수님의 몸값으로 은 30을 준다. 예수님을 종으로 취급했다. 양들은 진정한 구원자를 버렸다. 다른 한편으로 이는 예레미야 18장 2~6절, 19장 1~11절, 32장 6~15절과도 관련된 것으로 이해된다(마 27:9~10).

로 제1계명을 범합니다. "가이사 외에는 우리에게 왕이 없나이다"(요 19:15). 대제사장들은 하늘의 하나님이 아니라 가이사가 자신들의 왕이라 신앙고백을 했습니다. 이는 공적 배교입니다.

### (2) 십자가에 못 박히신 주님

결국, 주님은 십자가에 달리셨습니다. 성경은 종종 주님이 십자가 달리신 것을 '나무에 달리셨다'라고 표현합니다(행 5:30, 10:39, 13:29, 벧전 2:24). 이는 신명기 21장 때문입니다.

"사람이 만일 죽을 죄를 범하므로 네가 그를 죽여 나무 위에 달거든 그 시체를 나무 위에 밤새도록 두지 말고 당일에 장사하여 네 하나님 여호와께서 네게 기업으로 주시는 땅을 더럽히지 말라 나무에 달린 자는 하나님께 저주를 받았음이니라"(신 21:22~23)

나무에 달리는 것은 하나님께 저주받은 표입니다. 회심 전 사도 바울은 예수님께서 나무에 달린 것 때문에 메시아가 될 수 없다고 단언했습니다. 그러나 다메섹에서 주님을 만난 후, 그의 시각은 완전히 변화되었습니다. 하나님과 백성들 중 언약을 어긴 쪽은 백성들이었습니다. 백성들이 나무에 달려 저주받아야 합니다. 그럼에도 불구하고 예수님께서 나무에 달린 것은 자기 백성들의 죄를 대신 지시기 위함입니다. 그래서 바울은 다음과 같이 고백했습니다.

"그리스도께서 우리를 위하여 저주를 받은 바 되사 율법의 저주에서 우리를 속량하셨으니 기록된 바 나무에 달린 자마다 저주 아래 있는 자라 하였음이라"(갈 3:13)

주님이 십자가에 못 박히자 세 시간 동안 어둠이 임했습니다. 어두움은 창조와 언약 맺음, 그리고 하나님의 심판과 깊이 관련됩니다.

하나님께서 천지를 창조하자 땅은 흑암 가운데 있었습니다(창 1:2). 그때, 삼위 하나님께서 빛을 창조하셨습니다. 어두움은 빛의 배경입니다. 어두움은 새 창조가 시작된다는 징표입니다. 하나님께서 아브라함과 언약을 맺으실 때, 어두움이 임했습니다(창 15:12). 시내산 언약에서도 어두움은 하나님의 임재의 표였습니다(출 20:21, 신 4:11, 5:23). 십자가는 언약이 완성되는 현장입니다. 그러니 십자가를 믿는 믿음은 하나님과 언약을 맺었다는 표입니다. 이 믿음이 없으면 언약 백성이 아닙니다.

동시에 어두움은 하나님의 심판을 의미합니다. 흑암은 장자의 죽음 직전, 애굽 백성과 짐승들에게 임한 재앙입니다(출 10:21~29). 흑암은 3일 동안 계속되었습니다. 이 흑암은 애굽 백성에게만 선별적으로 임했습니다. 이스라엘 백성이 거하는 곳에는 광명이 있었습니다(출 10:23). 그래서 선지자들은 하나님의 구원을 '빛이 비춘다'라고 했습니다(사 2:5, 9:2, 42:6, 49:6, 60:1~3, 62:1, 단 9:17, 미 7:8). 예수님께서는 빛이십니다(요 1:4~5,9, 3:19~21, 8:12, 9:5, 12:35~36).

주님께서 십자가에서 죽으실 때, 땅은 진동했고, 바위는 터졌으며, 성소의 휘장은 찢어졌고, 죽은 이들이 살아났습니다(마 27:51~52). 성소의 휘장이 찢어짐으로 지성소로 들어가는 문이 활짝 열렸습니다(히 10:19~20). 이제는 짐승의 피가 아니라 그리스도의 피로 백성들이 하나님을 직접 만납니다. 예수님께서 영원한 언약의 중보자가 되셨습니다.

땅의 진동은 언약을 맺기 위해 찾아오시는 하나님의 강림을 뜻하기도 하지만, 여호와 하나님께서 언약을 유지하며, 원수를 보복하시고, 언약 파기자들을 심판하시는 분임을 강조합니다(출 19:18, 왕상 19:11, 시 18:7~8, 99:1 등등).[48] 진동으로 성소의 휘장이 찢어졌는데, 이는 성전 파괴에 대한 전조입니다. 곧, 예루살렘 성전이 파괴되어 언약의 저주를 받을 것임을 예고합니다. 이는 옛 세상을 심판하시는 노아 홍수에서 이미 확증되었습니다(창 7:11).[49]

죽은 자의 부활은 진정한 포로 회복이 시작되었다는 표입니다. 에스겔은 마른 뼈가 살아나 군대로 부활하는 환상을 보았습니다(겔 37장). 마른 뼈가 하나님의 군대로 부활하는 것처럼 성도들이 사단의 권세에서 해방되어 하나님의 군대가 되었습니다. 부활한 이들이 예루살렘 성에서 많은 사람에게 보였습니다.

---

48) 반더발, 『반더발의 성경언약 연구』, 명종남 역, (서울: 나침반, 1995), 175.

49) "큰 깊음의 샘들이 터지며"에서 히브리어 נִבְקְעוּ (니브케우)는 땅이 갈라져서 벌어지는 것을 뜻한다. 김하연, 『성경원문 새번역 노트 vol.1 창세기』, (서울: SFC출판부, 2020), 35.

이는 부활의 확실성을 강조하시기 위함입니다. 동시에 그것은 일종의 경고 메시지입니다. 예루살렘 성전이 아니라, 참 성전이신 그리스도의 십자가야말로 진정한 부활의 능력입니다. 이는 옛 성전에서 새 성전으로 변화되는 새로운 하나님 나라의 도래입니다. 십자가는 이 모두를 알려주는 교과서입니다.

### (3) 십자가 위에서 하나님 나라의 비밀을 선포하신 예수님

예수님께서 십자가 위에서 일곱 마디 말씀을 하셨습니다.[50] 복음서의 순서를 따라 일곱 말씀의 의미를 생각하겠습니다.

마태복음은 주님의 절규를 가장 먼저 소개합니다. "엘리 엘리 라마 사박다니"입니다. "나의 하나님, 나의 하나님, 어찌하여 나를 버리셨나이까"라는 뜻입니다(마 27:46, 막 15:34). 다윗의 시인 시편 22편 1절의 인용입니다. 시편 22편은 다윗의 생애를 잘 보여줍니다. 사무엘에게 기름 부음을 받고 난 뒤, 그의 삶은 도망자와 같았습니다. 왕이 되었지만 왕의 자리에 오르기까지 사울을 피해 광야와 블레셋 도시를 나그네처럼 방황했습니다. 그 긴 질곡의 시간은 다윗이 하나님께 버림받은 자인 것처럼 보이게 합니다. 예수님께서는 십자가에서 다윗의 시편을 인용하심으로 자기 죽음의 의미를 알리셨습니다.

언약에는 항상 책임이 따릅니다. 강대국과 약소국이 언약을 맺으면, 강대국의 가장 큰 직무는 약소국을 다른 세력으로부터

---

50) 예수님께서 십자가에서 7번 말씀하시고 죽으심으로 사역의 완전성이 강조된다. 6번이나 8번이 아니라 7번은 창조와 구속의 완성을 의미한다.

보호하는 것입니다.[51] 다윗은 하나님과 언약을 맺었습니다. 시편 22편에서 다윗은 하나님께 보호를 요청함으로 하나님께서 마땅히 지셔야 할 언약 책무에 호소합니다.

예수님의 절규는 하나님의 언약적 책무가 사라졌다는 뜻입니다. 이러한 언약적 책무의 불이행은 언약이 파기될 때 일어나는 현상입니다. 누가 언약을 파기했습니까? 예수님은 아니십니다. 하나님의 백성들이 언약을 파기했습니다. 곧, 북 이스라엘과 남 유다의 멸망 이후, 참 구원자요 메시아인 예수님께서 이 땅에 오셔서 자신을 드러내신 그 순간까지, 언약 백성들은 하나님과 맺은 언약을 지속적으로 파기했습니다. 아들이 오신 순간까지 이스라엘은 악한 농부들처럼 행했습니다(마 21:33~41). 그러므로 주님의 절규는 언약을 파기한 불충한 백성을 대신한 중보자의 저주받음을 말씀합니다(갈 1:4, 딤전 2:6).

---

51) 언약의 이러한 성격은 성경 곳곳에서 소개된다. 기브온 족속이 비록 거짓으로 이스라엘과 화친하였지만, 한 번 맺은 언약은 결코 파기되지 않는다(수 9장). 기브온 족속은 이스라엘 가운데 나무패며 물 긷는 직책을 맡았다(수 9:21). 그 후, 예루살렘, 헤브론, 야르뭇, 라기스, 에글론 왕들이 연합하여 기브온을 공격할 때, 그들은 여호수아에게 도움을 요청한다(수 10:1~6). 여호수아는 그 도움 요청에 적극적으로 응대하여 기브온을 구한다. 이 전투에서 그 유명한 말씀이 선언되었다. "태양아 너는 기브온 위에 머무르라 달아 너도 아얄론 골짜기에 그리할찌어다"(수 10:12). 암몬 사람 나하스가 길르앗 야베스를 공격할 때도 사울은 적극적으로 언약적 책무를 다한다(삼상 11:1~11). 하나님께서 아브람에게 하신 "너를 축복하는 자에게는 내가 복을 내리고 너를 저주하는 자에게는 내가 저주하리니"라는 말씀이나(창 12:3), 시편에 수없이 등장하는 '여호와는 나의 산성이시오 방패시라'와 같은 고백은 언약 당사자에게 주어진 책무를 다하겠다는 선언이요, 책무에 신실하기를 요청하는 청원이다.

다음은 신 포도주를 마시는 장면입니다(마 27:46~48, 막 15:34~36). 주님은 성찬을 제정하시면서, '포도나무에서 난 것을 내 아버지의 나라에서 새 것으로 너희와 함께 마시는 날까지 마시지 않겠다'라고 하셨습니다(마 26:29, 막 14:25). 실제로 주님은 몰약(혹은 쓸개)을 탄 포도주를 마시지 않으셨습니다(마 27:34, 막 15:23). 그러나 십자가에 달리신 후, 포도주를 마셨습니다.

포도주 마심은 시편 69편 21~22절의 성취입니다.[52] '쓸개를 나의 식물로 주며 갈할 때에 초로 마시게 했다'라는 시편 69편 21절은 형제들로부터 받은 조롱과 핍박의 전형입니다(시 69:8). 다윗은 자기 왕국 백성들에게 조롱과 멸시를 받았습니다. 주님의 십자가도 바로 그러합니다. 시편 69편 22절은 구원자를 그렇게 대하는 것이 어떤 결과를 가져올지 경고합니다. 곧, "저희 앞에 밥상이 올무가 되게" 한다고 합니다. 그 밥상이 증거가 되어 그들 자신의 정체가 드러나며, 그에 합당한 대가를 치를 것이라는 뜻입니다. 주님을 십자가에 못 박은 이는 형식적으로 빌라도와 로마의 군인들이었지만, 실제로는 언약 백성들이었습니다. 그 백성들은 주님을 십자가에 못 박은 대가를 치릅니다. 대가는 다름 아닌 언약의 파기입니다. 곧, 옛 언약 백성들은 더 이상 하나님의 백성이 아니게 됩니다. 이를 극적으로 보여주는 사건이 성전 파괴입니다.

---

52) 시편 69편은 다윗이 압살롬이나 아도니야의 반역 때 지은 시이다. 본 시편은 메시아의 고난과 관련된 내용으로 가득하다.

다른 한편으로, 주님의 포도주 마심은 나실인으로서의 사명을 완수하셨음을 의미합니다. 나실인은 사명을 완수하기 전에는 포도주를 마시지 못합니다(민 6:1~4). 그러나 하나님께 서원한 모든 것을 행한 후에는 제사장에게 가서 제사를 드리고 포도주를 마십니다(민 6:20). 주님의 포도주 마심은 하나님 아버지께 스스로 서원한 것을 온전히 지키셨다는 표입니다. 실로 주님은 아들로서 아버지 하나님의 뜻에 순종하여 십자가에 달리셨고, 기꺼이 죽음의 잔을 받으셨습니다. 주님의 순종이 불순종하는 모든 백성의 죄를 제거하였고, 백성들은 주님의 순종을 자신의 순종으로 인정받습니다.

누가복음은 예수님께서 십자가상에서 하신 말씀을 세 가지 기록했습니다(눅 23:34,43,46). 먼저, "아버지여 저희를 사하여 주옵소서 자기의 하는 것을 알지 못함이니이다"입니다.

이스라엘 백성들은 평생을 메시아를 기다리며 살았습니다. 하나님께서는 그러한 백성들에게 메시아를 보내셨습니다. 메시아가 오셨지만, 백성들은 메시아를 거절합니다. 로마 총독의 법정에 세워 사형 언도를 쟁취하고, 심지어 가이사 외에는 우리에게 왕이 없다는 불경한 죄를 거리낌 없이 지었습니다. 바로 그런 백성들을 예수님께서는 십자가 위에서 긍휼히 여기셨습니다. 지금 이들은 자신들이 무슨 짓을 하는지 모르니 용서해 달라는 청원입니다. 이렇게 하여 예수님께서 하나님의 공의를 이루십

니다.[53]

누가복음이 소개하는 두 번째 말씀은 강도에게 주신 말씀입니다. "내가 진실로 네게 이르노니 오늘 네가 나와 함께 낙원에 있으리라"(눅 23:43). 예수님께서는 강도들과 같이 취급당했습니다. 죄 없으신 분이 흉악한 범죄자처럼 되셨습니다. 주님 양편에 달린 강도들은 마지막 순간, 완전히 다른 반응을 보였습니다. 한쪽 강도는 죽는 순간까지 예수님을 비방했습니다. 그러나 다른 쪽 강도는 죽음의 순간에 위대한 신앙을 고백합니다. "예수여 당신의 나라에 임하실 때에 나를 생각하소서"(눅 23:42). 마지막 죽음의 순간에 이 강도는 예수님을 구원자로 받았습니다. 우리는 이를 통해 예수님을 살아계신 하나님의 아들이며 그리스도요 구주로 믿는다면, 어떤 죄인이라도 용서받고 하나님의 백성이 됨을 배웁니다.

두 강도는 한 백성 안에 두 진영을 극적으로 보여줍니다. 사실, 누가복음의 문맥도 그러합니다. 강도와의 대화를 기준으로 앞뒤 문맥은 매우 대조적입니다. 앞 문맥(눅 23:26~38)에는

---

53) 언약 백성들의 죄를 사해 달라는 예수님의 청원은 이미 구약 성경 여러 곳에서 언급된다. 요셉은 자신을 죽이려고 하고 애굽으로 팔려 가게 한 형제들을 향하여 하나님께서 생명을 구하려고 자신을 먼저 보내셨다고 했다(창 45:5). 아버지 야곱이 죽고 형제들이 아버지의 유언 운운하면서 용서를 구할 때, 요셉은 그 형들의 믿음 없음 때문에 눈물을 흘렸다(창 50:17). 요셉은 그 믿음 없는 당대 교회를 위해 자신의 주검을 약속의 땅에 가져갈 것을 요구했다(창 50:25). 모세는 백성들이 구원자인 자신을 거절하자 광야로 갔으며(출 2:14~15, 행 7:25), 금송아지 사건 후, 백성들을 위해 생명책에서 자기 이름을 지워달라는 청원을 했다(출 32:32). 엘리야 역시 동일한 청원을 했다(왕상 19:4).

주님의 메시아이심을 부인하는 자들이 소개되며, 뒤 문맥(눅 23:44~56)에는 주님의 메시아 됨을 받아들이는 이들이 중심입니다.

다른 한편으로, 두 강도는 옛 언약 백성들과 새 언약 백성들로도 나뉩니다. 예루살렘에 입성하신 예수님께서는 성전에서 장사하는 이들을 청소하면서 성전이 "강도의 굴혈"이 되었다고 했습니다. 그 강도들이 십자가에서 죽습니다. 곧, 모든 언약 백성이 예루살렘 성전을 강도의 소굴로 만들었기에 백성들 전부가 강도입니다. 그 강도들에 대한 최후의 심판이 임박했습니다. 이 상징이 강도들의 십자가 죽음에서 드러납니다. 한 강도는 끝까지 죄를 용서받지 못합니다. 그러나 다른 강도는 낙원에 있으리라는 약속을 받습니다. 낙원을 약속받은 강도는 배교의 시대에 신실한 남은 자들을 상징합니다. 주님의 십자가는 언약에 불충한 옛 언약 백성들을 향한 마지막 경고의 시대에 일어난 획기적 사건이기 때문입니다.

세 번째 말씀은 "아버지여 내 영혼을 아버지 손에 부탁하나이다"입니다(눅 23:46). 누가복음은 예수님께서 자신의 영혼을 아버지께 부탁하는 것과 성소 휘장의 찢어진 사건을 연결합니다(눅 23:45~46). 자기 영혼을 아버지 하나님께 맡김으로, 예수님께서는 자기 백성들이 보좌로 나아가는 길을 여셨습니다. 옛 성전의 효력은 얼마간의 유예기간밖에 남지 않았습니다. 새로운 산 길이 열렸습니다(히 10:20).

요한복음 역시 세 마디 말씀을 소개합니다(요 19:26~27,28, 30). 먼저, 육신의 모친에게 사도 요한을 "아들"이라고 하셨고, 요한에게는 모친인 마리아를 "네 어머니"라 소개하셨습니다(요 19:26~27). 예수님께서는 십자가에서 5계명을 온전히 이루셨습니다. 동시에 새로운 가족 관계가 형성되었음을 선언하셨습니다. 주님께서 공생애 중에 이미 이를 분명히 가르쳤습니다. 예수님의 육신의 가족들이 주님을 찾아왔습니다. 그때 주님은 "누가 내 모친이며 동생들이냐" 물으시고, 함께 한 이들을 향하여 "내 모친과 내 동생들을 보라"라고 하셨습니다. 하나님의 뜻대로 하는 자는 내 형제요 자매요 모친이라고 선언하셨습니다(마 12:46~50, 막 3:31~35).

제자들에게도 직접적으로 가르치셨습니다. "내 이름을 위하여 집이나 형제나 자매나 부모나 자식이나 전토를 버린 자마다 여러 배를 받고 또 영생을 상속하리라"(마 19:29, 막 10:29~30). 주님을 위해 형제, 자매, 부모, 자식을 버린 자는 여러 배를 받습니다. 이들은 모두 새로운 가족들을 뜻합니다. 곧, 교회입니다. 새 언약 백성들은 복음을 위하여 세상의 관계를 정리할 때, 교회를 선물로 받습니다. 주님은 십자가에서 이 새 가족의 도리를 가르쳤습니다. 그리하여 사도들의 터 위에 세워진 교회는 예수님의 피로 맺어진 새 가족입니다.[54]

---

54) 교회가 하나님의 새로운 가족이라는 가르침은 이후 신약 성경이 교회를 가르치는 핵심 내용 중 하나이다. 오순절 성령님께서 임하시자 예루살렘 교회는 유무상통했다. 이것은 교회의 정체성이다. 또한, 바울은 빌레몬서에서

요한복음이 소개하는 두 번째 말씀은 "내가 목마르다"입니다
(요 19:28). 요한복음은 이 말씀을 주님의 포도주 마심과 연결합
니다(요 19:28~29). 이어 "다 이루었다"라는 세 번째 말씀도 포
도주 마심의 결론처럼 구성되었습니다(요 19:30). 주님의 포도주
마심에 대한 이해는 앞에서 이미 말씀드렸습니다. 여기에서는
조금 다른 측면에서 포도주를 설명합니다. 포도나무 열매의 수
확 그리고 그것을 먹고 즐기는 것은 온전한 하나님 왕국의 출현
을 의미합니다(사 5:1~7, 25:6, 마 9:17, 11:19, 20:1~16, 요 2:1~11,
15:1~8). 성찬 제정에서 포도주를 주신 이유는 속죄의 즐거움과
환희를 자신의 피를 통해 이루셨기 때문입니다. 예수님께서는
목마르다 하시고 포도주를 마신 후, 다 이루었다고 선언하셨습
니다. 이를 통해 예수님께서는 자신에게 주어진 대속 사역과 하
나님 나라의 도리를 온전히 완성하셨습니다.

## 부활과 승천

우리 주님의 부활은 언약의 내용이며, 복음의 요체이고, 교회
의 근거입니다. 하나님 나라는 부활 신앙 위에 굳건히 세워집니
다(고전 15:12~19, 45). 아담이 하나님과 언약을 맺을 때, 선악을
알게 하는 나무 열매를 지나 생명나무가 예비되었습니다. 가인
이 아벨을 죽이자, 하나님께서는 죽음의 권세를 넘어 셋과 에노
스를 주셨습니다. 에녹은 죽음에 굴복하지 않고 하늘로 갔습니

---

과거의 종인 오네시모가 상전이었던 빌레몬과 복음 안에서 형제임을 선언
한다.

다(창 5:24, 히 11:5). 이처럼 부활은 창세기에서부터 중요한 주제입니다.

노아 가족은 방주를 타고 죽음의 홍수를 지나 부활의 영광을 맛보았습니다. 아브라함은 죽은 것 같은 자기 몸에서 이삭이라는 새 생명을 얻었습니다. 그때, 사라의 경수는 끊어졌었습니다(창 18:11, 롬 4:19). 모리아산에서 이삭은 죽음과 부활을 경험했고, 숫양을 통해 대속의 은혜를 체험했습니다. 야곱은 형 에서의 분노가 두려워 생명의 집을 떠났지만, 오히려 라반의 집이 무덤과 같았습니다(창 27:41, 29:21~30, 30:25~28, 31:6~7,38~41). 그러나 하나님께서는 그 무덤과 같은 곳에서 생육과 번성을 이루셨습니다. 결국, 야곱은 얍복 강에서 죽음을 넘어 여호와 앞에서 살아났습니다(창 32:24~32, 호 12:4). 요셉은 당대 교회로부터 웅덩이에 던져졌고, 바로의 궁궐에서 영광의 보좌를 차지했습니다(창 37:24, 41:40). 그의 고백처럼, 그는 자기 백성들을 죽음에서 생명으로 인도하는 하나님의 도구였습니다(창 45:5).

모세는 나일강의 죽음에서 바로의 궁궐로 옮겨졌고, 광야에서 하나님의 집을 건설하는 사환으로 부활했습니다(히 3:5). 이스라엘은 죽음의 홍해 바다를 건너 생명의 땅으로 전진했습니다. 또한, 광야(혹은 황무지)의 죽음을 지나 구름 아래에서 날마다 부활을 경험했고, 주림의 고통에서 날마다 하늘 양식으로 생명을 얻었습니다. 사무엘은 300여 년간의 긴 죽음의 터널에서 생명의 미스바로 언약 공동체를 인도했습니다. 에스겔은 마른 뼈가 살아 군대로 부활하는 은혜를 누렸고, 새로운 성전에서 생수가 흘러나와 만물을 소생케 하는 감격을 누렸습니다(겔 37:1~14, 47:1~12).

부활은 재창조이며, 새 출애굽이요, 진정한 포로 회복입니다. 예수님께서는 자신의 부활을 제자들에게 미리 가르쳤습니다.[55] 사두개인들은 형사취수제라는 율법으로 부활이 없다는 자신들의 신학을 주장했습니다. 그러나 주님은 족장들을 언급하면서 부활 신앙을 변호하셨습니다(마 22:23~32, 막 12:18~27, 눅 20:27~40).

예수님께서 부활의 첫 열매가 되셨습니다(고전 15:20,23). 첫 열매는 그 나무에서 같은 열매가 엄청나게 많이 맺힐 것을 알려주는 본보기입니다. 구약 성경에서 씨앗의 모습으로 소개된 부활이 예수님의 부활을 통하여 실체로 드러났습니다. 모든 성도는 죽음에서 부활할 것입니다. 예수님처럼 부활합니다. 마치 죽은 영혼이 다시 살아난 것처럼(요 5:24), 주님의 재림 때, 모든 믿는 자는 몸의 부활을 경험할 것입니다(요 5:28~29, 계 20:11~15). 그리하여 믿는 자들은 영생을 얻습니다. 이처럼 부활은 영생의 입구입니다. 사단이 몰고 온 죽음은 예수님의 부활을 통하여 정복되었습니다.

---

55) 마 16:21, 17:9,23, 20:19, 26:32, 막 8:31, 9:9,31, 10:34, 14:28, 눅 9:22, 13:32, 18:33, 요 2:21~22, 12:24. 사도 바울은 예수님께서 가르치신 부활에 대하여 "성경대로 사흘 만에 다시 살아나사"라고 했다(고전 15:4). 이는 복음서가 이미 성경으로 받아들여졌다는 증거이다.

## (1) 부활의 아침[56]

안식 후 첫날, 막달라 마리아, 야고보의 어머니 마리아 그리고 살로메가 무덤에 왔습니다(마 28:1, 막 16:1). 여자들이 무덤에 온 것은 예수님의 부활을 믿었기 때문이 아닙니다. 여자들이 무덤에 온 이유는 예수님께 향품을 바르기 위함입니다(눅 24:1). 예수님의 주검을 아리마대 요셉이 가져왔고, 주님의 장사를 위해 이미 조치를 다했습니다. 그 일에 니고데모도 동참했습니다(요 19:38~40). 여자들은 이를 알았고, 죽은 지 사흘이 되었음에도 다시 향품을 바르려고 했습니다.

부활 사건에 여인들의 등장은 새로운 신부의 등장을 예고합니다. 예수님 시대는 악하고 음란한 세대입니다(마 12:39, 16:4). 음행은 참 신랑이신 하나님을 버린 옛 언약 백성의 대표적 죄입니다(렘 11:15, 23:10, 겔 23:1~21, 호 1:2). 그 음행의 시대에, 예수님의 죽음을 장사하려고 끝까지 자기 자리를 지키는 여인들은 새로운 신부의 전형입니다. 특히, 주님이 잡히시고 십자가에 못박히실 때, 제자들은 모두 도망갔으며, 자신도 함께 죽겠다던 베드로조차 주님을 부인했습니다. 바로 그 순간, 이 여인들은

---

56) 예수님의 부활에 대한 복음서의 기록은 약간의 차이를 보인다. 마태복음은 천사가 돌 위에 앉았다고 하지만 마가복음은 무덤 안에서 여자들이 천사를 만난다. 공관복음서와 요한복음도 차이가 있는데, 공관복음서는 여자들이 무덤 안을 보았고, 그리고 제자들에게 달려간 것처럼 기록한다. 그러나 요한복음은 무덤 문의 돌이 옮겨진 것을 보고 여자들이 제자들에게 가서 알린 후에 나중에 무덤 속을 보았다고 말씀한다. 이는 복음서의 오류가 아니다. 이러한 차이는 각각의 복음서는 그 나름의 문맥을 따라 강조하는 바가 다르기 때문이다.

주님의 부활을 처음으로 듣는 복된 자들이 되었습니다. 실로 약한 자를 들어 강한 자들을 부끄럽게 만듭니다(고전 1:27).

여자들은 복된 소식을 전하는 첫 전파자가 되었습니다. 천사들은 여자들에게 말하길, 제자들에게 가서 이 소식을 전하라고 했습니다. 더불어 여인들은 두려움에서 평안으로 초대되었습니다. 부활하신 주님은 여자들에게 평안하냐고 하시며, 무서워 말라 하셨습니다. 마리아에게는 "어찌하여 울며 누구를 찾느냐"라고 친근히 말씀하신 후에, 마리아의 이름을 친히 부르셨습니다 (마 28:9~10, 요 20:15~16).

여자들이 오자 지진이 났고, 천사들이 하늘에서 내려와 무덤 입구 돌을 굴려내고 그 위에 앉았습니다. 지진은 마태복음 8장 24절, 27장 51절, 28장 2절에서 언급됩니다. 지진은 죽음을 넘어 부활로 나아가는 징조입니다. 구약에서 지진은 언약을 이루겠다는 하나님의 강림 표입니다. 시내산에서 언약을 맺을 때도 지진이 있었으며, 엘리야가 호렙에서 하나님을 만날 때도 지진이 있었습니다(출 19:18, 왕상 19:11).

지진과 함께 하늘의 천사들이 내려와 앉았습니다. 천사들의 앉음은 마치 이곳이 하늘 보좌임을 보여주는 것과 같습니다. 요한복음은 이를 그림같이 보여줍니다. 두 천사가 예수님의 시체가 있었던 곳, 머리 편과 발 편에 각각 앉았습니다(요 20:12). 마치 성막이나 성전의 보좌를 보는 듯합니다. 주님의 무덤이 새로운 성전이 되었습니다. 우리는 이를 통해 부활이 새로운 성전 건축(교회)의 출발점임을 깨닫습니다.

마태복음은 천사들이 무덤 문에 앉았다고 합니다. 문은 심판의 장소입니다(신 17:5, 21:19, 25:7, 룻 4:1, 삼하 15:2, 약 5:9). 천사들은 사단의 권세를 심판했습니다. 사단의 무기인 죽음을 심판함으로 주님은 부활하셨습니다. 이처럼 부활은 대적의 문을 정복했다는 표입니다. 그래서 아브라함은 이삭을 바치고 그 후손이 대적의 문을 얻을 것이라는 말씀을 들었습니다(창 22:17). 신비롭게도 이삭의 아내 리브가 역시 동일한 선언을 듣습니다(창 24:60). 예수님께서는 일찍이 베드로에게 대적의 문을 취할 것을 말씀하셨습니다(마 16:18).

여자들은 달려가 제자들에게 주님의 부활 소식을 전했습니다. 그러나 제자들은 믿지 않았습니다. 베드로와 요한이 달려와 무덤을 보았고 겨우 믿었습니다(요 20:8). 여자들은 제자들에게 주님이 갈릴리로 가실 것이며, 그곳에서 제자들을 볼 것이라는 소식을 전했습니다.

### (2) 엠마오로 가는 두 제자[57]

누가복음 24장은 주님께서 부활하신 날, 엠마오로 가는 두 제자에 대해 소상히 소개합니다(눅 24:13~35). 한 분은 글로바입니다. 동행한 다른 한 분의 이름은 모릅니다. 어떤 이는 글로바의 아내라 하고, 어떤 이는 다른 제자라고 주장하기도 합니다. 물론, 예수님의 12제자 중 한 사람은 아닙니다. 두 제자는 길에서

---

57) 이에 대한 좀 더 상세한 해설은 필자의 다음 책을 참고하라. 강현복, 『성경이 꽃피운 고백』(경산: 도서출판 R&F, 2019), 19~31.

부활한 주님을 만난 후 예루살렘으로 돌아갑니다. 그들은 그곳에서 열한 사도를 만나기 때문에, 다른 한 분을 사도 중 한 사람으로 볼 수 없습니다.

아무튼, 이들은 예수님께서 이스라엘의 구원자이길 소망했습니다. 하지만 예수님의 죽음을 보고 낙망하여 엠마오로 갑니다. 심지어 그들은 여자들이 새벽에 천사들로부터 주님의 부활 소식을 들었다는 것도 알았고, 제자들이 무덤을 방문하여 여자들의 말을 확인한 것도 알고 있었습니다. 따라서 이들의 엠마오행은 불신앙의 표입니다.

두 제자의 불신앙을 더 선명하게 알려주는 표현은 "저희의 눈이 가리워져서 그인 줄 알아보지 못하거늘"입니다(눅 24:16). 눈이 가려졌다는 표현은 전형적인 우상숭배자의 모습을 나타냅니다(시 115:4~8). 이사야는 우상숭배자가 된 언약 백성들의 상태를 말하면서 "듣기는 들어도 깨닫지 못할 것이요 보기는 보아도 알지 못하리라"라고 했습니다(사 6:9). 눈과 귀의 장애는 불신앙에 빠진 언약 백성의 전형입니다(시 69:23, 사 42:19~20, 겔 12:2, 마 13:14~15, 요 12:40, 롬 11:8, 행 28:26~27).

예수님께서는 두 제자를 책망하시고, 모세와 및 모든 선지자의 글에서 시작하여 성경을 자세히 설명하십니다. "모세와 선지자의 글"이라는 표현은 구약 성경을 지칭하는 성경의 일반적인 용례입니다. 구약과 신약은 그리스도의 고난과 영광이 중심 주제입니다(눅 24:26). 그리스도의 고난과 영광은 구속사의 핵심입니다. 이로 보건대, 성경은 구속 곧 영생의 책이며 그리스도를 증거합니다(요 5:39, 17:3). 주님께서 두 제자에게 성경을 풀어주시자 그들의 눈이 밝아졌습니다. 두 제자는 예루살렘으로 돌아가 다른 제자들과 더불어 주님의 부활을 증거했습니다.

### (3) 도마와 베드로, 그리고 갈릴리 호수

다른 제자들이 부활의 주님을 만날 때, 도마는 그 자리에 없었습니다. 부활의 주님을 만난 제자들이 도마에게 주님을 보았다고 말하자 도마는 보고 만진 후에 믿겠다고 합니다. 8일 후, 예수님께서는 의심하는 도마에게 나타나셨습니다(요 20:26). 주님은 도마에게 자신의 옆구리를 만져보라고 하십니다. 그제야 도마는 "나의 주시며 나의 하나님"이라 고백합니다. 많은 성도들이 도마의 불신앙을 경고의 메시지로 받습니다. 물론, 그러해야 합니다. 그렇다고 해서 그의 고백의 경이로움을 무시해서는 안 됩니다.

도마는 부활의 주님을 만나자 "나의 주시며 나의 하나님"이라 했습니다(요 20:28). 예수님을 "하나님"이라 고백했습니다. 그래서 교부들은 부활 신앙이 삼위일체를 고백하는 근거라고 가르쳤습니다.[58] 실로 하나님께서는 삼위이시며 한 분이십니다. 도마의 고백을 들으신 예수님께서는 이 고백이 모든 믿는 자들의 고백임을 선언합니다. "너는 나를 본 고로 믿느냐 보지 못하고 믿는 자들은 복되도다"(요 20:29). 이 땅에 수많은 그리스도인들

---

58) 윌켄(Robert Louis Wilken), 『초기 기독교 사상의 정신』, 배덕만 역,(서울: 도서출판 복있는 사람, 2014), 111~119.

은 부활의 주님을 보지 못하고 믿습니다. 교회는 부활의 터 위에 세워졌습니다.

도마의 불신앙은 도마 개인의 문제가 아닙니다. 사도들은 교회의 터가 될 분들입니다(마 16:18, 엡 2:20). 베드로도 마찬가지입니다. 사도들의 실패는 한 개인의 실패가 아닙니다. 베드로는 주님을 세 번 부인했습니다. 교회의 터가 흔들렸습니다. 주님은 교회를 든든히 세우기 위해 그들을 갈릴리로 부르셨습니다. 죽으시기 전에 벌써 갈릴리로 가실 것을 말씀하셨습니다(막 14:28). 물론, 천사들은 무덤에 찾아온 여자들에게 예수님께서 갈릴리로 가시며 그곳에서 제자들을 만날 것이라 다시 알려주었습니다(마 28:7, 막 16:7).

갈릴리에 도착한 제자들에게 두 가지 중요한 사건이 일어납니다. 흔히 지상대명령으로 불리는 말씀과 물고기 잡는 사건입니다(마 28:16~20, 요 21:1~14). 베드로, 도마, 나다나엘, 야고보와 요한, 그리고 두 제자가 갈릴리에 왔습니다. 밤새 고기를 잡았지만, 소득이 없었습니다. 새벽에 예수님께서 배 오른편에 그물을 던지라 말씀하셨고, 제자들은 순종했습니다. 그물에 고기가 가득했습니다. 요한복음은 고기 숫자까지 알려줍니다. 153마리입니다.

베드로의 부름에서 가장 중요한 말씀은 '사람 낚는 어부'입니다(마 4:19, 막 1:17, 눅 5:10). 구약 성경에서 어부 이미지는 심판적 사역을 의미합니다(렘 16:16, 겔 29:1~7). 예수님께서 사도들에게도 이를 분명히 선언했습니다(마 19:28). 주님은 실패한 사도에게 믿음의 핵심인 메시아의 부활을 주지시켰을 뿐만 아니라 그들의 사역의 성격까지 다시 기억나게 하셨습니다. 이후 주님은 베드로에게 세 번에 걸쳐 사랑하느냐는 질문을 하셨고, "내 어린 양을 먹이라", "내 양을 치라", "내 양을 먹이라"라고 말씀하셨습니다. 사도는 목자장이신 예수님의 본을 따라 하늘 양 떼를 치는 목자입니다(벧전 5:1~4). 부활의 주님은 새 언약의 주체인 교회의 터를 견고케 하셨습니다.

## (4) 마지막 명령과 승천

갈릴리에서 교회의 터인 제자들의 신앙을 견고케 하신 주님은 지상대명령도 주셨습니다. "모든 족속으로 제자를 삼아"입니다.[59] 반석 위에 "내 교회"를 세우라는 말씀보다 좀 더 풍성한 계

---

59) 마태복음 28장 18~20절은 여러 의미를 내포한다. "가서 모든 족속"으로 제자 삼으라는 말씀은 포로 회복의 의미를 드러낸다. 역대하 36장 23절은 고레스의 칙령을 소개한다. "여호와께서 세상 만국으로 내게 주셨고", "그 백성된 자는 다 올라갈찌어다", "너희 하나님 여호와께서 함께 하시기를 원하노라"라는 말씀은 마태복음 28장에서 그대로 반복된다. 고레스는 여호와의 기름 부음 받은 자로, 여호와께서 자기 백성을 위한 구원자로 선택하셨다(사 44:28~45:4). 마태복음 10장 5~6절에서 처음 제자들을 부르실 때는 "잃어버린 양"에게 가라고 하셨다. 그러나 마태복음 28장에서는 "모든 족속" 곧 이방인에게 복음의 문이 열린다. 이는 계시의 진전이다. 또한, "내가 세상 끝날까지 너희와 항상 함께 있으리라"라는 말씀은 하나님께서 자기 백성과 맺은 언약에 충실할 것이라는 선언이다. 이는 사도들의 사역에 하나님께서 함께 하신다는 확증이며, 복음으로 초대된 이들이 하나님의 백성이 되기로 결심하는 단초가 된다. 이는 그랄 왕 아비멜렉과 군대 장관 비골이 아브라함과 언약을 맺을 때 "하나님이 너와 함께 계시도다"라고 한 경우나(창 21:22~34), 이삭과 언약을 맺을 때도 동일한 말을 하는 것을 통해 확인된다(창 26:28).

시가 주어집니다. 제자 삼으라는 말씀은 교회를 세우라는 뜻입니다(행 6:1~2,7, 9:1,19, 11:26, 13:52, 14:20,22). 예수님께서는 교회 건설의 구체적 원리도 말씀하셨습니다. '세례를 주면서', '가르치면서'입니다. 세례와 가르침(이것은 일종의 설교사역이다)은 이후 사도들이 교회를 세울 때 핵심 원리가 됩니다. 세례와 설교는 장로교회에서 당회와 노회의 주 사역입니다.

갈릴리에서 모든 내용을 가르치신 주님은 다시 예루살렘으로 오셨습니다. 부활 후 주님은 40일 동안, 이 땅에서 부활을 증거하셨으며, 하나님 나라의 일을 말씀하셨습니다(행 1:3). 주님은 하나님 나라의 왕으로 이 땅에 오셨고, 그 나라의 백성들이 왕을 거부하자 심판을 선언하셨으며, 새로운 백성들을 부르기 시작하셨고, 그 나라의 비밀을 친히 가르치셨습니다.

40일이 지나자, 예수님께서 하늘의 보좌로 승천하셨습니다. 승천하실 때, 제자들에게 복을 선언하셨습니다(눅 24:50). 사도들은 늘 성전에서 하나님을 찬송했습니다. 누가복음에서 축복과 찬송은 같은 단어입니다. 찬송은 삼위 하나님께서 베푸신 복을 읊조리며 다시 돌려드리는 입술의 제사입니다. 하늘에 오르신 예수님께서는 하나님 우편에 앉으셨습니다(막 16:19).

1. 변화산에서 예수님께서 자신이 "별세"할 것을 말씀하셨습니다. "별세"를 직역하면 어떤 뜻이며, 이를 근거로 주님의 예루살렘행이 가지는 의미를 설명해 보세요.

2. 마태복음은 예수님의 예루살렘 입성을 이사야 62장 11절과 스가랴 9장 9절을 인용하여 해설합니다. 두 구약 본문에 의하면 예수님의 예루살렘 입성이 의미하는 바는 무엇입니까?

3. 예수님께서 입성하실 때, 종려나무 가지를 베어 길에 편 것과 백성들의 호산나 찬송은 무엇을 의미합니까?

4. 예수님께서는 성전이 강도의 소굴이 되었다고 선언하셨습니다. 성전 파괴의 의미를 설명해 보세요.

5. 예수님을 재판에 넘긴 이들은 '공회'입니다. '공회'가 빌라도에게 예수님을 죽이라고 요구한 것이 왜 중요합니까?

6. 예수님께서 십자가에 못 박힌 것을 신명기 21장과 관련하여 설명해 보고, 이에 대한 바울의 회심 전과 후의 이해 변화를 말해 보세요.

7. 예수님께서 십자가에 달리실 때 나타난 징조는 무엇이며, 이러한 징조들이 의미하는 바는 무엇입니까?

8. 예수님께서 십자가 위에서 7번 말씀하셨습니다. 그 말씀들을 요약해 보고, 각각의 말씀 속에 담긴 의미가 무엇인지 정리해 보세요.

9. 여성들이 예수님의 부활을 가장 먼저 알았고, 제자들에게 알렸습니다. 이것이 의미하는 바는 무엇입니까?

10. 엠마오로 내려가는 두 제자에게 부활의 주님이 찾아오셨습니다. 두 제자는 눈이 가려져 주님을 알아보지 못했습니다. 눈이 가려졌다는 말씀의 의미는 무엇입니까?

11. 부활하신 예수님께서 갈릴리 호수에서 일곱 제자들을 만나 기적을 경험하게 하셨습니다. 이것이 의미하는 바는 무엇입니까?

12. 예수님께서 제자들에게 주신 대위임 명령의 내용은 무엇이며, 그 명령을 수행하기 위해 시행해야 될 두 가지 내용은 무엇입니까? 그 두 가지가 오늘날 교회에서 어떻게 시행됩니까?

# 제3부

# 예수님께서 전하신 하나님 나라

Shining Kingdom of God Being Built on the Ruins

예수님께서는 하나님 나라 건설을 위하여 이 땅에 오셨습니다
(마 4:17, 5:1~12, 13:11, 18:3, 20:1~16, 22:1~14, 25장, 28:18~20).
창조된 우주는 하나님의 집입니다(히 3:4). 처음부터 피조 세계
는 하나님의 왕국으로 지어졌습니다. 그 왕국에 아담은 하나님
을 대신하는 왕으로 창조되었습니다. 아담의 범죄로 왕국 건설
은 중단되었습니다. 하나님께서는 왕국 복원을 실행하셨고, 언
약은 그 왕국 복원의 방편입니다.

아브라함, 이삭, 야곱과 요셉을 통하여 왕국 건설의 초석을
놓으신 하나님께서는 시내산에서 왕국의 정체성을 계시하셨습
니다. '제사장 나라와 거룩한 백성'은 왕국의 정체성이며, 이를
위해 법과 제도가 주어졌습니다. 왕국 건설의 더 명료한 모델도

주셨는데, 바로 성막입니다. 성막은 왕국의 모형이며, 동시에 왕국 자체이고, 왕국의 본질입니다.

언약이라는 방편을 통해 자기 백성을 부르신 하나님께서는 가나안이라는 공간을 그 왕국의 터로 삼으셨습니다. 가나안은 더이상 피조 세계의 한 지역이 아니게 되었습니다. 그곳은 하늘의 하나님께서, 하늘의 법으로, 하늘의 원리를 따라 다스리는 하나님의 왕국으로 변화되었습니다. 통일왕국 시대와 솔로몬의 성전 건축은 하늘의 뜻이 땅에 이루어지는 현장이었습니다. 곧, 하늘 왕국이 지상에 내려왔습니다.

타락한 인간과 죄의 능력은 땅에 세워진 하늘의 왕국을 여지없이 무너뜨렸습니다. 왕국은 분열되었고, 북쪽은 급속도로 우상숭배의 중심지로 바뀌었습니다. 남 유다도 자유롭지 못했습니다. 급기야 북 이스라엘은 앗수르에 멸망되었습니다. 시간의 차이만 있을 뿐, 남 유다도 바벨론에 포로가 되었습니다. 성전과 예루살렘은 파괴되었고, 나라는 사라졌습니다. 70년이 지나 포로에서 해방되었지만, 그 해방은 온전한 회복이 아니었습니다.

다니엘은 진정한 포로 회복이 먼 훗날에 이루어질 것을 계시받았습니다. 흔히 신구약 중간기라 불리는 시기는 하나님의 침묵의 때로 알려졌습니다. 그러나 긍휼에 풍성하신 하나님께서는 신구약 중간기에도 구속역사를 이어가셨습니다.[60] 다니엘에

---

60) 신구약 중간기에 대한 일반적 시각은 하나님께서 계시를 중단하신 '어두움의 시대'로 보는 것이다. 다음 책은 이러한 시각에 도전한다. 물론, 필자는

게 그 기간이 여전히 포로 생활의 연장임을 소상히 알리셨습니다. 또한, 바벨론, 페르시아, 헬라제국, 그리고 로마제국이 등장할 것이라는 계시를 주셨습니다. 이들의 역사는 대제국의 역사이지만 본질적으로 구속역사의 배경일 따름입니다.

철과 흙으로 이루어진 신상의 발은 로마제국을 의미합니다(단 2:33,40~45). 그 로마제국 때 하늘의 하나님께서 한 나라를 세우십니다. 사자, 곰, 표범, 열 뿔 달린 짐승 환상도 같은 내용입니다. 네 짐승은 네 왕이요 제국입니다(단 7:17). 열 뿔 달린 짐승의 때에 성도가 나라를 얻습니다(단 7:22).

예수님께서 오셨습니다. 왕으로 오셨습니다(마 1:1, 2:2). 드디어 삼십 세가 되셨고, '회개하라 천국이 가까웠다'라고 선포하셨습니다(마 4:17). 주님은 하나님의 왕국을 이 땅에 건설하기 시작했습니다. 이미 하나님의 나라가 임했습니다(눅 11:20). 예수님께서 활동하시던 바로 그때부터 하나님 나라는 세상 속으로 침노했습니다(마 11:12). 하나님 나라가 언제 오느냐는 바리새인들의 질문에, 예수님께서는 하나님 나라가 "너희 안에" 있다고 하셨습니다(눅 17:21). 예수님 자신이 하나님 나라입니다. 하나님 나라는 사단의 권세 아래 있는 죽은 영혼을 다시 살립니다. 예수님 시대에 이미 죽은 자의 부활이 일어났습니다(요 5:24~25).

---

아래 저자의 주장에 완전히 동의하지는 않는다. 그러나 저자의 주장 중 상당 부분은 깊은 통찰력을 제공한다. 피터 라잇하르트, 『손에 잡히는 사복음서』, 23~65.

이미 임한 그 나라는 완성을 향해 전진합니다. 완성을 향하여 전진하는 동안 대격변이 일어납니다. 가나안 땅 대신에 성령님께서 내주하시는 교회가 등장하고, 옛 법이 성령의 법으로 변화되어 완성됩니다. 예루살렘과 성전은 사라지고 오직 참 성전이 웅장한 모습을 드러냅니다. 이스라엘 열두 지파가 아니라 예수님께서 친히 부른 열두 사도들이 하나님 나라를 전합니다(마 10:7, 행 28:30~31). 완성될 하나님 나라가 올 때까지 복음의 능력은 죽은 자를 지속적으로 살립니다. 예수님의 초림에서 시작하여 재림까지 죽은 자를 살리는 부활의 역사는 지속됩니다(고전 15:23~24). 마지막 멸망 받을 원수는 사망입니다(고전 15:26). 주님은 재림하실 때, 천사장의 소리와 하나님의 나팔로 강림하셔서 심판하실 것이며 사망과 음부는 불 못에 던져질 것입니다(살전 4:13~18, 계 20:11~15).

지금으로부터 약 2000년 전, 예수님의 초림에서 시작된 하나님 나라는 대격변을 지나 예수님의 재림 때 완성됩니다. 그 나라에 대한 가르침이 신약의 핵심 주제입니다. 교회는 그 나라의 백성이며, 그 나라를 증시하는 유일한 기관입니다. 교회는 옛 백성들을 대체하는 새로운 하늘 백성들입니다. 예수님께서는 이를 산상보훈, 비유, 그리고 표적을 통하여 풍성하게 드러내셨습니다. 교회는 이 모든 것을 담아 최고의 상을 배설하는 요리사입니다.

제5장

# 산상보훈

## 산상보훈의 구조

예수님께서 산 위에서 행하신 보석 같은 말씀은 수수께끼가 아닙니다. 보석 같은 말씀이 수수께끼로 취급받으면 더 이상 보석이 아닙니다. 보석은 누구나 알아보고, 아름답다 느끼며, 보는 즉시 탄성이 터져야 합니다. 그러나 산상보훈은 많은 그리스도인들에게 보석이 아닌 것은 말할 것도 없고, 수수께끼 같기도 하며, 까다로운 수학 문제처럼 여겨지기도 합니다.

예수님께서는 다윗의 계보를 따라 언약 백성의 '왕'으로 이 땅에 오셨습니다. 왕이신 예수님께서는 옛 백성이 실패한 하나님과의 언약을 완성하려고 오셨습니다. 언약을 완성하는 일은 하나님 나라를 이 땅에 아로새기는 일입니다. 산상보훈은 새 언약의 중보자요, 시행자시며, 완성자께서 하나님 나라의 청사진을 보여주신 빛나는 계시입니다. 주님은 그 나라를 건설할 제자들에게 먼저 계시하셨지만, 많은 무리도 듣도록 하셨습니다. 예수님께서는 산상보훈에서 하나님 나라를 언약 용어로 자세히 설명하셨습니다. 산상보훈은 하나님 나라에 대한 일종의 해설서입니다.

다음 구조는 마태복음에 담긴 산상보훈을 좀 더 선명하게 이해하도록 합니다.

A  산에서 제자들에게 가르치다 (5:1~2)
 B  팔복 (5:3~12)
  C  세상의 소금과 빛 (5:13~16)
   D  옛 언약을 완전케 하러 오신 예수님 (5:17~20)
    E  옛 사람에게 주신 것과 예수님의 가르침 (5:21~48)
      : 살인, 간음, 맹세, 동해보복, 이웃사랑.
   D′  외식과 참다운 의 (6:1~7:5)
      : 구제, 기도, 금식, 보물 곧 재물, 비판.
  C′  거룩한 것과 진주를 구하고, 찾고, 두드리라 (7:6~12)
 B′  생명으로 인도하는 문과 거짓 선지자에 대한 주의 (7:13~27)
A′  백성들이 듣고 놀라다 (7:28~29)

위의 구조는 산상보훈을 가르치신 예수님의 의도와 강조점을 잘 보여줍니다. "옛 사람에게 말한 바"와 "나는 너희에게 이르노니"가 반복되는 부분은 산상보훈의 중심입니다(E). 살인, 간음, 맹세, 동해보복, 이웃 사랑의 문제를 주님은 핵심 의제로 삼으셨고, 이를 통해 옛 사람에게 준 것과 자신이 가르치는 것을 대비하십니다. 이 대비는 서로 반대되는 것이 아니라 계시의 점진적 성격을 밝히 드러냅니다.

중심(E)을 둘러싼 첫 번째 내용(D와 D′)은 예수님께서 오신 목적을 말씀하는데, 옛 언약을 성취하시기 위함입니다. 곧, 주님의 오심은 "의"를 이루시는 것입니다. 진정한 '의'는 '외식'하는 모습이 아니라 아버지 하나님의 인정과 원하시는 뜻에 순종하는 것입니다.

두 번째 내용(C와 C′)은 새 언약 백성의 터가 되는 사도들의 사명이 어떠한지를 가르칩니다. 이를 온전히 이루기 위해 구하고, 찾고, 두드려야 됩니다.

세 번째 내용(B와 B′)은 새 언약의 복과 그것을 공격하는 거짓 선지자들의 위험을 말씀합니다.[61] 이는 언약 체결식의 전형적인 요소 중 하나인 복과 저주의 선포입니다.

---

61) 레위기 26장, 신명기 28장은 언약의 복과 저주를 함께 말씀한다. 하나님과 자기 백성과의 언약에도 복과 저주가 있으며, 사람과 사람 사이의 언약에도 복과 저주가 있다. 산상보훈은 레위기와 신명기의 구조를 따라, 언약의 복을 먼저 말하고 저주를 나중에 말한다. 이는 새로운 시대에 누가 하나님 나라 건설의 주체가 될 것인지를 미리 알리는 뜻도 담겨 있다. 복된 자들에 대한 가르침은 진정한 언약 백성의 자격을 제시한다. 동시에 옛 언약 백성이 실패한 하나님 나라 건설이 주님께서 말씀하신 복된 자들을 통하여 이루어짐을 가르친다.

마지막으로 맨 바깥쪽 내용(A와 A´)은 하나님 나라를 건설할 새로운 주체가 사도들로부터 시작하여 백성들로 확대되는, 일종의 구속역사의 방향성을 제시합니다.

예수님께서 언약의 완성자이십니다. 주님은 옛 언약 백성들의 잘못이 무엇인지 새로운 언약 백성들에게 알리셨고, 언약을 온전히 이루기 위해 꼭 필요한 것이 무엇인지 근원을 자세히 가르치셨습니다. 그 중심 내용은 옛 언약 백성이 실패한 하나님 왕국 건설입니다. 그것을 언약 맺음이라는 사건을 통하여 제시하셨습니다. 외식이 아니라 주님께서 말씀하신 "의"를 소유한 이들이야말로 천국의 백성이 됩니다. 곧, 교회입니다. 산상보훈은 천국의 설계도입니다. 뜻이 하늘에서 이룬 것 같이 땅에서도 이루어져야 합니다. 산상보훈은 이 하나님 나라의 본질을 계시하신 말씀입니다.

## 언약 갱신과 산상보훈의 의미

### (1) 산에서 |마 5:1~2|

무리를 보신 예수님께서는 산에 올라앉으셨습니다. 그러자 제자들이 나왔습니다. 주님께서 산에 오르셨다는 사실은 마태복음 문맥에서 의미심장합니다. 예수님께서 애굽에서 나오시고(마 2:21), 요단에서 세례를 받으신(마 3:13) 후 광야에서 시험받으셨습니다(마 4:1~11). 애굽, 세례, 광야, 이어서 산입니다. 이 여정은 출애굽 하여 시내산에 이른 옛 언약 백성의 행로를 기억나게 합니다.

예수님께서는 출애굽을 재현하시며, 새 출애굽의 시대가 왔음을 알리십니다. 곧, 출애굽 한 백성들은 시내산에서 새 언약을 맺었고, 그 언약의 조건으로 율법을 받았으며, 성막 건축을 통하여 제사장 나라와 거룩한 백성의 모습이 어떠한지를 배웠습니다. 새 이스라엘의 대표이신 예수님께서 산상보훈을 통해, 언약의 조건인 율법의 진정한 의미를 가르치셨으며, 새롭게 지을 성전(교회)이 어떤 정체성을 가졌는지 정확하게 알려주셨습니다.

산과 관련하여 시편 68편을 빼놓을 수 없습니다. 하나님께서 시내산에 임재하신 것처럼, 시온산 곧 예루살렘 성전에 임재하시고 영원히 계십니다(시 68:16~18). 예루살렘 성전에는 하나님의 병거 천천과 만만이 있습니다. 하나님께서 계신 곳은 '성소'입니다. 시내산이나 시온산은 모두 하나님께서 임재하시는 성소입니다. 그러므로 산은 하나님의 구원의 근원이며, 통치가 시작되는 곳입니다.

이러한 산이 우상숭배의 근원이 되면, 하나님께서는 언약의 저주를 내리십니다. 에스겔서는 이를 직접 가르칩니다. 이스라엘 산을 향하여 심판을 선언합니다(겔 6:2). 언약 백성이 언약을 어기고 가증히 행하면, 온역, 칼, 기근으로 징계하십니다. 그 시체가 우상과 제단 사이에, 높은 고개와 산꼭대기에, 모든 푸른 나무와 무성한 상수리나무 아래에 있게 하십니다(겔 5:12~13). 이와 같이 예수님께서 서기관과 바리새인들에게 말씀하신 "화 있을진저"라는 심판 선언과 제자들에게 들려주신 감람산 강화는 전형적인 언약의 저주이며, 산을 배경으로 이해해야 합니다 (마 23~25장).

산상보훈은 산에서 가르쳐졌습니다. 모리아 산 곧 예루살렘 성전이 아니라 가버나움의 어느 산에서 가르쳐졌습니다. 옛 성전이 아니라 새로운 산에서, 새 백성들과 더불어, 새 언약을 맺는 것이 산상보훈입니다. 이렇게 산상보훈은 언약적 요소로 가득합니다. 산상보훈은 언약 갱신의 현장입니다.

### (2) 팔복 | 마 5:3~12 |

8번의 '복 되도다'라는 선언은 옛 언약의 연장선에서 이해해야 합니다. 아담 언약은 사망과 생명의 약속입니다. 노아 언약은 심판과 부활이요, 인간과 피조물의 분리를 통한 세상의 보존입니다. 족장 언약은 '나라'이며, 시내산 언약은 '나라'에서 한걸음 더 나아간 '제사장 나라와 거룩한 백성'입니다. 다윗 언약은 왕국을 건설할 왕적 메시아의 오심에 대한 것이며, 새 언약은 성령님의 역사입니다. 이 모든 언약이 예수님의 행적과 가르침을 통해 드디어 성취됩니다. 팔복은 언약의 복에 누가 참여할 것인지를 알려줍니다.

언약은 당사자가 있어야 합니다. 구약 시대 언약 당사자는 하나님과 아담의 후손, 노아의 후손, 아브라함의 후손, 이스라엘, 그리고 왕국 백성들이었습니다. 물론, 이방인 중에도 하나님의 언약에 참여한 이들이 많았습니다. 새 시대에도 주님은 언약의 당사자를 명확하게 하십니다. 가난한 이들, 애통하는 이들, 온유한 이들, 의에 주리고 목마른 이들, 긍휼히 여기는 이들, 마음이 청결한 이들, 화평케 하는 이들, 의를 위하여 핍박을 받은 이들이 하나님의 언약에 참여할 자들입니다.

주님의 옛 언약 백성들을 향한 선언은 '너희 모두가 언약 백성이다'라고 말하지 않습니다. 진정으로 언약의 복에 참여할 이들은 바로 '이런 사람들이다'라고 말씀합니다. 옛 언약 백성들은 하나님과 맺은 언약을 파기했기에 언약의 저주를 받는 중입니다. 언약 백성들이 로마의 속국이 되었다는 것은 이들이 언약의 저주 가운데 있다는 가장 강력한 증거입니다. 아직도 이들은 포로 생활 중입니다. 그러니 '복 되도다'로 시작되는 8번의 선언은 단순히 어떤 사람이 복 있는 사람인지를 알리는 말씀이 아닙니다. 누가 새로운 시대의 하나님 나라 건설에 참여할 것인지를 제시한 것입니다. 바로 이런 자들이 포로 생활을 끝내고, 새로운 시대를 열 사람들이라고 알리셨습니다. 새 시대의 새로운 언약 백성은 교회입니다.


예수님께서는 '가난한 자'라 말씀하지 않으시고 "심령이 가난한" 사람이라 말씀하셨습니다. 언약 백성들 사이에 가난한 사람이 산다는 것은 그 사회가 죄와 불의의 공격에 심각하게 무너졌다는 뜻입니다. 하나님과 맺은 언약을 철저히 지키면, 이스라엘 가운데 가난한 이가 없어야 합니다.[62] 히브리어나 헬라어에서

---

62) 가나안에서의 땅 분배는 가족 수와 제비뽑기를 통해 이루어졌으며, 안식년과 희년 제도가 제대로 작동하면 어느 누구도 지속적인 가난에 처하지 않게

'가난하다'는 말의 문자적 의미는 땅 위에서 누릴 모든 것을 상실하여 살아갈 기력조차 없는 상태를 뜻합니다. 심령이 가난하다는 말씀은 영적으로 절망과 고통에 빠져, 자기 힘으로는 아무것도 할 수 없는 사람의 상태를 말합니다. 오직 하나님의 은혜만 바라보며 살아가는 이들이 심령이 가난한 사람들입니다.

구약 성경에서 심령이 가난한 이들을 우리는 수 없이 많이 만납니다. 이사야, 예레미야, 에스겔, 다니엘과 세 친구 등등. 이들은 모두 심령이 가난한 이들입니다. 아합 왕국 시대에 바알에게 무릎 꿇지 않은 칠천 명입니다. 좀 더 넓게 이해하면, 하나님과의 언약을 배반하는 일에 동조하지 않는 신실한 남은 이들입니다.

애통하는 자들은 문자 그대로 '우는 이들'입니다. 에스겔 9장은 우는 이들이 누구인지 알려줍니다. 성전에서 가증한 일을 행하는 자들을 심판할 때, 남겨진 이들이 있습니다. 이들은 이마에 표를 받는데, 그중에 탄식하며 우는 이들이 있습니다(겔 9:4). 성전이 성전답지 못하고, 언약 백성이 백성답지 못하고, 하나님의 왕국이 왕국답지 못함으로, 심판을 받는 모습을 보며 우는 이들이야말로 애통하는 이들입니다(미 1:8).

온유한 사람에 대한 가르침은 시편 37편 11절의 인용입니다.

---

되어 있었다. 기업 무를 제도도 이를 방지하는 제도이다. 그 외에도 구약 율법에는 가난한 이들을 위한 안전장치가 수도 없이 많다. 그래서 구약 선지자들의 경고에는 압제 받고 가난한 이들에 대한 긍휼을 요구하는 말씀이 끊이지 않는다.

시편 37편에서 온유한 사람은 "여호와를 기대하는 자"(시 37:9)입니다. 여호와 하나님의 처분을 겸손히 기다리는 사람이라는 뜻입니다. 그렇게 이해하면, 성경의 두 실례는 매우 흥미롭습니다. "모세는 온유함이 지면의 모든 사람보다 승하더라"라고 했고(민 12:3), 예수님께서는 스스로 온유하다고 말씀하셨습니다(마 11:29). 모세의 경우, 그가 구스 여자와 결혼하자, 형 아론과 누나 미리암이 모세를 비방했습니다. 본문을 자세히 읽으면, 결혼에 대한 비방은 표면적인 문제입니다. 근본적인 문제는 모세의 권위에 대한 도전입니다(민 12:2).[63] 그때, 모세는 온유했다고 말씀합니다. 문제에 직면했을 때, 자신의 주장이나 뜻을 관철시키지 않고, 잠잠히 하나님의 뜻이 드러날 때까지 기다리며 순종하는 모습입니다. 이것이 바로 온유함입니다. 예수님께서 '나는 마음이 온유하고 겸손하다'라고 하신 말씀도 같은 의미입니다. 그러므로 온유한 이는 하나님의 뜻을 잠잠히 기다리는 사람입니다. 하나님 나라를 건설할 때, 자신의 방법이나 지식으로 일을 해결하지 않고, 오직 진리의 말씀과 하나님의 뜻에 귀를 기울이는 사람입니다. 이들은 땅, 곧 천국을 기업으로 얻습니다.

---

63) 아론과 미리암이 모세를 비방한 근본 원인에 대해 민수기 12장 2절은 이렇게 말씀한다. "여호와께서 모세와만 말씀하셨느냐 우리와도 말씀하지 아니하셨느냐." 곧, 모세나 우리가 모두 같이 여호와와 말씀을 나누는 선지자라는 뜻이다. 여호와께서 이 말을 듣고 판결하신다. 판결 과정은 문제의 본질이 무엇인지 더 선명히 드러낸다. 하나님께서는 모세를 일반적인 선지자가 아닌 '하나님의 온 집에서 충성'된 자이자 하나님과 대면하는 자라고 하신다(민 12:7). 여호와께서는 선지자와 모세의 신분을 구별하신다. 그 일로 미리암은 문둥병이 들어 일주일 동안 진 밖에서 생활한다.

의에 주리고 목마른 이는 거룩을 열망하는 백성입니다. 새 언약 백성들은 바리새인과 서기관의 의보다 더 의로워야 합니다. 그러나 사람의 의로는 배부름을 얻지 못합니다. 의와 진리의 거룩함으로 지으심을 받은 새 사람을 입어야 진정한 하나님 나라의 백성입니다(엡 4:24). 새 사람은 예수님입니다.

긍휼은 하나님의 은혜를 맛본 이만이 베풀 수 있는 하늘의 선물입니다. 하나님이야말로 죄인을 끝까지 참으시는 긍휼에 풍성하신 분입니다(엡 2:4). 옛 언약 백성들은 고아와 과부를 돌아보는 참 경건을 상실했습니다(약 1:27). "우리가 우리에게 죄 지은 자를 사하여 준 것같이"(마 6:12)라는 말씀의 신비를 체험한 이들이 긍휼에 풍성한 백성입니다. 유산을 상속받아 타국에서 허비하여 거지처럼 변한 모습으로 돌아오는 둘째 아들을 안으시는 아버지의 모습이야말로 진정한 긍휼입니다.

마음이 청결한 이는 그 속에 간사한 것이 없는 이들입니다(요 1:47). 겉과 속이 같은 사람입니다. 이들은 여호와의 산에 올라 성전에 서기에 합당한 이들입니다(시 24:3~4). 누가복음 18장에서 성전에서 기도하는 두 부류의 사람을 소개합니다. 바리새인과 세리입니다. 세리야말로 예수님으로부터 의롭다 인정받았습니다(눅 18:10~14). 바리새인이 아니라 세리가 하나님의 성전에서 하나님을 만났습니다.

"화평케 하는 자"는 직역하면, '화평을 만드는 자들'입니다. 화평을 만드는 이들은 하나님의 아들로 불립니다. 하나님과 원수였던 관계를 되돌려 자녀가 되도록 만드는 일은 '제사장 나라'라는 말씀 속에 담긴 기본 의미입니다. 사단 때문에 하나님과 원수가 된 백성들이 화목 제물을 드림으로 화평케 됩니다. 그렇게 화평한 백성들은 이방인들을 화평한 백성으로 만듭니다. 그 중심에 참 아들이신 그리스도께서 계십니다.

이스라엘은 하나님의 아들, 장자였습니다(출 4:22). 이스라엘의 왕도 하나님의 아들이었습니다(삼하 7:14). 예수님이야말로 진정한 하나님의 아들이십니다(마 3:17, 막 9:7, 요 8:34~38,49~51). 그러므로 화평케 만드는 이들은 하나님 나라를 건설하는 이들입니다. 오직 그리스도의 피 흘림을 통한 은혜의 복음만이 화평케 만듭니다.

의를 위하여 핍박을 받은 이도 복됩니다. 악인의 꾀를 좇지 아니하며 죄인의 길에 서지 아니하며 오만한 자의 자리에 앉지 아니함으로 핍박받은 이들이야말로 의인입니다(시 1:1). 노아는 의인이요 당세에 완전한 자였습니다(창 6:9). 120년 동안 하나님의 심판을 선언했지만, 당대 사람들로부터 거절당했습니다. 이것이 핍박입니다. 사도 바울은 핍박자였다가 의를 위하여 핍박받는 자가 되었습니다(행 9:1~5,23, 빌 3:6, 딤전 1:13).

### (3) 세상의 소금과 빛 |마 5:13~16|

'너희는 세상의 소금과 빛'이라는 주님의 말씀은 언제나 우리를 각성시킵니다. 너무 요긴한 말씀임에도 불구하고 오해가 많습니다. 제자들을 중심으로 산에 올라 주님께 나온 백성들은 새 시대, 새 언약의 주체들입니다. 그러나 이스라엘은 여전히 로마의 통치와 압제 속에 있습니다. 온전한 포로 회복이 이루어지지도 않았고, 하나님 나라가 새롭게 세워지지도 않았습니다. 어둠의 권세가 여전히 힘을 발휘합니다.

바로 그때, 제자들을 향하여 너희는 세상의 소금이요, 빛이라 하셨습니다. 한글 개역성경은 "세상의 소금", "세상의 빛"이라 번역했지만, 직역하면 '그 땅의 소금', '세상의 빛'입니다. '그 땅의 소금'이라는 말씀은 정말 중요합니다. '그 땅'은 바로 약속의 땅 가나안입니다. 언약 백성들의 범죄로 많은 이들이 로마 도처에 흩어져 살지만, 가나안은 여전히 거룩한 땅입니다. 그곳은 여전히 하나님의 나라입니다. 언약 백성들이 범죄하면 거룩한 땅은 범죄한 백성들을 토해 냅니다(레 18:25~28).

소금의 생명은 짠맛을 내는 것입니다. 소금이 원래의 기능을 상실하면 밖에 버려져 밟힙니다. 맛을 유지하는 일은 새로운 언약 백성들의 사명이며 정체성입니다. 그러나 옛 언약 백성들은 맛을 잃었습니다. 그러니 새롭게 하나님 나라를 건설할 주체들은 옛 백성들의 삶을 반면교사로 삼아야 합니다. '그 땅의 소금'이라는 말씀은 제자들이 언약에 신실해야 한다는 뜻입니다.

제자들은 소금이기도 하지만 빛이기도 합니다. 그들은 "세상"의 빛입니다. '세상'은 의미가 다양합니다. 세상이라는 용어는 크게 두 가지 의미로 주로 사용됩니다. 하나님께서 '창조하신 모든 피조 세계'라는 의미와 '하나님과 언약을 맺은 공동체 전체'라는 의미입니다. 특별히 요한복음에서는 예수님 당대의 유대인들을 지칭할 때가 많습니다.[64] 새 언약 백성들은 세상의 빛입니다. 일차적으로 예수님 당대의 유대 세대에서 빛이며, 나아가 모든 피조 세계의 빛입니다.

빛은 어둠을 몰아내고 구석진 곳을 샅샅이 비춥니다. 산 위의 동네가 이 빛을 받으면 아무것도 숨길 수 없습니다. 산 위의 동네는 '산 위에 있는 도시'입니다. 곧, 성전을 포함한 예루살렘을 의미합니다. 빛이 예루살렘을 비추면 어둠은 사라지고 모든 것이 훤히 드러납니다. 예수님께서 언약의 주체로서 빛이십니다. 그 빛이 예루살렘에 비치면, 예루살렘의 더러움과 불의가 모두 드러납니다. 제자들도 예수님을 닮아 빛이어야 합니다. 그래서 예수님께서는 세례 요한을 두고, 비취는 등불이라 칭했습니다 (요 5:35). 그러니 "세상의 빛"이라는 말씀은 제자들이 복음으로 어둠을 몰아내는 사역을 하며, 동시에 옛 백성들을 심판하는 사역을 하리라는 선언입니다. 제자들은 성전의 등대와 같습니다.

소금과 빛이라는 가르침은 일반 성도들의 윤리적 삶이 아닙니다. 이는 새 언약의 주체들을 향하여 옛 백성들처럼 언약을 파기하지 말고, 그 언약에 죽도록 충성하라는 메시지입니다. 그뿐만 아니라, 소금과 빛은 예수님으로부터 시작하여 사도들을 통과하고, 새 언약 백성인 교회에게 부여된 정체성입니다. 소금은 맛을 유지해야 하고, 빛은 어둠을 몰아내고 성전을 낱낱이 비추어 새로운 성전의 사명을 다해야 합니다.

---

64) 반더발, 『반더발 성경연구』 3권, 178~180.

## (4) 옛 언약을 완전케 |마 5:17~20|

예수님께서는 자신이 율법이나 선지자를 폐하러 온 것이 아니라 완전하게 하러 왔다고 하셨습니다. "율법이나 선지자"는 신약 성경에서 일종의 숙어처럼 사용됩니다. 이 말은 구약 성경을 뜻합니다(마 22:40, 눅 16:16, 24:44, 행 13:15). 예수님께서 오신 목적은 구약 성경을 완성하기 위해서입니다. 다르게 표현하면, 언약을 완성하러 오셨다는 뜻입니다. 첫 단추를 잘못 끼워서 입은 옷은 다시 맞추어 입어야 합니다. 뒤이어 주어진 살인, 간음 등에 대한 교훈은 율법 조문 문제가 아닙니다. 언약을 완성하겠다는 예수님의 선언입니다.

그래서 언약의 두 증인을 호출합니다. "천지가 없어지기 전에는"으로 시작하는 18절 말씀은 언약의 두 증인인 하늘과 땅이 눈을 부릅떠 지켜보고 있으니, 언약이 확실하게 그리고 온전히 이루어지라는 선언입니다. 실제로 하늘과 땅은 언약의 증인으로 종종 호출됩니다(신 4:26, 30:19, 31:28, 32:1, 사 1:2). 증인들이 지켜보기 때문에 언약을 완성하겠다는 예수님의 선언은, 언약의 성격을 명료하게 만듭니다. 언약은 하나님 스스로의 맹세입니다. 그래서 언약은 하나님께서 주권적으로 이루십니다. 이사야는 이것을 "하나님의 열심"이라는 말씀으로 표현했습니다(사 9:7, 참고, 고후 11:2).

하나님께서 모든 언약을 완벽하게 이루시는데, 언약 백성이 그것을 한 가지라도 버리면 무슨 일이 일어나겠습니까? 이는 하나님의 일하심을 버리는 것과 같습니다. 그러하기에 하나님 나라에서 큰 자들은 하나님의 열심을 어느 것 하나도 결코 버릴 수 없습니다. 서기관과 바리새인들은 여기에서 넘어졌습니다. 그들은 박하와 회향과 근채의 십일조는 드렸지만, 율법의 더 중한 의와 인과 신은 버렸습니다(마 23:23). 심지어 그들은 율법을 오용했습니다. 율법은 하나님 나라를 이루는 도구이지 구원의 조건이 아닙니다. 그러나 서기관과 바리새인들은 율법을 구원의 근거로 이해했습니다(롬 9:32). 결국, 그들은 하나님의 의를 모르고 자기 의를 세우는 자들이 되었습니다(롬 10:3).

### (5) 새 언약의 본질 | 마 5:21~48 |

예수님께서는 자신이 언약의 완성자임을 명확히 하셨습니다. 이제 주님은 언약의 핵심을 설교하십니다. 다섯 가지 주제는 – 살인, 간음, 맹세, 동해보복, 이웃사랑 – 하나님 나라 건설의 설계도입니다. 주님은 각각의 주제가 원래 어떤 의도로 주어졌는지를 말씀하셨습니다. 그 원래의 의도를 설명하는 것에서 그치지 않으시고, 각 율법의 점진적인 성격도 드러내셨습니다.

제자들이 손을 씻지 않고 떡을 먹자 바리새인과 서기관들은 제자들이 부정한 손으로 떡을 먹음으로 부정하게 되었다고 이해했습니다. 서기관들은 접촉과 관련된 율법의 진정한 의미를 깨닫지 못했습니다. 서기관들은 율법의 형식에만 관심이 있었기에 제자들의 행위를 비난했습니다. 그래서 주님은 정결 규례의 원래 의도를 설명하셨습니다(막 7:1~8). 바로 그 가르침에서 아주 독특한 표현이 나옵니다. 바리새인과 유대인들이 "장로들의 유전"을 지킨다고 했습니다(막 7:5). 그들은 "사람의 유전"을 지키려다 하나님의 계명을 버린 자들이었습니다(막 7:9).

살인은 사람의 생명을 해하는 것입니다. 옛 시대에는 죽여서는 안 될 사람과 죽여야 할 사람이 명확했습니다. 출애굽 한 이스라엘이 가나안에 들어가면, 가나안 족속을 죽여야 합니다(신 7:2).[65] 하지만, 예외는 있습니다. 라합이나 기브온 족속처럼, 여호와 하나님을 섬기기로 맹세한 이들은 형제로 받아들입니다. 이스라엘 백성은 그 형제를 살해하면 안 됩니다. 그러나 이스라엘 백성이라도 치명적인 범죄가 드러나면 사형을 통하여 죄의 대가를 치르게 합니다. 우상숭배자들이나, 부모를 구타한 자나, 인신매매범들은 사형을 받습니다(출 21:15~16).

이처럼 살인하지 말라는 법은 죄와 직접적으로 연결됩니다. 구약 백성들은 살인하지 말라는 법을 통해 죄가 무엇인지 깨닫습니다. 나아가 그 죄를 제거함으로 거룩해짐을 깨닫습니다. 이 법을 진지하게 생각하는 언약 백성은 필연적으로 형제를 살인

---

65) 이스라엘이 가나안에 들어가 그 백성들을 죽여야 하는 이유는 죄 때문이다. 하나님께서 아브라함과 언약을 맺을 때, 아브라함의 후손들이 이방에서 객이 되어 사백 년 동안 있을 것을 말씀하시고 이후 약속의 땅으로 돌아올 것을 말씀하셨다. "네 자손은 사 대 만에 이 땅으로 돌아오리니 이는 아모리 족속의 죄악이 아직 관영치 아니함이니라"라고 했다(창 15:16). 가나안에 사는 대표 족속으로 아모리 족속을 언급했고, 그들의 죄악이 아직 관영치 않다고 했다. 결국, 아브라함의 후손들이 가나안에 들어가는 것은 가나안 족속의 죄와 깊이 연관된다. 이러한 이해는 노아의 아들 함이 아버지의 권위에 도전한 일로 그의 아들 가나안이 저주를 받는 사건에서도 발견된다. 애굽은 함의 땅이며, 가나안은 함의 아들의 후예들이 정착한 곳이다. 바로 이러한 측면에서 가나안 족속에 대한 진멸은 '죄' 때문이다.

하지 않는 소극적인 삶이 아니라, 형제를 마음으로 깊이 사랑하는 삶을 추구하게 됩니다. 또한, 죄 아래 있는 인간의 능력으로는 이 법을 온전히 지키는 데 한계가 있음을 깊이 인식하여 구원자를 소망하게 됩니다.

예수님께서는 자신이 바로 그 구원자라고 말씀하십니다. 그래서 주님은 5장 20절에서 "너희 의가 서기관과 바리새인보다 더 낫지 못하면 결단코 천국에 들어가지 못하리라"라고 하셨습니다. 곧, 서기관과 바리새인들이 제시한 의가 아니라 예수님의 의로 구원을 얻습니다. 여섯 번째 계명은 처음부터 죄가 무엇인지를 드러내고, 구원의 길을 제시하며, 언약 백성의 삶의 원리를 제시합니다. 예수님께서는 이러한 율법의 원래 의미를 온전히 드러내셨습니다. 그러나 바리새인들과 서기관들, 그리고 대제사장과 장로들은 이 법의 진정한 의미를 깨닫지 못했습니다.

사실, 예수님의 십자가 죽음은, 예루살렘 공회가 살인자들임을 증명합니다. 옛 언약 백성들은 이 계명의 원래 취지를 전혀 깨닫지 못했습니다(마 15:1~20). 이제 새 시대의 새 언약 백성들인 교회는 이 원리를 따라 하나님 나라를 건설해야 합니다. 하나님 나라의 백성들은 형제를 마음으로 미워해서도 안 됩니다.

간음도 마찬가지입니다. 하나님께서 내신 혼인 제도를 바르게 지키는 일이야말로 일곱 번째 계명의 원래 의도입니다. 옛 언약 백성들은 이러한 계명의 정신에는 관심이 없고 형식적인 계명 준수에만 집중했습니다. 노아 홍수 심판의 근본 원인은 바로 혼인을 통한 가정의 파괴였습니다. 이스라엘 역사에서 우상숭배는 영적 간음과 긴밀하게 연결됩니다(겔 16장).

간음하다 현장에서 잡힌 여인을 용서하시며 죄 없는 자가 먼저 돌로 치라는 주님의 선언은, 듣는 이들의 양심에 가책을 일으켰습니다(요 8:1~11).[66] 서기관들과 바리새인들은 예수님을 고소할 목적으로 간음하다 잡힌 여인을 데려왔습니다. 예수님께서는 자신을 고소하려는 자들을 거꾸로 고소하셨습니다. 이들이 양심에 가책을 받았다는 말씀은 이들 모두가 범죄자임을 자백한 것이나 마찬가지입니다.

옛 언약 백성들 곧 예수님 당대까지의 유대인들은 계명의 형식에만 치중했습니다. 그러나 주님은 마음의 음욕도 간음이라고 분명히 선언하십니다. 한 걸음 더 나아가 혼인의 신성함을 강조하심으로 새 시대의 하나님 나라 건설이 이러한 원리 위에서 이루어짐을 가르치셨습니다.[67]

주님은 맹세[68]나 동해보복, 이웃 사랑에 대한 가르침을 통해,

---

66) 이 사건의 독특한 점은 예수님의 행동이다. "너희 중에 죄 없는 자가 먼저 돌로 치라"라고 말씀하신 주님은 손가락으로 땅에 무언가를 쓰셨다. 본문은 어떤 내용의 글을 썼는지 말하지 않는다. 이와 관련하여 다음 책은 매우 의미 있는 제안을 한다. 이동수 편역, 『신약의 구속사적 연구』, 131~136.

67) 톰 홀랜드는 마태복음 5장 29절의 "네 오른 눈이 너로 실족케 하거든 빼어 내버리라"라는 말씀에서의 '눈'을 공동체의 한 지체로 해설한다. 곧, 공동체 전체가 하나의 몸인데, 눈이 그 몸의 한 지체라는 것이다. 또한, 한 몸인 유대 공동체에서 눈은 한 사람의 지도자를 의미한다고 이해한다. 그래서 공동체 중에 한 사람이 범죄 하면 반드시 그를 징계하여 죄를 제거해야 한다고 주장한다. 톰 홀랜드(Tom Holland), 『로마서 주석』, 최성호 · 정지영 역, (서울: 기독교문서선교회, 2016), 335~336.

68) 예수님께서는 하늘이나 땅으로 맹세하지 말라고 말씀하신다(마 5:34~35).

유대인들의 잘못된 이해를 교정하시고, 그 법의 진정한 의미를 해설하셨으며, 나아가 새로운 시대에 새 언약 백성들이 따라야 할 모습을 밝히 드러내셨습니다.

예를 들면, '눈은 눈으로 이는 이로'의 법은 문자 그대로 지켜져야 합니다. 그러나 그것이 전부가 아닙니다. 원래 그 법이 주어진 목적은 약자들 때문이었습니다. 약자를 보호하려면 강한 자들에게 그에 상응하는 대가를 치르게 해야 합니다. 예수님께서는 약자 보호를 위한 법(또는 강자 억제법)에 머물지 말고 기꺼이 희생을 감수하는 약자의 자리에 서라고 요청합니다.

주님은 단락의 마지막에 "하늘에 계신 너희 아버지의 온전하심과 같이 너희도 온전하라"라고 하셨습니다(마 5:48). 이는 산상보훈이 언약 문서임을 알려줍니다. 하늘의 아버지와 언약을 맺는 새 백성들은 그분의 자녀들입니다. 곧, 관계가 확정됩니다. 관계 규명은 언약 요소의 핵심 중 하나입니다. 이러한 새로운 관계 규명은 실패한 옛 언약 백성들을 대신할 새 언약 백성의 출현을 예고합니다. 동시에 언약의 서언에는 언약의 주도권을 가진 쪽에 대한 소개가 반드시 나타납니다(창 17:1). "아버지의 온전하심"이라는 말씀은 하나님의 정체를 나타내며, 이러한 하나님과 언약을 맺는 백성들에게 그들이 이루어야 할 언약의

---

그 이유는 옛 언약의 증인인 하늘과 땅이 더 이상 언약의 증인으로 기능할 때가 지나갔기 때문이다. 곧, 새 언약 시대에는 옛 언약의 증인을 필요로 하지 않는다. 이제는 새로운 언약의 증인들 앞에서 맹세해야 한다. 곧, 사도행전에서는 성령님과 사도들이며, 사도 이후 시대에는 삼위 하나님과 성경이다. 이에 대한 더 자세한 논의는 본서 제5부 제10장을 참고하라.

의무를 가르칩니다.

### (6) 외식과 참다운 의 |마 6:1~7:5|

새 백성과 언약을 맺으시는 예수님께서 드디어 옛 언약 공동
체의 잘못을 조목조목 지적하셨습니다. 새 언약 백성들은 옛 백
성들의 잘못을 따라 가면 안 됩니다. 예수님께서는 매우 친절하
게 진정한 의로움의 길이 무엇인지 알려주셨습니다. 옛 언약 백
성들의 가장 큰 잘못은 외식입니다. 그래서 이 단락은 외식에
대한 경고로 시작하고 마칩니다(마 6:2, 7:5).

구제, 기도, 금식, 재물과 비판은 유대인들이 빠진 함정입니
다. 구제는 주로 고아와 과부들로 대표되는 약자들을 위한 규례
입니다. 옛 언약 백성들은 고아와 과부를 돌보라는 명령을 받았
습니다(신 14:29, 24:19~21, 26:12~13). 그러나 그들은 고아와 과
부를 학대하고 해롭게 했습니다(렘 22:3, 겔 22:7).

옛 언약 백성들은 약속을 따라 기도하지 않았고, 금식을 형식
처럼 행했습니다(왕상 21:1~16, 사 58:3~6, 렘 14:12). 물질을 하
나님 나라를 위해 사용하지 않았고 오히려 자신의 배를 채웠습
니다. 자기의 들보는 보지 않고 타인의 작은 약점을 공격하기에
바빴습니다. 이들을 향해, 예수님께서는 참다운 구제, 기도, 금
식, 물질을 대하는 자세와 사용 원리, 그리고 자기를 제대로 살
필 것을 강조하셨습니다.

구제는 하나님의 왕국이 약자와 그들을 향한 베풂 위에 세워
지는 나라임을 가르칩니다. 기도는 하나님의 백성들이 언약이

이루어지도록 언약 주에게 드리는 간청입니다. 금식은 왕국을 정화하며 정결케 만드는 치료제입니다. 재물은 하나님 나라를 장식하는 도구이지 목적이 결코 아닙니다. 비판은 하나님 앞에서 자신의 비참을 가감 없이 깨닫는 거울입니다. 주님께서 세우실 하나님 나라는 이러한 원리 위에 건설됩니다.

### (7) 구하고, 찾고, 두드리라 | 마 7:6~12 |

거룩한 것과 진주를 개들이나 돼지들에게 주지 말라고 하셨습니다. 개들은 주로 이방인들을 의미합니다(삼상 17:43, 왕하 8:13, 시 22:16, 렘 15:3, 마 15:26~27). 돼지들은 부정한 동물의 상징입니다. 거룩한 것과 진주를 개들과 돼지들에게 주지 말라는 말씀은 이방인들처럼 부정하게 된 언약 백성들에 대한 비유입니다. 언약 백성들이 하나님의 법을 버리면 개와 돼지처럼 됩니다(눅 15:15~16, 빌 3:2, 벧후 2:22). 개와 돼지처럼 부정하게 된 이들은 참 언약 백성들을 공격합니다.

예수님께서 구하고, 찾고, 두드리라고 하십니다. 그러면 하늘에 계신 아버지께서 좋은 것을 주신다고 하셨습니다. 좋은 것은 다름 아니라 '성령님'입니다(눅 11:13). 세상의 소금과 빛이 되려면 성령님을 선물로 받아야 합니다. 성령님의 임하심은 새 언약 시대가 드디어 시작되었다는 결정적 신호이며, 그 실체가 드러나는 원동력입니다.

### (8) 언약의 저주와 거짓 선지자 | 마 7:13~27 |

언약에는 복과 저주라는 양면이 있습니다. 복된 자들이 있기도 하지만 저주받은 이들도 있습니다. 거짓 선지자들은 복된 자들을 공격합니다. 거짓 선지자들은 양의 모습을 하지만 이리입니다. 그들은 선지자 노릇을 하고, 귀신을 쫓아내는 능력도 행하지만, 불법을 행하는 자들입니다. 참 언약 백성들은 넓고 큰 문이 아니라 좁은 문으로 들어가야 합니다. 거짓 선지자들은 참 백성들을 큰 문으로 유혹합니다.[69]

산상보훈은 반석입니다. 그 위에 집을 지을 때 무너지지 않습니다. 이제 저 예루살렘 성전은 끝을 향하여 달려갑니다. 영광의 집인 성전은 언약을 파기한 백성들의 보루입니다. 유대인들의 자존심이요, 삶의 근거이며, 유일한 희망인 성전은 황무하게 되고, 참 성전이 세워집니다. 산상보훈은 바로 그 새로운 성전의 터입니다. 곧, 산상보훈은 새 성전인 교회의 터입니다.

### (9) 백성들에게 | 마 7:28~29 |

예수님께서 무리를 보시고 산에 오르시자 제자들이 나아왔습

---

69) 거짓 선지자들은 모래 위에 집을 세운 이들이다. 예수님의 제자들은 반석 위에 집을 세운다. 집은 하나님 나라를 의미한다. 사도 베드로가 반석이라는 이름을 얻고 그가 고백한 터 위에 교회가 세워진다는 말씀은, 산상보훈에서 '반석 위에 집을 지으라'는 주님의 말씀의 성취이다. 옛 언약 백성들은 옛 성전을 의지하지만(이는 모래 위에 지은 집과 같다) 새 언약 백성들은 새 성전(반석이신 예수님) 위에 세워진다. 그러니 비가 내리고 창수가 나고 바람이 불면 모래 위에 지은 집은 무너진다. 이는 예루살렘 성전 파괴에 대한 암시이다.

니다(마 5:1). 모든 가르침을 마치자 무리는 그 가르침에 놀랍니다. 주님의 가르침은 권세자의 가르침이요, 서기관들과 달랐기 때문입니다. 제자들에게 시작된 가르침이 무리들에게서 끝납니다. 산상보훈을 따라 세워질 새로운 하나님 나라는 제자들을 터로 삼고 무리들에 의해 건설됩니다. 그러나 어떤 무리들인지는 지켜보아야 합니다. 다수의 서기관들과 바리새인들은 아닙니다. 남겨진 이들, 세리와 죄인들이 그 주인공이 될 것입니다. 이들이 바로 교회입니다.

1. 산상보훈의 구조를 정리해 보세요. 그 구조가 담고 있는 산상보훈의 핵심은 무엇입니까?

2. 출애굽 한 이스라엘 백성들의 여정과 마태복음 2장~5장에서 말하는 예수님의 여정을 비교해 보세요. 예수님께서 산에서 말씀을 가르치신 것은 어떤 구속적 의미를 담고 있습니까?

3. 마태복음 5장 3절~12절에서 복된 이들을 소개합니다. 언약적 관점에서 복된 이들의 역할은 무엇입니까?

4. 복된 이들의 모습을 정리해 보세요.

5. '너희는 세상의 소금과 빛'이라는 말씀의 진정한 의미는 무엇입니까?

6. 예수님께서는 자신이 율법이나 선지자를 폐하러 온 것이 아니라 완전케 하려고 왔다고 했습니다. 여기에서 "율법과 선지자"가 의미하는 바는 무엇입니까?

7. 예수님께서는 살인, 간음, 맹세, 동해보복, 이웃사랑이라는 5가지 율법을 해설하심으로 언약 조건으로서의 율법의 역할을 명확하게 가르쳤습니다. 율법의 역할 3가지를 말해 보세요.

8. 마태복음 6장 1절~7장 5절에서 예수님께서 가르친 핵심은 무엇입니까?

9. 예수님께서는 제자들에게 구하고, 찾고, 두드리라고 했습니다. 그러면 좋은 것을 주신다고 약속하셨습니다. 좋은 것은 무엇을 의미합니까?

10. 예수님께서 반석 위에 지은 집과 모래 위에 지은 집을 비교하셨습니다. 반석 위에 지은 집은 무엇을 의미합니까?

제6장

# 비유

## 비유의 목적

비유는 하나님 나라를 알리는 가장 강력한 메시지입니다. 비유는 어려운 내용을 쉽게 전달하는 방법이 아닙니다. 비유는 그 자체로 천국을 계시합니다. 제자들은 예수님께서 무엇 때문에 비유로 말씀하시는지 궁금해했습니다. 예수님께서는 제자들의 의문을 해소하시면서 비유의 목적을 알려주셨습니다(마 13:11~17). 마태복음 13장입니다.

예수님께서는 "천국의 비밀을 아는 것이 너희에게는 허락되었으나 저희에게는 아니 되었나니"라고 하셨습니다(11절). 비유의 목적은 분명합니다. 천국의 비밀을 아는 것이 제자들에게는 허락되었지만 "저희"에게는 허락되지 않았습니다.[70] "저희"는 누구입니까? 많은 언약 백성입니다(마 13:2). 우리 시대의 기준으로 말해, 언약 백성은 교회의 지체들인 성도들입니다.

비유의 목적은 천국 비밀을 알려주는 것과 숨기는 것입니다. 알아야 할 사람은 알고, 몰라야 할 사람은 모르게 하는 것. 비유는 이렇게 사람을 분리합니다. 교회와 세상을 분리하는 것이 아닙니다. 교회 안에서 분리합니다. 이러한 분리는 이미 예고되었습니다. 예수님께서는 이사야 6장의 예언이 이루어졌다고 말씀하셨습니다(마 13:14~15).[71] 은폐와 드러냄. 이것이 비유의 목적

---

70) 동일한 내용을 마가복음에서 "저희"를 "외인"이라 표현했다(막 4:11). "이르시되 하나님 나라의 비밀을 너희에게는 주었으나 외인에게는 모든 것을 비유로 하나니".

71) 마태복음 13장 14~15절에서 이사야 6장 9~10절을 인용한 것은 구속역사의 진전이라는 측면에서 대단히 중요한 의미를 갖는다. 듣고 보아도 깨닫지 못함은 감각 기능의 상실이다. 감각 기능의 상실은 타락한 언약 백성이 결코 돌이켜 회개하지 않을 것을 의미한다. 이사야 6장은 감각 기능의 상실이 언약의 저주이며, 이 저주 중에 그루터기가 남을 것을 예언했다. 다수의 백성들은 듣고 보아도 돌이키지 않는다. 그러나 소수의 그루터기는 돌아온다. 예수님께서 비유를 말씀하시면서 이사야 6장을 인용하신 이유가 여기에 있다. 비유는 다수의 사람들이 듣고 보아도 회개하지 않을 것이며, 소수의 남은 자들이 회개하여 참 하나님의 백성이 될 것을 알려주는 표이다. 이는 예수님과 사도들의 사역을 통해 확인된다. 요한복음 12장 38~43절에서 이사야 6장이 인용되었다. 예수님의 초청에도 불구하고 많은 언약 백성들이 거절한다. "이렇게 많은 표적을 저희 앞에서 행하셨으나 저를 믿지 아니하니"(요 12:37). 이처럼 예수님을 거절하고 복음을 거절하는 백성의 모습은 사도들을 향해서도 동일하게 나타난다. 바울은 땅끝인 로마에서 유대인들을 불러 복음을 전했다. 그들 가운데 어떤 이들은 바울의 복음을 듣고 깨달았지만, 많은 이들은 거절했다. 그때, 바울도 이사야 6장을 인용했다(행 28:26~27). 그리고 바울은 자신이 이제 이방으로 갈 것이라 선언한다. 이는 그동안 바울이 많은 이방지역을 다니며 했던 사역을 부정하는 말이 아니다.

입니다.

여기에 한 가지 더 추가해야 합니다. 마태복음 13장 34~35절입니다.

"예수께서 이 모든 것을 무리에게 비유로 말씀하시고 비유가 아니면 아무것도 말씀하지 아니하셨으니 이는 선지자로 말씀하신 바 내가 입을 열어 비유로 말하고 창세부터 감추인 것들을 드러내리라 함을 이루려 하심이니라"(마 13:34~35)

35절에서 "이는 선지자로 말씀하신 바"라고 했는데, 시편 78편 2절의 인용입니다. 시편 78편 2절은, 선지자가 입을 열어 옛적부터 전해 온 비밀을 비유로 말씀한다고 했습니다. 비유로 비밀을 발표하는 이유는 여호와의 영예와 능력과 기이한 사적을 후손들에게 전하기 위함입니다. 그러니 비유는 천국을 계시하는 방편이요, 누가 진정한 하나님의 후손인지를 가늠하는 척도

---

바울은 이를 통해 구속역사의 진전을 말한다. 유대인의 특권은 사라지고, 곧이어 옛 언약 백성이 심판받을 것을 경고했다. 곧, 예루살렘 멸망이다. 감각 기능 장애에 대하여 사도 바울은 로마서에서 다시 가르쳤다. "기록된 바 하나님이 오늘날까지 저희에게 혼미한 심령과 보지 못할 눈과 듣지 못할 귀를 주셨다 함과 같으니라"(롬 11:8). 바울은 로마서 11장 앞부분에서 엘리야 시대를 언급하며, "이제도 은혜로 택하심을 따라 남은 자가 있느니라"고 했다(롬 11:5). 이들 남은 자가 새 언약 공동체인 교회의 일원이 되는 것은 이방인에게 구원이 주어짐으로 인해 이스라엘을 시기케 하려는 것이다(롬 11:11,14). 그러므로 이사야 6장의 인용은 옛 언약 백성에게 임할 심판의 임박성과 그 가운데 남은 자를 부르셔서 새 언약 백성을 삼으시는 하나님의 구속역사를 보여주는 종말론적 성취의 가늠자가 된다.

입니다.

시편 78편은 이스라엘 역사 중 출애굽부터 다윗까지를 언급합니다. 눈에 띄는 내용은 하나님의 능력과 기사에도 불구하고 계속된 백성들의 믿음 없음과 언약 파기입니다. 백성들의 믿음 없음과 언약 파기에도 하나님께서는 지속적으로 능력과 기사를 행하셨고, 참 목자인 다윗을 보내셔서 그로 하여금 자기 백성을 이끌고 기르게 하셨습니다. 비유는 감춰진 비밀을 드러내기 위한 것으로, 그 비밀은 백성의 불신과 반역을 넘어서서 하나님께서 친히 자기 뜻대로(혹은 언약하신 대로) 왕국을 세우신다는 내용입니다.

마태복음 13장 34~35절에서 비유는, 단순히 비밀을 드러내는 수단을 넘어서 더 큰 의미를 지니고 있습니다. 곧, 조직적인 불신과 언약 파기에도 불구하고 하나님의 왕국을 세우시는 하나님의 일하심을 나타냅니다. 이 비유는 약속이 성취되는 방편이며, 그림자 시대를 지나 실체의 시대가 되었음을 알리는 표입니다. 예수님께서는 천국의 주인으로서 자기 곳간에서 새것과 옛것을 내어 제자들인 서기관들에게 주십니다(마 13:52). 시편 78편에 계시된 여호와의 일하심이 예수님의 사역과 가르침을 통하여 재현되고 완성됩니다.

그러므로 누군가 비유라는 방식으로 하늘 비밀을 전하면, 그가 구원자요, 그를 통하여 새로운 하나님 나라가 시작된다는 표입니다. 비유라는 나팔이 울려 퍼지면, 다윗 같은 참 목자가 등장하여 자기 양 떼를 모아 기르는 새로운 시대가 도래합니다(요 10:1~6,

11~18).<sup>72</sup> 이처럼 비유는 새 시대의 도래를 알리는 신호탄입니다.

## 비유가 가르치는 하나님 나라[73]

예수님께서는 비유로 많이 말씀하셨습니다. 이 비유들은 하나님 나라, 혹은 언약의 관점으로 읽어야 합니다. 그러할 때, 비유의 온전한 의미가 풍성히 드러납니다.

### (1) 씨 뿌리는 비유 | 마 13:1~9, 막 4:1~9, 눅 8:4~8 |

씨 뿌리는 사람이 씨를 뿌렸는데 길가, 돌밭, 가시떨기 위, 좋은 땅에 떨어졌습니다. 길가와 돌밭, 그리고 가시떨기에 떨어진 씨는 열매를 맺지 못했습니다. 좋은 땅에 떨어진 씨는 백 배, 육십 배, 삼십 배의 결실을 맺었습니다.

예수님께서는 각 씨가 열매 맺지 못한 이유도 설명해주십니다. 길가의 씨는 새들이 먹었고, 돌밭의 씨는 싹은 나지만, 해가 나자 뿌리가 없어 말랐습니다. 가시떨기 위에 떨어진 씨는 가시가 기운을 막아 열매가 없었습니다. 그러나 좋은 땅은 많은 열매를 얻었습니다.

---

72) 요한복음 10장 1~6절은 예수님께서 참 목자임을 강조한다. 결론인 6절은 매우 의미심장한데, 비유를 말씀하시자 바리새인들은 알지 못한다. 그들은 절도자요 강도이기 때문이다.

73) 예수님의 비유는 마태복음과 누가복음에 많이 기록되었으며, 마가복음에는 대체로 마태복음과 누가복음서에 기록된 비유들이 중복으로 소개된다. 요한복음은 비유가 거의 나타나지 않으며, 오히려 표적이 강조된다.

마태복음 13장 18절 이하에서 예수님께서는 비유를 풀어서 설명해주십니다. 예수님의 해설을 읽을 때 두 가지를 꼭 기억해야합니다. 각각의 밭에 대한 해설과 이러한 밭들이 모두 사람을 가리킨다는 점입니다.

길가의 씨는 새들이 먹었는데, 예수님께서는 이를 악한 자가 와서 마음에 뿌려진 것을 빼앗았다고 하셨습니다. 돌밭의 씨는 싹은 나지만 해가 나자 뿌리가 없어 말랐는데, 환난과 핍박으로 넘어진 자라고 하셨습니다. 가시떨기 위에 떨어진 씨는 가시가 기운을 막아 열매가 없었는데, 세상의 염려와 재리의 유혹 때문에 결실하지 못하는 자라고 하셨습니다. 좋은 땅은 많은 열매를 얻었는데, 말씀을 듣고 깨닫는 자라고 하셨습니다.

신약 성경에서 씨를 뿌려 심고 추수한다는 표현은 모두 구약의 가르침과 연관됩니다. 실로 언약 백성들은 주님의 기업의 산에 심겨진 이들입니다(출 15:17, 시 1:3, 44:2, 80:8, 사 5:2, 60:21, 렘 1:10). 언약 백성들이 하나님과 맺은 언약을 어기고 범죄 하면, 그들은 뽑히고 파괴됩니다(렘 11:17, 45:4, 호 8:7). 예수님께서 제자들에게 "추수하는 주인에게 청하여 추수할 일군들을 보내어 주소서 하라"라고 말씀하신 것은 이러한 배경에서 이해되어야 합니다(마 9:35~38, 요 4:34~38). 그리고 예수님께서는 추수꾼인 칠십 명을 직접 부르셨습니다(눅 10:1~2). 이렇듯 하나님의 백성은 뿌려진 씨와 같고 언젠가는 추수꾼들이 추수합니다.

길가에 뿌려진 자는 악한 자 때문에 열매 맺지 못합니다. 돌밭에 뿌려진 자는 환난과 핍박으로 인해 결실치 못합니다. 가시떨기에 뿌려진 자는 세상의 염려와 재리의 유혹에 굴복합니다. 예수님 당시의 백성들은 세 종류에 속하든지 마지막 좋은 땅에 뿌려진 자처럼 풍성한 열매를 맺든지 반드시 어느 한쪽에 속합니다. 좋은 땅에 뿌려진 자는 전체 씨 중 사분의 일에 해당합니다. 나머지 사분의 삼은 열매 맺지 못합니다.

많은 이들이 예수님을 부인합니다. 그 이유는 악한 자, 환난과 핍박, 세상의 염려와 재리의 유혹 때문입니다. 예수님 당대에, 예수님께서 상대하신 이들은 모두 언약 백성들입니다. 곧, 교회의 지체들입니다. 이들은 악한 자와 환난과 핍박, 그리고 세상의 염려와 재리의 유혹으로 인해 천국 백성이 되지 못합니다. 그러나 소수의 사람들은 멋진 하나님의 백성이 됩니다. 이들은 엄청난 열매를 맺습니다. 본문에서 풍성한 열매를 맺는 이들은 일차적으로 제자들입니다.

열매 맺지 못하게 만드는 세 가지 이유를 조금 더 묵상해 봅시다. 악한 자들은 누구입니까? 두말할 필요 없이 유대주의자들입니다. 바리새인, 서기관, 율법사, 제사장, 장로들입니다. 어떤 경우에는 통칭하여 "공회"라고도 합니다. 듣고 보았음에도 복음을 거부하는 이유 중 첫째는 유대주의자들의 공격 때문입니다.

환난과 핍박은 누가 누구에게 행합니까? 누가 환난과 핍박을 받습니까? 유대주의자들이 예수님을 십자가에 못 박고, 제자들을 공격하며, 새 언약 백성인 교회를 핍박합니다. 그래서 주님은 "세상에서는 너희가 환난을 당하나 담대하라 내가 세상을 이기었노라"라고 하셨습니다(요 16:33). 하나님 나라에 들어가려면 환난을 겪어야 합니다(행 14:22). 유대주의자들로부터 오는 환난과 핍박을 견디지 못하면 열매 맺지 못합니다. 옛 언약 백성의 핍박으로부터 인내하며 견딘 이들은 새 언약 백성이 됩니다.

세상의 염려와 재물과 이익의 유혹을 이기지 못하면 가시떨기에 뿌려진 씨와 같이 됩니다. 무엇을 먹고 마시며 입을까를 염려하지 말아야 합니다(마 6:25,31). 모든 염려를 주님께 맡겨야 합니다(벧전 5:7). 세상의 염려와 재리의 유혹에 굴복하는 것은 새 언약 백성의 모습이 아닙니다. 좋은 땅에 뿌려진 씨인 주님의 백성들은 백 배, 육십 배, 삼십 배의 열매를 얻습니다. 이들이야말로 새 언약 공동체인 교회입니다. 하나님의 언약에 신실한 이들은 좋은 땅에 뿌려진 씨와 같습니다.[74]

### (2) 가라지 비유 | 마 13:24~30, 36~43 |

씨 뿌리는 비유와 가라지 비유는 쌍둥이와 같습니다. 천국은 좋은 씨를 제 밭에 뿌린 사람과 같습니다. 원수가 가라지를 그 밭에 뿌렸고, 결실할 때가 되자 가라지도 곡식과 함께 보였습니다. 종들이 주인에게 가라지를 뽑을지 묻자, 추수 때까지 함께 자라게 두라고 합니다. 추수 때, 가라지는 불사르기 위해 단으로 묶고 곡식은 곳간에 넣습니다. 예수님께서는 이 비유도 자세히 설명하셨습니다. 씨 뿌리는 이는 인자이며, 밭은 세상, 좋은 씨는 천국

---

74) 씨 뿌리는 비유는 성령님의 오심과도 관련된다. 이는 이사야 32장 15~20절을 통해 계시되었다. '성령님께서 오시면 광야가 아름다운 밭이 된다. 그때, 모든 물가에 씨를 뿌리고 소와 나귀를 그리로 몰고 가는 자는 복 되다'.

의 아들들, 가라지는 악한 자의 아들들, 추수 때는 세상 끝, 추수꾼은 천사들입니다.

인자는 예수님입니다.[75] 세상을 온 우주나 인류 전체라는 의미로 너무 성급히 단정하지 마십시오. 복음서에서 '세상'은 전 인류나 지구 전체라는 의미로 사용된 사례가 드뭅니다. 오히려 복음서에서 '세상'은 유대 사회나 가나안 땅을 지칭합니다. 마태복음에서 '세상'은 주로 약속의 땅인 가나안 곧 한정된 땅,[76] 언약 공동체, 세대라는 의미입니다. 천국의 아들들은 택함 받은 백성들이며, 악한 자의 아들들은 유대주의자들 곧 바리새인과 서기관들입니다(요 8:44).

정리하면, 인자이신 예수님께서 복음을 유대 사회에 심었습니다. 그리하여 천국 백성들이 주렁주렁 열렸습니다. 그러나 원수 마귀가 악한 자의 아들들, 곧 자기 아들들을 같이 심었습니다. 추수꾼인 종들은 악한 자의 아들들을 제거하려 하지만 예수님께서는 추수 때까지 두라고 하십니다. 추수 때에 천사를 보내

---

75) "인자"는 '사람의 아들'인데, 다니엘 7장 13~14절에서 옛적부터 항상 계신 분에게 인도된다. 사람의 아들 같은 이는 보좌에 앉으신 분으로부터 나라와 권세를 받는다. 이 구절과 연결하여 예수님께서는 자신을 인자라고 하셨다(막 10:45). 또한, 에스겔도 인자로 불리며, 아담의 후손 역시 인자이다.

76) 이러한 경우에는 대개 직접적으로 "그 땅"($\tau\tilde{\eta}\varsigma\ \gamma\tilde{\eta}\varsigma$)이라 한다(마 5:13, 9:6, 10:34, 17:25). 참고로, 반더발은 요한복음에서의 "세상"이 유대 백성들을 의미한다고 주장한다. 반더발, 『반더발 성경연구』 3권, 178~179. 가나안은 약속의 땅으로 옛 언약 백성에게 주어진 하나님 나라이다. 그러므로 옛 백성들은 이미 하나님 나라에 들어온 백성들이다. 예수님 당대에 옛 언약 백성들은 참 백성들(교회)로 대체되며, 옛 백성들은 특권을 상실한다. 동일하게 가나안 땅 역시 하나님 나라로써의 역할에 종말을 고한다.

어 악한 자의 아들들을 풀무 불에 던져 넣을 것이라고 하셨습니다. 악한 자의 아들들은 그곳에서 울며 이를 갈 것입니다. 천국의 아들들은 아버지 나라에서 해같이 빛납니다.

비유의 핵심은 두 가지입니다. 알곡과 가라지가 추수 때까지 함께 자란다는 것과 마지막 추수할 때, 가라지는 풀무 불에 던져지고 알곡은 아버지 나라에서 해같이 빛난다는 것입니다.

24절의 "제 밭에 뿌린 사람"은 27절에서 "집 주인"으로, 28, 29절에서는 "주인"으로 불립니다. 37절 말씀에 의하면, 그분은 바로 "인자"입니다. 예수님입니다. 예수님의 밭에 알곡과 가라지가 함께 자랍니다. 곧, 의인과 악인들이 함께 거합니다. 이는 1세기의 유대 사회에 대한 가장 확실한 묘사입니다. 복음을 받는 자들과 받지 않는 악인들이 함께 거합니다. 지리적 측면에서도 그러하지만, 관계의 측면에서도 동일합니다. 언약 공동체(교회) 안에 알곡과 가라지가 함께 자랍니다.

주님은 종들에게 추수 때 가라지를 정리하라고 명했습니다. 39절에서 추수 때는 "세상 끝"입니다. "세상 끝"은 일반적으로 '한 세대' 혹은 '동일 세대'를 의미합니다.[77] 추수 때에 인자가 그 천사들을 보냅니다(41절).[78] 여기에서는 추수 때가 언제인지 더 구체적으로

---

77) "세상 끝"은 예수님의 재림을 의미하지 않는다. 예수님의 초림이 "세상 끝"의 시작이다. "이제 자기를 단번에 제사로 드려 죄를 없게 하시려고 세상 끝에 나타나셨느니라"(히 9:26).

78) 인자가 천사들과 추수를 위해 온다는 말씀을 예수님의 재림이라 단정하기 어려운 이유는 다음 구절들에서 아주 명료하게 드러난다. "인자가 아버지의 영광으로 그 천사들과 함께 오리니 그때에 각 사람의 행한 대로 갚으리

다루지 않겠습니다. 흔히 추수 때를 예수님의 재림으로 이해합니다. 그러나 이는 너무 성급한 판단입니다. 추수 때는 예루살렘 멸망을 의미합니다.[79]

추수꾼은 천사들입니다(39절). 마태복음은 추수와 관련하여 비교적 명료하게 가르칩니다. 목자 없는 양과 같이 고생하며 유리하는 무리를 보시고 예수님께서는 제자들에게 추수꾼을 보내줄 것을 기도하라고 말씀하셨습니다(마 9:35~38). 이어 마태복음 10장에서 예수님께서는 열두 제자를 부르십니다. 열두 제자의 사역은 추수하는 일입니다(마 10:5~42).[80]

여기에서 한 가지 의문이 생깁니다. 추수꾼을 제자들로 생각하면, 그들을 왜 "천사"라고 했을까요? 우리는 '천사'라는 말을 듣자마자 한 치의 망설임도 없이 하나님께서 부리시는 하늘의 천사를 상상합니다. 하지만, 신약 성경에서 '천사'는 때때로 사

___

라"(마 16:27). 이 구절만 읽으면 '그때'가 재림인지 다른 때인지 명확하지 않다. 그러나 그다음 구절을 보자. "진실로 너희에게 이르노니 여기 섰는 사람 중에 죽기 전에 인자가 그 왕권을 가지고 오는 것을 볼 자들도 있느니라"(마 16:28). "여기 섰는 사람 중에 죽기 전에" 인자가 오는 것을 본다. 그러므로 인자가 천사와 함께 온다는 것을 단순히 예수님의 재림으로 해석해서는 안 된다. 많은 이들은 이를 오순절 성령님의 강림과 연결한다. 그러나 필자는 그때를 AD 70년에 있을 예루살렘 멸망으로 이해한다.

79) 이에 대한 더 자세한 논의는 본서 제4부 제9장을 참고하라.

80) 추수는 제자들의 주사역이다. 제자들은 이스라엘 집의 잃어버린 양에게 간다(10:6). 병든 자를 고치고 죽은 자를 살리며 문둥이를 깨끗하게 하고 귀신을 쫓아낸다(10:8). 어느 집에 들어가든지 평안을 빌지만 영접하지 않는 자들도 있다(10:14~15). 그러니 제자들은 지혜롭게 행해야 된다(10:16). 두려워 할 이유가 없다(10:26). 추수꾼이 들어가는 곳에는 집안 식구라도 분리가 일어난다(10:34~39).

람을 지칭하기도 합니다(마 11:10, 눅 7:24, 9:52, 갈 4:14, 약 2:25 등등). 그러므로 39절에서 말씀하시는 "천사"는 '사자'라는 의미를 지닌 일종의 '메신저'입니다.[81]

가라지 비유는 제자들이 자기 시대와 사명을 이해하는 열쇠입니다. 복음을 거부하는 옛 언약 백성들을 향한 초청과 심판입니다. 언약을 신실하게 지키는 자들에게는 복이 임하지만, 파기하는 자들에게는 저주가 임합니다. 조만간 의인과 악인이 구별되어, 의인은 아버지의 나라에서 해 같이 빛나며 악인은 풀무 불에 던져집니다. 제자들의 사명은 의인과 악인을 구별하는 추수꾼입니다.

### (3) 포도원 일꾼을 부르는 주인 비유 | 마 20:1~16 |

포도원에 일꾼을 부르는 주인 비유입니다. 주인은 아침 일찍 한 데나리온을 약속하고 일꾼을 농장에 들였습니다. 9시, 12시, 오후 3시에도 그렇게 했습니다. 오후 5시에도 나가 보니, 일꾼들이 있기에 그들도 같은 조건으로 일을 시켰습니다. 하루의 일과를 마치고 주인은 약속대로 임금을 지불했습니다. 품삯은 가장 늦게 온 일꾼들이 맨 먼저 받았습니다. 이른 시간에 온 일꾼들이 그 광경을 지켜보았습니다. 너무나도 자연스럽게 '오후 5시에 들어와 조금만 일한 사람에게 한 데나리온을 준다면, 저보다 많이 일한 나는 더 받겠지'라고 확신했습니다. 그러나 주

---

81) 천사에 대한 더 자세한 논의는 본서 제5부 제12장을 참고하라.

인은 모두에게 동일한 임금을 주었습니다. 일찍 온 일꾼들이 원망을 터뜨렸습니다. 주인은 항의하는 일꾼에게 처음 약속대로 한 데나리온을 주었다고 말합니다. 또한, 나중에 온 사람에게 동일한 임금을 주는 것이 자신의 뜻이라고 합니다.

비유의 핵심은 일찍 온 일꾼들의 항의에 대한 주인의 대처와 평가입니다. 비유를 바르게 이해하는 또 다른 열쇠는 비유 앞뒤의 말씀입니다. "나중 된 자로서 먼저 되고 먼저 된 자로서 나중 되리라"(16절).

모든 말씀이 그러하지만, 이 말씀도 문맥이 대단히 중요합니다. 비유 앞은 예수님 일행의 유대행입니다(마 19:1). 바리새인들은 시험하고, 어떤 한 청년은 영생의 길을 묻지만 재물을 사랑하기에 자기 길로 갑니다(마 19:3, 16~22). 그 부자 청년과 달리 제자들은 모든 것을 버렸습니다. 모든 것을 버린 제자들은 영생을 얻습니다(마 19:27~29). 비유 앞내용에 등장하는 바리새인과 청년은 한 부류의 사람들입니다. 그들은 영생에서 점점 멀어집니다. 그러나 제자들은 영생을 선물로 받습니다. 실로 먼저 된 자는 나중 되고 나중 된 자는 먼저 되었습니다. 옛 언약의 지도자들은 먼저 된 자들이지만 이제 나중 됩니다. 새 언약 백성인 제자들은 나중 되었지만 이제 먼저 됩니다.

비유의 뒷부분을 봅시다. 예수님과 제자들은 예루살렘에 거의 다다랐습니다(마 20:17). 강력한 저항과 반대가 너무나 노골적입니다. 예수님께서는 대제사장들과 서기관들의 고발로 십자가에서 죽임당할 것을 예고하십니다(마 20:18~19). 조금 전까지 먼저 된 자가 나중 된다는 말씀을 들은 제자들 사이에도 누가 먼저인지 다툼이 일어납니다(마 20:20~28). 옛 언약 백성들의 지도자들과 새 언약 백성의 지도자들 모두에게 먼저 되고자 하는 더러운 욕망의 파도가 밀려옵니다. 옛 언약 백성들의 잘못을 새 언약 백성의 터가 될 제자들도 범합니다. 이것은 오늘날 교회의 직분자들이 꼭 기억해야 할 경고입니다.

하나님 나라는 먼저 된 자가 나중 되고, 나중 된 자가 먼저 됩니다. 역전입니다. 이것이 하나님 나라의 큰 특징입니다. 주인은 나중에 온 일꾼에게 먼저 온 일꾼보다 더 빨리 임금을 지급했습니다. 먼저와 나중은 신분의 차이를 말하지 않습니다. 먼저와 나중은 구속역사의 점진성과 관련됩니다. 구속역사의 점진성은 차별을 고착시키거나 조장하지 않습니다. 바리새인과 서기관, 대제사장들과 율법사들은 결코 제자들보다 임금을 빨리 받지 못합니다.[82]

옛 언약 백성들 중에 나중 된 제자들은 가장 먼저 성령님을 선물로 받았습니다. 성막과 솔로몬 성전에 하나님의 영광이 임재하였듯이, 오순절에 새 백성들에게 하나님의 영광의 성령님께서 임재하심으로 새 백성이 되었음을 확증했습니다. 예루살렘에 이어 사마리아 교회에게, 뒤이어 가이사랴의 이방인 고넬료의 집에, 그리고 저 멀리 이방지역인 에베소 교회 위에 성령님

---

82) 많은 제사장들은 예루살렘 교회가 출현하고 난 뒤 하나님의 구원에 동참한다(행 6:7).

께서 임재하셨습니다(행 2:1~4, 8:17, 10:44, 19:6).[83] 나중 된 자가 먼저 되었습니다.

주인은 아침 일찍 온 일꾼에게나 저녁 5시에 들어온 일꾼에게나 처음 약속대로 한 데나리온을 주었습니다. 모든 일꾼이 동일한 임금을 받듯이 모두가 동일한 선물을 받습니다. 일꾼들 사이에 높고 낮음도 사라집니다. 같은 농장의 동지들입니다. 그들은 모두 하나입니다. 예루살렘 교회, 사마리아의 교회, 고넬료의 집에 세워진 교회, 에베소의 교회는 모두 한 분 하나님의 한 교회입니다. "우리가 유대인이나 헬라인이나 종이나 자유자나 다 한 성령으로 세례를 받아 한 몸이 되었고 또 다 한 성령을 마시게 하셨느니라"(고전 12:13).

### (4) 혼인 잔치를 베푼 임금 비유 | 마 22:1~14 |

아들을 위해 혼인 잔치를 준비한 임금은 청첩장을 받은 이들에게 종들을 보냈습니다. 초대받은 이들은 오기를 싫어했고, 임금은 종들을 다시 보내어 잔치 준비가 끝났으니 오시라 청했습니다. 그러나 초대받은 이들은 잔치에 아무런 관심을 보이지 않았습니다. 심지어 어떤 이들은 종들을 죽이기까지 했습니다. 화가 난 임금은 군대를 보내어 살인자들을 죽였습니다.

처음 초청된 이들이 아무도 오지 않으니 종들을 사거리로 보내, 만나는 사람마다 잔치에 초대했습니다. 손님들이 가득했습

---

83) 반더발, 『반더발의 성경언약 연구』, 286.

니다. 유독 한 사람이 눈에 띄었는데, 예복을 입지 않았습니다. 임금은 그에게 왜 예복을 입지 않았느냐고 물었지만, 그는 유구무언이었습니다. 임금은 사환을 시켜 예복 입지 않은 이를 결박하여 바깥 어두움에 던졌습니다.

비유가 어떻게 끝납니까? "청함을 받은 자는 많되 택함을 입은 자는 적으니라"(마 22:14). 이 말씀이 비유의 중심 주제입니다. 이 주제를 더 풍성히 이해하기 위해서 비유의 내용을 조금 더 묵상해 봅시다. 청함 받은 사람들은 두 번의 초청에도 거절합니다. 초대를 거절한 이들은 세 부류로 나뉘는데, 첫째는 밭으로 가고, 둘째는 자기 상업을 위해 가고, 마지막은 종들을 능욕하고 죽입니다.

마지막 부류를 봅시다. 임금의 사신을 욕보이고 죽이다니요. 이들은 임금의 통지를 두 번이나 거절하면서 오직 자기 일에만 관심을 둘 뿐만 아니라 왕의 사자를 죽입니다. 반역입니다. 그러니 왕은 군대를 보냅니다. 반역자들은 불사르고 죽여야 마땅합니다. 며칠이 지나면, 예수님께서 십자가에서 죽습니다. 옛 언약 백성들과 지도자들의 반역입니다. 왕이신 주님이 "보라 너희 집이 황폐하여 버린 바 되리라"라고 하신 경고는 이상하지 않습니다(마 23:38).

임금은 종들을 사거리로 보냅니다. 만나는 대로 모두 데려오라 합니다. 여기! 눈을 의심케 하는 표현이 나옵니다. "악한 자나 선한 자나"(10절). 사거리에서 악한 자나 선한 자나 구별하지 말고 모두 데려오라 하십니다. 그중에 악한 자가 섞였습니다. 그는 예복을 입지 않았습니다. 임금이 다정히 부릅니다. "친구여!"(12절). 왕은 예복을 입지 않은 이유를 묻습니다. 그도 압니다. 자신이 무엇을 잘못했는지. 본문은 그가 스스로 자신의 잘못을 인식하였다는 증거로 "유구무언"이라는 표현을 썼습니다 (12절). 그는 결박당하여 바깥 어두움에 쫓겨나 슬피 울며 이를 갑니다(참고, 마 25:30).

청함을 받은 자는 많지만 택함을 입은 자는 적습니다.[84] 왕의 백성들은 반역자들이 되었고, 사거리에서 온 어떤 이는 예복을 입지 않았습니다. 예수님을 향하여 반역을 모의하는 대표적인 기구는 산헤드린 공회입니다. 오순절 이후 교회 안에는 가만히 들어온 거짓 선생들이 많았습니다. 이들은 바로 예복을 입지 않고 가만히 잔치에 참여한 자의 표본입니다. 언약으로 초대된 이들은 많지만, 선택받은 백성은 적습니다. 언약과 선택은 다릅니다. 교회 안에는 반역자와 예복을 입지 않은 자들이 택함 받은 백성들과 함께 거합니다.

### (5) 저절로 자라는 씨 비유 | 막 4:26~29 |
마가복음에만 기록된 이 비유는 아주 단순합니다. 강조점은 비교적 쉽게 읽히는데, 씨를 뿌린 사람이 일상생활을 하는 동안

---

84) 고재수, 『구속사적 설교의 실제』, 100~107을 참고하라.

씨가 자라 충실한 곡식을 맺습니다. 열매가 익으면 곧 추수합니다. 씨를 뿌린 사람이 모르는 사이에 씨가 잘 자랐다는 내용입니다. 그래서 어떤 이들은 이 비유를 은밀하게 자라는 씨 비유라고도 합니다. 하나님 나라는 사람이 알지 못하는 신묘한 방법과 은밀하게 자란다는 것이 첫 번째 강조입니다.

하나님 나라는 신묘한 방법으로 자랍니다. 하나님 나라의 복음은 유대인들의 생각과 완전히 다른 모습으로 드러납니다. 대적은 사단이지 로마가 아닙니다. 이스라엘 열두 지파가 아니라 열두 제자들이 새 시대의 초석이 됩니다. 산헤드린 공회가 아니라 사도와 장로들이 교회를 건설합니다. 부자와 권세자들이 아니라 세리와 죄인들이 그 나라의 백성이 됩니다. 물리적이고 정치적인 정복이 아니라 봉사와 섬김으로 세상을 정복합니다. 핍박과 환난은 하나님 나라의 복음이 더 강력해지는 자양분입니다. 순교의 피가 사단의 권세를 무너뜨리고, 교회를 통하여 천국을 이 땅에 아로새깁니다.

더불어 하나님 나라는 은밀하게 자랍니다. 소리 없이 자랍니다. 하나님 나라의 축소판인 솔로몬 성전은 실제로 이렇게 건축되었습니다. "이 전은 건축할 때에 돌을 뜨는 곳에서 치석하고 가져다가 건축하였으므로 건축하는 동안에 전 속에서는 방망이나 도끼나 모든 철 연장 소리가 들리지 아니하였으며"(왕상 6:7).

이를 사도 바울을 통해 계시된 말씀으로 표현하면 다음과 같습니다.

"나는 심었고 아볼로는 물을 주었으되 오직 하나님은 자라나
게 하셨나니 그런즉 심는 이나 물 주는 이는 아무 것도 아니로
되 오직 자라나게 하시는 하나님뿐이니라 심는 이와 물 주는
이가 일반이나 각각 자기의 일하는 대로 자기의 상을 받으리라
우리는 하나님의 동역자들이요 너희는 하나님의 밭이요 하나
님의 집이니라"(고전 3:6~9)

두 번째 강조점은 추수입니다. "열매가 익으면 곧 낫을 대나
니"(29절). '즉시' 추수합니다. 옛 언약 백성 가운데 신실한 남은
자들이 거둬집니다. 곧이어 이방에 있는 택하신 백성들까지 하
나님의 곡간에 들입니다. 이는 종말론적 특징 가운데 하나입니
다.

말일에 여호와의 전의 산이 산들의 꼭대기에 굳게 서며 민족
들이 그리로 몰려갑니다. 이방인들이 "오라 우리가 여호와의 산
에 올라가서 야곱의 하나님의 전에 이르자 그가 그 도로 우리에
게 가르치실 것이라 우리가 그 길로 행하리라"라고 할 것입니다
(미 4:1~2, 사 2:2~3, 참고, 욜 3:9~13, 암 9:7~15).

## (6) 악한 포도원 농부 비유 | 막 12:1~12, 눅 20:9~18 |

마가복음 12장은 예수님께서 예루살렘 입성 후, 삼 일째에 가
르친 말씀입니다. 며칠 후에 예수님께서 십자가에 못 박혀 돌아
가십니다. 하루 전에는 무화과나무를 저주하셨고, 성전을 청소
하셨습니다. 산헤드린 공회원들은 불쾌함을 드러냈고, 그 불쾌

함이 권세에 대한 질문에 그대로 묻어납니다. 질문에 답이라도 하듯 예수님께서는 비유를 말씀하셨습니다.

비유의 내용은 대단히 자극적입니다. 실제로 비유를 들은 대제사장과 서기관, 장로들은 예수님을 잡으려 하지만, 군중이 무서워 그렇게 하지 못합니다(12절). 한 사람이 포도원을 만들고 농부들에게 세를 주고 타국에 갔습니다. 소출을 얻으려고 종들을 보내자 악한 농부들은 종을 때리고, 다른 종의 머리에 상처를 내고 능욕하며, 다른 종은 때려 죽였습니다. 마지막에 아들을 보내자 상속자라는 이유로 죽입니다. 예수님께서는 자문자답하셨습니다. '포도원 주인이 어떻게 하겠느냐? 농부들을 진멸하고 포도원은 다른 사람에게 줄 것이다'라고 하셨습니다.

종들은 구약 시대부터 신약에 이르기까지 하나님께서 보낸 선지자들입니다. 엘리야(왕상 18:16~19:2), 엘리사(왕하 6:31), 하나니(대하 16:7~10), 미가야(대하 18:12~26), 스가랴(대하 24:20~22), 우리야(렘 26:20~23), 예레미야(렘 37:1~38:13), 세례 요한(막 6:14~29)까지 이들은 모두 선지자입니다. 왕들에게 쫓겨 다니고, 옥에 갇히기도 했으며, 많은 고통을 겪었습니다. 세례 요한은 여자아이의 춤 값으로 죽었습니다(마 14:1~12). 예수님의 다음 선언은 너무나 적실합니다.


"뱀들아 독사의 새끼들아 너희가 어떻게 지옥의 판결을 피하겠느냐 그러므로 내가 너희에게 선지자들과 지혜 있는 자들과 서기관들을 보내매 너희가 그 중에서 더러는 죽이고 십자가에 못 박고 그 중에 더러는 너희 회당에서 채찍질하고 이 동네에서 저 동네로 구박하리라 그러므로 의인 아벨의 피로부터 성전과 제단 사이에서 너희가 죽인 바라갸의 아들 사가랴의 피까지 땅 위에서 흘린 의로운 피가 다 너희에게 돌아가리라 내가 진실로 너희에게 이르노니 이것이 다 이 세대에게 돌아가리라"(마 23:33~36)

아들이신 예수님을 죽이는 그들의 완악함은 비유에 등장하는 농부들의 모습입니다. 농부들은 대제사장, 서기관, 장로들입니다. 그들도 그 사실을 압니다. "자기들을 가리켜 말씀하심인 줄 알고"(12절). 예수님께서는 농부들을 심판하고 포도원은 다른 이들에게 줍니다. 복음서의 핵심 메시지는 하나님 나라입니다. 이를 좀 더 세밀히 들여다봅시다. 그 나라에서 지도자라 자청하는 자들은 대부분 악한 자들입니다. 그들은 심판받습니다. 하나님 나라가 다른 농부들에게 돌아갑니다. 곧, 새 언약의 백성인 사도들과 교회입니다. 예수님께서는 시편을 인용하여 아들의 죽음이 갖는 의미를 가르치십니다. 주님이 인용하신 시편은 118편 22~23절입니다.

"건축자의 버린 돌이 집 모퉁이의 머릿돌이 되었나니 이는 여호와의 행하신 것이요 우리 눈에 기이한 바로다"

악한 농부들은 주인의 아들을 죽였습니다. 그 아들은 건축자의 버린 돌처럼 버림받아 죽었습니다. 그것이 끝이 아니었습니다. 주님은 부활하여 새로운 집을 지으셨습니다. 새집의 주인이실 뿐만 아니라 집 모퉁이의 머릿돌이 되셨습니다.

오순절 성령님의 강림 이후 산헤드린 공회는 그 본색을 더 분명히 드러냈습니다(행 4:5~6,15). 베드로와 요한이 성전 미문에 앉은 앉은뱅이를 고치고 아브라함의 자손으로 오신 예수님을 설교하자, 공회원들은 두 사도를 옥에 가두었습니다. 다음 날, 공회는 베드로와 요한에게 무슨 권세로 이런 일을 하는지 추궁했습니다. 예수님에게 권세를 물었던 바로 그 공회원들이 사도들에게도 권세를 운운했습니다. 베드로는 예수님과 같이 시편 118편을 인용했습니다(행 4:11). 앉은뱅이는 예수님의 이름으로 걷고 뛰었습니다. 천하에 구원을 얻을 다른 이름은 없습니다. 오직 예수님만이 우리의 유일한 구원자이십니다(행 4:12).

보배롭고 신령한 산 돌이신 예수님으로 인해 교회는 신령한 집이 됩니다. 그 신령한 집인 교회는 예수 그리스도로 말미암아 거룩한 제사장이 되었습니다(벧전 2:5). 베드로는 여기에서도 시편 118편을 인용했습니다. 사도 바울도 그렇게 가르쳤습니다. 교회는 하나님의 성전인데, 성령님 안에서 함께 지어져 갑니다. 바로 그 교회에 예수님께서 모퉁잇돌이 되셨습니다(엡 2:20~22).

예수님께서는 악한 농부들인 산헤드린 공회를 향하여 말씀의 검으로 그들의 잘못을 지적하셨고, 하나님 나라의 백성인 교회가 어떻게 세워지는지를 친히 알려주셨습니다. 예수님께서는 악한 농부들에 의해 죽지만, 부활하셔서 교회의 모퉁잇돌이 되실 것입니다. 비유를 말씀하신 그날 저녁, 저 아름답고 화려하게 보이는 예루살렘 성전이 처참하게 파괴될 것이라 말씀하시는 것은 이상하지 않습니다(막 13장).

### (7) 잃었다가 찾는 세 가지 비유 |눅 15장|

잃은 양을 찾고, 드라크마를 찾고, 아들을 찾는 비유의 공통점은 누가 보아도 하나입니다. '찾음'입니다. 세 비유는 바리새인과 서기관들의 원망에 대한 예수님의 답입니다(2절). 세리와 죄인들이 말씀을 듣고 싶어 예수님을 찾아오자, 주님은 그들을 영접하고 함께 음식을 먹었습니다.[85] 세리와 죄인들로 더불어 음식을 나누심으로 주님은 자기의 가르침을 실천하셨습니다(눅 14:13,21).

잃은 양을 찾는 주인의 모습은 에스겔 34장의 성취입니다. 에스겔 34장에서 삯꾼들은 양을 이용하고 먹잇감으로 삼지만, 참 목자는 자신을 희생하여 찾을 때까지 찾습니다(눅15:4 참고, 겔 34:12). 주님은 삯꾼들로부터 자기의 양 무리를 찾습니다(참고,

---

[85] 음식을 함께 먹음은 연합을 선언하는 행위이다. 구속사에서 음식 나눔은 죄가 사라졌다는 선언을 넘어, 신령한 하늘 양식으로 살아가는 참 언약 백성의 본질을 드러내는 가장 강력한 상징행위이다. 원래 하나님의 것이었던 양식은 아담과 하와에게 주어진 선물이었다. 아담과 하와가 죄를 지음으로 수고하고 땀을 흘려야 양식을 먹게 된다. 광야에서 이스라엘은 하늘 양식(만나)을 먹음으로 하나님과 연합한 백성의 정체성을 드러낸다. 요한복음 6장에서 예수님께서는 자신이 참 하늘 양식이라 하신다. 그러므로 주님이 베푸신 양식은 세리와 죄인들이 주님과 연합한 백성임을 확증하는 표이다.

겔 34:10). 그 후에 친구와 이웃을 불러 함께 잔치를 즐깁니다. 주님은 세리와 죄인들과 더불어 먹고 마시는 것을 공격하는 바리새인과 서기관들을 향하여 잃은 양을 찾았으니 함께 이 잔치에 참여하라고 권합니다.

에스겔 34장은 포로 회복에 대한 예언입니다. 예수님께서는 잃은 양을 찾는 주인의 모습을 통해 진정한 포로 회복을 말씀하십니다. 바벨론이나 로마로부터의 회복이 아니라 사단으로부터의 회복입니다. 이것이 하나님 나라의 본질입니다.

한 여성이 드라크마를 찾습니다. 드라크마가 무엇인지는 정확하지 않습니다. 어떤 이들은 결혼 패물이라 하고, 어떤 이들은 귀한 보석이라고 합니다. 잃은 양과 비교하면 그 가치가 절대 작지 않습니다. 양은 백 마리 중 한 마리이지만 드라크마는 열 개 중 하나입니다.

여성은 등불을 들고 온 집을 청소하며 부지런히 찾습니다. 하나님의 말씀은 우리 발의 등이요 빛입니다(시 119:105). 빛으로 오신 예수님께서 어두움 가운데 비추어 자기 백성을 찾으십니다(요 1:9~12). 드라크마를 찾은 후, 잃은 양 비유와 동일하게 잔치를 엽니다. 예수님께서는 세리와 죄인들로 더불어 잔치하십니다. 천국 잔치에 참여하라고 바리새인과 서기관들에게 넌지시 권하십니다.

두 아들과 아버지 비유는 너무나 유명한 내용입니다. 이 비유에서도 우리는 몇 가지 중요한 점을 기억해야 합니다. 둘째 아들은 먼 나라로 갑니다. 이는 언약 백성들의 포로 생활을 기억나게 만듭니다. 아버지에게 받은 재산을 허비합니다. 옛 언약 아래에서 물질은 언약의 복입니다. 둘째 아들은 하나님 나라를 건설하라고 주신 물질을 이방에서 엉뚱한 곳에 사용합니다. 돼지를 칩니다. 언약 백성이 이방에서 부정한 동물인 돼지를 치는 모습은 그가 이미 부정한 백성이 되었음을 보여줍니다. 곧, 포로로 잡혀가 이방인처럼 되었다는 뜻입니다.

죄와 사망의 비참 가운데서 아들은 드디어 돌이킵니다. 하늘과 아버지께 죄를 얻었다고 고백합니다. 그렇지요. "하늘"과 "아버지"에게 죄를 얻었습니다. 둘째 아들은 진리의 말씀으로 사는 것이 싫어서 떠났습니다. 이제는 아들의 자리가 아니라 품꾼의 자리라도 얻고자 합니다(시 84:10). 드디어 집으로 돌아옵니다. 아버지는 그를 반갑게 맞이합니다. 그리고 아들의 권위를 회복시켜 줍니다. 옷과 가락지와 새로운 신발과 잔치는 아들의 신분이 회복되었다는 표입니다.

그때, 큰아들이 돌아왔습니다. 누가 보아도 큰아들은 주어진 직무에 충실한 것처럼 보입니다. 밭에서 돌아왔기 때문입니다. 큰아들은 종으로부터 잔치가 베풀어진 이유를 듣습니다. 그는 너무 화가 났습니다. 결국, 집으로 들어가지 않습니다. 잔치에 참여하지 않습니다. 예수님께서 세리와 죄인들을 찾아 잔치를 베푸는데, 바리새인과 서기관들처럼 시비를 걸며, 잔치에 참여하지 않습니다. 큰아들은 바리새인과 서기관들과 흡사합니다.

하나님의 왕국은 잃은 자를 찾아 함께 즐기는 잔칫집입니다. 천국이 잔칫집임을 이해하지 못하면 천국 백성이 되지 못합니다. 원수를 무너뜨리고 자기 자녀를 구원하는 사역이 제사장 나라와 거룩한 백성이 되라는 이스라엘의 본질입니다. 홍해를 건넌 백성들이 찬송을 부르며 잔치하는 것이 지극히 정상입니다 (출 15:1~6, 시 23:5).

결국, 아버지가 나옵니다. 첫째 아들에게 권합니다. 첫째가 항의합니다. "내가 여러 해 아버지를 섬겨 명을 어김이 없거늘"(29절). 첫째 아들은 자기의 의로움을 내세웁니다. 전형적인 바리새인의 모습입니다. "의인은 없나니 하나도 없으며"(롬 3:10). "바리새인은 서서 따로 기도하여 가로되 하나님이여 나는 다른 사람들 곧 토색, 불의, 간음을 하는 자들과 같지 아니하고 이 세리와도 같지 아니함을 감사하나이다 나는 이레에 두 번씩 금식하고 또 소득의 십일조를 드리나이다 하고"(눅 18:11~12).

아버지의 모습은 주님의 모습입니다. 자녀들에게 풍성한 하늘의 양식을 나누어 주시며, 돌이키는 자에게 언제나 은혜의 품으로 안으십니다. 둘째 아들이 죽었다가 살아났다고 하심으로 영생의 비밀을 풍성히 가르치셨습니다. 특히, 에스겔 37장에서 마른 뼈가 살아나 군대가 되므로 부활은 진정한 포로 회복의 증거물이라 말합니다. 주님은 둘째 아들을 품에 안아 잔치를 여심으로, 사단의 권세 아래 있는 영혼을 하나님의 왕국으로 들이셨다는 사실을 공표하셨습니다. 고집을 부리며 불순종하는 첫째를 향하여 오래 참고 기다리십니다. 친절히 설명하십니다. 주님은 십자가 위에서조차 저들의 죄를 용서해 달라고 기도하셨습니다.

> "해골이라 하는 곳에 이르러 거기서 예수를 십자가에 못 박
> 고 두 행악자도 그렇게 하니 하나는 우편에, 하나는 좌편에 있
> 더라 이에 예수께서 가라사대 아버지여 저희를 사하여 주옵소
> 서 자기의 하는 것을 알지 못함이니이다 하시더라 저희가 그의
> 옷을 나눠 제비 뽑을새"(눅 23:33~34)

마지막으로 세 비유의 주인공을 생각해 봅시다. 목자, 여자, 아버지입니다. 세 부류의 사람들은 구속역사에서 아주 독특한 이미지를 가졌습니다. 목자와 관련해서 다윗을, 여자와 관련해서는 여러 사람이 떠오릅니다. 하와, 사라, 리브가, 한나 등등. 마태복음 1장에 의하면, 다말, 라합, 밧세바, 마리아입니다. 성경은 이스라엘을 하나님의 신부로 묘사합니다. 오홀라와 오홀리바가 그렇습니다. 호세아의 아내는 어떤가요?[86] 아버지는 더 이상 설명할 필요가 없겠습니다. 예수님께서는 세 비유의 주인공을 매우 치밀한 계획으로 제시하셨습니다. 잃었다 찾는다는 주제와 관련된 목자, 여성, 아버지의 이미지는 거대한 구속의 드라마 속 주인공으로 아무런 손색이 없습니다.

---

86) 성경에서 여성의 이미지는 긍정과 부정이 공존한다. 이는 언약 백성의 영적 상태를 가장 선명하게 드러내는 계시의 방식이다. 언약 백성은 정결한 신부이기도 하지만, 하나님과 맺은 언약을 파기하면 부정한 여성이 된다.

### (8) 불의한 청지기 비유 · | 눅 16:1~13 |

이 비유는 난해한 비유 중 하나입니다. 그러나 문맥을 살피면 그리 어려운 비유가 아닙니다. 잃었다가 찾는 마지막은 두 아들과 아버지 비유입니다. 둘째 아들은 누가 보더라도 세리와 죄인들이며, 첫째 아들은 예수님을 공격하는 바리새인과 서기관들입니다. 둘째는 이미 잔치에 참여했고, 첫째는 잔치에 참여했는지 알지 못합니다.

불의한 청지기 비유는 첫째 아들에 대한 초청입니다. 이 비유는 영생의 길을 제시합니다(9절). 그 영생의 길은 다름 아니라 "불의의 재물로 친구를 사귀는" 것입니다. 청지기는 주인의 소유를 허비했습니다. 주인은 그에게 해고를 선언했습니다. 청지기는 살길을 모색합니다. 주인에게 빚진 자들을 불러 빚을 감해줍니다. 기름 백 말은 오십으로, 밀 백 석은 팔십으로 감합니다. 주인은 종의 이 행위를 칭찬합니다.

청지기가 주인의 재물을 '허비'했다는 표현 때문에, 재물을 문자 그대로 이해하면 비유의 본뜻을 이해하지 못합니다. 실제로 바리새인들은 이 비유를 그렇게 이해했습니다. 그러니 예수님을 향해 비웃습니다(눅 16:14). 이 비유에서 물질은 문자 그대로의 물질이 아닙니다. 이는 옛 언약 백성들에게 주어진 모든 신령한 것들의 상징입니다. 옛 언약 백성들은 말씀을 받았고, 그 말씀을 따라 왕국을 건설해야 합니다(롬 3:1~2). 왕국 건설에는 말씀과 더불어 각양 좋은 것들(물질 포함)이 주어졌습니다. 유대인들은 말씀과 땅에 있는 모든 좋은 것들을 사용하여 하나님 나라를 건설해야 했습니다. 그러나 그들은 그 좋은 것들을 왕국 건설에 사용하지 않고 허비했습니다.

해고는 너무 당연합니다. 그들은 하나님의 집인 성전을 장사하는 집, 강도의 소굴로 만들었습니다. 그들은 박하와 회향과 근채의 십일조를 드렸지만, 율법의 더 중한 의와 인과 신은 버렸습니다(마 23:23). 그럼에도 불구하고 예수님께서는 - 첫째 아들과 같은(눅 15장) - 그들에게 영생의 길을 알려주십니다.

청지기는 주인에게 빚진 자들을 불러 주인의 재산으로 빚을 감했습니다. 주인에게 빚진 자들은 청지기에게 은혜를 입었습니다. 불의한 청지기는 불의의 재물로 빚진 자들과 친구가 되었습니다. 청지기가 영생을 얻는 길은 주인에게 빚진 자들과 연합해야 합니다. 곧, 바리새인과 서기관들이 영생을 얻으려면 세리와 죄인들과 친구가 되어야 합니다. 성령님께서 오신 이후, 허다한 제사장의 무리가 새 백성인 교회로 들어옵니다(행 6:7). 이 제사장의 무리는 불의의 재물로 친구를 사귄 자들입니다.

"불의한 재물에 충성치 아니하면 누가 참된 것으로 너희에게 맡기겠느냐"(11절)라고 하십니다. 불의한 재물은 옛 언약 백성에게 주신 좋은 것(율법, 성전, 언약, 제사 등등)들입니다. 참된 것은 새 언약을 의미합니다. 곧, 옛 언약에 충성하지 않으면 새 언약에도 충성하지 못합니다. 하나님과 재물을 겸하여 섬기는 시대는 지나갑니다(13절). 옛 시대는 재물로 하나님을 섬기는 도구였습니다. 새 시대는 신령과 진정으로 하나님을 섬깁니다. 율법과 선지자는 요한의 때까지요, 그 후부터는 하나님 나라의 복음이 전파되어 사람마다 그리로 침입합니다(눅 16:16).

### (9) 불의한 재판관 비유 | 눅 18:1~8 |

불의한 재판관 비유는 심판의 때에 낙망하지 말고 기도하라는 메시지입니다. 예수님께서는 1절에서 "항상 기도하고 낙망치 말아야 될 것을"이라고 하셨고, 마지막 8절에서는 "인자가 올 때에 세상에서 믿음을 보겠느냐"라고 하셨습니다.

하나님을 두려워하지 않고 사람을 무시하는 재판관은 전형적인 배교자의 모습입니다(시 36:1, 렘 3:8, 5:20~22). 반대로 과부는 하나님의 은혜로만 살아가는 진정한 하나님 백성의 표상입니다(눅 2:37, 7:11~17, 21:1~4). 과부는 재판관에게 자신의 원한을 풀어달라고 청합니다. 재판관은 하나님을 두려워하지 않고 사람을 무시하는 자이기에 과부의 청을 거절합니다. 과부가 여러 번 간청하자 재판관은 "나를 번거롭게 하니 내가 그 원한을 풀어 주리라"(5절)라고 합니다.

예수님께서는 재판관의 말을 들으라고 하십니다. 재판관은 번거로움 때문에 과부의 청을 듣지만, 하나님께서는 그런 분이 아니라고 합니다. "불의한 재판관의 말한 것을 들으라 하물며 하나님께서 그 밤낮 부르짖는 택하신 자들의 원한을 풀어 주지 아니하시겠느냐 저희에게 오래 참으시겠느냐"(6~7절). 하나님께서는 실로 밤낮 부르짖는 택하신 자들의 원한을 기꺼이 풀어주시는 분입니다. 예수님께서는 "인자가 올 때에 세상에서 믿음을 보겠느냐"(8절)라고 하십니다.

많은 분들이 이 말씀을 예수님의 재림으로 이해합니다. 정말 그렇습니까? "인자가 올 때"가 예수님의 재림일까요? 불의한 재판관 비유 바로 앞 장에서 이 부분에 대한 자세한 가르침이 주어졌습니다. 하나님 나라가 어느 때에 임하느냐는 바리새인들의 질문에 예수님께서는 하나님 나라가 '이미 너희 안에'(among) 있다고 하셨습니다(눅 17:20~21). 예수님 자신이 하나님 나라입니다. 하나님 나라는 벌써 예수님을 통하여 왔습니다. '너희 안에 있다'고 하셨습니다. '있을 것이다'가 아닙니다. 미래가 아니라 현재입니다.

예수님께서 말씀하시는 인자의 날은 언제입니까? 제자들이 활동하던 시대입니다. "너희는 가지도 말고 좇지도 말라"(눅 17:23). 인자가 많은 고난을 받고 이 세대에게 버림받아야 인자의 날이 옵니다(눅 17:24~25). 예수님께서 고난받고 십자가에서 죽으셔야 한다고 하셨습니다. 이는 1세기를 말합니다. 그러므로 불의한 재판관 비유에서 "인자가 올 때"라는 말씀을 재림이라고 성급히 규정하는 것은 잠시 미루어야 합니다. 오히려 이때는 예루살렘 멸망을 의미할 수 있습니다.[87]

그러므로 옛 백성을 심판하시고 새 백성을 부르시는 오순절 이후부터 예루살렘 멸망까지, 낙망하지 않고 하나님을 의지하며 기도하는 백성들은 구원을 얻습니다. 기도하는 백성들에게 하늘의 아버지는 속히 그 권리를 회복시켜 주십니다. 성도들의

---

87) "인자의 때"에 대한 더 자세한 논의는 본서 제4부 제9장 예루살렘 멸망 부분을 참고하라.

기도가 향처럼 보좌 앞에 다다름으로 믿음의 승리가 보장됩니다(계 6:10, 8:3, 19:1~3).

## 퍼즐 맞추기

우리는 아홉 비유를 살폈습니다. 그 각각의 메시지가 모두 다르기도 하며, 때로는 조금씩 중복됩니다. 비유는 하나님 나라를 가르치는 걸작품입니다. 구슬이 서 말이라도 꿰어야 보배입니다.

비유는 복음서의 핵심 중 하나입니다. 비유는 하나님의 거대한 구속역사의 특징을 드라마틱하게, 두렵고 격정적으로, 때로는 긴박하게 드러냅니다. 하나님이신 예수님께서 드디어 말씀으로 이 땅에 오셨습니다. 가나안은 옛 언약 백성의 터전이며 하나님 나라입니다. 자기 왕국에 오신 예수님께서는 자기 백성들의 잘못을 깨우치시고, 그들에게 회개하여 참 백성이 되라고 하십니다. 그러나 백성의 지도자들과 다수의 백성들은 거절합니다. 멸시받고 천대받던 이들이 주님의 백성이 됩니다. 비유는 초대, 권면, 경고, 회개, 위로, 예고와 결말을 동시에 알려줍니다. 귀 있는 자는 들어 천국 백성의 즐거움과 유쾌함을 누릴 것이지만, 그렇지 못한 자들은 바깥 어두움에서 슬피 울며 이를 갈 것입니다.

추수할 때가 다다랐습니다. 예수님께서 추수꾼인 제자들을 부르셨고, 주님의 죽음과 부활을 통하여 제자들은 온전한 추수꾼으로 준비됩니다. 추수는 옛 언약 백성을 향한 심판의 시작입니다. 다른 한편으로 잃어버린 자기 백성을 찾으시는 일이 시작되었다는 표입니다. 이 모든 것을 비유로 말씀하시는 주님은 하나님이십니다. 주님은 자기 왕국과 백성에게 구원자로 오신 진정한 왕이십니다.

1. 비유의 세 가지 목적은 무엇입니까?

2. 씨 뿌리는 자 비유에서 길가, 가시떨기, 돌밭에 뿌려진 씨는 어떤 사람들이며, 좋은 땅에 뿌려진 씨는 누구를 의미합니까?

3. 가라지 비유의 두 가지 핵심은 무엇입니까? 이것이 제자들의 사역과 어떻게 연결됩니까?

4. 포도원 일꾼을 부르는 주인 비유가 가르치는 핵심 교훈은 무엇입니까?

5. 혼인 잔치를 준비한 임금 비유에서 초대를 거절한 이들은 누구이며, 예복을 입지 않은 이들은 누구입니까?

6. 저절로 자라는 씨 비유의 두 가지 강조점은 무엇입니까?

7. 악한 포도원 농부 비유에서 악한 농부들은 누구이며, 예수님께서 교회를 어떻게 세우겠다고 가르쳤습니까?

8. 누가복음 15장에 기록된 세 비유의 공통점은 무엇입니까? 아버지와 두 아들 비유에서 첫째 아들은 누구를 의미합니까?

9. 불의한 청지기 비유에서 청지기는 누구를 의미하며, 이들이 영
   생을 얻으려면 어떻게 해야 합니까?

10. 불의한 재판관의 비유에서 과부를 통해 지금 우리가 배워야 할
    믿음의 내용은 무엇입니까?

제7장

# 예수님께서 행하신 표적: 기적과 이적

### 표적의 목적

사 복음서 중 표적의 책은 단연 요한복음입니다. 요한복음은
표적의 목적을 명료하게 제시합니다.

> "예수께서 제자들 앞에서 이 책에 기록되지 아니한 다른 표
> 적도 많이 행하셨으나 오직 이것을 기록함은 너희로 예수께서
> 하나님의 아들 그리스도이심을 믿게 하려 함이요 또 너희로 믿
> 고 그 이름을 힘입어 생명을 얻게 하려 함이니라"(요 20:30~31)

표적의 목적은 예수님께서 "하나님의 아들 그리스도"이시며,
자기 백성들에게 "생명"을 주시는 분이심을 증거하는 것입니다.

예수님과 사도들은 많은 표적을 행했는데, 그 표적들을 바로 이러한 관점에서 이해해야 합니다. 그래서 표적은 표적 자체가 목적이 아닙니다. 모든 표적은 예수님께서 하나님의 아들이며 그리스도임을 증거하고, 그 결과 영생을 얻게 합니다. 그러니 표적은 증거물과 같습니다.

이러한 이해는 자연스럽게 다음 질문으로 이어집니다. 표적곧 이적과 기사가 예수님과 사도 시대에만 제한되느냐, 지금도 계속되느냐입니다. 요한복음 20장 31절에 이미 답이 있습니다. "오직 이것을 기록함은"이라 했습니다. 다른 표적도 많이 행했지만, 이 정도로 충분하다는 뜻입니다. 표적과 성경 기록의 관계를 연결하여 말씀하신 부분을 보십시오. "이 책에 기록되지 아니한 다른 표적도 많이 행하셨으나 오직 이것을 기록함은". 성경에 기록되지 않은 다른 표적도 많지만, 성경에 기록된 것으로 그리스도와 영생을 소개하기에 충분하다고 했습니다. 즉, 필요한 모든 표적이 성경에 기록되었고, 그 표적이 목적하는 바를 이루는 데도 충분하다는 뜻입니다(참고, 히 1:1~2). 그러므로 21세기를 살아가는 우리는 표적을 구할 것이 아니라 성경을 읽고 묵상해야 합니다. 성경 속에 구원의 길이 있습니다.

성경은 예수님께서 하나님의 아들이요 그리스도임을 풍성히 증거합니다. 다른 증거는 필요 없습니다. 이미 성경에 표적이 기록되었고, 그 외에 필요한 모든 증거들이 제시되었기에 또 다른 증거가 필요치 않습니다. 성경만으로 충분합니다. 성경은 완전한 복음을 담은 거룩한 책입니다. 그러므로 성경에 기록된 표적이 오늘날도 이어지고 있다고 말해서는 안 됩니다. 우리 신앙고백서인 웨스트민스터 신앙고백서 제1장 1절은 이렇게 말합니다. "하나님께서 자기 백성에게 자기 뜻을 계시하시는 **이전 방식은 이제 중단되었다**".

　표적의 목적을 알려주는 또 다른 성경 구절은 마가복음 16장 14~20절입니다. 제자들은 주님이 부활하셨다는 소식을 들었지만 믿지 않았습니다. 주님은 그러한 제자들을 꾸짖으시고 당부하십니다. 온 천하에 다니며 만민에게 복음을 전파하라고 하셨습니다.[88] 예수님께서는 제자들에게 복음 전파의 내용도 상세히 가르치십니다. 믿고 세례를 받는 사람은 구원을 얻지만, 믿지 않는 사람은 정죄를 받습니다. 그리고 예수님께서는 믿는 자에게 나타날 표적을 언급하십니다. 귀신을 쫓아내며, 새 방언을 말하며, 뱀을 집으며, 무슨 독을 마실지라도 해를 받지 아니하며, 병든 사람에게 손을 얹으면 낫는다고 하셨습니다.

　반더발은 17절의 "믿는 자"를 세상의 모든 믿는 자로 이해하지 않고 '사도들'이라고 주장합니다.[89] 문맥을 따라 성경을 읽으면, 믿는 자는 사도들이 맞습니다. 문맥은 제자들의 불신을 말

---

88) 신약 성경에서 "온 천하"는 오늘날 우리가 이해하는 오대양 육대주를 가리키는 '전 세계'라기보다 로마 세계라는 의미이다(행 2:5, 11:28, 24:5, 골 1:6, 23). 특히, 골로새서 1장 23절은 "이 복음은 천하 만민에게 전파된 바요"라고 말함으로 이미 로마 세계 전역에 퍼진 복음의 확장을 말한다.

89) 반더발, 『반더발의 성경 언약 연구』, 296. 그는 17절을 "그들(열한 제자들)이 믿는다면"으로 번역했다.

하고 이어 예수님의 당부를 말씀합니다. 17~18절에서 말씀하신 내용도 사도들에게 나타난 큰 특징입니다. 사도들은 귀신을 쫓아내고 방언을 말합니다(행 5:16, 8:7, 16:18, 19:13~16, 2:4). 그들은 뱀을 집으며, 병든 자에게 손을 얹어 낫게 했습니다(행 28:3~5, 3:6이하). 바울은 표적을 행하는 것이 사도의 표라고까지 말씀했습니다.

> "사도의 표된 것은 내가 너희 가운데서 모든 참음과 표적과 기사와 능력을 행한 것이라"(고후 12:12)

마가복음 16장 20절에서도 "제자들이 나가 두루 전파할새 주께서 함께 역사하사 그 따르는 표적으로"라고 말씀합니다. 사도들은 표적을 행하는 분들입니다. 중요한 것은 표적의 역할입니다. 마가복음 16장 20절은 "표적으로 말씀을 확실히 증거하시니라"라고 했습니다. 표적은 말씀을 증거하는 증거물입니다. 이렇듯 표적은 무언가를 알리는 사인(Sign)입니다.

요한복음 20장과 마가복음 16장은 표적의 의미를 분명히 가르칩니다. 표적은 예수님을 증거하며, 사도들이 전한 말씀이 진리임을 확증하는 표입니다. 이러한 표적의 일차적 목적을 생각하면서 신약 성경을 읽어야 합니다. 이렇게 성경의 가르침을 이해하면, 엉뚱한 방향으로 나아가는 우리의 신앙을 교정할 수 있습니다. 21세기인 지금도 이적과 기적이 일어난다고 생각하며 밤을 새워 기도할 것이 아니라, 말씀을 더 깊고 풍성히 깨닫게 해 달라고 기도해야 합니다.

　표적은 그리스도와 말씀을 증거하지만, 성경은 다른 목적도 말씀합니다. 변화산에서 예수님께서는 자신이 예루살렘에서 별세하실 것을 말씀하셨습니다(눅 9:31).[90] 이 일 후에 주님은 제자들과 더불어 예루살렘에 가기로 굳게 결심합니다(눅 9:51). 누가복음은 예수님의 예루살렘행을 매우 길게 다룹니다. 9장에서 시작된 예수님의 예루살렘행은 19장 41절에서야 끝납니다.[91]

　이 여정 중에 주님은 70제자를 불러 파송하시고, 영생의 길을 여러 번 계시하셨으며, 기도를 가르쳤습니다. 또한, 유대 지도자들의 집요한 공격을 받으시고, 그들의 죄악을 폭로하셨습니다. 제자들에게 주님의 기도를 가르친 후, 벙어리 귀신을 쫓아내셨습니다(눅 11:14). 마태복음에서는 귀신 들려 눈멀고 벙어리 된 자를 고쳐주셨다고 했습니다(마 12:22). 그러자 바리새인들이 예수님께서 귀신의 왕 바알세불을 힘입어 능력을 행한다고 비난했습니다.

　바알세불을 힘입어 능력을 행한다고 말하는 이들에게 주님은

---

90) 누가복음 9장 31절의 "별세"는 헬라어로 '엑소도스, ἔξοδος' 곧 출애굽이다. 주님의 예루살렘에서의 죽음은 출애굽과 같은데, 이는 예루살렘이 애굽처럼 변질되었다는 뜻이다(계 11:8).

91) 누가복음은 예수님께서 갈릴리에서 예루살렘으로 가는 여정을 상당히 길게 기록한다. 그 이유는 언약 백성으로 하여금 회개하여 돌이킬 것을 촉구하며, 핑계치 못하게 하며, 오래 참으시는 주님의 은혜로움을 강조하기 위함이다.

오히려 되묻습니다. "내가 바알세불을 힘입어 귀신을 쫓아내면 너희 아들들은 누구를 힘입어 쫓아내느냐"(눅 11:19). 너희 아들들도 귀신을 쫓아내는데, 그러면 너희 아들들도 바알세불을 힘입어 그러하냐고 묻습니다. 자신들은 귀신의 능력을 의지하지 않는다고 확신하면서 어떻게 나에게 그런 누명을 씌우느냐는 반격입니다.

그러나 무엇보다 중요한 것은 바로 그다음 말씀입니다. "저희가 너희 재판관이 되리라"(눅 11:19). 공격하는 이들을 향하여 재판권을 말씀합니다. 재판권! 표적과 재판권을 연결하십니다. 바로 이러한 이유로, 예수님의 뒤이은 말씀이 매우 의미심장합니다. 자신이 귀신을 쫓아내는 것은 바알세불의 힘이 아니라 "하나님의 손"을 힘입었다고 하십니다. 하나님의 손이라는 표현은 '하나님의 성령님'을 뜻합니다(마 12:28).

그러므로 귀신을 쫓아내는 성령님의 사역은 재판 행위입니다.[92] 표적은 바로 재판과 깊이 관련됩니다. 그래서 주님은 의도적으로 표적을 구하는 악한 세대에게 요나의 표적을 말씀하셨습니다(눅 11:29~32). 옛 언약 백성인 이스라엘이 "악하고 음란한 세대"가 되었습니다. 악하고 음란한 세대라는 말씀은 하나님과 맺은 언약을 파기하고 배교하는 세대라는 뜻입니다. 이러한

---

92) 이러한 이유로 마태복음 12장 32절은 누가복음에서 말하지 않는 한 가지를 말한다. "누구든지 말로 성령을 거역하면 이 세상과 오는 세상에도 사하심을 얻지 못하리라". 성령님께서 최종 재판관이시다. 예수님 당대는 인자를 거역하면 사함을 얻는 시대이지만, 조금 있으면 성령님을 거역하면 사함을 얻지 못하는 완전한 판결의 시대가 온다.

세대가 표적을 구하는데, 그에 어울리는 표적은 다름 아닌 요나의 표적입니다.

요나가 사흘 동안 물고기 배 속에 있었던 것같이 인자도 밤낮 사흘을 땅속에 있을 것입니다(마 12:40).[93] "심판 때에" 니느웨 사람들은 이 세대 사람들을 정죄합니다(눅 11:32). 곧, 판결합니다. 니느웨 사람들은 요나의 전도를 듣고 회개했습니다. 요나보다 더 크신 예수님께서 이 세대 사람들에게 전도하지만, 이들은 회개는커녕 오히려 예수님을 공격하고 조롱하며 핍박합니다. 그러니 표적은 심판의 표입니다. 표적을 보고 믿는 이들은 돌이켜 회개하여 하늘 백성이 됩니다. 표적을 보고 경험하고도 믿지 않으면, 사단의 후예가 됩니다. 이처럼 표적은 믿는 이와 믿지 않는 이를 구별합니다. 표적은 생명과 사망을 나누는 시금석입니다. 표적은 하나님의 재판정에서 믿지 않는 자들을 고소하는 고소문입니다. 예수님과 사도들의 수많은 표적(이적과 기사)은 재판이 이미 시작되었고, 최종 판결을 목전에 두었다는 강력한 메

---

93) 사흘 동안 물고기 배 속에 있었던 요나와 예수님께서 사흘 동안 땅속에 있을 것은 죽음과 부활을 의미한다. 죽음과 부활은 가장 강력한 표적이다. 죽은 자가 살아나는 것은 아담의 범죄와 회복에서 이미 가르쳐졌고, 노아 홍수를 통해 더욱 분명하게 선언된다. 족장들의 삶은 죽음과 부활의 연속이다. 출애굽은 죽음에서 부활하는 백성의 모습을 그린다. 바벨론에 포로로 잡혀간 이들에게 에스겔은 마른 뼈가 군대로 부활하는 계시를 받는다. 죽음에서 부활하는 일은 진정한 포로 회복이다. 포로에서 돌아온 이들은 곧장 하나님의 집인 성전을 재건한다. 그러나 그 재건은 온전한 재건이 아니다. 예수님이야말로 온전한 재건자이시다(요 2:21). 주님은 자기 몸의 부활을 통하여 새로운 하나님의 집인 성전을 건축하셨다. 그러므로 예수님의 표적은 구속사의 비밀을 알리는 강력한 수단 중 하나이다.

시지입니다.

정리하면, 표적은 네 가지 목적 때문에 주어졌습니다. 첫째, 예수님께서 하나님의 아들이심을 증거하며, 둘째, 예수님께서 그리스도이심을 증거하며, 셋째, 말씀을 증거하며, 넷째, 재판의 표입니다. 그나마 표적이 주어지기에 다행입니다. 바리새인들이 표적을 구하자 주님은 이 세대에게 표적을 주시지 않겠다고 하셨습니다(막 8:12). 실로 표적은 믿음을 확증하는 강력한 메시지입니다(요 4:48). 그러니 표적은 복음입니다. 주의할 점은, 표적이 가리키는 바를 보아야지, 표적 자체를 보면 안 됩니다. 표적이 없으면 회개의 촉구도 없고, 구원의 길도 사라집니다. 하늘 문이 닫힙니다.

### 예수님께서 행하신 표적들

이제 우리는 마가복음과 요한복음에 소개된 기적과 이적 몇 가지를 상고함으로 하나님 나라의 본질을 배우겠습니다.[94]

### (1) 중풍병자를 고치심 | 막 2:1~12, 마 9:1~8, 눅 5:17~26 |

가버나움에 예수님께서 오셨습니다. 금세 소문이 났고, 사람들이 몰려왔습니다. 유대와 예루살렘에서 온 바리새인과 서기

---

94) 기적은 마태복음 8~9장에서도 여러 사건이 소개된다. 이 장에서는 마가복음과 요한복음에 소개된 몇 가지만 살핀다. 또한, 각 기적을 상세히 살피기보다 각 기적이 가진 독특한 면과 중요한 가르침을 살피려 한다.

관도 그 자리에 있었고, 예수님께서 가르침을 시작하셨습니다. 그때, 네 사람이 한 중풍병자를 메고 주님을 뵙기 위해 왔지만 사람이 많아 집으로 들어갈 수 없었습니다. 그들은 지붕을 뜯어 병자의 상을 내렸습니다. 주님은 그 병자에게 "소자야 네 죄 사함을 받았느니라"(5절)라고 하셨습니다. 서기관들은 속으로 주님을 참람하다고 했습니다. 왜냐하면, 죄를 사하는 것은 하나님의 고유 권한이기 때문입니다. 주님은 서기관들의 마음을 아셨고, 한 가지 질문을 하셨습니다. 중풍병자에게 네 죄 사함을 받았다는 말과 네 상을 가지고 가라는 말 중 어느 것이 쉽겠느냐고. 이어 주님은 중풍병자를 고치셨고, 병자는 건강한 몸이 되어 스스로 걸어 나갔습니다.

병자가 일어나 걷는 것은 쉬운 일이 아닙니다. 죄 사함을 받았다는 말씀은 사람의 눈에 보이지 않습니다. 눈으로 보고 손으로 만질 수 있는 회복, 곧 일어나 걷는 것은 쉽지 않습니다. 그러나 죄 사함은 만질 수도 보이지도 않습니다. 그럼에도 그 자리에 바리새인과 서기관들이 있으니 책잡힐 만한 말씀을 하셨습니다.

이 기적의 핵심은 주님의 '죄 사함' 선포입니다. 서기관들은 '성전에서' 죄 사함을 선포하지 않느냐고 질문하지 않았습니다. '제사장'이 아니면서 어떻게 죄 사함을 선언하느냐고도 하지 않았습니다.[95] 서기관은 하나님만이 '죄 사함'을 선언할 권세

---

95) Craig L. Blomberg, editors G.K.Beale and D.A.Carson, 『Commentary on the New Testament Use of the Old Testament』, 131. 예수님께서 참

를 가지셨는데, 어떻게 이 사람이 그 하나님의 권세를 찬탈하느냐고 생각했습니다. 참으로 하나님께서 자기 백성의 죄를 사하는 권세를 가지십니다(출 34:9, 민 14:18~19, 시 32:5, 51:9, 78:38, 103:3~4, 사 33:24, 40:1~2, 43:25, 렘 31:34). 하나님만이 가지신 '죄 사함'의 권세를 예수님도 가지셨습니다. 그래서 주님은 "인자가 땅에서 죄를 사하는 권세가 있는 줄을 너희로 알게 하려 하노라"라고 하셨습니다(10절).

구약 성경은 '죄 사함'을 매우 다양한 각도에서 가르칩니다. 시편은 '죄 사함'을 병을 고치며, 생명을 파멸에서 구속하시는 것과 연결합니다(시 103:3~4). 이사야서는 '죄 사함'을 재판장이며 구원자이신 하나님의 사역과 연결합니다(사 33:22~24). 이사야 33장의 배경을 앗수르의 공격으로부터 자유하게 되는 하나님의 은혜를 노래한 것으로 이해한다면, '죄 사함'은 평화 시대 도래와 연결됩니다. 또한, 이사야 40장은 회복을 예언한 대표적인 구절입니다. '죄 사함'과 포로 회복이 함께 언급되었습니다. 곧, '죄 사함'은 진정한 포로 회복의 표입니다(사 40:1~2). 더욱이 새 언약을 선언한 예레미야 31장은 '죄 사함'이 새 언약이 이루어지는 증거라고 말씀합니다.

정리하면, '죄 사함'은 질병의 제거, 생명의 구원, 하나님의 구속사역, 새 시대의 도래, 포로 회복, 새 언약의 성취와 관련됩니

---

성전이나 참 대제사장이 아니라는 뜻이 아니다. 예수님께서는 참 성전이며 우리의 대제사장이시다. 다만, 본문의 강조점은 죄 사함의 권세를 가진 하나님이신 예수님이라는 것이다.

다. 이런 모든 의미들의 공통점이 있습니다. 다름 아니라 '종말'입니다. 그러니 '죄 사함'은 종말론적 증거 중 하나입니다. 예수님께서는 중풍병자의 죄를 사하고 고치심으로 종말이 시작되었다고 선언하셨습니다.

마지막 때에 메시아를 통하여 하나님 나라가 시작됩니다. 그 나라의 백성들은 '죄 사함'의 은혜를 얻고, 사단의 권세에서 회복되어(포로 회복), 하나님의 왕국을 건설합니다. 주님은 죄 사함을 선언하심으로써, 자신이 참 그리스도요, 새 언약의 중보자이며 완성자이심을 증거하셨습니다. 기적은 구속역사의 비밀을 만천하에 드러내는 등불입니다.

## (2) 군대 귀신 들린 자를 온전하게 하심

| 막 5:1~17, 마 8:28~34, 눅 8:26~39 |

예수님께서 배를 타고 갈릴리 호수를 건너셨습니다. 주님은 '바다 건너편' 거라사 인의 지방에 가셨습니다.[96] 그곳에서 주님은 귀신 들린 두 사람을 만나셨습니다(마 8:28). 마가복음은 한 사람처럼 말하는데, 이는 두 명 모두를 말할 필요 없이 한 명만

---

96) 마가복음은 "바다 건너편 거라사 인의 지방"이라고 함으로 마치 이방지역으로 이동한 것처럼 묘사한다. 그러나 이 지역은 이스라엘 열두 지파 중 므낫세 지파에게 할당되었고, 다윗 왕국 시절에는 언약 백성들이 거주하던 곳이었다. 그러나 예수님 당시에는 이방인이 더 많이 거주하는 땅이 되었다. 그래서 마태복음은 갈릴리를 이방이라 말한다(마 4:15). 마가복음은 바다를 잔잔케 하신 예수님께서 이방에서 빛을 비추시는 것처럼 묘사한다. 고침 받은 사람은 나중에 예수님께서 자신에게 행한 일을 '데가볼리'에 전파한다. 복음의 빛이 이방으로 전파되는 모습을 마가는 매우 의도적으로 계시한다.

기록해도 충분하기 때문입니다. 아무튼, 귀신 들린 사람은 무덤에서 살았고, 귀신의 이름은 "군대"입니다(9절). 군대 귀신이니 힘이 엄청나게 셉니다. 여러 번 고랑과 쇠사슬로 매였지만 끊고 깨뜨렸습니다. 예수님께서 귀신에게 그 사람에게서 나오라 명하셨고, 귀신은 약 이천 마리의 돼지에게 들어갔습니다. 돼지 떼는 바다로 내리달아 몰사했습니다. 돼지가 죽음으로 귀신은 제거되었습니다.

거라사는 데가볼리 지역에 속했는데, 이곳은 이방처럼 묘사됩니다. 유대인들은 돼지를 칠 수 없기에 그렇습니다. 그곳은 원래 언약 백성의 땅이었는데, 북 이스라엘의 멸망으로 이방인에 의해 점령된 땅이 되었습니다. 땅을 빼앗김은 언약의 저주입니다. 이 지역은 갈릴리 바다와 아주 가까웠습니다. 왜냐하면, 돼지 떼가 바다로 들어가 몰사했기 때문입니다.

'무덤', '군대', '귀신 들림', '돼지'는 이 사람을 규정하는 용어들입니다. 그는 고침 받았습니다. 옷을 입고 정신이 온전하여 주님과 함께 앉았습니다(15절). 그가 유대인인지 이방인인지 본문은 말하지 않습니다. 중요한 것은 그가 무덤에서 살았고, 강력한 힘을 가진 군대 귀신에게 사로잡혔으며, 그를 조종하던 귀신이 돼지에게 들어가 돼지들이 모두 죽었다는 사실입니다.

군대 귀신 들린 자의 모습은 이사야가 예언한 패역한 백성의 모습을 그대로 옮겨 놓았습니다(사 65:1~5). 이사야 65장은 이스라엘에게 징계를 내리고 이방인들을 부르시는 하나님을 말씀합니다. 하나님께서는 이스라엘을 애타게 기다리십니다(사

65:2).[97] 여호와 하나님께서는 패역한 백성들을 부르십니다. 부름 받은 패역한 백성의 모습은 이다지도 추하게 타락할 수 있을까 싶을 정도로 비참합니다. 그들은 무덤 사이에 앉고 은밀한 처소에 지내면서 돼지고기를 먹습니다. "무덤 사이에 앉으며", "돼지고기를 먹으며"(사 65:4, 참고, 레 11:7). 무덤 사이 앉은 백성의 모습은 귀신들린 자가 무덤에 살던 것과 동일합니다. 돼지고기를 먹는 이스라엘의 타락은 그 종말이 어떠한지를 알려주는데, 마치 귀신이 돼지에게 들어가 죽음으로 종결되는 것과 같습니다. 무덤 사이에 앉아 돼지고기를 먹는 타락한 언약 백성들이 다른 사람에게 말하길, 가까이 오지 말라 합니다. 내가 너보다 더 거룩하다고 합니다(사 65:5 참고, 눅 18:11~12). 똥 묻은 개가 겨 묻은 개를 나무란다는 속담이 딱 어울립니다. 이처럼 예수님 당시의 유대 지도자들의 악취 풍기는 행태를 선지자 이사야는 오래전에 예언했습니다.

이 귀신에게 사로잡혀 무덤에서 살아가는 자는 언약의 저주 속에 빠진 하늘 백성들의 비참을 상징하며 폭로합니다. 하나님 나라가 변질되어 부정한 짐승이 떼를 지어 다니는 시궁창이 되었다고 고발합니다. 주님은 그들을 버려두지 않으셨습니다. 손을 내밀어 귀신을 쫓아내십니다. 부정한 짐승을 왕국의 땅에서 몰아내십니다.

주님은 배교한 백성들 중에서 다 멸하지 않으시고 야곱 중에

---

97) 한정건, 『이사야의 메시아 예언 Ⅱ』,(서울: CLC, 2012), 323.

서 씨를 내시며, 유다 중에서 나의 산들을 기업으로 얻을 자를 내십니다. 그러나 여전히 행운의 신인 갓에게 상을 베풀고 므니에게 술을 붓는 자들은 살육당할 것입니다(사 65:11~12). 동네 사람들은 귀신으로부터 자유하게 된 사람을 직접 보았음에도 주님을 영접하지 않습니다. 사단으로부터 해방된 한 사람보다 몰사한 이천여 마리의 돼지가 더 아까운 그들에게 복음은 닫힙니다(막 5:17). 그러므로 표적은 재판이며, 그리스도를 증거하고, 영생을 소개합니다. 메시아이신 예수님으로 인해 새 하늘과 새 땅이 왔습니다(사 65:17~25).

### (3) 소경 바디매오를 고치신 예수님

| 막 10:46~52, 마 20:29~34, 눅 18:35~43 |

예수님께서 드디어 예루살렘 가까이 오셨습니다. 여리고를 통과하여 예루살렘으로 가십니다. 이는 마치 출애굽 한 백성들이 여리고를 점령하고 가나안 정복을 본격적으로 시행하는 모습이 재현되는 것처럼 보입니다. 여호수아의 인도로 여리고를 정복한 일은 하나님 나라의 비밀을 가르치는 핵심적인 사건입니다. 여리고는 칼과 창이 아니라 말씀에 순종함으로 함락되었습니다. 하나님 나라는 믿음으로 얻습니다. 폐허가 된 성은 아무도 재건해서는 안 됩니다(수 6:26). 재건하는 자는 기초를 놓을 때 장자가, 문을 세울 때 막내가 죽습니다. 여리고는 하나님 나라에서 영원히 지속될 복음의 상징입니다. 구약 백성들은 여리고를 보면서, 하나님 나라 곧 자신들이 속한 나라가 믿음 외에 다

른 것으로 건설되지 않으며, 이 믿음을 버리는 순간 그들은 하나님 나라가 되지 못하고 그 나라에서 쫓겨난다는 사실을 기억해야 합니다. 실제로 오므리 왕조의 아합 왕은 벧엘 사람 히엘을 시켜 이 성을 재건했고, 그로 인해 히엘의 아들들은 죽음의 저주를 받았으며, 왕국은 퇴락했습니다(왕상 16:34).

갈릴리를 출발하여 예루살렘으로 가는 노정에서 주님은 제자들에게 믿음을 강조하십니다. 그 믿음은 여러 내용으로 정리되는데, 주님의 가르침과 행적이 언약의 성취라는 것, 옛 백성을 버리시고 새 백성을 통해 하나님 나라를 건설하신다는 것입니다.

이와 더불어 우리가 반드시 기억해야 할 부분은 주님의 인격입니다. 주님의 가르침과 행적도 중요하지만, 주님께서 바로 하나님 나라임을 기억해야 합니다. 바로 그 면에서 주님은 제자들에게 자신의 죽음과 부활을 여러 번 말씀하셨습니다. 주님의 죽음과 부활이야말로 믿음의 내용이며, 가장 핵심적인 하나님 나라의 비밀이기 때문입니다. 그러나 주님께서 제자들에게 죽음과 부활을 말씀하실 때마다 제자들은 오히려 깨닫지 못하고 헐거운 믿음에 머물렀습니다(막 8:31~33, 9:9~10,30~32, 10:32~34).

제자들의 믿음 없음은 여리고를 재건하여 왕국 안에서 참 믿음을 제거한 아합과 그 이후의 이스라엘을 보는 듯합니다. 예루살렘 입성을 눈앞에 두고 주님은 제자들과 백성들에게 눈을 뜨라고 강력히 촉구하십니다. 주님의 죽음과 부활은 언약의 성취이며, 믿음의 핵심 내용입니다. 그러니 제자들이 이 믿음을 완벽하게 소유하지 못한다면 새 백성인 교회의 터가 흔들리게 됩니다.

예수님께서는 여리고에서 소경이며 거지인 바디매오를 만나셨습니다. 바디매오는 예수님께서 지나신다는 말을 듣고 소리쳐 주님을 불렀습니다. 주님을 다윗의 자손이라 부름으로 그분이 참 왕임을 고백했습니다. 사람들이 잠잠하라고 구박했지만, 그는 끝내 주님 앞에 섰습니다. 불쌍히 여겨달라는 그의 간청은 깊은 울림으로 다가왔고 소원은 이루어졌습니다. 주님의 부름에 겉옷을 버리고 일어나 달려오는 모습에서 그의 간절함과 응답의 절박함을 봅니다(출 22:26, 신 24:12~13).

간절하고 절박하게 부르짖는 소경에게 주님은 무엇을 원하느냐고 묻습니다. 바디매오는 보고 싶다고 했고, 주님은 "네 믿음이 너를 구원하였느니라"라고 하셨습니다. 보는 것과 믿음이 하나입니다. 감각기관 장애자가 오감을 회복하는 일은 믿음의 회복에 대한 다른 표입니다.[98]

이사야는 눈과 귀에 장애를 가진 이들에게 파송된 선지자입니

---

98) '감각기관 장애'라는 표현은 빌(G. K. Beale)에게서 차용한 것이다. 빌은 사람의 오감이 장애를 일으키는 것을 우상숭배의 표로 이해했고, 우상숭배는 예배자가 언약에 신실하지 못함으로 생기는 현상이며, 스스로 닮고 싶은 것을 추구하며 살아가는 죄인의 모습이요, 우상을 섬기는 것의 종국은 자기를 섬기는 것이라 했다. 그레고리 K. 빌(Gregory K. Beale), 『예배자인가, 우상숭배자인가?』(서울: 새물결플러스, 2014)를 참고하라.

다. 장애를 가진 하나님의 백성들은 아무리 천상의 계시를 보아도 알지 못하고 들어도 깨닫지 못합니다(사 6:9~10, 44:9~20). 백성들이 무감각한 자들이 된 이유는 자명합니다. 시편은 그 이유를 다음과 같이 전합니다.

"저희 우상은 은과 금이요 사람의 수공물이라 입이 있어도 말하지 못하며 눈이 있어도 보지 못하며 귀가 있어도 듣지 못하며 코가 있어도 맡지 못하며 손이 있어도 만지지 못하며 발이 있어도 걷지 못하며 목구멍으로 소리도 못하느니라 우상을 만드는 자와 그것을 의지하는 자가 다 그와 같으리로다"(시 115:4~8)

언약 백성들은 우상숭배자들이 되었습니다. 그 백성들은 돌이키기는커녕 더 심각한 우상숭배자들이 됩니다. 여호와 하나님께서는 자신의 종을 보내시겠다고 하셨습니다(사 40~53장). 그 종이 소경의 눈을 밝힙니다(사 42:7). 여호와께서 직접 소경을 흑암에서 빛으로, 언약 백성들을 증인으로 세워 우상숭배자들에게 구원을 베풀 것입니다(사 42:16~20, 43:8~10).

사실, 오감 장애는 죄의 본질입니다. 아담과 하와가 선악의 나무 열매를 먹은 이유가 보암직도 하고 먹음직도 했기 때문입니다. 사단의 속삭임에 귀가 열리자 눈도 왜곡되었습니다. 들리는 대로 봅니다. 둘째 아담이신 예수님께서 몸소 자기 백성의 귀를 열기 위해 "에바다"라 외치십니다(막 7:34). 그 자리에 동참한 제자들을 향하여 '이제 너희가 증인이라' 강력히 호소하십니다.

예수님께서 바디매오의 눈을 뜨게 하심으로 자기 백성을 우상 숭배자에서 참 하나님을 섬기는 자들로 만드십니다. 그러므로 바디매오의 눈을 뜨게 한 사건은 예수님이야말로 닫힌 눈을 뜨게 하는 구원자이심을 증거합니다. 또한, 제자들은 주님께서 행하신 일 - 눈을 뜨게 하는 사역 - 을 자신들이 지속해야 할 사명으로 받아야 합니다. 백성들이 이 표적을 보고도 예수님을 거절한다면, 그들은 영원히 우상숭배자들이 되어 심판받을 것입니다.

### (4) 물로 포도주를 만드신 예수님 | 요 2:1~11 |

물로 포도주를 만드신 주님의 사역은 참으로 놀랍습니다. "사흘 되던 날", "혼인 잔치", "물과 포도주"는 기적의 가장 핵심적인 용어이며, 기적을 이해하는 열쇠입니다.

요한복음 1장과 2장은 매우 의도적으로 '날'을 강조했습니다. 곧, "이튿날"(요 1:29,35,43), "사흘 되던 날"(1절)이라고 했습니다. 세 번의 "이튿날"과 "사흘 되던 날"은 자연스럽게 일곱째 날을 떠올립니다. 곧, 창조의 첫 안식을 회상시킵니다. 요한복음은 창조로 시작합니다. 1장 1절에서 "태초에 말씀이 계시니라"라고 했고, 9절에서는 "참 빛 곧 세상에 와서 각 사람에게 비취는 빛이 있었나니"라고 했습니다. 창조 이미지의 전형입니다. 이어서 세례 요한의 사명이 소개됩니다(요 1:19~28). 요한의 사명은 광야에서 외치는 자의 소리입니다(사 40:3). 광야의 외치는 자는 백성들을 향하여 "여호와의 길을 예비하라"라고 선언해야 합니다. 여호와께서 오십니다. 여호와께서 왜 오십니까? "복역의 때가 끝났고 그 죄악의 사함을 입었"기 때문입니다(사 40:2). 곧, 포로 회복입니다.

요한복음 1장에서 세 번의 '날'의 강조와 '세례 요한의 사명'에 대한 언급은 자연스럽게 두 가지 주제를 하나로 묶습니다. 곧, 창조와 포로 회복이 조화를 이루며 하나의 메시지를 전달합니다. 물로 포도주를 만든 사건은 안식일에 일어났습니다. 예수님의 손에서 재창조의 역사가 시작되었습니다. 동시에 그 사건은 진정한 포로 회복이 시작되었다는 뜻이기도 합니다. 예수님이야말로 재창조와 포로 회복을 통해 새 나라를 건설하시며, 그 나라의 백성들을 사단의 권세로부터 해방시켜 자기 왕국으로 들이십니다.

혼인 잔치는 참 안식과 포로 회복의 축하연입니다. 주님과 모친은 그 잔치에 초대받은 분들이었지만, 실상은 그 잔치를 주관하는 연회장이었습니다. 주님은 영생의 음료인 포도주를 제공하셨습니다.

구약 성경에는 수많은 연회와 잔치를 소개합니다. 물로 포도주를 만든 표적과 관련하여 두 가지 성경 본문을 소개하면, 이사야 25장과 에스겔 39장입니다.

이사야 25장을 봅시다. 여호와께서는 시온산에서 만민을 위한 연회를 베푸십니다(사 25:6). 이 잔치에서 민족과 열방을 가렸던 면박과 휘장이 벗겨지고 사망은 멸망 당합니다(사 25:7~8,

고후 3:14~18). 모든 얼굴에서 눈물을 씻기시고 백성의 수치를 제하십니다(사 25:8, 계 7:17). 이처럼 이사야서는 잔치를 영생을 베푸는 현장으로 소개합니다. 이 잔치에 참여하지 않는 자는 바깥 어두운 곳에서 슬피 울며 이를 갑니다(마 22:1~14). 그러니 잔치는 영생 곧 영원한 안식에 참여하는 길입니다.

에스겔 39장은 "곡"에 대한 여호와의 심판입니다(겔 39:1~5). "곡" 백성은 멸망 당하고 이스라엘은 그들을 7개월 동안 매장합니다(겔 39:11~12). 이스라엘이 산 위에서 잔치를 베푸는데, 에스겔은 각종 새와 들짐승들에게 말하여 와서 먹으라고 합니다(겔 39:17).[99] 새와 들짐승들이 잔치에 참여하여 용사의 고기를 먹고 왕들의 피를 마십니다(겔 39:18). 이 잔치의 시작과 동시에 여호와께서는 열심을 내어 야곱의 사로잡힌 자들을 돌아오게 하십니다(겔 39:25).

에스겔 39장은 피의 잔치를 소개합니다.[100] 그 잔치는 "곡"에 대한 승리의 잔치입니다. 그 결과 언약 백성들은 포로에서 회복

---

99) 본문에서 새와 들짐승은 문자적으로 새와 들짐승이 아니다. 곡의 군대를 먹고 피를 마시는 행위는 전쟁에서의 승리를 상징한다. 그러므로 새와 들짐승은 언약 백성들과 그 언약 백성들과 연합한 이방인들을 의미한다. 이는 구약 성경 전체에서 새와 들짐승이 상징하는 바와 일치한다.

100) 에스겔 39장은 로스, 메섹, 두발 왕 '곡'의 멸망을 예고한다. 이스라엘이 멸망한 '곡' 백성들을 매장한다. 또한, 새와 짐승들에게 용사의 고기를 먹고 세상 왕들의 피를 마실 것이라고도 한다. 이것은 이방에 대한 완전한 심판의 선언이다. 여기에서 새와 짐승들이 고기와 피를 먹는 것을 잔치라 표현했다(겔 39:17). 그러므로 피의 잔치는 예수님께서 베푸실 붉은 포도주와 서로 연결된다.

됩니다. 그러니 잔치는 언약 백성의 승리를 상징하며, 이는 다른 한편으로 포로 회복을 의미합니다.

잔치는 영생의 길과 뱀의 머리를 상하게 하는 승리의 표입니다(시 23:5). 일곱째 날은 안식일입니다. 그날에 주님은 잔치에 초대되셨고, 잔칫상에 올라갈 포도주를 공급하셨습니다. 드디어 축포가 터졌습니다. 그러나 온전한 때는 좀 더 기다려야 합니다.


결례의 물통은 손님들의 손을 깨끗하게 합니다. 옛 언약 백성에게 물은 생명이요, 더러운 죄를 씻는 정결수입니다. 에스겔이 본 환상에서, 성전 문지방에서 난 물은 모든 만물을 소생하게 합니다(겔 47:1~12). 그 물은 에덴에서 흐른 물의 회복입니다. 성막과 성전에 놓인 물두멍은 백성들의 집 안 물통과 연결됩니다. 물로 씻는 행위는 죄 씻음의 표인데, 노아 홍수와 홍해 사건이 이를 잘 드러냅니다. 동산을 흐르는 생명수 강과 노아 홍수, 홍해 사건은 주님의 십자가 죽음에서 물과 피 흘림으로 완성되고, 피 흘림의 구속적 의미는 옛 백성에게 주신 포도주 마심과 성찬 제정을 통하여 확증됩니다.

옛 성전의 물과 구약 백성들이 씻는 물통은 새 언약 시대에 변화되어야 합니다. 옛것이 지나고 새것이 와야 합니다. 세례와 성령님의 시대가 와야 합니다. 죄 사함은 그리스도의 피를 통해서만 이루어집니다(히 9:22). 유월절 어린 양의 피는 대속의 피였고, 모든 짐승의 피 흘림은 그 짐승을 드리는 자들의 죄를 속했습니다(출 12:13, 레 17:10~14). 피는 언약 저주의 표입니다(출 24:6~8). 피가 언약의 저주의 표라면, 포도주는 언약의 축복의 표입니다(창 27:28, 49:9~12, 민 13:23~24, 사 25:6). 포도주는 종말론적 새 시대가 출현한 표입니다(욜 2:22~24, 미 4:1~4, 슥 3:10, 말 3:11). 그래서 주님은 제자들에게 마지막 유월절에 포도주를 주시면서 이를 자신이 흘리는 "언약의 피"라 하셨습니다(마 26:27~28).

안식의 날, 일곱째 날에 주님은 잔치에 참여하셨고, 그 잔치를 주관하는 분이 되셨습니다. 잔치는 영생으로의 초대이며, 진정한 포로 회복이 시작되었다는 증거입니다. 새 창조가 시작되었습니다. 그 잔치에서 주님은 옛 법을 온전케 하시고 새 언약의 법을 주십니다. 곧, 자기 피를 주심으로 구속을 완성하십니다. 결례의 물통에 담긴 물이 포도주로 변했습니다. 그림자인 물이 정결케 하는 것이 아니라, 잔칫상의 포도주와 같은 예수님의 피가 죄와 사망에서 자기 백성을 구원합니다. 옛 시대는 가고 새 시대가 왔습니다.


갈릴리 가나에서 표적을 시작하심으로 주님은 영광을 나타내셨습니다(11절). 말씀이 육신이 되어 우리 가운데 거하신 주님이, 영광을 드러내셨습니다(요 1:14). '거하시다'는 말씀은 '장막을 치다'는 뜻입니다. 모세가 만든 바로 그 성막 그리고 솔로몬 성전이 말씀으로 이 땅에 오셨습니다. 곧, 주님의 몸이 참 성전입니다(요 2:21). 솔로몬 성전에 임한 여호와의 영광이 떠났으나(겔 8:6, 9:3, 10:4,18, 11:23), 그 영광이 다시 나타났습니다. 가나의 잔칫집에서 참 성전이신 주님으로부터 솔로몬 성전을 떠나버린 여호와의 영광이 다시 나타났습니다. 헌 집을 대신하여 새로운 집이 지어집니다. 하나님 나라의 그림자 대신 하나님 나라 자체가 임하였습니다. 잔치는 시작되었습니다. 그 잔치에서 포도주를 마시는 자는 영생을 얻습니다.

### (5) 왕의 신하의 아들을 고치신 예수님 |요 4:46~54|

신하의 아들을 치료하신 일은 갈릴리 가나에서의 두 번째 표적입니다. 왕(헤롯 안티파스)의 신하의 아들이 병이 들어 죽게 되었습니다. 예수님께서는 가나에 계셨고, 병든 신하의 아들은 가버나움에 있었습니다. 신하는 아들의 병 나음을 위해 가나로 왔고, 예수님께 간청했습니다. 그러자 예수님께서 아주 의미심장한 말씀을 하셨습니다.

"너희는 표적과 기사를 보지 못하면 도무지 믿지 아니하리라"(48절). 유대인들은 예수님을 향하여 자주 표적과 기사를 요구했습니다(마 12:38, 16:4, 막 8:11~12, 눅 11:16, 요 6:30, 고전 1:22). 주님께서 표적을 행하셨지만, 그들은 예수님을 메시아로 받아들이지 않았습니다. 유대인들은 수많은 표적과 기사를 보고도 주님을 거절했습니다. 그러나 신하는 예수님을 믿었습니다.

예수님께서는 신하에게 "가라 네 아들이 살았다"라고 말씀하셨습니다(50절). 표적과 기사를 보지 못하면 믿지 않는다고 질책

하신 주님은, 신하에게 표적을 보여주기 전에 먼저 말씀을 주셨습니다. 예수님의 말씀을 들은 신하는 믿음으로 반응했습니다. 이것이 이 사건의 핵심입니다. 많은 이들이 표적과 기사를 요구했고 또 그 표적과 기사 때문에 주님을 따랐지만, 신하는 다른 모습을 보여줍니다.

주님의 말씀을 신뢰하여 수납하는 것은 표적을 앞서며 능가합니다. 믿는 자는 언약의 복을 누립니다. 이때 믿음은 예수님께서 하나님의 아들이요 그리스도이심을 신뢰하며, 확신하는 것입니다. 모두가 표적을 구할 때, 신하는 믿음의 본질을 보여줍니다. 신하는 말씀을 믿고 집으로 돌아가는 길에 종들을 만났습니다. 종들은 아이가 살았다고 보고합니다. 신하는 언제 그렇게 되었는지를 자세히 물었고, 예수님께서 말씀하신 바로 그 시간에 온전해졌음을 알았습니다.

이 사건에서도 표적과 말씀의 관계는 아주 선명하게 드러납니다. 표적은 예수님께서 참 메시아이시며, 말씀으로 언약의 저주를 복으로 바꾸시는 분임을 증거합니다. 실로 표적은 예수님을 증거하는 도구입니다. 표적은 표적 그 자체가 목적이 아닙니다. 그러므로 성경이 완성된 후에는 표적의 기능이 끝나야 합니다. 이제 우리는 표적을 구할 것이 아니라 성경에 기록된 내용을 통해 예수님을 바르게 믿어야 합니다.

주님의 말씀은 신하의 아들을 온전하게 했습니다. 주님은 사마리아 여인에게 "내가 주는 물을 먹는 자는 영원히 목마르지 않으리라"라고 하셨고, "나의 주는 물은 그 속에서 영생하도록 솟아나는 샘물이 되리라"라고 하셨습니다(요 4:14). 그리고 예배에 대해 질문하는 여자에게 참 예배의 시대가 왔다고 알려주셨으며, 그리스도가 오면 모든 것을 알려줄 것이라 말하는 여자를 향하여 내가 "그로라"라고 선언하셨습니다(요 4:26). 왕의 신하에게 주님은 영생의 샘물인 말씀을 주셨습니다(참고, 요 7:37~39). 신하는 그 물을 먹고 영생을 얻었습니다. 그 자신뿐만 아니라 온 집이 다 믿었습니다(53절). 표적은 예수님을 증거하고, 자기 백성들에게 영생을 줍니다.

### (6) 38년 된 병자를 고치심 | 요 5:1~18 |

이 표적을 읽을 때, 우리는 크게 두 가지를 기억해야 합니다. 첫째는 38년 된 병자가 회복되는 것의 의미이며, 둘째는 안식일 논쟁입니다.

표적이 보편적으로 지향하는 목표는 이미 앞에서 살폈습니다. 표적은 예수님께서 하나님의 아들이시며, 그리스도 곧 메시아이심을 증거합니다(요 20:30~31). 동시에 각 표적은 고유한 메시지를 전합니다. 이 표적의 핵심은 병 나음과 죄의 관계입니다. 또한, 이 일이 안식일에 일어났으며, 이로 인해 유대인들이 예수님을 핍박하고 죽이려 한다는 사실입니다.

제사용 양이 들어가는 양문 옆에 '자비의 집'이라는 뜻을 가진 베데스다라는 연못이 있었습니다. 그 연못은 신비로운 힘을 가졌는데, 천사가 물을 동할 때 가장 먼저 들어가는 병자가 나았습니다.[101] 성경에서 물은 치료의 재료로 자주 사용되었습니다. 예수님께서도 눈먼 자를 실로암 연못으로 보내어 치료하셨습니다(요 9:1~7).

성전에서 흘러나오는 물이 치료한다는 이미지는 구약 성경 여러 곳에 나옵니다. 솔로몬 성전에는 열 개의 물두멍과 한 개의 바다가 있었습니다. 물두멍은 번제물을, 바다는 제사장이 씻는 물이었습니다(대하 4:6).[102] 이후 솔로몬 성전은 완전히 파괴됩니다. 그러나 선지자 에스겔을 통하여 성전에서 흘러나오는 새로운 물이 소개됩니다(겔 47장). 이 물은 만물을 소생케 하고 치료합니다.

이러한 연장선에서 성전과 가까이 있는 이 연못은 단순히 식수원 정도의 의미만을 지니지 않습니다. 가나안 땅이 비록 타락으로 인해 심판을 눈앞에 둔 곳이지만, 여전히 하나님 나라입니다. 에덴에서 발원한 물이 동산을 적시는 모습은 예루살렘 성전을 통하여 재현되고, 예루살렘 도시를 통하여 형상화되어야 합

---

101) 어떤 이들은 이 연못에 먼저 들어가는 병자가 낫는다는 성경의 기록을 전설이라고 주장한다. 이러한 주장의 기저에는 사본학적 문제 때문이다. 어떤 사본에는 3절 하반절과 4절이 없기 때문이다. 그러나 A, L, θ, 그리고 다수 사본은 4절을 포함한다. 우리는 본문 자체에서 그것이 전설이라는 어떠한 정보도 얻지 못한다. 오히려 성경은 사실처럼 묘사한다. 송영목, 『신약주석』,(서울: 쿰란출판사, 2011), 399.

102) 원래 성막에 있는 물두멍의 기능은 제사장들이 씻는 용도로 사용했다. 만약 제사장이 이 물에 씻지 않으면 그는 죽는다(출 30:17~21). 성전의 물은 생명과 사망을 가른다. 예수님께서 주시는 생수를 마시는 자는 살지만 거부하면 죽는다.

니다.[103] 그러므로 우리는 천사가 물을 동하게 하여 병자를 낫게 한다는 성경의 기록을 전설로 치부하면 안 됩니다(참고, 출 23:20~26).

예루살렘 도성 곧 하나님 나라가 재현되는 도성의 연못에 천사가 나타나 병자를 고쳤습니다. 천사장이신 예수님께서 그곳에 오셨습니다. 옛 언약 아래에서 천사들이 하는 일을 예수님께서 하십니다. 병자는 38년 동안 병으로 고통당했습니다. 마치 출애굽 한 백성들이 광야에서 범죄의 대가를 치르는 것과 흡사합니다(신 2:14~15).[104]

예수님께서는 병자를 보고 그의 질병의 원인과 깊이를 아셨습니다. "네가 낫고자 하느냐"고 묻습니다. 이 당연한 질문에 병자는 자신의 처지를 한탄합니다. 자기를 도와 물에 넣어줄 한 사람의 이웃도 없다고 합니다. 주님은 "일어나 네 자리를 들고 걸어가라" 하셨습니다.

하나님께 드리는 제물이 들어가는 양문 옆 연못에서, 언약의 저주로 인해 육체적 결함을 가진 자가 비참과 고통을 안고 누웠습니다. 언약 백성들은 대대로 흠 있는 제물을 하나님께 드리지 못합니다(레 22:17~25). 심지어 아론의 자손 중에 육체적 결함이 있는 자는 제사 직무를 행하지 못합니다(레 21:17~21). 명절

---

103) 에덴과 성막, 그리고 성전의 연관성에 대해서는 그레고리 빌의 『성전신학』을 참고하라.

104) 신명기 2장은 출애굽 한 백성들의 광야 38년을 하나님의 심판이라는 측면에서 기록하였다. "여호와께서 손으로 그들을 치사"라고 함으로 38년은 심판 아래 있는 슬픈 백성의 모습을 보여준다.

에 타락하고 부패한 성전에 오신 예수님께서 참 성전이십니다. 요한복음은 예수님께서 참 성전이심을 일관되게 말씀합니다(요 1:14, 2:21, 4:13~14). 참 성전이신 예수님께서는 병자를 고치시고 죄인을 받으셨습니다. 그의 질병이 언약의 저주라는 사실은 그가 죄로 인해 병을 얻었음을 알려주는 말씀에서 확인됩니다(14절).

병자의 치료는 이사야 35장과 직접적으로 연결됩니다. 소경의 눈이 밝게 되고, 귀머거리의 귀가 열리며, 저는 자가 사슴처럼 뛰는 날이 오면, 그날은 하나님께서 오시는 날, 보수의 날, 보복의 날입니다(사 35:1~6).

"여호와의 속량함을 얻은 자들이 돌아오되 노래하며 시온에 이르러 그 머리 위에 영영한 희락을 띠고 기쁨과 즐거움을 얻으리니 슬픔과 탄식이 달아나리로다"(사 35:10)

예수님께서는 참 하나님으로 이 땅에 오셔서 여호와의 보수의 날을 선언하십니다. 옛 성전을 대신하여 참 성전 안에서 병자를 고치시고 받으셨으며, 그로 인해 자기 백성에 대한 복수의 날이 이르렀음을 몸소 보여주셨습니다. 이는 영생 곧 진정한 안식입니다. 그래서 본문은 안식일에 이러한 일이 일어났다고 말씀합니다.

눈앞에 일어난 일을 보면서도 깨닫지 못하는 유대인들은 오히려 병자에게 안식일을 어겼다고 어깃장을 놓습니다. 병자는 자신을 고친 분이 누구인지 몰랐습니다. 후에, 병자는 예수님을 성전에서 만났습니다. 그리고 예수님으로부터 권면을 듣고, 그 제야 자신을 고친 분이 예수님이심을 알게 되었습니다. 병자는 유대인들에게 자신의 병을 낫게 한 분이 예수님이심을 담대히 알렸습니다.

안식일은 천지 창조의 일곱째 날입니다. 그날, 하나님께서는 안식일을 복되게 하고 쉬셨습니다. 하나님께서 왕국을 만드시고 그 왕국의 목표가 영원한 안식임을 가르치셨습니다. 안식일은 왕이 자신의 사역을 완성하고 난 뒤, 왕좌에 앉아 통치를 시작한다는 표입니다. 곧, 안식일은 왕위 즉위의 날입니다. 그래서 출애굽은 진정한 안식을 위해 나아가는 첫걸음입니다. 모세가 모압 평지에서 르우벤, 갓, 므낫세 지파에게 요단강 동편 땅을 주면서 하는 말을 들어봅시다.

"여호와께서 너희에게 주신 것같이 너희 형제에게도 안식을 주시리니 그들도 요단 저편에서 너희 하나님 여호와의 주시는 땅을 얻어 기업을 삼기에 이르거든 너희는 각기 내가 준 기업으로 돌아갈 것이니라 하고"(신 3:20)

약속의 땅 가나안을 기업으로 얻는 것을 "안식"이라 했습니다. 그래서 하나님께서는 십계명에서 창조와 출애굽을 연결하여 안식일에 대해 가르치셨습니다(출 20:8~11, 신 5:12~15). 진정한 안식은 우리 주님께서 왕권을 회복하여 통치하심으로 시작되며, 이는 사단의 권세를 제거하고 무너뜨리심으로 완성됩니다. 그러므로 안식일은 죄와 비참 가운데 있는 자기 백성을 구원하는 날이요, 하늘나라의 통치권이 시행되어 열매가 맺히는 날입니다. 예수님이야말로 안식일의 주인이십니다(마 12:8).

안식일의 주인이신 예수님께서 참 안식을 자기 백성에게 선물로 주시자 대적들은 오히려 핍박합니다(16절). 주님은 대적들에게 "내 아버지께서 이제까지 일하시니 나도 일한다"(17절)라고 하심으로, 자신의 사역이 아버지의 사역의 연장선임을 강력히 선언합니다. 그러자 유대인들은 노골적으로 예수님을 죽이려 합니다. 예수님께서는 하나님을 아버지라 부름으로 독생자이심을 증거하셨습니다. 38년 된 병자의 치료는 주님이 하나님의 독생자이심을 드러내는 표입니다. 동시에 이 사건을 통해 누가 대적인지를 명확히 하십니다.

### (7) 오병이어 | 요 6:3~15, 막 6:30~44 |

유월절이 가까웠습니다. 주님은 갈릴리 바다 곧 디베랴 바다 건너편으로 가셨습니다. 그곳에서 산에 오르셔서 제자들과 함께 앉으셨습니다. 오천 명(남자의 숫자)이나 되는 엄청난 무리가 함께했습니다. 주님은 빌립을 시험하여 질문하십니다. "우리가 어디서 떡을 사서 이 사람들로 먹게 하겠느냐"(5절). 빌립은 이백 데나리온이 필요하다고 말합니다. 안드레가 어린아이가 가지고 있는 보리떡 다섯 개와 물고기 두 마리를 말합니다. 보리떡 다섯 개와 물고기 두 마리로 오천 명을 먹이신 사건입니다.

기본적으로 이 표적은 구약 성경에 소개된 다양한 사건들과 연결됩니다. 산에서 행하신 기적, 광야에서 만나를 먹음, 선지자 엘리사 시대에 흉년 중 보리떡 이십과 채소로 백여 명의 선지 생도들을 먹인 일과도 관련됩니다. 실제로 예수님께서는 이 사건을 통하여 광야 백성들에게 주어진 만나와 자신의 몸을 연결하여 성찬의 기본적 도리를 가르치셨습니다. 우리는 이 사건을 통하여 풍성한 성찬의 구속사적 의미를 깨닫습니다.

요한복음은 오병이어의 기적을 말씀하면서 주님께서 '산에 오르신' 행동으로 시작합니다(요 6:3). 주님이 산에 오르셨다는 내용은 아무런 의미 없는 첨언이 아닙니다. 선지자의 행동이 계시의 한 방법이듯이, 주님의 행동도 하나의 계시입니다. 에덴의 동산, 구원의 방주가 머문 아라랏산, 아브라함이 이삭을 바친 모리아산, 모세가 계명을 받은 시내산, 언약 맺음의 현장이 된 그리심산과 에발산, 예루살렘 성전이 세워진 곳, 그리고 엘리야의 갈멜산까지. 산은 하나님의 임재의 장소요 계시가 주어지는 근원이며, 생명의 양식이 주어지는 현장입니다. 이는 마치 성막이나 성전으로 들어가는 것과 같습니다. 산은 불타는 심판을 피해 생명을 지키는 안식처입니다(창 19:17,30). 그러니 산은 안식처이며 여호와의 품입니다(시 9:9, 18:2, 28:8, 31:3, 59:9, 62:2, 94:22, 144:2). 이러한 측면에서 선지자 이사야의 예언은 매우 의미심장합니다.

"말일에 여호와의 전의 산이 모든 산 꼭대기에 굳게 설 것이요 모든 작은 산 위에 뛰어나리니 만방이 그리로 모여들 것이라 많은 백성이 가며 이르기를 오라 우리가 여호와의 산에 오르며 야곱의 하나님의 전에 이르자 그가 그 도로 우리에게 가르치실 것이라 우리가 그 길로 행하리라 하리니 이는 율법이 시온에서부터 나올 것이요 여호와의 말씀이 예루살렘에서부터 나올 것임이니라"(사 2:2~3, 참고, 미 4:2)

오병이어는 성소의 문을 열고 들어가, 주님의 떡 상에서 생명의 양식을 먹는 시연입니다. 떡을 먹은 백성들이 주님을 따라오자, 주님은 그 백성들에게 자신이 곧 하늘로서 내려온 생명의 떡이라고 하셨습니다(요 6:35,38). 예수님께서 하늘로서 내려왔다는 소리에 사람들이 수군거리며 의아해하자, 재차 자신이 하늘로서 내려온 산 떡이라 하셨고 "내 살은 참된 양식이요 내 피는 참된 음료"라고 하셨습니다(요 6:51,55). 주님의 이 가르침은 후일 성찬 제정에서 반복되었습니다.

표적의 또 다른 특징은 빌립을 시험하는 장면입니다. 제자들은 단순히 주님을 따르는 지지자들이 아닙니다. 이들은 장차 교회의 터가 될 분들이며 성령님과 더불어 증인들입니다(엡 2:20, 행 5:32). 엘리사 시대에, 길갈에 흉년이 들자 선지 생도들이 먹을 것이 없어 어려움에 처했습니다. 그때 어떤 사람이 바알 살리사에서 보리떡 이십 개를 가져옵니다(왕하 4:42~44). 사환이 엘리사 선지자에게 이것으로 어떻게 백 명이 먹을 수 있겠느냐고 반문합니다. 그러나 엘리사는 주어서 먹게 하라고 말합니다.

결국, 모두가 먹고 남았습니다. 엘리사가 흉년 중에 선지 생도들을 먹이는 이 장면은 예수님의 오병이어 기적에서 재현되었습니다.

엘리사는 배교의 시대에 스승으로부터 언약 백성에 대한 심판권을 받았고, 선지 생도들을 기르고 훈련하는 사명을 받았습니다(왕상 19:17). 그때, 흉년으로 새로운 시대를 준비하는 선지 생도들이 어려움을 겪습니다. 선지 생도들이 풍족히 먹음으로 엘리사의 심판 사역은 중단되지 않고 더욱 강렬하게 이어졌습니다. 이는 예수님의 시대와 대단히 흡사합니다. 주님께서도 새 시대를 위하여 심판 주로 오셨습니다. 제자들이 그 일을 직접 보고 경험했으며 봉사하게 했습니다. 엘리사와 그 제자들이 신실한 남은 자들을 모으며 어둠을 지나 빛으로 나아가는 새 시대를 열었듯이, 예수님께서도 신실한 남은 자를 모으며 제자들과 더불어 새 시대를 열고 있음을 보여주었습니다.

보리떡 다섯 개로 먹은 사람의 숫자가 오천 명이라는 기록은 우연이 아닙니다. 오천은 희년의 백배입니다. 예수님께서는 엘리사보다 더 완전하셔서 희년을 선포하시는 분이십니다(참고. 눅 4:19). 사도들은 이를 통해 자신들의 사명이 무엇인지 깊이 깨달아야 합니다. 배교의 시대에 선지 생도들을 통해 남은 자를 모으시고 이들을 사용하여 구속역사를 이끄신 것처럼, 참 선지자이신 예수님께서 그리스도로 오셔서 배교하는 무리들을 심판하시고 제자들을 통하여 새 시대를 열어 새 백성을 불러 모으십니다. 그리하여 새 언약 백성인 교회는 그리스도와 연합하여 한 몸, 곧 그리스도의 몸이 됩니다.

## (8) 죽은 나사로를 살리심 | 요 11:1~44,47 |

죽은 사람이 살아나는 사건은 구약 성경에도 몇 번 나옵니다. 엘리야가 과부의 아들을 살린 것(왕상 17:17~24)과 엘리사가 수넴 여인의 아들을 살린 일(왕하 4:32~37)이 대표적입니다. 매우 이례적으로 죽은 자의 시체가 엘리사의 시체에 닿자 살아난 일도 있습니다(왕하 13:20~21). 특이한 점은 죽은 자의 살아남이 선지자 엘리야와 엘리사 시대에 일어났다는 것입니다. 이는 부활이 배교의 시대를 배경으로 일어나며, 부활 자체가 새 시대를 여는 증거 중 하나라는 점을 강조합니다. 또한, 두 사건 모두 언약 백성들이 사는 곳이 아니라 이방에서 일어났다는 점도 특이합니다. 다른 특징은, 부활이 배교한 백성들 가운데서 일어나지 않고 새로운 언약 백성들을 지향하고 있다는 점입니다.

문자적인 부활과는 별개로, 구약 성경 전체에 걸쳐 부활 모티브는 대단히 많습니다. 부활이 없다고 말하는 사두개인들을 향하여 예수님께서는 아브라함과 이삭과 야곱의 하나님을 말씀하심으로, 족장들의 행적 가운데 역사하신 하나님의 사역이 부활과 밀접한 관련이 있음을 알려주셨습니다(마 22:23~32).[105]

---

105) 구약 성경의 부활에 대한 가르침은 헤아릴 수 없이 많다. 아담과 하와의 범죄로 여자의 후손을 약속한 일, 짐승의 가죽으로 아담과 하와를 입힌 일, 아벨 대신 셋의 출생이나 창세기 5장의 족보에서 에녹의 삶, 노아 홍수 사건, 모세가 나일강에서 건짐을 받는 일, 언약 백성들의 출애굽과 홍해 사건, 광야 여정, 에스겔의 마른 뼈 환상과 다니엘과 세 친구가 불구덩

나사로의 부활은 예수님의 부활의 전조이면서 동시에 가장 강력한 표적입니다. 나사로의 부활을 두고 어떤 분은 예수님의 부활을 알리는 다섯 가지 신호 중 첫 번째라고 했습니다.[106] 나사로의 부활 사건에서 우리는 다음 몇 가지 사실을 기억해야 합니다.

첫째, 주님께서 나사로를 사랑하셨습니다.

병든 나사로를 위해 마리아와 마르다가 예수님에게 도움을 요청합니다. 그때, 두 자매가 예수님에게 나사로의 병을 알리는 표현이 매우 중요합니다. "주여 보시옵소서 사랑하시는 자가 병들었나이다"(3절)라고 했습니다. 우리는 흔히 사랑한다는 말을 쌍방 간에 존재하는 감정의 표현 정도로 이해합니다. 그러나 '사랑한다'라는 말씀은 대표적인 언약 용어입니다.[107] 예수님께서 나사로를 사랑했다는 말씀은 두 사람 사이에 언약적 관계가 맺어졌음을 의미합니다. 언약을 맺은 당사자는 그 언약에 충실해야 하는데, 약한 쪽에서 강한 쪽에 도움을 요청하는 것은 너

---

이에서 살아난 일 등등. 부활에 대한 더 깊은 논의는 본서 제2부 4장을 참고하라.

106) 반더발, 『반더발 성경연구』 3권, 203~204. 반더발이 말한 부활 사건이 임박했음을 알리는 다섯 가지 신호는 마리아가 향유를 부은 일(요 11:2), 나사로의 부활(요 12:7), 주님의 예루살렘 입성 시 군중들이 호산나라고 외친 것(요 12:13), 헬라인 몇 사람이 주님을 만나려고 청할 때 하신 말씀(요 12:23~28), 하늘에서 난 소리(요 12:28)이다.

107) 요나단은 다윗을 자기 생명처럼 사랑했다. 이 사랑의 관계는 언약을 맺는 근거가 된다. "요나단은 다윗을 자기 생명같이 사랑하여 더불어 언약을 맺었으며"라고 한다(삼상 18:3). '하나님께서 세상을 이처럼 사랑하셨다'(요 3:16)라는 표현은 언약으로 맺어진 관계라는 의미를 담고 있다.

무나 당연합니다. 이 경우 도움을 요청 받은 쪽은 반드시 도움을 베풀어야 합니다(수 10:1~11, 삼상 11:1~7). 바로 이러한 측면에서 나사로의 부활은 언약 관계의 실질적 효력입니다.

둘째, 나사로의 죽음과 부활은 예수님께서 하나님의 아들로서 영광을 얻으시는 사건입니다.

나사로가 병들었다는 소식을 듣고 예수님께서는 "이 병은 죽을 병이 아니라 하나님의 영광을 위함이요 하나님의 아들로 이를 인하여 영광을 얻게 하려 함이라"라고 하셨습니다(4절). 주님께서 죽을병이 아니라고 하신 이유는 그가 죽었음에도 다시 살아날 것을 염두에 두셨기 때문입니다. 이 일로 예수님께서 영광을 얻으십니다. 그래서 예수님께서는 나사로를 살리기 직전 마르다에게 "하나님의 영광을 보리라 하지 아니하였느냐"라고 하셨습니다(40절). 실제로 예수님께서는 자신의 삶과 죽음 그리고 부활을 통하여 하나님의 영광을 보여주셨습니다.[108]

예수님의 영광 얻음은 요한복음에서 주님의 죽음과 부활을 통하여 이루어집니다. 예수님께서는 자신이 영광을 얻을 때가 왔다고 선언하시고, 이어 한 알의 밀이 땅에 떨어져 죽어 많은 열

---

108) 구약 성경에서 하나님의 영광에 대한 가장 대표적인 가르침은 홍해 사건이다. 홍해를 가르신 하나님께서 자기 백성들은 안전하게 건너게 하시고 원수인 바로의 군대는 수장시키셨다. 모세는 그 홍해 사건을 노래하며, "여호와여 주의 오른손이 권능으로 영광을 나타내시니이다 여호와여 주의 오른손이 원수를 부수시니이다"라고 했다(출 15:6). 하나님께서 영광을 드러내신다는 말씀은 사망에서 자기 백성은 구원하시고 원수를 진멸하신다는 뜻이다. 그러므로 하나님의 영광은 구속역사가 온전히 이루어지는 것을 의미한다.

매를 맺는다고 선언하셨습니다(요 12:23~27). 그러자 하늘에서 소리가 있어 말하길, 이미 영광스럽게 하였고 또다시 영광스럽게 하리라고 하셨습니다. 그러므로 죽은 자를 살리는 예수님께서 참 여자의 후손으로 뱀의 머리를 상하게 하시며, 부활한 자기 백성과 연합하십니다. 사단으로부터 죽음이 왔지만 둘째 아담이신 그리스도를 통하여 죽음을 넘어 부활하여 영생으로 인도됩니다. 이것이 예수님의 영광 얻음입니다. 예수님께서는 자신에게 주어진 구속역사를 온전히 이루심으로 하나님의 영광을 보여주었습니다. 나사로의 부활은 하나님의 영광이 드러나는 사건입니다.

셋째, 예수님께서 나사로를 친구라 부르셨고, 죽음을 잠든 것이라 하셨습니다(11절).

예수님께서 사랑하는 제자들을 종이라 부르지 않으시고 친구라 부르셨습니다(요 15:14~15). 사도들이 예수님의 친구가 됨으로 하늘의 비밀을 공유하는 선지자적 사역을 행합니다(왕상 4:5, 대상 27:33, 창 20:7, 약 2:23). 이러한 측면에서 세례 요한은 신랑의 친구로서의 기쁨이 충만했습니다(요 3:29). 세례 요한은 옛 언약 시대의 마지막 선지자입니다. 이처럼 친구는 선지자적 사역을 행하는 직무와 관련됩니다. 나사로의 죽음과 부활은 예수님께서 참 선지자이시며, 주님과 함께 한 제자들이 선지자적 사역을 행할 것을 미리 보여줍니다.

죽음은 사단으로부터 왔습니다. 죽음은 하나님과 자기 백성의 관계를 단절시켰고, 영원한 형벌 가운데 거하게 합니다. 예수님께서는 나사로의 죽음을 잠든 것이라 하심으로 영원한 죽음이 아니라 일시적인 형벌임을 분명히 하셨습니다.

넷째, 예수님께서는 자신이 부활이요 생명이라고 가르치셨습니다(25~26절).

하나님께서 자기 백성에게 표적을 주신 이유는 예수님께서 하나님의 아들이시며 그리스도이심을 믿게 하려는 것입니다(요 20:31). 하나님의 아들이며 그리스도이신 예수님이야말로 죽음을 넘어 부활을 제공하며 참 생명을 주시는 분이십니다. 나사로를 살리신 사건은 이런 예수님을 증거합니다. 그러므로 나사로의 부활은 가장 강력한 표적입니다. 제자들은 이를 목격함으로 증인의 자격을 획득하며, 죽은 자를 살리는 사명을 감당합니다.

나사로의 부활은 표적입니다. 많은 유대인은 믿었습니다. 그러나 산헤드린 공회는 예수님을 죽이려고 모의합니다(요 11:53). 공회는 개인이 아닙니다. 오늘날로 말하면 교회의 공적 회의기구입니다. 그들은 공적으로 주님을 부인하며 죽이려 합니다. 언약 백성들 곧 하나님 백성이라 자처하는 자들이 공적으로 메시아를 거부하고 한 걸음 더 나아가 죽이려 함으로, 그들 스스로 하나님의 백성이 아님을 선언합니다. 이처럼 표적은 하나님의 재판정에서 증거물입니다.

### 표적을 마무리하며

표적은 언약적 관점으로 읽을 때, 더욱 풍성합니다. 언약은 복과 저주라는 양면을 갖고 있는데, 언약에 불충성하면 저주를 받고, 언약에 충성하면 복을 누립니다. 언약의 저주는 너무나 다양한데, 질병, 기근, 전염병, 정신적인 질병, 전쟁 등으로 묘사됩니다. 그중 죽음은 가장 강력한 언약의 저주입니다. 반면, 부활은 언약의 복입니다. 에스겔 37장에서 마른 뼈는 백성들이 언약의 저주 가운데 있다는 표입니다. 이 뼈들이 다시 군대가 됨으로 언약의 저주가 사라지고 복을 받습니다. 그 환상은 부활이야말로 진정한 포로 회복임을 가르칩니다. 이처럼 표적은 언약적입니다.

동시에 표적은 종말론적입니다. 종말은 예수님의 재림을 의미하지 않습니다. 종말은 선지자들의 예언처럼 예수님의 초림부터 시작됩니다. 모든 표적들은 이 종말에 일어날 일들을 다룹니다. 그래서 표적은 구약에서 예언한 종말적 현상들의 집합입니다. 병자가 낫고, 죄사함을 통하여 죄인들이 돌아오며, 이방인들이 구원을 얻는 것은 모두 종말에 일어날 중요한 사건들입니다. 죽은 자가 살아나는 것도 종말의 큰 사건 중 하나입니다. 이는 새로운 시대가 임했다는 표이기도 합니다.

표적은 하나님 나라의 비밀을 알려줍니다. 하늘나라 곧 하나님 나라는 죄로 인해 고통당하는 모든 인간의 문제를 해결합니다. 하나님의 통치가 시작되었습니다. 역사는 하나님의 통치의 역사여야 합니다. 교회는 하나님 나라를 드러내는 기관이요, 그 나라의 백성입니다. 그러므로 교회는 이 땅에 하나님 나라를 아로새길 사명을 받았고, 지금도 그러해야 합니다.

표적은 예수님께서 하나님의 아들이요, 영생을 주시는 분으로 증거할 뿐만 아니라 심판과 구속의 비밀을 드러내는 수단입니다. 표적을 보면 예수님께서 하나님의 아들이시요, 영생을 주시는 분이심을 깨닫습니다. 그러니 이 시대에도 표적을 구하는 일은 너무나 어리석은 모습입니다. 이미 수많은 표적들이 성경에 기록되었습니다.

　　결론적으로 표적은 그리스도와 말씀을 증거합니다. 그리스도와 말씀을 증거한다는 가르침은 일종의 최후통첩입니다. 표적을 통하여 예수님이야말로 진정한 그리스도이시며, 참 말씀임을 증거합니다. 그러니 표적은 옛 언약 백성들에게 회개를 촉구하는 천둥소리입니다. 하나님 나라 곧 새 시대가 가까웠음을 알리는 나팔입니다. 이 나팔 소리에 귀를 기울이고 응답할 때, 하늘의 찬란함과 영화로움을 맛봅니다.

1. 요한복음 20장 30~31절과 마가복음 16장 20절이 가르치는 표적의 목적을 말해 보세요.

2. 누가복음 11장 14절 이하에서 예수님께서는 벙어리 귀신을 쫓아내십니다. 이 사건을 통해 알게 되는 '표적'의 목적은 무엇입니까?

3. 예수님께서는 중풍병자를 고치셨습니다. 중풍병자를 고친 사건의 핵심은 예수님께서 "죄 사함"을 선언하신 것입니다. 구약 성경에서 죄 사함은 무엇과 연결됩니까?

4. 군대 귀신 들린 자를 고치신 사건을 이사야 65장과 연결하여 생각할 때, 예수님 당대의 언약 백성들의 영적 상태를 정리해 보세요.

5. 시편 115편 4~8절은 눈과 귀에 장애를 가진 백성들을 어떻게 규정합니까? 이 가르침에 근거하여 바디매오의 눈을 뜨게 하신 사건이 계시하는 내용은 무엇입니까?

6. 이사야 25장과 에스겔 39장에서 가르치는 잔치의 이미지가 예수님께서 물로 포도주를 만드신 잔치와 어떻게 연결됩니까? 이를 통해 예수님께서는 어떤 분이시며, 그분의 사역의 내용은 어떠합니까?

7. 왕의 신하의 아들을 고치신 사건을 통해 우리가 배워야 할 도리는 무엇입니까?

8. 38년 된 병자를 고친 사건을 이사야 35장과 연결하여 예수님 사역의 성격을 설명해 보세요.

9. 오병이어 기적과 엘리사 시대의 선지 생도들을 먹이시는 사건을 연결하여 생각할 때, 오병이어가 지닌 의미는 어떠합니까?

10. 죽은 나사로를 살리신 사건을 통하여 우리가 기억해야 할 네 가지 내용은 무엇입니까?

# 제4부

# 예루살렘 멸망과
# 이스라엘의 미래

Shining Kingdom of God Being Built on the Ruins

예루살렘 성전 파괴는 매우 중요한 주제입니다. 성전 파괴는 예루살렘 성의 황폐화와 동의어처럼 쓰입니다. 예루살렘 성과 성전은 이스라엘 역사의 중심입니다. 그곳은 모리아산으로 불렸고, 아브라함이 이삭을 제물로 드린 곳입니다(대하 3:1). 다윗이 수도로 정한 이후, 예루살렘은 언제나 왕국의 정체성을 가늠하는 척도였습니다. 예루살렘 성 안에 솔로몬 성전이 지어졌고, 그 성전은 파괴와 재건을 거치면서 역사의 명맥을 유지했습니다.

　예수님께서 성전이 파괴될 것이라 하신 말씀을 제자들조차도 제대로 이해하지 못한 것은 이 도성과 성전이 지닌 역사의 무게 때문입니다. 성전 없는 이스라엘 국가는 상상할 수 없었습니다.

성전이 있기에 이스라엘이라는 나라가 있었고, 성전이 있기에 백성들은 그곳을 중심으로 하나님을 예배하며 살았습니다. 성전은 이스라엘 백성들의 삶의 중심이었습니다. 그러니 성전 파괴 예고는 그만큼 충격적입니다.[109]

에덴의 동산, 노아의 방주, 그리고 족장들의 삶에서 자주 언급되는 제단은 거룩한 성소입니다.[110] 그 성소는 모세를 통하여 이 땅에 그 형태를 드러내었습니다. 성막입니다. 성막은 천상의 모습을 땅 위에 아로새긴 하나님의 집입니다. 성막은 다시 성전으로 이어져 언약 백성들의 역사를 이어가는 상징물이 되었습니다(행 7:44~50).

이러한 역사성을 가진 성막은 하나님과 자기 백성들이 언약을 맺고 시행하는 공간으로만 기능하지 않고, 언약 백성들의 영적 상태를 가늠하는 시금석이었습니다. 언약이 온전하고 풍성하게 지켜지고 열매 맺을 때, 성막이나 성전은 '하늘' 그 자체였습니다. 이와는 반대로, 언약이 백성들에 의해 무참히 짓밟힐 때, 성

---

109) 솔로몬이 성전 건축을 마친 후에 하나님께서 솔로몬에게 나타나셨다. 그 때, 하나님께서는 성전을 거룩히 구별하고 자신의 이름을 그곳에 영영히 두며, 눈과 마음이 항상 그곳에 있을 것이라 약속하셨다(왕상 9:3). 그러나 하나님의 백성들이 계명과 법도를 지키지 않거나 우상을 섬기고, 하나님과 맺은 언약을 어기면, 성전을 파괴할 것이며 이방인들에게 비웃음이 될 것이라 하셨다(왕상 9:6~9).

110) 에덴을 하나님의 성전과 연결한 해설은 다음 책을 참고하라. 그레고리 빌·미첼 킴(G. K. Beale and Mitchell Kim), 『성전으로 읽는 성경 이야기』, 채정태 역, (서울: 부흥과 개혁사, 2016). 데스몬드 알렉산더(T. Desmond Alexander), 『에덴에서 새 예루살렘까지』, 배용덕 역, (서울: 부흥과 개혁사, 2012).

막이나 성전은 가증하기 짝이 없는 우상숭배의 현장이 되었습니다(렘 7장, 겔 8장).

언약과 성전의 이러한 관계는 언약을 이해하는 열쇠입니다. 이스라엘이 언약을 어기면 그에 상응하는 대가를 치러야 합니다. 우리는 이를 쉽게 표현하여, '언약의 저주'라 합니다. 언약의 저주는 그 내용이 다양한데, 그중에 단연 눈에 띄는 것은 예루살렘 파괴이며, 성전 파괴입니다. 곧, 언약 파기에 대한 하나님의 보응은 성전 파괴와 예루살렘이라는 도성의 황폐화로 나타났습니다. 이처럼 언약과 성전 파괴의 관계는 언약의 성격을 알려주는 한 단면입니다.

옛 언약은 수천 년 동안 다양한 모습으로 드러났고, 새 언약의 모습은 아직 구체적으로 드러나지 않은 시대가 예수님과 사도들이 활동하던 때였습니다. 옛 언약의 핵심은 '여자의 후손'과 '제사장 나라와 거룩한 백성' 그리고 '다윗의 왕권'입니다(창 1:26~28, 3:15, 출 19:4~6, 삼하 7:11~17). 새 언약은 '성령님의 내주'를 통한 하나님과 자기 백성의 관계 회복입니다(렘 31:31~34, 겔 36:22~36).

새 언약은 옛 언약이 완성되는 종착역입니다. 옛 언약에서 약속된 모든 것들이 새 언약 시대에 하나도 빠짐없이 완성됩니다. 예수님께서는 언약의 중보자이면서 동시에 언약의 완성자로 이 땅에 오셨습니다. 그래서 주님은 스스로 율법이나 선지자를 폐하러 온 것이 아니라 완전케 하려 한다고 말씀하셨습니다(마 5:17). 이는 백성들이 하나님과 맺은 언약을 지속적으로 파기해도 하나님께서는 반드시 이루신다는 뜻이기도 합니다. 그것이 언약의 특징인데, 그래서 우리는 언약을 하나님의 주권적 맹세라 합니다.

언약이 하나님의 주권적 맹세라는 큰 특징과 더불어 한 가지 중요한 문제는 이스라엘 백성에 대한 처리 문제입니다. 옛 언약의 한쪽 당사자인 이스라엘은 언약을 파기하는 불순종의 길을 걸었습니다. 이 이스라엘에 대한 처리 문제가 옛 언약과 새 언약 사이에 일어납니다.

새 언약은 시작되었지만 여전히 옛 언약은 끝나지 않은 시기. 바로 그 지점에 수많은 사건이 일어나는데, 그 중 옛 언약 백성인 이스라엘 백성들이 어떻게 되느냐의 문제가 핵심 내용 중 하나입니다. 옛 언약은 종료되지 않았는데, 새 언약은 시작되었습니다. 옛 언약은 조만간 종료됩니다. 그래서 이 독특한 시기를 우리는 '언약의 중첩기'라 부릅니다. 이 언약의 중첩은 신약 본문을 이해하거나, 하나님의 구속역사를 이해하는 가장 중요한 열쇠 중 하나입니다.

제8장

# 옛 언약과 새 언약의 경계에서

## 옛 언약과 새 언약[111]

옛 언약은 예수 그리스도 안에서 모두 성취되었습니다. 언약은 작은 씨앗과 같아서 시간이 지날수록 줄기와 잎이 무성해지고 마지막에는 큰 열매를 맺습니다. 생육, 번성, 땅에 충만하며,

---

111) 옛 언약과 새 언약에 대한 풍성한 이해를 원하는 이들은 다음 책을 참고하라. 아더 핑크(Arthur W. Pink), 『하나님의 언약』, 김의원 역,(서울: CLC, 1989). 메르딧 클라인(Meredith G. Kline), 『언약: 성경권위의 구조』, 노춘희 역,(서울: 새순출판사, 1994). 『하나님 나라의 서막』, 김구원 역,(서울: P&R, 2007). 토마스 멕코미스키(Thomas E. McComiskey), 『계약신학과 약속』, 김의원 역,(서울: CLC, 1987). 팔머 로벗슨(O. Palmer Robertson), 『계약신학과 그리스도』,(서울: CLC, 1983). 반더발(C. Vanderwaal), 『The Covenantal Gospel』,(U.S.A.: INHERITANCE PUBLCATIONS, 2003).

정복하고 다스리라는 아담에게 주신 명령은 중단되지 않았습니다. 에덴동산은 인간의 범죄로 차단되었지만, 여자의 후손을 통하여 새로운 성소가 약속되었습니다. 사단과 여자의 후손 사이에 전쟁이 예고되었습니다. 그 전쟁은 가인과 아벨 사이에서 시작되었으며, 예수님의 성육신에서 정점에 달했습니다. 예수님의 십자가 죽음과 부활 그리고 승천은 뱀, 곧 사단을 저주할 때 주신 "여자의 후손은 네 머리를 상하게 할 것이요"(창 3:15)라는 말씀의 성취입니다. 예수님의 부활은 사단의 가장 강력한 무기인 죽음의 권세를 무너뜨린 것입니다(고전 15:50~58). 성령님께서 강림하시고 예루살렘 성전이 파괴됨으로 옛 언약은 종결되었습니다. 예수님께서는 새 언약을 성취하기 위해 오셨고, 지금도 새 언약은 완성을 향하여 나아갑니다. 예수님의 재림으로 새 언약이 완성됩니다.

노아 홍수는 언약을 파기한 백성들에 대한 심판이면서, 동시에 구속역사의 배경으로서 피조 세계를 보존하시는 하나님의 섭리였습니다. 홍수 후에, 하나님께서는 인간의 완악함과 피조 세계의 연관성을 제거하셨습니다(창 8:21~22). 곧, 사람이 나면서부터 악하기에 땅은 더 이상 사람 때문에 저주를 받지 않습니다. 아담과 여자의 범죄로 가시와 엉겅퀴를 낸 땅은 비록 첫 창조 때처럼 온전하지는 않지만, 더 이상 하나님으로부터 징계 받지 않습니다. 무지개가 그 증거입니다(창 9:8~17). 이렇게 노아 언약은 언약의 중보자요 완성자이신 예수님께서 오시는 터전으로써, 땅을 보존합니다. 특히, 노아의 아들 함의 반역에도 불구하고 셈의 계보를 통한 구원자의 오심이 약속됩니다(창 9:20~27). 아브라함은 셈의 후예입니다. 예수님께서는 바로 아브라함의 자손으로 오셔서 언약을 완성하십니다.

족장들에게 주신 언약의 내용은 땅, 백성, 복입니다(창 12:1~9). 땅, 백성, 복은 하나님의 왕국 약속입니다. 드디어 여자의 후손이 왕국 건설자로 계시되었습니다. 또한, 족장 언약은 하나님의 왕국이 어떤 원리 위에 세워지는지 가르칩니다. 이삭의 출생은 하나님 나라 백성들은 하나님께서 직접 부르시고 성령님의 역사로 탄생하며, 참다운 믿음만이 언약을 이루는 동인임을 가르칩니다. 언약은 반드시 표를 필요로 하는데, 할례가 그것입니다.

출애굽과 시내산에서 베푼 언약은 이스라엘이 만들 왕국의 정체성을 계시하셨습니다. 이스라엘은 '제사장 나라와 거룩한 백성'이라는 언약의 특권과 사명을 받았습니다(출 19:4~6). 시내산 언약은 족장들에게 주신 약속보다 한층 더 깊고 넓습니다. 언약의 조건인 율법은 나라의 법입니다. 성막과 그 성막에서 봉사하는 직분과 제사들은 이스라엘이 만들 왕국의 본질을 더욱 풍성히 깨닫게 합니다. 흔히 도덕법, 시민법, 의식법으로 분류되는 율법은 근본적으로 땅 위에 하늘의 왕국이 어떠한 모습인지를 보여주는 창입니다. 제사장 나라와 거룩한 백성으로서의 언약 백성의 사명은 예수님께서 오신 후에 교회에게 이양되었습니다(벧전 2:9). 시내산 언약의 한쪽 편인 이스라엘 백성들은 그 자리를 교회에게 빼앗겼습니다.

심지어 어둠의 시대라 불리는 사사 시대도 언약의 한 측면을 계시합니다. 언약에는 복이 있듯이, 저주도 있습니다. 그 저주는 하나님의 왕국을 이해하는 또 다른 참고서입니다. 언약의 저주는 왕국의 타락 정도를 가늠하는 척도입니다. 언약의 저주는 하늘 왕국이 어떤 취약점을 가지는지를 보여주며, 그것은 다른 한 편으로 죄의 강렬함과 죄인인 인간의 완악함을 보여줍니다. 그리스도이신 예수님께서 십자가에서 죄와 인간의 완악함 모두를 해결하셨습니다. 주님은 십자가를 지심으로 자기 백성들의 죄를 사하셨습니다(롬 5:17, 6:4~5, 갈 3:13, 엡 1:7, 2:1~7). 이 믿음은 새 언약 공동체인 교회의 존립 근거입니다. 예수님께서는 옛 언약을 자신의 삶과 죽음과 부활을 통해 완성하셨습니다.

사울, 다윗, 솔로몬으로 이어지는 통일 왕국 시대에는 더 풍성한 언약이 주어졌습니다. 왕이 세워지고, 그 왕의 행적 속에 진정한 구속주 왕의 모습과 역할이 예고되었습니다. 예수님께서는 다윗의 후손으로 오셨습니다. 우리 주님은 참다운 왕이십니다. 주님의 왕 되심은 구약의 왕들과 무관하지 않습니다. 예수님께서는 친히 하늘 아버지로부터 권세와 영광과 나라를 받으셨고, 믿음을 가진 교회는 그분과 더불어 왕이 되십니다(마 28:18, 계 5:9~10). 특히, 다윗 언약에서 왕권은 하나님의 집인 성전 건축과 직접 관련되며, 다윗이 제정한 성전 봉사의 모습은 영광스러운 예전을 알려주는 단초입니다. 다윗의 후손으로 오신 예수님께서는 옛 성전을 대신하여 새 성전을 건축하셨고, 새로운 예배 시대를 여셨습니다(요 2:19~20, 4:23~24, 엡

2:20~22). 이렇게 옛 언약은 예수님을 통하여 완성되었습니다.

분열 왕국 시대는 앞서 주어진 언약 조건들에 의해 왕국의 흥망성쇠가 좌우됨을 드라마틱하게 보여줍니다. 주변 왕국과의 관계는 언약 공동체가 세상과 어떻게 관계를 맺고, 어떠한 관점으로 역사를 보아야 할지를 가르칩니다. 심지어 북 이스라엘의 멸망과 유다의 멸망은 언약의 저주가 가져올 결과가 얼마나 치명적인지를 보여줍니다. 이는 옛 언약 백성들의 특권 상실로 귀결됩니다. 그들은 양자 됨과 영광과 언약들과 율법을 세우신 것과 예배를 가졌지만, 그 모든 것들을 상실했습니다(롬 9:4,32). 예수님께서는 옛 언약 백성들에게 주어진 이 모든 특권을 새 언약 공동체인 교회에게 주셨습니다. 실로 그 있는 것까지 빼앗아 충성된 이들에게 주십니다.

선지자들은 하나같이 경고와 회복을 말합니다. 그 경고와 회복은 역사의 종말이라는 큰 그림을 통하여 종착역을 향해 달려갑니다. 여호와의 크고 두려운 날, 말일, 메시아의 등장에 대한 예고는 크게 두 가지 옷을 입고 등장합니다. 시간의 옷과 일어날 사건이라는 옷입니다. 곧, 종말은 '시간'과 '일어날 일'을 통하여 계시되었습니다.

선지자들은 마른 뼈가 살아나 군대가 되고, 새로운 성전이 건축되며, 온전한 예배가 회복되고, 나라의 본 백성들은 정죄당하고 믿음을 지킨 소수의 남은 자들이 중심이 된 역사를 말씀합니다. 그뿐만 아니라, 많은 이방인이 하나님의 왕국으로 들어오며, 이새의 줄기에서 메시아가 출생하고, 그 메시아가 자기 백성과 영원히 임마누엘 하실 것이라 합니다. 여호와의 신이 강림하여 자기 백성들 가운데 거처를 삼고, 치료하는 태양이 떠올라 백성들을 고치실 것이라 합니다. 바로 이러한 일들이 일어나면, 그때가 종말입니다.

다니엘은 다른 선지자들과 다른 측면에서 종말을 예고합니다. 거대한 제국들의 등장을 이방 왕의 꿈을 통해 해석하며, 더불어 자신이 본 환상을 통하여 예언합니다. 바벨론, 페르시아, 헬라 제국과 로마 제국의 등장이 있어야 하나님 나라의 시대가 도래할 것을 말씀합니다(단 2:44, 7:15~22, 9:20~27). 다니엘서는 옛 언약과 새 언약의 시대가 어떻게 바통을 이어받는지를 세세히 알려줍니다.

선지자 예레미야와 에스겔은[112] 왕국의 멸망을 예고하면서 새 언약을 받았습니다. 예레미야가 받은 새 언약의 내용입니다.

"나 여호와가 말하노라 보라 날이 이르리니 내가 이스라엘 집과 유다 집에 새 언약을 세우리라 나 여호와가 말하노라 이 언약은 내가 그들의 열조의 손을 잡고 애굽 땅에서 인도하여 내던 날에 세운 것과 같지 아니할 것은 내가 그들의 남편이 되

---

112) 에스겔도 예레미야와 동일한 내용의 새 언약을 약속받았다. "또 새 영을 너희 속에 두고 새 마음을 너희에게 주되 너희 육신에서 굳은 마음을 제하고 부드러운 마음을 줄 것이며 또 내 신을 너희 속에 두어 너희로 내 율례를 행하게 하리니 너희가 내 규례를 지켜 행할지라 내가 너희 열조에게 준 땅에 너희가 거하여 내 백성이 되고 나는 너희 하나님이 되리라"(겔 36:26~28).

었어도 그들이 내 언약을 파하였음이니라 나 여호와가 말하노라 그러나 그날 후에 내가 이스라엘 집에 세울 언약은 이러하니 곧 내가 나의 법을 그들의 속에 두며 그 마음에 기록하여 나는 그들의 하나님이 되고 그들은 내 백성이 될 것이라 그들이 다시는 각기 이웃과 형제를 가리켜 이르기를 너는 여호와를 알라 하지 아니하리니 이는 작은 자로부터 큰 자까지 다 나를 앎이니라 내가 그들의 죄악을 사하고 다시는 그 죄를 기억지 아니하리라 여호와의 말이니라"(렘 31:31~34)

예레미야가 받은 새 언약의 핵심 내용은 성령님의 임재와 그분의 사역이며, 그 결과 사죄의 은총이 선물로 주어집니다. 바로 이 새 언약이 예수 그리스도를 통하여 성취됩니다. 다른 보혜사를 보내시겠다는 주님의 말씀은 오순절 성령님의 강림을 통해 성취되고, 성령님께서는 새 언약 백성인 교회를 모으셨습니다. 곧, 메시아의 사역을 통하여 옛 언약은 완성되고, 새 언약의 여명이 밝았습니다. 예수님께서는 바로 이 사역을 몸소 행하셨습니다. 복을 내릴 이들에게 언약의 복을 선언하셨고, 저주를 내릴 이들에게 언약의 저주를 선언하셨습니다.

예수님께서는 여자의 후손으로 오셔서 뱀의 머리를 상하게 하셨습니다. 옛 뱀, 곧 사단의 권세인 죽음을 이기셨기 때문입니다(계 12:9, 고전 15:55~57). 아브라함과 다윗의 후손으로서 하나님 나라를 세우셨고, 친히 왕이 되셨습니다(마 2:2, 4:17, 27:11). 새 언약이 완성될 것을 내다보시고 성령님의 강림과 사역을 가르쳤습니다(요 14:16~21, 25~31, 16:7~16).

옛 언약 백성들 중에서 신실한 남은 자들을 불러 새로운 백성으로 삼으셨습니다. 이스라엘 열두 지파를 대신하여 열두 제자를 불러 이 일을 시작하게 하셨습니다. 언약 백성들에게만 아니라 이방인 가운데서도 새 백성을 부르셨습니다. 동시에 완고한 옛 백성들을 향하여 언약의 저주를 선언하셨습니다. 이제 그들이 맡은 특권은 사라졌다고 선언하셨습니다(눅 16:1~14, 롬 3:1~2). 그 나라가 이루어야 할 제사장 나라와 거룩한 백성의 책무는 새 나라인 교회로 이양됩니다(벧전 2:9~10). 신부인 옛 언약 공동체는 버림받고 새 신부가 준비됩니다(요 3:29).

긴 역사 동안 하나님 왕국의 현장이었던 가나안 땅은 그 소임이 끝났습니다. 내 나라는 이 땅에 속하지 않는다는 주님의 선언은 가나안이 더 이상 하나님 나라가 아님을 뜻합니다(요 18:36). 주님의 나라는 신앙고백 위에 세워질 것입니다(마 16:18). 이제 기업은 가나안 땅이 아닙니다. 하나님께서 친히 더 나은 기업을 주십니다(행 26:18, 엡 1:18, 히 9:15, 벧전 1:4).

언약 백성의 중심으로 기능한 예루살렘과 성전은 이제 곧 그 역할을 다할 것입니다. 마태복음 23장에서 선언된 일곱 번의 저주 선언은 "보라 너희 집이 황폐하여 버린 바 되리라"라는 말씀으로 끝납니다(마 23:38). 예루살렘 성도 파괴되고, 성전도 무너집니다(마 24:2). 새 성전이 예비 되었고, 서서히 그 모습을 드러냅니다(요 2:19~22, 엡 2:20~22).

예수님께서는 언약의 조건인 율법을 온전히 이루셨고, 율법의 마침이 되셨습니다(롬 10:4). 때가 되어 예수님께서는 율법 아래 나셨고, 율법 아래 있는 자기 백성들을 속량하셨습니다(갈 4:4~5). 옛 왕국의 체제는 끝을 향하여 달려가고 새로운 체제가 소개됩니다. 곧, 왕, 제사장, 선지자를 통해 유지되던 왕국은 새로운 직분자들에게 그 역할을 넘겨주어야 합니다. 사도, 선지자, 복음 전하는 자와 목사와 장로, 그리고 집사입니다.

옛 언약의 완성과 새 언약의 시작에는 무엇보다도 예수 그리스도의 십자가와 부활, 그리고 승천이 자리합니다. 주님의 죽음은 자기 자신을 화목 제물로 드림이요, 주님의 부활은 영생의 보증이 되었습니다. 주님의 승천은 왕이 자신의 보좌에 앉아 통치가 시작되었다는 표이며, 새로운 왕국을 반석 위에 든든하게 세우실 성령님의 강림을 소망케 하는 출발 신호입니다. 성령님께서는 이 모든 것을 증거하며 확증하는 하나님이십니다. 그래서 히브리서 저자는 옛 언약과 새 언약의 관계를 선명하게 규정합니다.

"또 주께서 가라사대 그날 후에 내가 이스라엘 집으로 세울 언약이 이것이니 내 법을 저희 생각에 두고 저희 마음에 이것을 기록하리라 나는 저희에게 하나님이 되고 저희는 내게 백성이 되리라 또 각각 자기 나라 사람과 각각 자기 형제를 가르쳐 이르기를 주를 알라 하지 아니할 것은 저희가 작은 자로부터 큰 자까지 다 나를 앎이니라 내가 저희 불의를 긍휼히 여기고 저희 죄를 다시 기억하지 아니하리라 하셨느니라 새 언약이

라 말씀하셨으매 첫 것은 낡아지게 하신 것이니 낡아지고 쇠하
는 것은 없어져 가는 것이니라"(히 8:10~13)

"이런 것은 먹고 마시는 것과 여러 가지 씻는 것과 함께 육체
의 예법만 되어 개혁할 때까지 맡겨 둔 것이니라"(히 9:10)

첫 것, 곧 옛 언약은 낡아지고 있으며, 쇠하고 있는 것은 없어
져 가는 중입니다. 히브리서 8장 13절 말씀인 "낡아지고 쇠하는
것은 없어져 가는 것이니라"는 '낡고 오래된 것은 곧 사라지게
된다'로 번역해도 됩니다. 바로 이 말씀을 히브리서 9장 10절은
"개혁할 때까지"로 표현했습니다. 옛 언약은 서서히 그 모습을
감추고, 새 언약은 드디어 그 모습을 드러냅니다. 예수님과 사
도들이 살던 시대는 바로 이런 시대였습니다.

### 언약의 두 요소를 중심으로: 언약 조건, 복과 저주

구약에는 다양한 언약들이 소개됩니다. 하나님과 언약 백성
전체를 대상으로 맺은 언약은 아담, 노아, 족장, 모세, 다윗, 새
언약입니다. 물론 사람과 사람 사이에 맺은 언약도 있고, 공동
체 간에 이루어진 언약도 있습니다. 다윗과 요나단, 아브라함과
마므레, 이삭과 아비멜렉, 라합과 정탐꾼, 이스라엘과 기브온
족속, 솔로몬과 히람, 아합과 벤하닷 등등.[113]

---

113) 이에 대한 더 자세한 내용은 다음 책을 참고하라. 반더발, 『The Covenantal
Gospel』, 5~17.

언약은 하나님의 왕국을 건설하는 방편입니다. 하나님께서는 언약이라는 도구를 사용하여 자신의 뜻을 백성들에게 알리셨고, 집행하셨습니다. 언약은 다양한 요소로 구성됩니다. 양 당사자, 증인 혹은 증거물, 조건, 중보자, 언약 문서, 복과 저주, 등등.

양 당사자가 언약을 맺을 때 항상 상호 이행해야 할 조건이 따릅니다. 국가 간에도 그러하고 개인 간에도 그러합니다. 만약, 강대국과 약소국이 언약을 맺으면, 대체로 강대국은 약소국의 필요를 채워야 합니다. 곧, 보호자 역할입니다. 도움을 요청하면 언제든지 달려가 도와야 합니다. 반면에 약소국은 그에 상응하는 조공을 바쳐야 합니다. 이렇게 언약이 체결되면 두 왕국은 관계가 형성됩니다. 형제, 친구, 주인과 종, 아버지와 아들과 같은 용어들은 언약 관계를 규정하는 표현들입니다.

하나님과 자기 백성이 맺은 언약에도 항상 조건이 따릅니다. 아담 언약에서 언약 조건은 선악의 나무 열매를 먹지 말라는 것이나 동산을 다스리며 지키라는 것입니다. 언약 조건이 가장 방대하면서 명료하게 제시된 언약은 시내산 언약(혹은 모세 언약)입니다. 흔히 율법이라고 알려진 규례들이 모두 언약의 조건입니다. 십계명은 언약 조건의 핵심 내용입니다.[114]

---

114) 이스라엘의 출애굽과 홍해 사건을 고린도전서 10장은 세례로 설명한다. 시내산에 다다른 이스라엘은 이미 세례를 받았다. 그래서 언약의 조건 곧 십계명은 구원의 조건이 아니다. 구원은 값없는 은혜의 선물이다. 율법은 구원의 조건이 아니라 언약의 조건이다. 율법은 이스라엘이 이루어야 할 목표(제사장 나라와 거룩한 백성)의 도구이다. 율법은 죄와 비참을 깨닫게

시내산 언약을 좀 더 구체적으로 살펴보면, 하나님께서 언약 조건을 직접 쓰셨습니다(출 24:12, 32:15~16). 그리고 더 자세한 내용은 문서로 만들었습니다(출 24:7). 십계명은 돌판에 친히 쓰셨고, 언약 문서는 모세를 통해 기록하게 했습니다(출 34:27~28). 모세오경에 기록된 율법 조문은 모두 언약의 조건입니다.

언약을 맺은 당사자 간에 이 언약의 조건을 어기면, 그것은 곧 약속 파기입니다. 언약 조건은 일종의 계약서입니다. 그러니 언약 조건을 어기면 계약을 어긴 것이나 마찬가지입니다. 모세가 시내산에서 하나님을 만나는 동안 이스라엘은 아론을 중심으로 금송아지를 만들어 섬겼습니다. 그때, 모세가 십계명의 돌판을 깨뜨립니다. 십계명은 언약의 조건을 기록한 일종의 계약서와 같습니다. 모세가 십계명이 쓰인 돌판을 깨뜨리는 의미는 계약이 파기 되었다는 선언입니다.

이스라엘이 율법을 어기면 그것은 다른 말로 언약 파기입니다. 약속 불이행입니다. 그래서 하나님 외에 다른 신을 섬긴다거나, 우상을 만든다거나, 여호와의 이름을 망령되이 한다거나, 안식일을 온전히 지키지 않으면, 성경은 언제나 이를 언약을 어겼다고 말합니다(사 24:5, 렘 11:10, 22:9, 31:32, 34:17~22, 겔 16:59, 17:19, 호 6:7, 8:1). 그래서 율법을 지키지 않은 것과 언약을 지키지 않은 것이 같이 언급됩니다. "저희가 하나님의 언

---

하며, 죄인들을 그리스도께로 인도하고, 구원받은 백성들에게 삶의 원리를 제공한다.

약을 지키지 아니하고 그 율법 준행하기를 거절하며"(시 78:10).

이러한 이해 위에서 선지자들의 메시지를 이해해야 합니다. 율법을 지키지 않는 백성들을 향하여 경고와 심판의 메시지가 주를 이룹니다. 이는 언약 파기에 대한 책망입니다. 옛 언약 백성의 역사는 언약을 신실하게 지키느냐, 파기하느냐의 역사입니다. 분열 왕국 시대에 두 왕국이 강대하게 되는 것과 반대 방향으로 흐르는 것의 기준은 언제나 언약입니다. 언약에 충실하면, 그 왕국은 강대해집니다. 주위 이방 국가들이 결코 넘볼 수 없습니다. 그러나 언약에 불충하면, 왕국은 내리막길을 걷습니다. 이방 국가의 공격에 속수무책으로 당합니다.

이스라엘의 약속 불이행 곧 언약 파기에는 반드시 하나님의 징계가 따릅니다. 물론, 그 징계는 아무런 절차 없이 무작정 이루어지지 않습니다. 징계에는 언제나 선지자나 증인들을 불러 고소하고, 그에 따라 주신 경고의 메시지가 있으며, 마지막으로 재판이 집행되는 절차가 있습니다. 그래서 구약 선지자들의 메시지는 대부분 언약 고소입니다.

언약 고소가 시행되는 것을 우리는 '언약의 저주'라 부릅니다. 언약의 저주는 레위기 26장이나 신명기 28장에 잘 정리되었습니다. 반대로 하나님과 맺은 언약에 충성하면 복을 받습니다. 그것을 우리는 '언약의 복'이라 합니다. 언약 복의 절정은 이스라엘이 하나님의 왕국으로 그 영광을 드러내는 것입니다. 곧, 땅 위에 하늘 왕국이 건설됩니다. 언약 저주는 다양한 모습으로 드러나는데, 성전의 파괴와 예루살렘 성의 황폐가 가장 강력합니다. 언약 저주의 마지막 단계는 언약 당사자의 교체입니다. 하나님께서는 이스라엘을 버리고 새 이스라엘(교회)을 언약의 대상으로 삼으십니다. 이렇듯 예루살렘 성과 성전의 파괴는 언약의 저주라는 큰 관점에서 이해할 때, 그 의미를 온전히 깨닫습니다.

## 언약의 중첩[115]

이제 우리는 옛 언약의 완결과 새 언약의 출현이라는 매우 독특한 시기에 대해 좀 더 구체적으로 살피겠습니다. 예수님과 사도들이 활동하던 1세기는 옛 언약 백성에게는 옛 언약의 법이 여전히 유효했지만, 새 언약 공동체 – 특별히 이방인 그리스도인들 – 에게는 성령의 법 곧 새 언약의 법이 적용되는 시기였습니다. 그래서 어떤 사람들은 여전히 옛 법을 지키고, 성전 중심으로 살아갑니다. 그러나 또 다른 그리스도인들은 율법에서도 자유하고 성전 중심이 아니라 교회를 중심으로 살아갑니다.

우리 시대의 상당수 그리스도인들은 예수님의 십자가 죽음과 부활 그리고 승천을 기준(바로 그 시점부터)으로 모든 구약의 규례가 성취되었다고 생각하여, 새 언약 교회가 옛 언약의 법을 단 한 번도 지킨 적이 없는 것처럼 이해합니다. 그러나 이것은 오해입니다. 복음을 받아 교회의 성도가 된 옛 언약 백성들(유대인

---

115) 언약의 중첩에 대한 더 나은 이해를 위하여 다음 책을 참고하라. 반더발, 『반더발의 성경언약 연구』, 159~193. 권기현, 『방언이란 무엇인가』, (경산: 도서출판 R&F, 2016), 196~209.

들) 중에 많은 이들은 예수님의 승천 이후에도 성전을 중심으로 살았고, 규례를 지켰으며, 여전히 안식일에 모였습니다. 오히려 옛 법에서 완전히 자유하게 되는 시점은 예수님의 부활과 승천이 아니라 예루살렘 멸망입니다.

우리는 이러한 독특한 현상을 언약의 중첩이라 부릅니다. 그러므로 다음 몇 가지 내용으로 언약의 중첩을 정리하겠습니다. 할례, 음식, 땅, 직분, 성전입니다.[116]

### (1) 할례

할례는 언약의 징표입니다. 할례는 하나님의 약속을 믿음으로 받았다는 표입니다(창 17:9~14). 이러한 할례는 음식 규례와 직접적으로 연관됩니다. 곧, 이방인, 거류인, 타국 품꾼은 유월절 음식을 먹지 못합니다. 그러나 타국인이라도 할례를 받으면 유월절 음식을 먹습니다(출 12:43~51). 이스라엘 역사에서 할례는 가장 중요한 성례 중 하나였습니다. 이렇게 중요한 할례가 예수님 당대 유대 사회에서 왜곡됩니다. 유대인들은 할례가 구원의 조건이라 여겼습니다(행 15:1).

사도와 예루살렘의 장로들은 할례가 구원의 조건이 아닐뿐

---

116) 다섯 가지 주제 외에도 언약의 중첩기라는 측면에서 이해해야 할 많은 내용이 있다. 신약 성경 중 서신서는 옛 언약이 어떻게 새 언약으로 변혁되었는지 광범위하게 가르친다. 하나님의 백성들의 체제(국가체제에서 지역 교회로), 헌금 등등. 특히, 성경 기록의 완성이라는 주제도 매우 중요한 내용 중 하나이다. 물론, 구약의 모든 언약은 예수님 안에서 완성된다. 그리고 그 언약의 본질은 새 언약 안에서 교회를 통하여 시행된다.

더러 새로운 성례인 세례로 대체되었다고 이해했습니다(행 15:6~21, 2:38~42, 8:12,36~40, 9:18, 10:47~48). 할례 문제는 안디옥교회가 다투는 큰 원인이었습니다(행 15:1~2). 이 때문에 예루살렘 공회가 모였습니다.[117] 공회는 할례가 구원의 조건이 아님을 확증했습니다. 그러나 할례는 여전히 유대인 사회에서 중요한 의식으로 지켜졌습니다.

할례 문제로 안디옥교회에서 큰 다툼의 경험이 있는 바울조차도 할례에 대해 마치 이중적인 태도를 취하는 것처럼 종종 오해받습니다. 바울은 두 번째 복음 전파 여정에서 디모데를 만났고, 그에게 할례를 행했습니다(행 16:3). 그런 바울이 헬라인 디도에게는 할례를 행치 않았습니다(갈 2:3). 디모데에게는 할례를 행했고, 디도에게는 할례를 행하지 않았습니다.[118] 바울이 상황에 따라 자신의 신념을 바꾼 것이 아닙니다.

옛 언약 아래에서 할례는 매우 중요한 성례입니다. 그러나 새 언약 시대에는 세례가 그 자리를 대신합니다(골 2:11~15). 예수

---

117) 안디옥교회가 요청한 구원의 조건으로서의 할례 문제를 해결하는 사도와 장로들의 모임을 흔히 예루살렘 공회라 한다. 이 회의가 교회 역사에 나타나는 공회의와 같은 모임이라고는 말하기 어렵다. 그럼에도 불구하고 교회 회의의 원리를 가르친다는 점에서는 교회 회의의 기원으로 이해해야 한다.

118) 디모데와 디도에게 각각 다르게 행한 바울의 행적에 대해 대개의 주석가들은 유대인과 이방인에게 복음을 전하기 위해 디모데와 디도에게 그렇게 했다고 주장한다. 물론, 이는 개연성 있는 주장이다. 이러한 주장을 반대할 이유는 없지만, 오히려 옛 언약과 새 언약의 중첩기에 일어난 큰 특징으로 이해해야 한다.

님께서도 지상 대 명령에서 세례가 교회 건설의 두 기둥 중 하나임을 가르쳤습니다(마 28:19). 옛 언약이 종결되지 않았기에 유대인들에게(옛 언약 백성들) 할례는 여전히 유효합니다. 그러나 새 언약 백성인 이방인들에게는 세례를 베풀어야지 할례를 행해서는 안 됩니다. 이것이 바울이 디모데에게는 할례를 행하고, 디도에게는 할례를 행하지 않은 이유입니다. 곧, 옛 언약이 종결되지 않았고, 새 언약은 출발했기 때문입니다.

### (2) 음식

유대인의 삶에서 가장 일상적인 문제는 음식과 관련됩니다. 옛 언약 백성들은 매우 엄격한 음식 규례를 지키며 살았습니다. 정결한 음식과 부정한 음식 규례는 무엇을 먹어야 하고, 무엇을 먹지 말아야 할지를 알려줍니다(레 11장, 신 14:3~21). 소고기는 먹지만 돼지고기는 먹지 못합니다. 생선 중에서 비늘과 지느러미가 있는 것은 먹지만 지느러미와 비늘이 없는 것은 먹지 못합니다. 독수리와 솔개 등은 먹지 못합니다.

음식 문제는 고린도교회와 로마교회의 분쟁 요인 중 하나였습니다. 고린도서가 우상의 제물을 어떻게 바라보아야 할 것인지를 정리했다면, 로마서는 좀 더 넓은 관점 곧 옛 언약과 새 언약 아래에서 음식법을 어떻게 이해해야 할지를 가르쳤습니다(고전 8장, 롬 14~15장). 사실, 음식법은 독립된 문제가 아닙니다. 이는 모든 구약 율법을 어떻게 바라보아야 할지를 가늠하는 기준입니다.

고린도전서 8장에서 바울은 강한 자들의 자유가 약한 자들에게 거치는 것이 되지 않아야 한다고 권면합니다(고전 8:9). 사도의 가르침은 식물, 곧 음식에 대한 옛 시대의 규례가 새 언약 시대를 맞이하여 크게 변화되었음을 은근히 알려줍니다. 하지만, 로마서 14장은 더 구체적입니다. 고린도전서가 우상의 제물을 먹을 수 있느냐 없느냐의 문제를 다룬 반면, 로마서는 구약 음식법 전체를 다룹니다. 하나님께서는 먹는 자나 먹지 않는 자나 모두를 받으셨습니다(롬 14:3). 그러니 식물로 형제를 망하게 하면 안 됩니다(롬 14:15). 만물이 모두 정하지만, 거리낌으로 먹는 사람에게는 악합니다(롬 14:20). 그러므로 강한 자가 약한 자의 약점을 담당해야 합니다(롬 15:1).

사도 시대는 구약의 음식법을 지키는 성도들과 그 법에서 자유한 성도들이 공존했습니다. 유대인으로서 교회의 성도가 된 이들과, 이방인이면서 교회 성도가 된 경우에 음식법은 자연스럽게 논쟁의 대상일 수밖에 없습니다. 사도들은 바로 이 문제를 해결합니다. 새 언약 아래에서 음식법이 어떻게 변화되었는지 사도들은 잘 알았습니다. 그러나 유대인이면서 성도가 된 이들은 옛 법을 지키려고 했습니다.

사실, 음식 문제는 예수님의 공생애 때에도 작은 문제가 아니었습니다. 예수님께서는 세리와 죄인들과 더불어 먹다가 바리새인과 서기관들에게 원망을 들었습니다(눅 15:1~2). 제자들은 떡을 먹으면서 손을 씻지 않음으로 계명을 범한다는 비판을 받았습니다(마 15:1~20). 이러한 사건들이 일어날 때마다 주님께서는 음식법의 원래 취지를 설명하셨고, 한 걸음 더 나아가 새 시대의 음식법에 대해 풍성히 가르치셨습니다. 모든 식물은 깨끗합니다(막 7:19). 사람을 부정하게 만드는 것은 식물이 아니라 죄입니다(막 7:20~23).

음식법은 먹는 문제이면서 동시에 구속의 비밀을 드러내는 방편이기도 합니다. 베드로는 보자기 같은 그릇에 담긴 짐승들을 먹지 않았습니다(행 10:9~16). 그 그릇에는 정결한 것과 부정한 것이 함께 있었기 때문입니다. 그러나 하나님께서는 그것들을 깨끗하게 했다고 선언하셨습니다(행 10:15). 그 환상과 더불어 베드로는 이방인 고넬료의 집에 초대되었고, 그곳에서 복음을 전했습니다. 그러자 이방인 고넬료의 집에 성령님께서 임하셨습니다. 베드로는 이를 두고, "우리와 같이 성령을 받았으니 누가 능히 물로 세례 줌을 금하리요"라고 했습니다(행 10:47).

이처럼 음식법은 사람과 관련된 법이기도 합니다. 마치 짐승과 관련된 법이 사람에 관한 법의 상징적 표이듯이 말입니다. 사도 바울은 곡식 떠는 소의 입에 망을 씌우지 말라는 구약 말씀을 자신의 사도 직분과 사례 문제로 연결했습니다(신 25:4, 고전 9:9~10, 딤전 5:17~18). 음식법도 마찬가지입니다.

먹는 문제는 근본적으로 의와 평강과 희락을 지향합니다(롬 14:17). 진정한 하늘 양식은 주님의 몸과 피입니다(요 6:52~58). 성찬은 의와 평강과 희락을 제공하는 천상의 밥상입니다. 이렇듯 음식법도 계시의 점진성을 이루는 한 부분입니다. 먹을 수 있는 것과 없는 것으로 구별된 시대에서 모든 것을 먹을 수 있는 시대로 나아갑니다. 모든 것을 먹지만 하늘 백성들만이 먹을 수 있는 구별된 음식이 새롭게 주어졌습니다. 성찬입니다.

옛 언약 아래에서 음식법은 문자 그대로 지켜졌습니다. 그러나 새 언약 시대에는 그 법이 더 풍성한 계시를 함의합니다. 옛 법은 그리스도를 통하여 완성되고, 새 법은 교회를 통하여 출현합니다. 옛 언약 백성이 하나님과 맺은 언약을 완전히 파기하고 그에 상응하는 대가인 언약의 저주를 받음으로, 유대인들이 누리는 언약 지위는 사라집니다. 예루살렘 성의 황폐와 성전의 파괴는 옛 언약이 종료되었음을 알리는 표입니다. 하나님과 유대인들이 맺은 언약은 파기되어 그 효력을 상실해 갑니다. 언약의 대상이 유대인에서 교회로 바뀝니다. 옛 언약이 종결되지 않았고, 새 언약은 출발한 언약 중첩의 시기에 음식법도 한 자리를 차지합니다.

여전히 구약의 음식법을 지키려는 믿는 유대인과 그 법에서 자유로운 이방인 그리스도인 사이에는 충돌이 일어날 수 있는 여지가 많았습니다. 새 언약의 법이 성취되는 시대가 오면, 옛 법은 사라져야 합니다. 그래서 바울도 먹는 문제를 다루면서 결론을 이렇게 제시합니다. "하나님의 나라는 먹는 것과 마시는 것이 아니요 오직 성령 안에서 의와 평강과 희락이라"(롬 14:17).

먹고 마시는 것으로 하나님 나라를 설명하던 시대가 지나고, 성령 안에서 의와 평강과 희락을 맛보는 새 시대가 왔습니다. 언약의 중첩기에는 옛 법을 따라 음식을 대하는 이들이 있는가 하면, 새 법을 따라 음식을 대하는 이들이 공존했습니다. 옛 법이 완전히 사라질 예루살렘 멸망 전, 성전 파괴 전, 유대인들에게는 여전히 옛 법이 허용되었습니다.

### (3) 땅

예수님께서는 약속의 땅 가나안에서 태어나셨습니다(눅 2:1~7). 그곳에서 율법을 따라 할례를 받으셨고, 결례의 날을 지키셨으며, 제사를 드렸습니다(눅 2:21~24). 비록 로마의 압제 가운데 있지만 가나안은 여전히 약속의 땅이었습니다. 예수님께서는 유대와 사마리아와 갈릴리를 다니면서 천국 복음을 전하셨습니다(마 4:12~25). 주님은 가나안을 종횡무진하시며 천국의 비밀을 알리셨습니다.

가나안은 아브라함에게 약속된 이래, 옛 언약 백성이 정복해야 할 영역이었습니다. 여호수아의 인도로 가나안에 입성한 백성들은 사사 시대를 지나면서 정복에 실패합니다. 다윗이 가나안을 완전히 정복하고, 드디어 하나님의 나라가 땅 위에 세워졌습니다. 솔로몬이 지은 성전은 하나님 나라의 집약이었습니다. 가나안은 성전처럼 변화되어야 합니다. 그러나 나라는 분열되었고, 두 왕국 모두 멸망했습니다. 제국들의 지배 아래 약 600년에 가까운 시간이 흘렀습니다. 그리고 예수님께서 그 땅에 오셨습니다. 하나님의 왕국으로 회복되어야 할 가나안은 이미 너무나 피폐할 대로 피폐해졌고, 왕국의 모습을 상실했습니다.

그곳에 수많은 이방인들이 거주했고, 그 이방인들의 문화와 삶이 언약 백성들의 삶에 깊게 들어와 있었습니다. 세례 요한은 유대 광야에서 천국이 가까웠다고 선언하며 회개를 강력히 요구했습니다. 진정한 아브라함의 자손이 되라고 경고했습니다 (마 3:1~12). 성령과 불로 세례를 주실 분이 곧 오신다고 예고했습니다. 언약 백성들의 신앙은 껍질만 남았습니다. 백성들의 주류는 믿음을 상실했고, 소수의 신실한 남은 자들만 있었습니다. 왕의 나라에 왕이 왔지만, 많은 백성은 알아보지 못했습니다. 알아보지 못했을 뿐 아니라 거부했습니다. 어떤 동네는 주님께서 많은 권능을 베푸셨지만 회개하지 않았습니다(마 11:20).

가나안 땅의 핵심은 예루살렘입니다. 복음서는 예루살렘의 상태를 적나라하게 보여줍니다. 예루살렘으로부터 온 바리새인과 서기관들은 예수님을 구주로 모시기는커녕 시비를 겁니다(마 15:1~2). 시간이 흐르면서 유대 지도자들은 예루살렘의 참 주인이신 주님을 죽이려 모의합니다(마 20:18~19, 22:15, 26:3~5). 예루살렘은 영적으로 황폐했습니다. 결국, 주님은 골고다에서 십자가형을 받았습니다.

주님의 죽음과 부활, 그리고 승천 이후에도 가나안은 여전히 약속의 땅으로 기능합니다. 오순절에 흩어진 유대인들이 절기를 지키기 위해 예루살렘으로 왔습니다(행 2:5). 오순절에 성령님께서 새 언약 공동체에게 임하셨습니다. 이때부터 땅에 대한 변화가 일어납니다. 교회는 더 이상 땅을 소유하지 않습니다. 교회는 땅을 팔아 가난한 이들을 돕습니다. 새 언약 공동체는 땅을 팔고 형제를 삽니다(행 4:32~37). 왜냐하면, 진정한 하나님 나라는 가나안이 아니라 교회이기 때문입니다. 새로운 시대가 왔습니다.

예수님께서는 새로운 처소를 예비한다고 말씀하셨습니다. "내 아버지 집에 거할 곳이 많도다"(요 14:2)라는 주님의 선언은 의미심장합니다. 복음서에서 '아버지 집'은 성전을 지칭하는 용어입니다(눅 2:49). 새로운 성전, 곧 아버지 집에 거할 곳이 많기에 그곳에 하나님의 백성들을 위한 처소가 예비됩니다(요 14:3). 새로운 성전은 바로 교회입니다. 교회는 새로운 아버지의 집입니다. 그러므로 이제는 가나안이 아니라 교회가 새로운 땅입니다. 교회는 성령님께서 거처를 삼으신 새로운 성전입니다. 교회야말로 진정한 가나안입니다. 그럼에도 불구하고 여전히 옛 시대의 법에 매여 성령님을 속이는 이들도 있습니다. 아나니아와 삽비라 부부입니다(행 5:1~11). 그러니 성령님과 교회를 속인 아나니아와 삽비라는 거룩한 땅에 더 이상 머물지 못합니다.

성전 파괴와 예루살렘 성의 황폐가 가까울수록 교회는 가나안을 떠납니다(행 8:1). 이방인의 사도인 바울은 준비되고, 할례자의 사도인 베드로조차도 출(出) 예루살렘 합니다(행 12:17).[119] 가나안은 여전히 하나님의 왕국이지만 다른 한편으로 새로운 하나님의 왕국이 출현했습니다. 예루살렘 멸망은 가나안 땅이 누린 특권을 교회에게 이양하는 전환점입니다. 언약 중첩의 또 다른 측면입니다.

---

119) 베드로의 출 예루살렘에 대한 구속사적 의미는 다음 책을 참고하라. 황창기, 『예수님, 교회 그리고 나』,(서울: 성광문화사, 2005), 141~158. 송영목, 『신약신학』,(서울: 도서출판 생명의 양식, 2016), 251~254.

## (4) 직분

왕, 제사장, 선지자는 하나님의 왕국인 이스라엘의 직분자들입니다. 예수님께서 세례 요한으로부터 세례를 받으실 때, 성령님께서 충만히 임하셨습니다. 그리하여 주님은 기름 부음을 받은 분이 되셨습니다. 곧, 진정한 왕, 제사장, 선지자가 되셨습니다. 하지만, 여전히 왕이 나라를 다스렸고, 대제사장들도 그 권위를 누리며 활동하고 있으며, 선지자도 사역 중이었습니다.

예수님께서 십자가에서 죽으시고, 부활하시고, 승천하신 후에도 제사장들은 여전히 활동했고, 왕도 있었습니다. 하지만 새 언약 아래에서 직분은 전혀 다른 형식을 취합니다. 사도와 선지자들, 그리고 복음 전하는 자들이 있었고, 감독 혹은 장로와 집사들이 등장했습니다. 옛 언약 시대의 직분이 새 언약 시대의 직분으로 바뀝니다.

직분의 변화는 직분의 문제에만 국한되는 것이 아닙니다. 그것은 하나님 나라의 기본 골격의 변화를 가져옵니다. 예수님 안에서 모든 구약 직분이 완성되고, 예수님으로부터 새로운 직분이 등장합니다. 곧, 인간 왕이 다스리는 하나님의 왕국은 사라집니다. 대신 사도들이 다스리며, 이어 감독인 장로들이 하나님의 왕국인 교회를 다스립니다. 바로 이러한 이유로 사도 바울은 로마교회에게 위에 있는 권세에게 복종할 것을 권합니다. 바로 세속 정부에 대한 가르침입니다(롬 13:1~7).[120]

---

120) 세속 정부에 대한 사도 바울의 가르침은 지정된 땅에서, 선택받은 왕에 의해 통치되던 시대가 끝났다는 의미도 포함한다. 바울은 왕국과 교회가 하

제사장들은 예수님의 십자가 처형 사건의 일등 공신들입니다. 이들이 중심이 된 공회는 메시아를 거절함으로 하나님과 맺은 언약을 완전히 파기했습니다. 그로 인해 하나님께서는 언약의 저주로 이들의 봉사 영역(성전과 땅)을 파괴하십니다. 예수님께서는 조만간 이 언약의 저주가 임할 것을 경고하셨습니다(마 23장).

언약의 중첩기에는 옛 언약 아래에서의 직분적 봉사가 유지됩니다. 동시에 새 언약 규례를 따라 새로운 직분이 등장합니다. 그러나 옛 언약이 종결되면, 옛 언약 아래에서의 모든 직분은 그 권위와 영광이 사라집니다. 그러므로 새 언약 시대에 옛 직분을 자랑하는 것은 악하고 어리석은 행동입니다. 옛 언약 아래에서의 직분과 새 언약 아래에서의 직분이 공존하는 시대가 1세기입니다. 우리는 이를 '언약 중첩기'라 부릅니다.

## (5) 성전

성전과 예수님의 관계는 흥미롭습니다. 예수님께서는 열두 살 때 성전을 "내 아버지 집"이라 하셨습니다(눅 2:49). 그 성전을 주님은 장사하는 집이라 평가하셨고, 자기 육체야말로 진정한 성전이라 하셨습니다(요 2:16,21). 후일, 예수님께서는 성전을 향하여 강도의 굴혈이 되었다고 선언하셨습니다(막 11:17). 하지만, 제자들은 그 성전의 아름다움을 주님께 말합니다(눅 21:5). 예수

---

나이던 시대는 지나고 교회는 세속 국가 안에서 탄생하고 자라며 존재함을 가르친다.

님께서는 그 성전이 돌 하나도 돌 위에 남지 않고 무너질 것을 말씀하셨습니다(마 24:2, 막 13:2, 눅 21:6).

그럼에도 불구하고 오순절 성령 강림 이후, 교회는 날마다 마음을 같이하여 '성전'에 모이기를 힘썼습니다(행 2:46). 베드로와 요한은 정한 기도 시간에 성전에서 기도했습니다(행 3:1). 사도들은 여전히 성전에서 가르쳤습니다(행 5:25).

심지어 이방인의 사도인 바울조차도 겐그레아에서 머리를 깎는 옛 언약 아래에서의 규례를 지켰습니다(행 18:18). 바울이 세 번째 복음 전파 여행을 마치고 예루살렘에 돌아왔을 때, 다른 사도들은 바울에게 서원한 네 사람과 함께 결례를 행할 것을 권했습니다. 바울은 사도들의 이 제안을 기꺼이 받아들입니다(행 21:23~26). 바울의 결례 사건에 대한 말씀은 의미심장합니다. "바울이 이 사람들을 데리고 이튿날 저희와 함께 결례를 행하고 성전에 들어가서 각 사람을 위하여 제사드릴 때까지의 결례의 만기된 것을 고하니라"(행 21:26). "성전에 들어가서", "제사드릴 때까지의", "결례의 만기된 것을 고하니라"라는 말씀 모두는 성전과 율법을 여전히 존중하고 지키는 사도의 모습입니다.

얼마 있지 않아 바울은 고소당했고, 재판에 회부되었습니다. 사도 바울은 재판 과정 중 스스로 변호하며 말하길, "내가 내 민족을 구제할 것과 제물을 가지고 와서 드리는 중에"라고 했습니다(행 24:17~18). "제물을 가지고 와서 드리는 중에"라는 말씀은 사도가 여전히 옛 규례인 제사를 긍정하고 있다는 가장 확실한 증거입니다. 바울은 성전에서 옛 언약의 법을 따라 결례를 행했습니다.

다른 한편으로 예수님께서는 사마리아 여인과의 대화에서 "이 산에서도 말고 예루살렘에서도 말고 너희가 아버지께 예배할 때가 이르리라"라고 하셨습니다(요 4:21). 신령과 진정으로 예배할 때가 온다고 하셨습니다(요 4:23~24). 곧, 성전 예배의 시대가 이른 시기에 끝날 것을 말씀하셨습니다. 사도 바울은 에베소교회를 향해 "성전이 되어가고"라고 했습니다(엡 2:21~22). 또한, 고린도교회를 향하여 "하나님의 성전"이라 부릅니다(고전 3:16~17, 고후 6:16).

언약의 중첩기에는 성전이 세 개가 있었습니다. 예루살렘 성전, 예수님, 교회입니다. 그러나 옛 언약 시대가 끝나면 예루살렘 성전은 사라질 것이며, 주님은 승천하셔서 하늘 보좌에 계시고, 이 땅에 그리스도의 몸인 교회만이 유일한 성전이 될 것입니다. 그러므로 예루살렘 성전 파괴는 옛 언약과 새 언약의 경계를 가르는 기준입니다.

1. 하나님과 이스라엘은 언약을 맺었습니다. 이스라엘 백성들이 언약을 파기하면, 언약의 저주를 받습니다. 언약의 저주 중 가장 무거운 것은 무엇입니까?

2. '언약의 중첩'이라는 말의 의미를 설명해 보세요.

3. "여자의 후손은 네 머리를 상하게 할 것이요"(창 3:15)라는 말씀은 어떻게 성취되었습니까?

4. 족장들에게 주신 언약을 한마디로 요약해 보고, 시내산에서 주신 언약과 연결하여 설명해 보세요.

5. 다윗 언약이 예수님을 통하여 어떻게 성취되었습니까?

6. 히브리서 8장 13절과 9장 10절을 통하여 옛 언약과 새 언약의 관계를 설명해 보세요.

7. 언약은 다양한 요소들로 구성됩니다. 특히 두 가지 요소(첫째 언약 조건, 둘째 복과 저주)의 내용을 정리해 보고, 그 두 요소가 어떻게 상호 연관되는지 정리해 보세요.

8. 사도 바울은 예루살렘 공회의(행 15장)의 결정을 따라 이방 교회를 섬겼습니다. 그러나 그는 디모데에게 할례를 행했지만(행 16:3), 디도에게는 할례를 행하지 않았습니다(갈 2:3). 할례를 언약의 중첩이라는 관점에서 설명해 보세요.

9. 땅의 관점에서 옛 언약 시대와 새 언약 시대의 차이를 정리해 보세요.

10. 성전과 관련하여 언약의 중첩기를 설명해 보세요.

제9장

# 예루살렘 멸망과 이스라엘의 미래[121]
## - 마가복음 13장을 중심으로 -

## 감람산 강화와 성전 파괴

예수님의 감람산 강화는 예루살렘 멸망 곧 성전 파괴에 대한 계시입니다. 예수님께서는 성전 파괴를 말씀하시기 직전 예루살렘 성의 파괴를 선언하셨습니다.

"예루살렘아 예루살렘아 선지자들을 죽이고 네게 파송된 자

---

121) 필자가 이 주제를 본서의 한 장(Chapter)으로 다루게 된 데는 여러 이유가 있다. 그 중 가장 중요한 이유는 구속역사에서 예루살렘 멸망은 예수님의 탄생과 죽음 그리고 부활과 오순절 성령 강림만큼이나 중요하다고 판단했기 때문이다. 주님의 탄생과 죽음 그리고 부활이 역사 속에서 일어난 단회적 사건이듯이 예루살렘 멸망도 단회적 사건이다. 이는 계시적 측면에서 시대를 구분하는 전환점이다.

들을 돌로 치는 자여 암탉이 그 새끼를 날개 아래 모음 같이 내가 네 자녀를 모으려 한 일이 몇 번이냐 그러나 너희가 원치 아니 하였도다 보라 너희 집이 황폐하여 버린 바 되리라"(마 23:37~38)

예수님께서 예루살렘이 황폐하게 될 것이라는 말씀에 이어 감람산 강화를 하셨기에, 우리는 자연스럽게 감람산 강화가 예루살렘 멸망에 대한 말씀으로 받아들입니다. 그러나 일반적으로 감람산 강화를 성전 파괴에 대한 계시만으로 이해하지 않습니다. 대개 주님의 감람산 강화에는 두 내용이 겹쳐 있다고 생각합니다. 곧, 성전 파괴와 예수님의 재림입니다.

그렇기에 어디까지가 성전 파괴를 말하는 구절이며, 어느 구절부터 재림에 대한 것이냐의 문제로 많은 논쟁이 있었습니다. 어떤 이들은 10절의 "또 복음이 먼저 만국에 전파되어야 할 것이니라"라는 말씀부터 예수님의 재림으로 이해합니다(참고, 마 24:14).[122] 21세기를 살아가는 지금까지 복음이 만국에 전파되지 않았다고 생각합니다. 그래서 온 세상에 선교사를 파송하여 복음을 전해야 하는 근거로 이 구절을 해석합니다. 이러한 해석은 모든 민족에게 복음이 전해지면, 주님의 재림이 임박했다는 자연스러운 결론에 이르게 합니다. 또 어떤 이들은 24절부터 예수님의 재림에 대한 가르침으로 생각합니다. "그때에 그 환난 후

---

122) 이 본문에 대한 정확한 해석과 의미는 다음 책을 참고하라. 권기현, 『선교, 교회의 사명』, 70~84.

해가 어두워지며 달이 빛을 내지 아니하며"라는 말씀입니다(참
고, 마 24:29). 곧, 천지 대(大)격변에 대한 가르침을 예수님의 재
림 때에 일어날 사건으로 해석한 것입니다.

이와는 다르게, 모든 가르침이 1세기 당시에 이미 이루어졌다
고 이해하는 해석이 있습니다. 감람산 강화가 예수님의 재림이
아니라 예루살렘 멸망 곧 성전 파괴에 대한 가르침이라 생각하
는 것입니다.

정리하면, 감람산 강화는 크게 두 가지 견해로 압축됩니다.
하나는 감람산 강화 전체를 예루살렘 멸망과 성전 파괴에 대한
계시로 이해하는 것이요, 다른 하나는 예루살렘 멸망과 성전 파
괴에 대한 가르침과 예수님의 재림에 대한 가르침 곧 두 주제가
함께 계시되었다는 견해입니다.

## 감람산 강화에 대한 간략한 해석
### (1) 돌 하나도 돌 위에 남지 않고 |1~2절|

모세가 하나님으로부터 설계도를 받아 건축한 성막을 이어받
은 건물이 성전입니다(출 25:9). 성막이 하나님의 계시를 따라
지었듯이, 성전도 다윗이 하나님으로부터 설계도를 받아 솔로
몬이 지었습니다(대상 28:19).

근원적으로 성막과 성전은 에덴동산의 재현입니다.[123] 이는 어
떤 모양이나 형식이 비슷하다는 의미보다, 에덴동산이 담고 있

---

123) 에덴이 성막과 성전에서 재현된다는 주장은 다음 책을 참고하라. 그레고리
빌·미첼 킴, 『성전으로 읽는 성경 이야기』. 그레고리 빌, 『성전신학』.

는 여러 신학적 의미들이 성막과 성전에 그대로 재현되었다는 뜻입니다. 그래서 동산 → 성막 → 성전으로 이어지는 구도는 세 가지 공간을 이해하는 열쇠이기도 하거니와 성경 전체의 중요한 주제이기도 합니다.

모세의 성막은 기원전 1,446년에 만들어졌고, 성전은 솔로몬에 의해 기원전 966년에 건축이 시작되어 7년이 지난 960년에 완공되었습니다(왕상 6:1,38). 그러다 바벨론의 느부갓네살 왕에 의해 기원전 586년에 파괴되었습니다. 70년 뒤, 포로에서 돌아온 이들이 성전을 재건합니다. 재건된 성전은 옛 영광을 회복하지 못했고, 기원전 331년에 알렉산더 대왕의 침공으로 다시 파괴됩니다. 헬라 제국의 붕괴로 로마가 그 자리를 대신하는 틈인 기원전 168년부터 약 100년간 유대 지역은 독립국 지위를 누립니다. 이 시기가 바로 마카비 시대입니다. 이때, 헬라의 알렉산더 대왕에 의해 파괴된 성전을 재건하고 보수합니다. 그 후, 헤롯 대왕이 로마를 대신하여 유대 땅을 통치하면서 완전히 새로운 성전을 건축하기 시작하여 기원후 64년에 완공합니다. 기원후 70년, 이 성전은 로마의 장군 디도에 의해 완전히 파괴되어, 예수님의 말씀처럼 돌 하나도 돌 위에 남지 않게 되었습니다.

성막과 성전은 제사가 드려지는 장소이며, 하나님의 임재 공간이요, 직분적 봉사가 이루어지는 현장입니다.[124] 성전은 제사

---

124) 성막과 성전은 하늘의 모습을 땅 위에 옮겨 놓은 것이다. 언약 백성들은 성전을 보면서 하늘 왕국의 모습을 자신들의 왕국에 아로새겨야 한다. 그러므로 성전이 계시하는 하나님 나라의 모든 원리는 가나안 땅의 각 도시

를 통하여 지속적으로 대속의 은혜를 가르칩니다. 제사는 이스라엘 백성의 삶에서 일상입니다. 이들은 제사로 하루를 시작하고 마치며, 매월 첫날과 절기 때마다 제사를 드립니다. 제사는 크게 두 가지 의미가 있는데, 죄를 속하는 것과 감사의 표입니다. 짐승이 사람을 대신하여 피를 흘려 죽음으로 사람의 죗값을 대신 집니다. 죄인은 자신을 대신하여 짐승을 죽게 함으로 자신의 죄가 사라지게 하는데, 이것이 바로 속죄이며, 대속입니다. 하나님께서는 제사를 통하여 옛 언약 백성에게 대속의 큰 원리를 가르쳤습니다. 이 대속은 예수님을 지향하며, 예수님을 통하여 완성됩니다. 예수님께서 자기 백성의 죄를 대신 지고 십자가 위에서 죽으심으로 구약의 모든 제사를 성취하셨습니다. 그분이 화목 제물이 되셔서 단번에 죽으심으로 자기 백성의 죄가 모두 사라졌습니다.

성전은 기본적으로 하나님의 보좌 앞에서 죄인이 의인으로 변화되는 길을 알려줍니다. 그러니 성전 제사가 중단되어서는 안 됩니다. 성전 제사가 중단된다는 것은 복음의 길이 더 이상 제시되지 않는다는 뜻입니다. 또한, 성전 제사는 왜곡되어서도 안 됩니다. 이는 복음을 왜곡하는 것입니다. 하나님께서 언약 백성들이 제사를 드리기 위해 성전으로 나아오는 것을 싫어한다는 선지자 이사야의 말씀은 제사가 갖는 원래의 의미를 언약 백성

---

들로 확산되어야 하고, 종국에는 가나안 전역이 성전처럼 변화되어야 한다. 성전에 대한 이러한 이해는 오늘날 우리에게도 큰 원리를 제공한다. 교회는 새 성전이다. 그러니 교회는 성전의 원리로 충만해야 된다.

들이 왜곡하고 타락시켰다는 뜻입니다(사 1:10~17). 이는 곧 복음의 왜곡이요, 변질입니다.

또한, 성전은 하나님의 영광으로 가득해야 합니다(출 40:34~35, 왕상 8:10~11). 이는 하나님의 임재를 의미합니다. 그래서 하나님의 영광이 떠나는 것은 하나님께서 떠났다는 뜻입니다(겔 8:3~4, 10:4,18~19, 11:16,22~23). 하나님의 영광이 성전을 떠났다는 것은 더 이상 그곳이 하나님의 집으로서의 기능을 상실했다는 뜻입니다. 신약 시대가 되면, 예수님께서 하나님의 영광을 가득 담은 참 성전이 되십니다(요 1:14, 2:19~21). 이후 새 언약 백성인 교회가 여호와의 영광이 가득 찬 성전이 됩니다. 그러므로 교회는 하나님이 임하시는 거룩한 공동체이고, 주님의 몸입니다.

더불어 성전은 직분적 봉사가 가장 강력하고 온전하게 이루어지는 공간입니다. 제사를 집례하는 제사장과 그 외에 다양한 봉사자들이 있었습니다. 문지기, 성물을 관리하는 사람, 찬양대, 각종 기구를 관리하는 사람들 등 모든 이들이 성전에서 봉사합니다. 우리가 성전에서 봉사하는 사람들의 직무를 생각하면서 가장 먼저 이해해야 할 내용은, 그 봉사자들의 봉사가 지향하는 지점입니다. 곧, 제사장과 찬양대와 문지기와 기구를 관리하는 사람들과 십일조와 헌물을 관리하는 사람들의 사역은 한 방향을 바라봅니다. 하늘나라를 땅 위에 아로새기는 일입니다. 이들은 모두 하나님 나라를 드러내는 사역을 합니다.

예수님께서 이 성전이 돌 하나도 돌 위에 남지 않게 될 것이라 말씀하셨습니다. 이것은 무엇을 의미합니까? 성전이 더 이상 대속의 은혜가 넘치는 곳이 아니라는 뜻입니다. 하나님 나라를 드러내는 사명에 실패했다는 뜻입니다. 성전은 기능을 상실했습니다. 오히려 이곳은 강도의 소굴이 되었습니다. 건물은 매력적이고 화려하지만, 그 본래의 역할을 상실했습니다. 하나님 나라를 보여 주어야 할 봉사자들이 오히려 예수님을 향하여 적개심을 드러냅니다. 제사장들과 서기관들과 율법사들은 끊임없이 예수님을 공격합니다. 하나님의 집 주인이 왔음에도 오히려 공격합니다. 이것이 바로 예수님께서 예루살렘 성전의 멸망을 예고하는 이유입니다. 언약 백성들이 언약을 파기했습니다. 그래서 주님은 그 언약 파기에 대한 심판을 선언하셨습니다. 그것이 바로 예루살렘 성전 파괴입니다.

1절은 제자들의 질문입니다. 제자들은 성전의 아름다운 돌과 헌물로 꾸민 것들을 보았고, 그 아름다움을 자랑하듯이 말합니다(마 24:1, 눅 21:5). 2절은 예수님의 답변인데, 성전 파괴를 말씀합니다. "네가 이 큰 건물들을 보느냐 돌 하나도 돌 위에 남지 않고 다 무너뜨려지리라". 찬미와 파괴는 대조적입니다. 찬미는 지속성과 발전성 혹은 영화롭게 됨을 지향하지만, 파괴는 단절과 종결을 의미합니다.

성전이 파괴된다는 말씀은 하나님의 구속역사가 변곡점에 다다랐다는 뜻입니다. 성전 파괴는 백성들의 포로 생활이 시작되었다는 뜻이요, 하나님 나라의 상실을 의미합니다.[125] 또한, 성전 파괴는 옛 백성들이 버림받고 새로운 백성들이 부름받는다는 의미입니다. 제자들은 이러한 내용을 제대로 깨닫지 못했습니다.

새 술은 새 부대에 넣어야지, 옛 부대에 넣으면 부대도 버리고 새 술도 버립니다. 헤어지고 낡은 헌 옷은 버려야지 새 옷을 오려다가 헌 옷에 대어 기워 입는 법은 없습니다. 주님은 지속적으로 성전이 제 기능을 못한다고 가르쳤고, 성전이 파괴될 것도 말씀했습니다. 그런데 제자들은 이것을 아름답다고 하며, 더 영광스럽게 만들 수 있다고 합니다. 주님이 버린 것을 제자들은 좋은 것이라 합니다. 이것이 제자들의 한계요, 잘못입니다. 이러한 제자들의 모습은 성령님의 강림을 통하여 교정됩니다.

(2) 성전 파괴의 전조들 |3~8절|

주님은 성에서 나와 감람산에서 성전을 보며 앉으셨습니다. 주님의 이러한 행동은 여호와의 날이 이를 것이라는 스가랴 예언의 성취입니다(슥 14장).[126] 충격적인 말씀을 들은 제자들은 주

---

125) 솔로몬 성전이 느부갓네살 왕에 의해 파괴될 때, 언약 백성들은 포로가 되어 바벨론으로 잡혀갔다. 그와 동시에 유다 왕국은 사라졌다. 유다 왕국은 하나님 나라였다. 그러니 성전의 파괴는 단순히 한 건물의 파괴가 아니라 하나님 나라의 상실을 의미한다.

126) 스가랴 14장은 여호와의 날에 대한 예언으로 예루살렘과 열국의 회복을 말씀한다. 여호와의 날에 이방이 예루살렘을 공격하고, 그 전쟁에 하나님께서 개입하신다. 그리고 여호와께서는 감람산에 서시고 지진으로 심판하신다. 하나님께서는 이방을 사용하여 예루살렘을 심판하신다. 심판의 막

님께 조용히 묻습니다. "어느 때에 이런 일이 있겠사오며 이 모든 일이 이루려 할 때에 무슨 징조가 있사오리까". 시간과 일어날 일에 대해 묻습니다. 마태복음에서는 "주의 임하심과 세상 끝에는 무슨 징조가 있사오리이까"라고 했습니다(마 24:3). 제자들의 질문은 '때'와 '징조'에 대한 것입니다.

첫 번째 징조는 적그리스도의 출현입니다(5~6절). 그리스도를 사칭하는 자들이 많은 사람을 유혹합니다. 사도행전과 요한일서는 이러한 사실을 구체적으로 알려줍니다(행 5:34~37, 8:9~10, 요일 2:18~26). 특히, 요한일서에서는 "지금도 많은 적그리스도가 일어났으니"라고 했습니다(요일 2:18). 성전 파괴 전, 적그리스도가 출현할 것이라는 주님의 말씀은 실제로 이루어졌습니다. 이는 유대인들이 하나님의 언약에 충성하지 않음으로 생긴 현상입니다.

두 번째 징조는 전쟁과 자연재해입니다(7~8절). 7절의 "난리와 난리 소문"은 전쟁과 전쟁의 소문이라는 말입니다. 8절에서 이를 더 구체적으로 설명하는데, "민족이 민족을, 나라가 나라를 대적하여"라고 했습니다. 쉽게 말해, 성전 파괴 이전에 전쟁이 일어납니다. 8절에서는 다른 내용도 말씀합니다. "지진이 있으며 기근이 있으리니". 이러한 일들은 재난의 시작입니다.

구약 성경에서 지진은 하나님의 찾아오심과 심판을 의미합니다(출 19:18, 민 16:30). 사도들이 산헤드린 공회로부터 심문을 받

---

대기로 사용된 이방은 후에 하나님이 심판하신다. 여호와의 날이 지난 후, 예루살렘의 남은 자들과 이방인들은 함께 초막절을 지킨다.

고 석방되어 돌아와 온 교회가 기도할 때, 모인 곳이 진동했습니다(행 4:23~31). 바울과 실라가 빌립보 감옥에서 찬송하며 기도할 때, 지진이 나서 옥문이 열렸습니다(행 16:26). 하나님께서는 지진을 통하여 산헤드린 공회(이는 옛 언약 공동체를 의미한다)와 빌립보의 복음 대적자들을 심판하셨습니다.[127]

로마 역사가 타키투스는 주님의 승천 이후부터 AD 70년의 예루살렘 멸망 사이에 일어난 전쟁사를 소개합니다. AD 36년에는 브리타니아(영국), 아르메니아, 게르마니아(독일), 파르티아인들의 모반이, 그 뒤로 AD 37년까지는 아프리카와 크라케 지역의 폭동 및 헤롯 안디바와 나바테아와의 전쟁이 있었습니다. 유대인들의 소요도 여러 번 있었는데, AD 40년에는 가아사랴에서 이만 명의 유대인 사망, 스키토폴리스[128]에서 만 명의 유대인 사망, 갈리굴라가 예루살렘 성전 안에 자기 동상을 세우라고 명

127) 지진이 심판의 표라는 측면에서 엘리야에게 주신 계시는 매우 의미가 깊다. 엘리야는 아합 왕의 배교와 이세벨의 완악함을 보고 스스로 광야로 나가 하나님을 만난다. 그때, 하나님께서는 바람과 지진과 불을 지나 선지자에게 말씀하신다. 그리고 엘리야는 하사엘과 예후와 엘리사를 각각 왕과 선지자로 세우라는 명령을 받는다. 세 사람의 직무는 언약 백성을 징계하는 도구이다(왕상 19:17). 마치 바람, 지진, 불의 심판을 지나 하나님께서 자기 백성에게 말씀하시듯이 하사엘, 예후, 엘리사를 지나 신실한 남은 자들을 모으신다. 오순절 성령님의 강림은 바람과 지진과 불이 한꺼번에 나타난다. 이처럼 지진은 백성들의 터가 교체되는 표이기도 하다. 사도들은 새 언약 공동체(교회)의 터이다(엡 2:20).

128) 스키토폴리스는 벧산을 말한다. 잇사갈 지파에게 주어진 도시였으나 나중에 므낫세 지파가 차지했다. 이곳은 사울이 길보아 전투에서 블레셋 군대에게 패하여 죽은 후, 블레셋 사람들이 사울의 시체를 못 박은 곳이다(삼상 31:9~10).

령했을 때 일어난 소요가 대표적입니다. 지진도 동일합니다. 61
년 소아시아, 62년 폼페이, 67년 예루살렘에서 지진이 있었습
니다. 킴볼은 이를 민족과 국가 간의 전쟁으로 이해했습니다.[129]

전쟁과 자연재해는 언약 백성들에게 언약 저주의 표입니다.
우리가 앞서 신명기 28장과 레위기 26장에서 확인한 바입니다.
흉년은 성경에도 기록되었습니다(행 11:28). AD 44~47년 사이
에 4번이나 흉년이 있었습니다. 이것은 재난의 끝이 아니라 시
작입니다. 이러한 징조는 성전 파괴를 알려주는 표입니다. 이는
옛 언약 백성인 유대인들에게 강력한 경고의 메시지였습니다.

### (3) 또 다른 전조들 |9~13절|

9~13절은 또 다른 전조들을 말씀합니다. 핍박(9절), 만국에
전파되는 복음(10절), 핍박 중 성령님의 인도(11절), 가족 관계의
파괴(12절), 핍박 중 견디는 자에게 주어지는 구원(13절)입니다.

9절의 핍박에서 "공회", "회당", "매질"이라는 용어들은 성전
파괴의 당위를 보여줍니다. 공회나 회당은 옛 언약 백성들을 대
표하는 단체와 공간입니다. 핍박의 주체는 회당과 관장들과 임
금들입니다. 곧, 거짓 교회와 세상입니다(참고, 계 13장). 하나님
나라의 백성이라 자처하는 이들과 그 나라의 본질을 드러내어
야 할 장소에서 참 백성들을 매질합니다. 실제로 제자들은 공
회에 넘겨졌고 회당에서 매질 당했습니다. 예수님과 복음 때문

---

129) 윌리암 R. 킴볼(William R. Kimball), 『당신의 대환난 개념은 전통적인가
    성경적인가』, 김재영 역,(서울: 도서출판 나침반, 1988), 37~38.

에 제자들은 관원과 임금들 앞에 섰습니다. 주님은 공생애 초기부터 핍박에 대해 말씀하셨고, 그러한 일이 실제로 일어났습니다(마 10:17, 행 4:5~7,13~15, 5:16~21, 7:57~60 등등). 바울은 고린도교회에 편지하면서 자신이 받은 핍박을 조목조목 소개했습니다(고후 11:23~24). 제자들이 이런 고난을 받는 이유는 이들이 증인이기 때문입니다(행 1:8, 5:32). 그래서 9절에서 "저희에게 증거되려 함이라"라고 했습니다. 무슨 일에 대한 증인이며, 증거입니까? 옛 언약 백성들에 대한 심판이 시작되었다는 표이며, 그로 인해 옛 시대가 끝나고 새로운 시대가 도래했다는 증거입니다.

10절은 만국에 복음이 전파되리라는 징조입니다. 이 말씀은 오대양 육대주의 전 세계에 복음이 전파된다는 뜻이 아닙니다. 본문과 병행을 이루는 마태복음 24장 14절은 "이 천국 복음이 모든 민족에게 증거되기 위하여 온 세상에 전파되리니 그제야 끝이 오리라"라고 했습니다. 마가복음은 "복음이 먼저 만국에 전파되어야 할 것"이라고 했지만, 마태복음은 천국 복음이 "온 세상에 전파"되어야 한다고 했습니다. 곧, 복음 전파에 대해 마가복음은 "만국"이라 했고, 마태복음은 "온 세상"이라 했습니다.

신약 성경에서 '온 세상'은 세계 방방곡곡이라는 뜻이 아닙니다. 온 세상은 종종 천하만국, 천하, 세상이라는 표현으로 대체되어 사용됩니다. 쉽게 말해, 온 세상은 이방 세계를 의미하며,

신약 성경에서 이방 세계는 로마 전역을 의미합니다.[130] 복음은 예루살렘 멸망과 성전 파괴전에 이미 로마 전역에 온전히 전파되었습니다(롬 1:8, 10:18, 골 1:6,23).[131] 복음이 이미 온 땅에 퍼졌습니다. 사도들은 이 일에 증인입니다. 다르게 표현하면, 사도들은 로마 제국 전역을 다니며 언제나 잃어버린 양, 곧 유대인 회당을 먼저 방문하여 복음을 전합니다. 복음은 사도 시대에 이미 로마 제국 전역에 선언되었고, 옛 언약 백성들 가운데 잃어버린 자들은 교회라는 새로운 언약 공동체를 통하여 새 언약 백성이 됩니다. 이런 이유로 사도 바울은 로마에서 유대인들에게 먼저 복음을 전했고, 드디어 구원을 이방인에게로 보낸다고 선언했습니다(행 28:28).

11절에서는 핍박과 온 세상에 전파된 복음에 이어 "염려치 말고"라고 하십니다. 성령님의 내주하심을 통하여 핍박을 견디는 힘이 생기고, 할 말을 주십니다(요 16:13~16, 행 4:13, 5:27~32). 11절은 성령님의 오심과 그 성령님의 사역에 대한 계시입니다.

이어 12절은 가족 관계의 파괴를 말합니다. "형제가 형제를, 아비가 자식을 죽는 데 내어 주며 자식들이 부모를 대적하여 죽게 하리라"(12절). 이것은 복음의 반대 현상입니다. 가족들 간에

---

130) 권기현, 『선교, 교회의 사명』, 70~84.

131) 데이비드 칠튼(David Chilton), 『낙원의 구속사』, 안영복·이동수 역, (서울: 도서출판 그리심, 2006), 111~112.

서로 죽게 하는 일은 성경이 가르치는 복음의 메시지를 조롱하는 것이요, 전복하는 행위입니다. 구약 성경은 율법 속에 복음의 도리를 많이 심어놓았는데, 가족과 관련된 매우 인상적인 율법으로 '고엘 제도'가 있습니다. 어떤 사람이 땅을 팔아야 될 어려움에 직면하면, 가장 가까운 친족이 기업을 대신 무릅니다. 형이 자녀 없이 죽었을 때, 그 동생이 형수를 취하여 자녀를 낳고, 그 자녀는 형의 자녀가 됩니다. 가까운 가족이 살해당했으면, 가장 가까운 친족이 형제의 피 값을 대신해 살인자를 찾아내어 죽입니다(레 25:24~25, 신 25:5~6, 19:11~13). 이처럼 '구속자(고엘)'는 세 가지를 직무를 가졌는데, 땅, 씨, 복수입니다.

가족 간에 서로 죽이는 원수 관계가 된다는 주님의 말씀은 복음을 거부한 언약 백성들 사이에 일어날 비참을 예고한 것입니다. 마치 구속자의 행위를 조롱하듯이, 가장 가까운 가족들이 서로에게 구속자가 되는 것이 아니라 원수가 됩니다. 율법을 그렇게 소중히 여기고 아끼던 이들이 오히려 율법을 무시하고, 그 율법의 완성이신 참 구속자인 그리스도를 부인합니다. 형제가 형제를, 아비가 자식을 죽는데 내어 주고, 자식이 부모를 대적하는 이 모습은 전형적인 사단의 회가 지닌 모습입니다. 성전 파괴의 전조 중 하나는 가족 관계에 담긴 복음의 비밀을 사라지게 하는 일입니다.

옛 언약 백성의 가족 관계의 파괴는 새 언약 백성들에게 하나의 이정표입니다. 참 복음은 이렇게 참 백성과 거짓 백성을 가르는 새 시대를 엽니다(눅 12:49~53). 주님께서 새 가족을 말씀

하신 이유도 여기에 있습니다(막 3:31~35, 10:30). 가족 관계의
파괴가 일어나도 두려워하지 않고 복음의 길을 가야 하는 것이
새 언약 백성의 삶입니다.

그래서 13절에서 예수님께서는 복음 때문에 모든 사람에게 미
움을 받을 것이지만, 나중까지 견디면 구원을 얻는다고 하셨습
니다. 여기 '구원을 얻는다'는 표현은 사람들의 미움을 잘 견디
는 조건으로 주어지는 것이 아닙니다. 이는 참 교회를 보존하시
는 하나님의 은혜에 대한 선언입니다. 너희로 구원에 이르게 할
것이라는 뜻입니다.

다른 한편으로 13절의 '구원을 얻는다'는 말씀은, 성전 파괴라
는 심판에서 제외된다는 뜻입니다. 옛 언약을 종결짓는 대격변
인 예루살렘 성의 황폐와 성전 파괴에서, 참 하나님의 백성들을
보호하시는 하나님의 은혜로운 선언입니다. 실제로 교회가 핍
박을 받을 때, 참 백성들은 유대와 사마리아와 온 세상으로 흩
어졌습니다(행 8:1). 예루살렘 성도들은 성전이 파괴되기 전, 요
단강 동쪽 펠라로 모두 이주했습니다. 성전 파괴라는 옛 언약
백성들에 대한 하나님의 심판에서 참 백성들은 안전하게 보호
되었습니다.

### (4) 멸망의 가증한 것 |14절|

멸망의 가증한 것이 서지 못할 것에 선 것을 보면 모두 도망하
라고 합니다. "멸망의 가증한 것이 서지 못할 곳에 선 것을 보거

든"이라는 말씀에서 "멸망의 가증한 것"이 무엇인지에 대한 주장은 성경학자들마다 제각각입니다. 예루살렘 성전 파괴와 관련하여 가장 어려운 문제 중 하나입니다. 아주 단순하게 로마 군대 (눅 21:20)로 보거나,[132] 에돔 군대와 유대의 군대 세력이거나,[133]

---

132) 윌리암 R. 킴볼, 『당신의 대환난 개념은 전통적인가 성경적인가』, 69~79. 누가복음 21장 20절은 "너희가 예루살렘이 군대들에게 에워싸이는 것을 보거든 그 멸망이 가까운 줄을 알라"라고 말씀한다. AD 69년에 예루살렘은 로마의 장군 베스파시아누스에 의해 포위되었다. 베스파시아누스가 국내 사정으로 황제가 되면서 급히 로마로 가고, 그의 양 아들인 티투스가 예루살렘을 멸망시켰다. 이러한 사실에 근거하여 멸망의 가증한 것은 로마 군대라 주장한다. 킴볼은 이를 다니엘서와 연결하여 해설한다.

133) 반더발은 누가복음 21장에서 예루살렘이 군대들에 의해 포위되는 것을 말하면서 로마 군대가 아니라 성전을 요새로 바꾼 일군의 유대인들이라 주장한다(반더발, 『반더발 성경연구』 3권, 93~94).
반면, 칠튼은 이스라엘의 오랜 원수인 에돔인들이 예루살렘을 공격한 것으로 이해했다. 누가복음 21장에서 명시적으로 예루살렘이 군대에 에워 쌓인다고 했으니, 그 군대를 AD 68년에 유대인들의 폭동을 진압하려는 에돔인들로 본 것이다. 에돔인들은 2만의 군대로 예루살렘을 포위했고, 폭동 진압 과정에서 8,500명의 유대인이 처참하게 죽었다. 그러면서 요세푸스의 글을 인용하여 이를 증명한다(데이비드 칠튼, 『낙원의 구속사』, 112~114).
요세푸스의 기록을 참고해 보자. 유대 지역의 두 총독 알비누스(60~62)와 플로루스(62~64)의 부임으로 강경한 유대인들이 폭동을 일으킬 환경이 조성된다. 요세푸스는 알비누스 세력을 강도 단체라고 말한다. 공권력으로 사유 재산을 훔치고 약탈했을 뿐 아니라, 전국에 무거운 세금을 부과하였고, 강도죄로 옥살이하는 자들을 돈을 받고 풀어주기도 했다. 이러한 그의 행적은 유대의 모반파를 충동했는데, 모반파들은 알비누스에게 뇌물을 주고 선동적인 행위를 눈감아 주겠다는 보장을 받았다. 불량배들은 시민들을 약탈하기도 했다. 알비누스 이후 플로루스가 부임했다. 그는 전임자보다 더 악한 총독이었다. 알비누스는 자기 이익을 은밀히, 그리고 위장하여 행했지만, 플로루스는 노골적으로 강도짓과 폭력을 행사했다. 강도들이 자신에게 일정한 뇌물을 바치면 전국에서 강도질을 해도 눈감아 주

다르게는 대제사장들이라는 주장도 있습니다.[134]

우리는 이를 확인하기 위해 먼저 구약 성경에서 출발해야 합니다. 신명기 29장 16~17절과 열왕기상 11장 4~5절, 그리고 에스겔 5장 11~12절과 8~10장입니다. 구약 성경이 말씀하는 '가증함'이란, 애굽과 가나안 사람들이 행하는 우상숭배와 관련되며, 솔로몬 왕이 왕비들로 인해 우상숭배에 빠진 것을 지칭하고, 성전 제사를 모욕하고 우상을 섬기는 모습입니다. '가증하다'라는 말씀은 매우 적극적인 배교 행위를 지칭하는 용어입니다. 곧, 하나님을 섬겨야 할 백성들이 하나님의 성전에서 우상을 섬기는 행위를 지칭하는 표현입니다. 그래서 예레미야서는 '가증하다'라는 말씀을, 하나님의 율법을 따라 행하지 아니하는 언약 백성의 모든 행위들을 지칭하여 사용했습니다(참고, 렘 4:1,

었다. 가이사랴에서 헬라인 주민들과 유대인들 사이에 불화가 있자 유대인들로부터 8달란트의 뇌물을 받고 다른 도시로 간다. 이것은 유대인들이 자신이 없을 동안 지역 사람들에게 폭력을 행사해도 된다는 암시였다. 심지어 예루살렘 성전 창고에서 17달란트를 가져가면서 제국에 대한 의무 이행이라는 구실을 둘러댔다. 그러자 성난 시민들은 성전으로 뛰어갔다. 플로루스는 군대를 이끌고 예루살렘 성전으로 진군했다. 이에 겁이 난 시민들은 환영한다는 연기를 하면서 맞으러 갔고, 결국 집으로 돌아갔다. 다음날, 플로루스는 재판 자리에서 유대 지도자들에게 주동자와 자기를 모욕한 자를 찾아 넘기라고 엄포를 놓자, 지도자들이 선처와 용서를 구했다. 그러면서 지도자들은 몇몇 불량배들 때문에 선량한 다수의 시민이 고통받는 것은 옳지 않다고 했다. 그러자 플로루스는 더 화가 나서 군사들에게 성의 고지대부터 약탈할 것을 지시했다. 그날 예루살렘에서 약 3,600명이 죽었다. 이후 플로루스의 통치를 거절하는 강경파들이 득세하자 아그립바 왕이 중재에 나섰지만 실패한다. 그리고 유대 전역은 폭동과 전쟁터로 변하였다(요세푸스, 『유대전쟁사』, 2.14.4~9).

134) 제임스 조르단(James B. Jordan), 『Biblical Horizon』 25호, May, 1991.

44:4~5).

그러므로 가증한 일이나 미운 물건은 이방인들의 어떤 행위라기보다 언약 백성들의 행위입니다. 하나님의 백성들이 하나님과 맺은 언약을 어기고 우상을 숭배하는 행위가 가증한 것입니다. 그래서 이방인들의 행위보다 언약 백성의 행위가 가증하다고 이해하면, 멸망의 가증한 것이 서지 못할 곳에 선다는 의미를 언약 백성의 행위로 이해하는 것이 더 타당합니다. 로마의 군대가 예루살렘 성을 포위하는 모습은 언약 백성들의 가증한 행위의 결과입니다.

그리스도께서 십자가 위에서 죽으시기 전, 성전은 장사하는 자들의 집이었고, 강도의 소굴이었습니다. AD 60년부터 알비누스와 플로루스라는 두 총독의 폭정이 단초가 되어, 같은 유대인들끼리 죽고 죽이는 살육전이 최고조에 달했습니다. 그로 인해 로마와 좋은 관계를 유지하려는 종교 지도자들과 독립을 추구하려는 이들, 그리고 그 와중에 정치적 이득을 얻으려는 무리들 사이에 전쟁이 격화되었습니다. 따라서 로마의 군대가 모든 것을 정리하기 위해 예루살렘에 왔고, 성전은 돌 하나도 돌 위에 남지 않고 완전히 파괴되었습니다. 사실, 하나님의 대적은 로마가 아니라 그들 자신이었고, 사단이었습니다. 로마는 언약 백성을 치는 막대기에 불과했습니다.

유대인 군대는 언약의 저주를 생각하지 않았고, 오히려 성전을 하나님이 자신들과 함께 하는 공간으로 착각했습니다. 마치 블레셋의 공격을 물리치기 위해 하나님의 언약궤를 앞세워 전쟁터에 나간 어리석은 백성들의 모습과 같습니다(삼상 4장). 그들 스스로 성전을 우상숭배의 중심지로 만들었습니다. 하나님께서는 가증한 곳에 거하지 않으시고 떠나십니다(겔 8~11장).

## (5) 탈출, 적그리스도와 거짓 선지자들의 출현 |14~23절|

이렇게 멸망의 가증한 것이 성전에 서면, 하나님의 백성들은 도망해야 합니다. 이것은 탈출입니다. 마치 애굽에서 종노릇 하던 언약 백성들이 약속의 땅, 하나님 나라인 가나안으로 출애굽하듯이 말입니다. 예루살렘 성전에 멸망의 가증한 것이 섰으니 이제 그곳은 하나님 나라가 아니라 애굽처럼 되었습니다. 그러니 하나님의 백성들인 교회는 이곳에 있으면 안 됩니다. 모두 탈출해야 합니다.

탈출에 대한 가르침에서 몇 가지 지침이 주어졌습니다. (1) 산으로 도망하라 (2) 지붕 위에 있는 자들은 내려가지도, 집에 무엇을 가지러 들어가지도 말라 (3) 밭에 있는 자들은 겉옷을 가지러 뒤로 돌이키지 말라 (4) 임신한 여자들과 젖먹이는 여자들에게 화가 있다 (5) 이 일이 겨울에 일어나지 않게 기도하라

예수님께서는 무엇 때문에 산으로 도망하라고 하십니까? 성경에서 산은 대부분 하나님의 임재의 장소이며, 피난처라는 이미지입니다. 에덴의 동산과 아라랏산이 그러했고, 소돔과 고모라가 심판 받을 때에는 하나님께서 롯에게 산으로 피신하라고 합니다. 모리아산, 시내산, 갈멜산 등 산은 동일한 이미지를 보여줍니다. 시편은 여호와 하나님을 자기 백성의 산성이라 말

씀합니다(시 9:9, 18:2, 28:8, 31:3~4, 37:39, 59:9,16~17, 62:2,6, 71:3, 94:22, 144:2). 예수님께서는 산에서 새로운 하나님 나라에 대해 보석 같은 말씀을 하셨습니다(마 5:1). 주님은 엘리야와 모세를 산에서 만나셨습니다(마 17:1~8). 이처럼 산은 천국 비밀을 알려주는 계시와 구원의 장소입니다. 그래서 예수님께서는 멸망의 가증한 것이 성전에 세워지면, 하나님의 백성들인 교회는 산으로 피신해야 한다고 가르치셨습니다. 곧, 자기 백성의 산성이신 하나님께로 나아가야 합니다. 산은 하나님을 대면하는 상징적 장소입니다. 교회가 극도로 타락하여 멸망의 징조가 보이면 참 하나님의 백성들은 하나님께로 피난해야 합니다.

이어서 주어진 세 지침은 남겨 둔 것에 대한 미련을 버리라는 것과 신속하게 피하라는 말씀입니다. 이것은 단순히 집에 남겨진 좋은 것들을 버리고 가라는 정도의 말씀은 아닙니다. 이 말씀은 그동안 사용하던 모든 것들을 버리고 가라는 뜻입니다. 얼핏 보면, 물건을 가지고 나갈 생각을 말라는 뜻으로 읽힙니다. 그러나 소돔과 고모라의 멸망을 잠시 기억해 봅시다. 롯과 아내 그리고 딸들이 천사의 손에 이끌려 나올 때, 롯의 사위들은 그곳이 좋아서 남았습니다. 심판이 임할 것은 생각지도 않았습니다.

이처럼 예루살렘 성전이 파괴될 징조가 보이면 옛 것은 모두 버려야 합니다. 이는 단순히 내가 사용하던 가재도구를 버리라는 말이 아닙니다. 옛 제도, 옛 삶, 이 모든 것을 버리라는 뜻입니다. 새로운 나라에서 백성들은 새 나라의 법에 따라 생활해야 합니다. 옛 나라의 법이나 제도를 따라 살면 안 됩니다. 그렇게 살면 다시 멸망합니다. 새 언약 백성인 교회는 예루살렘 성전이 멸망하는 징조를 보면, 옛 세상이 완전히 파괴되고 새로운 세상이 열릴 것으로 생각해야 합니다. 그래서 바리새인과 서기관과 대제사장들과 장로들의 유전이나 삶을 따라 살면 안 됩니다. 옛 언약 아래의 모든 제도도 버려야 할 때가 왔다는 뜻입니다.

또한, 신속히 도망해야 합니다. 뭘 가지고 가겠다고 뒤로 돌아서면 늦습니다. 그래서 임신한 여성과 아이를 가진 여성을 말씀하셨습니다. 임신과 아이는 언약의 축복입니다. 그러나 멸망의 때가 되면, 신속히 움직이는 데 장애가 됩니다. 그로 인해 더 큰 고통을 당합니다. 언약의 복으로 주어진 것들이 더 이상 복이 아니라 고통이 됩니다. 그래서 누가복음에서는 "그날에는 아이 밴 자들과 젖 먹이는 자들에게 화가 있으리니 이는 땅에 큰 환난과 이 백성에게 진노가 있겠음이로다"라고 했습니다(눅 21:23). 즉시 떠남은 결단력과 용기가 필요합니다.

마지막 권면은 겨울에 이 일이 일어나지 않게 기도하라는 말씀입니다. 마태복음에는 겨울과 안식일을 같이 언급했습니다(마 24:20). 겨울은 이동에 불편한 환경이며, 안식일은 승리와 평화의 날이기에 유대인들은 이동을 삼갔습니다. 이것은 날씨의 문제가 아닙니다. 이는 하나님의 징계로부터 새 언약 백성이 안전하게 피하는 문제입니다. 멸망의 가증한 것이 서지 못할 곳에 서면, 징계의 최종단계인 성전 파괴가 있을 것입니다. 그러니 신실한 남은 백성들은 그곳으로부터 속히 떠나야 하는데, 그때 참 하나님의 백성들은 기도해야 합니다. 가장 안전한 환경 중에 피신하도록 기도해야 합니다.

탈출의 때가 되면, 하나님의 백성들은 적그리스도와 거짓 선지자들을 조심해야 합니다. 제자인 사도들은 이 말씀을 따라 연약한 성도들을 보호하고 인도해야 합니다. 그때는 환난의 날입니다. 그 환난이 얼마나 강렬한지 세상이 창조된 초기부터 지금까지 이런 환난이 없다고 합니다. 곧, 세상이 창조된 이래 전무후무한 환난이라 합니다. 이 말씀은 환난의 정도가 그만큼 크다는 뜻이 아닙니다. 오히려 환난의 성격을 말합니다. 곧, 언약 백성 전체가 환난을 받는다는 의미입니다. 정도가 얼마나 심하냐의 문제가 아니라 환난의 본질, 성격이 어떠하냐의 문제입니다. 전무후무하다는 말은 가장 강력하다는 뜻이 아니라 그 본질이 그러하다는 뜻입니다.

실제로 이런 환난은 없습니다. 성전 파괴는 예전에도 있었습니다. 바벨론의 느부갓네살 왕에 의해 그렇게 되었습니다. 그러나 그때는 언약 백성 자체를 바꾸지는 않았습니다. 그때, 언약 백성들은 엄청난 고통을 당했고, 포로로 잡혀갔습니다. 그럼에도 불구하고 백성 전체를 갈아치우지는 않았습니다. 하나님의 언약 맺음의 상대인 신실한 남은 자들이 늘 있었습니다. 그리고 그 신실한 남은 자들을 통하여 언약 백성들은 계속 이어졌습니다. 그러나 예수님께서 말씀하시는 성전 파괴는 이전처럼 포로로 잡혀가는 것이 아니라 백성 전체가 바뀌는 것입니다. 옛 언약 백성과 새 언약 백성의 명확한 대체가 이루어집니다. 옛 규례는 사라져야 합니다. 제사와 직분과 땅의 변화가 일어납니다. 바로 이러한 성격의 환난입니다. 그래서 성전 파괴 때, 하나님께서 새로운 백성들을 위해 그날들을 감해 주신다고 하셨습니다.

그 환난의 때에 거짓 그리스도가 세상에 등장합니다. 거짓 선지자들이 기적을 행하면서 사람들을 유혹합니다. 그냥 일반 백성들을 유혹하는 것이 아니라 택하신 백성들을 유혹합니다. 실제로 예루살렘 성전이 파괴되는 AD 70년에 이르면, 새 언약 백성들 가운데서 배교하여 옛 유대교로 돌아가는 사람들이 많이 생깁니다. 많은 서신서들이 바로 이것을 강조합니다(요일 4:1~3). 특히, 히브리서는 바로 이 문제를 해결하기 위해 쓰였습니다.

### (6) 천지 대격변 | 24~25절 |

24~25절에서 해결해야 할 두 가지 문제는 24절의 "그때에"와 25절의 천지 대격변이 지닌 의미입니다. 먼저 "그때에"라는 말씀을 다시 번역하면 '그러나 그 날들에'가 됩니다. 곧, 앞의 내용에서 일어나는 바로 그날들과 연결됩니다. 여기에서 시간적인 어떤 차이를 발견하지 못합니다. 멸망의 가증한 것이 서지 못할 곳에 서고, 참 하나님의 백성들은 모두 가나안에 머물지 않고 피합니다. 바로 그날들에 일어날 일을 묘사합니다.

그러면서 '그러나'라는 접속사가 붙었는데, 이는 앞의 내용과 반대되는 현상을 설명합니다. 곧, 언약 백성들은 도망합니다.

징조를 정확하게 이해한 하나님의 새로운 이스라엘은 모두 그곳에 머물지 않고 피난합니다. 그러면 약속의 땅 가나안 곧 예루살렘에는 거짓 백성들과 그 지도자들이 남아 있습니다. 이 반역의 무리들은 과연 어떻게 될까요? 예수님께서는 바로 이 문제를 제자들에게 알려줍니다. 그래서 문장 앞에 '그러나'를 사용합니다. 이어 "그 환난 후"라 함으로 어떤 시간적 간격이 없음을 말씀합니다. 마태복음은 "즉시"라는 말을 첨가했습니다(마 24:29).

이어 예수님께서는 "해가 어두워지며 달이 빛을 내지 아니하며 별들이 하늘에서 떨어지며 하늘에 있는 권능들이 흔들리리라"라고 하셨습니다. 이 말씀을 문자적으로 받으면 우주 대격변입니다. 그 결과는 인류의 멸망입니다. 하지만, 이 말씀을 이러한 관점으로 이해해야 할지 의문이 생깁니다. 왜냐하면, 구약 성경에 해와 달과 별들을 언급하면서 계시하는 말씀이 문자적으로 해석되지 않기 때문입니다. 그래서 우리는 해와 달과 별들과 관련된 구약 본문을 통해 예수님의 말씀도 해석해야 합니다. 구약은 천지 대격변을 예언적 언어로 계시합니다.

창세기 1장 14절에 의하면, 해와 달과 별들은 '주관하는' 기능을 갖고 창조되었습니다. 그래서 해, 달, 별은 통치권과 자연스럽게 연결됩니다. 요셉이 꿈을 꾸자 형제들과 아버지는 해, 달, 별을 통치권과 연결했습니다(창 37:9~11). 이처럼 하나님의 백성들은 해, 달, 별이 권위자를 의미하며 권위를 갖고 다스리는 것에 대한 상징적 언어임을 쉽게 깨닫습니다.

해, 달, 별의 징조는 나라의 멸망을 예언하는 말씀으로 자주 계시되었습니다(사 13:1,9~10, 34:4~5, 암 8:2,9 등등). 그러니 해, 달, 별들과 관련된 표현을 문자적으로 해석하면 안 됩니다. 이 구절들은 모두 한 국가의 멸망, 권세자들의 심판과 관련됩니다. 특히, 요엘서는 여호와의 크고 두려운 날의 한 징조로 해, 달, 별들을 언급합니다(욜 2:1,10~11). 하나님께서 언약 백성들을 심판하십니다. 그 심판의 징조가 해, 달, 별들과 관련되어 나타납니다(욜 2:31~32). 사도 베드로는 오순절 성령님의 강림이 요엘서 예언의 성취라고 합니다. 곧, 오순절 성령님의 오심은 옛 언약 백성에 대한 심판, 곧 여호와의 크고 두려운 날의 시작입니다.

결론적으로 해, 달, 별의 징조는 옛 언약 백성인 이스라엘의 빛이 꺼지며 사라질 것을 의미합니다. 그러므로 해와 달과 별들에 대한 말씀을 천지의 격변에 대한 문자적 의미로 이해할 수 없습니다. 이는 옛 권세의 사라짐이며, 나라의 멸망에 대한 강력한 경고입니다. 이제 이스라엘의 특권은 사라지고 그 나라는 빛을 잃을 것입니다. 옛 이스라엘을 대신하는 새로운 이스라엘인 교회의 출현이 예고되었습니다.

## (7) 인자가 구름을 타고 오심 |26~27절|

천지 대격변과 동일한 시기에 인자가 구름을 타고 오십니다.[135] 그리고 천사들을 보내어 택하신 백성들을 사방에서 모으십니다. 구약 성경에서 구름은 하나님의 임재의 상징이며, 동시에 하나님의 심판의 표이기도 합니다. 출애굽 여정에서 하나님께서는 구름과 불기둥으로 나타나셔서 자기 백성을 인도하시고 보호하셨습니다(출 13:21~22, 시 105:39). 뿐만 아니라, 구름과 불기둥은 대적이 하나님의 백성들을 공격하지 못하도록 하는 방패와 진이었습니다(출 14:19~25).

또한, 하나님께서는 구름 가운데 계시며 자기 백성의 중보자인 모세를 만나셨고, 그에게 계시의 말씀인 율법을 주셨으며, 이때 구름은 불과 소리를 동반했습니다(출 19:16~19, 24:15~18). 구름은 다른 성경에서 하나님께서 타고 다니시는 일종의 수레, 곧 자동차입니다(시 104:3, 사 19:1, 나 1:3). 구름이 하나님께서 타시는 수레이기에 여기에는 성령님의 역사가 늘 동행합니다. 그래서 구름이 언급되는 구절에서 성령님의 사역이 같이 언급되는 것은 너무 자연스럽습니다(느 9:19~29, 사 4:4~5, 학 2:5). 구름은 기본적으로 하나님께서 오시는 표입니다. 어떻게 오시느냐 하면, 구름을 수레로 사용하여 오십니다. 그것은 곧 구름이 하나님 자신의 사역을 대신한다는 뜻이기도 합니다. 바로 그러

---

135) 마태복음 24장 30절에는 "인자의 징조가 하늘에서 보이겠고"가 첨가되었다. 한글개역성경은 약간의 의역을 했는데, 정확하게 번역하면 '그때에 하늘에 계신 인자의 징조가 나타날 것이다'이다. 곧, 하늘에서 어떤 징조가 나타나는 것이 아니라 인자가 하늘 보좌에 앉으시는 것 자체가 징조라는 뜻이다. 이에 대한 더 자세한 설명은 다음 책을 참고하라. 데이비드 칠튼, 『낙원의 구속사』, 120.

한 이유로 구름은 성령님의 사역과 연결됩니다. 이처럼 구름이 성령님과 연결되고 동시에 하나님의 오시는 표라면, 구름을 심판의 표로 이해해도 무방합니다. 그래서 에스겔은 여호와의 날을 구름의 날이라 하면서 하나님의 심판을 말씀합니다(겔 30:3,18~19).

그러므로 인자의 구름 타고 오심은 언약을 파기한 이스라엘을 심판하시기 위해 오시는 주님의 사역을 상징적으로 표현한 것입니다. 주님의 죽음과 부활, 그리고 승천을 통해 시작된 심판이 오순절에 성령님의 오심으로 더 구체화되기 시작했고, 예루살렘 멸망과 성전 파괴를 통하여 완성되었습니다. 이러한 성경 이해가 있으면, 예수님께서 유대인들에게 잡혀 대제사장에게 심문을 받으실 때 하신 말씀이 쉽게 이해됩니다.

"예수께서 이르시되 내가 그니라 인자가 권능자의 우편에 앉은 것과 하늘 구름을 타고 오는 것을 너희가 보리라 하시니"(막 14:62)

인자가 구름 타고 오는 것을 '사람들'이 보리라고 했는데, 마가복음 14장 62절에서는 "너희가" 보리라고 했습니다. 아주 명료합니다. 여기 "너희"는 당연히 당대 사람들입니다. 마가복음 13장 26절은 다니엘 7장 13~14절의 성취입니다. 인자가 하늘 구름을 타고 옛적부터 항상 계신 이에게 인도됩니다. 그때, 인자는 옛적부터 항상 계신 아버지로부터 권세와 영광과 나라를 받습니다. 이것은 엄밀히 말해 예수님의 승천입니다. 그래서 마가복음 13장 26절에서 인자가 구름을 타고 '온다'라고 했는데, 이 말은 '간다'로 번역해도 됩니다. 우리는 온다고 하면 하늘에서 땅으로 오는 것만 생각하는데, 사실 이 단어는 하늘로 가는 것을 말씀합니다.

주님은 보좌에 앉으시고, 성령님을 보내셔서 심판하시겠다는 뜻입니다. 이 일은 역사 속에서 실제로 일어났습니다. 주님은 보좌에 앉으셔서 예루살렘 성이 파괴당하도록 하셨고, 성전도 무참히 무너지게 하셨습니다. 그러므로 주님께서 지금도 보좌에 앉아 세상을 통치하시며, 범죄한 교회를 심판하시고, 경고하십니다.

그 심판의 때에 주님은 천사들을 보내어 택하신 이들을 사방에서 모으십니다(막 13:27). 본문 27절의 천사들을 하늘의 천군 천사로 이해해서는 안 됩니다. 한글 성경에서 '천사'로 번역된 단어는 주로 두 용어로 번역되는데, '천사' 혹은 '사자'입니다. 헬라어로는 두 용어가 같은 단어입니다. 그래서 천사라는 용어를 정확히 이해하려면, 문맥을 정확히 살펴야 합니다. 천사는 말 그대로 하늘의 천사들을 말하기도 하고, 메신저인 사람을 가리키기도 합니다.[136]

---

136) 천사의 사역과 위치는 구속사의 점진적 성격과 어울려 우리의 성경 이해를 깊게 한다. 하나님께서는 아담을 직분적 인간으로 만드셨다. 곧, 그에게 피조물을 지키고 다스릴 권한을 주었다(창 2:15). 그러나 아담은 범죄 했고, 동산에서 추방되었다. 그가 동산에서 추방됨으로 천사들이 불 칼을 들고 아담의 직무를 대신하게 되었다. 천사들이 인간을 대신하여 하나님의

예를 들어, 마태복음 11장 10절, 누가복음 9장 51~52절, 계시록 2장~3장에서 "사자"로 번역된 단어는 모두 사람을 가리킵니다. 여기 사람 사자들은 '천사'와 같은 단어입니다. 앞의 세 구절의 '사자'는 모두 메신저들입니다. 곧, 복음 전파자들이며, 교회를 말씀으로 양육하는 목회자들입니다. 그러므로 본문에서 "천사들을 보내어"라는 말씀을 하늘의 천사들이라고 너무 쉽게 생각하지 말아야 합니다. 여기 천사는 하나님께서 보내신 메신저들입니다. 실제로 우리는 사도행전에서 이를 확인합니다.

　사도들이 성령님으로 충만한 뒤에 예루살렘과 유대와 사마리아와 땅 끝까지 가서 증인이 됩니다(행 1:8). 사도들은 인자가 보내신 사자들입니다. 그래서 예수님께서는 제자들에게 갈릴리에서 대위임 명령을 말씀하시면서 모든 족속으로 제자를 삼으라고 하셨습니다(마 28:19~20). 사도들의 이러한 사역은 복음 전파자와 전도자들에게 전달되었고, 목사와 장로들 곧 직분자들이 이어받았습니다.

　이 사자들이 "택하신 자들을 땅 끝으로부터 하늘 끝까지 사방에서" 모읍니다. 여기에 아주 재미있는 단어가 나옵니다. '모으

집을 지키고 다스린다. 인간의 범죄 이후 많은 인간의 사역은 천사에게 위임되었다. 그리스도께서 이 땅에 오신 이후 이러한 사역은 다시 인간에게로 넘겨진다. 천사는 인간을 대신하여 다스리고, 심판하며, 하나님의 메시지를 전달했다. 오순절 성령강림 이후 이 사역은 인간에게 온전히 넘겨졌다. 그래서 바울은 교회가 천사들을 심판할 만큼 큰 권세를 가졌다고 했다(고전 6:3). 사도들의 사역은 이러한 측면에서 다스림과 심판, 그리고 계시 전달자로서의 역할을 풍성하게 수행한다. 이러한 천사에 대한 이해는 요한계시록을 바르게 이해하는 하나의 열쇠이다.

다'라는 말은 '회당'이라는 말의 동사형입니다. 유대인들이 회당에 모여서 '예배와 교육'을 합니다. 그러나 대부분의 유대인들은 주님의 모으심에 불응했습니다.

예수님께서는 예루살렘 멸망 전에 이미 자신의 자녀들을 모으는 일을 얼마나 간절히 하셨는지 말씀하셨습니다(마 23:37~38). 옛 언약 백성들은 주님의 날개 아래 모여들었어야 했습니다. 그러나 그들은 거절했습니다. 바로 그러한 이유로 이제 예루살렘은 멸망하고, 성전은 파괴되어야 합니다. 그래서 주님은 사도들을 보내어 새로운 회당에서, 새로운 백성을 모으십니다. 유대인의 회당이 아니라 참 백성들의 회당으로 택하신 백성들을 모으십니다.[137]

예루살렘이 멸망하고 성전이 파괴될 때가 이르면, 하나님께서는 자기의 사자들을 보내어 자기 백성들을 모으십니다. 옛 언약 백성들 가운데 신실한 남은 자들이 부름 받고, 이방 가운데 택하신 백성들이 들어옵니다. 이 두 그룹이 하나가 되어, 한 하나님의 백성인 교회가 됩니다. 곧, 신실한 남은 자들이 거짓 교회로부터 참 교회로 탈출하며, 교회 밖에서 택하신 백성들이 들어와 함께 하나님의 교회, 하나님의 왕국이 건설됩니다. 주님은 예루살렘 멸망과 성전 파괴를 가르치면서 이 비밀을 제자들에게 알려주셨습니다.

---

137) 데이비드 칠튼, 『낙원의 구속사』, 124~125.

## (8) 무화과나무 비유와 예언의 확실성 |28~31절|

예수님께서는 제자들에게 무화과나무 비유를 말씀하시면서 분별력을 가지라고 권하십니다. 이어 이 세대가 지나기 전에 이 일이 다 이루어지며, 천지는 없어지지만 주님의 말씀은 없어지지 않는다고 하심으로 예언의 확실함을 강조합니다.

무화과나무의 비유를 배우라고 하시면서 계절을 말씀합니다. 가지가 연하여지고 잎이 나면 여름이 오는 표입니다. 그래서 29절에서 "이와 같이"라고 말씀합니다. 무화과나무 잎이 무성해지면 여름이 오는 것처럼 인자이신 예수님께서 문 앞에 오셨다는 뜻입니다. 그리고 "이런 일이 나는 것을 보거든"이라고 하셨습니다. 여기 "이런 일"은 넓게는 앞에서 말씀하신 모든 내용들을 받습니다. 좁게는 해, 달, 별들의 징조와 구름을 타고 인자가 오시고, 천사들을 보내어 자기 택한 백성들을 사방에서 부르시는 일을 의미합니다. 이런 모든 징조들을 눈으로 보면, 인자가 문 앞에 온 줄로 알라고 권면하십니다. 인자는 예수님입니다.

예수님께서 문 앞에 오신 것을 알아야 합니다. 여기 "문 앞에" 오셨다는 것은 출입구에 오셨다는 뜻이 아닙니다. 성경에서 '문'은 심판의 장소입니다.[138] 심판하러 오셨다는 뜻입니다. 심판의

---

138) 문이 심판의 장소라는 사실은 다음 구절들을 통해 확인된다. 창 22:17, 24:60, 신 17:5, 21:19, 25:7, 수 8:29, 삿 16:3, 룻 4:1,11. 그래서 예수님께서는 베드로의 신앙고백을 듣고 "음부의 권세"가 교회를 이기지 못한다고 하셨다. 여기 "음부의 권세"는 '음부의 문'으로 번역 가능하다. 계시록 3장 20절의 라오디게아 교회에 주신 "문 밖에 서서" 기다린다는 말씀도 동일하다. 이는 라오디게아 교회에 대한 주님의 심판이 임박했음을 가르친다.

임박성을 말씀하셨습니다. 적그리스도의 출현, 거짓 선지자들의 유혹, 전쟁과 자연재해, 멸망의 가증한 것이 서지 못할 곳에 서는 것, 환난의 날과 핍박의 날이 임하는 것, 주님께서 보좌에 앉으셔서 통치권을 행사하여 예루살렘의 지도자들을 제거하시는 것, 택하신 백성들을 모으시는 것. 이와 같은 일들이 일어나면 심판의 때임을 깨달아야 합니다.

제자들은 시대를 분별하는 안목을 가져야 합니다. 직분자들과 성숙한 성도는 분별의 눈을 가져야 합니다. 자기 자신을 성경의 안목으로 해석하고, 교회를 해석하는 능력을 가져야 하며, 세상을 해석하는 눈을 가져야 합니다. 주님께서 멸망을 말씀하시는데, 우리가 평안을 말하면 안 됩니다. 주님이 회개를 촉구하는데 우리가 의롭다고 말할 수 없습니다.

30~31절은 예언의 확실성을 강조합니다. "이 세대가 지나가기 전에 이 일이 다 이루리라"(30절). 여기에서 제일 조심해야 할 부분은 "이 세대"입니다. "이 세대"라는 말은 '이 세상'이라는 말이 아닙니다. 세대라는 말은 바로 예수님께서 활동하시던 바로 그 시기를 이른 말입니다. 1세기를 의미합니다.[139] 예수님 세대에 이 모든 것들이 이루어집니다. 이는 임박한 심판에 대한 권면입니다. 그러니 더 이상 미루어서는 안 됩니다. 결단해야

---

139) 다음 구절들은 "세대"라는 말이 지닌 의미를 아주 분명하게 가르친다. "세대"는 예수님께서 활동하신 바로 그 당대를 의미한다. 마 11:16, 12:39, 16:4, 17:17, 막 8:12,38, 9:19, 눅 1:48,50, 7:31, 9:41, 11:29~51.

합니다.

이어 31절에서 "천지는 없어지겠으나 내 말은 없어지지 아니하리라"라고 했습니다. 천지, 곧 하늘과 땅은 언약의 두 증인입니다. 이사야 1장에서 "하늘이여 들으라 땅이여 귀를 기울이라"고 할 때, 하늘과 땅은 언약의 두 증인을 가리킵니다. 하나님과 자기 백성들이 언약을 맺었습니다. 두 당사자 곧 하나님과 백성이 언약을 맺었는데, 이 언약 맺음의 증인이 하늘과 땅입니다. 하늘과 땅이 지켜보고 있다는 뜻입니다. 하늘과 땅이 있는 한 언약을 어기면 안 됩니다.

그러나 이 두 언약의 증인은 다른 증인으로 바뀝니다. 오순절 성령님께서 임하시면, 두 증인은 성령님과 사도들이 됩니다(행 5:32). 옛 시대의 언약의 두 증인, 곧 하늘과 땅이 증인으로서의 책임을 다하는 때가 오겠으나, '내 말은 없어지지 않는다'라고 하셨습니다. 옛 시대의 언약의 증인들은 없어져도 우리 주님의 말씀은 지속된다는 선언입니다. 이는 예루살렘 멸망과 성전 파괴에 대한 주님의 선언이 결코 취소되지 않는다는 뜻입니다. 반드시 이루어진다는 강력한 선언입니다.

30~31절의 핵심은 임박한 주님의 심판이 절대 변개되지 않고 반드시 이루어지니 제자들은 주님의 말씀을 신뢰하고 믿음으로 반응해야 한다는 권면입니다. 노아 시대 사람들이 하나님의 심판을 들었지만, 노아의 가족 외에는 아무도 귀 기울이지 않았습니다. 그래서 예수님께서는 바로 그 시대를 언급하셨습니다. 사람들이 먹고 마시고 시집가고 장가갔습니다. 자기들의 일상생

활에 관심을 가졌지, 그 일상생활을 하나님의 뜻에 맞게 바꾸고 회개할 생각을 하지 않았습니다. 소돔과 고모라가 심판 받을 때, 롯과 그의 아내와 딸들은 억지로 끌려 성을 빠져 나왔습니다. 그러나 사위들은 심판의 말씀을 농담으로 받았습니다. 그러다가 사위들은 소돔과 고모라와 함께 결국 심판받았습니다.

정해진 심판은 결코 취소되지 않습니다. 우리는 옛 언약 세계를 심판하시는 주님의 말씀을 들으면서 새 언약 교회도 이와 유사한 모습을 띠면 심판받을 것을 반드시 기억해야 합니다. 그러니 두렵고 떨림으로 우리에게 주어진 사명을 따라 살아야 합니다. 우리에게 주신 약속의 말씀을 붙들고 전진해야 합니다.

### (9) 깨어 있어라 | 32~37절 |

마지막 말씀은 "깨어 있으라"입니다. 32~37절까지 "깨어 있으라"는 말씀은 4번이나 반복됩니다. 33, 34, 35, 37절입니다. "깨어 있으라"라는 주님의 당부는 32절 말씀을 배경으로 합니다. 그러므로 우리는 32절을 정확하게 이해해야 합니다.

"그러나 그 날과 그 때는 아무도 모르나니 하늘에 있는 천사
들도, 아들도 모르고 아버지만 아시느니라"

"그 날과 그 때는 아무도 모르나니"라고 하셨습니다. "그 날과 그 때"는 예루살렘 멸망과 성전 파괴를 의미합니다. 곧, 심판의 날입니다. 그 심판의 날과 때를 아무도 모른다고 하셨습니다.

여기 "모르나니"에 해당하는 헬라어는 문법적으로 완료형입니다. 헬라어에서 완료시제는 두 가지 해석이 가능합니다. 완료시제는 현재형으로 해석이 가능하고, 현재 완료 시제로 해석해도 됩니다. 현재형으로 해석하면 '지금 잘 모른다'라는 뜻입니다. 현재 완료 시제로 해석하면 과거 어느 시점부터 지금까지 계속 몰랐었다는 의미입니다.

본문은 현재 완료 시제로 이해하는 것이 더 좋다고 생각합니다. 왜냐하면, 같은 내용을 기록한 마태복음 문맥에서는 이 말씀 바로 뒤에 노아 시대를 예로 듭니다. 곧, '주님의 강림을 통한 심판을 너희가 지금까지 한 번이라도 안 적이 있느냐? 모르지 않았느냐?'는 뜻입니다. 결국, "모르나니"라는 말씀을 현재 완료 시제로 말하면 과거부터 지금까지 계속 몰랐었다는 뜻입니다.

역사 속에서 주님의 심판이 여러 번 일어났습니다. 노아 홍수, 바벨탑 사건, 소돔과 고모라, 바벨론에 의한 예루살렘 멸망과 포로. 이 모든 것이 여호와의 강림이며 심판입니다. 그 심판을 단 한 번이라도 언약 백성들이 안 적이 있느냐고 말합니다. 아주 소수의 사람들만 하나님의 심판을 알았습니다. 마치 지금 예루살렘 멸망과 성전 파괴를 제자들만 알고 모든 이스라엘 백성들은 모르는 것과 같습니다. 여기에서는 백성들이 모르는 것에서 머물지 않지 않습니다. 한 걸음 더 나아가 예루살렘 멸망과 성전 파괴는 천사도 심지어 예수님 자신도 그 정확한 시기를 모른다고 하심으로 성부 하나님의 주권을 최고조로 강조합니다.

이어 34~36절은 주인과 종의 관계를 사용하여 심판의 날에 대해 더욱 쉽고 선명하게 가르칩니다. 내용은 간단합니다. 주인이 외국으로 가면서 종들에게 권한을 줍니다. 그리고 각각 고유한 사명을 맡깁니다. 주인이 떠나면서 특별히 문지기에게 명합니다. 항상 깨어 있으라고 합니다. 그래서 35절에서 4개의 시간대를 언급합니다. 저물 때, 밤중, 닭 울 때, 새벽. 이 시간대는 모두 밤에 해당합니다. 그러면 낮에는 아무렇게나 지내도 된다는 뜻이 아닙니다. 낮에는 당연히 모든 사람이 깨어있고, 자기 직무를 하니 크게 말할 필요없었습니다.

대개 사람은 밤에 쉬어야 합니다. 그러나 문지기는 밤에 집을 지켜야 합니다. 아무도 활동하지 않는 어두운 시간을 이용하여 도적이 올 수도 있고, 다른 응급 상황이 발생하기도 합니다. 그래서 주인은 문지기에게 밤에 잘 지키라고 합니다. 이유는 아주 간단합니다. 주인이 어느 시간에 올지 모르기 때문입니다. 주인이 오는 시간을 알 수 없다는 것이 강조됩니다.

그러면서 36절에서 확실한 권면을 합니다. 주인이 갑자기 와서 자는 것을 보지 않도록 하라고 권합니다. 문지기의 사명은 누구든지 집으로 들어오는 사람을 점검하는 일입니다. 그런데 그가 잠을 자고 있는 중에 아무나 그 집을 드나들면, 그가 제대로 직무를 감당하지 않은 것입니다. 자기 직무를 게을리한 것입니다. 그래서 주인은 자신이 언제 올지 모르니 정신을 차리고 깨어 있으라고 권했습니다. 이는 사도들의 사명입니다.

37절에서는 문지기에게 한 이 말씀을 확대시킵니다. "이 말이 모든 사람에게 하는 말이니라". 하나님의 백성 모두는 깨어 있어야 합니다. 졸거나 자지 말고 깨어서 자기에게 주어진 직무를 온전히 감당해야 합니다.

조금 있으면, 그것이 언제인지 예상하지 못하는 때에 예루살렘이 멸망하고 성전은 파괴됩니다. 그때, 사도인 제자들은 문지기로서 사명을 다해야 합니다. 사도들의 사명은 옛 백성들 가운데 택하신 자들을 불러내는 것입니다. 복음을 거부하는 자들에게는 심판을 선언해야 합니다. 옛 백성뿐만 아니라 이방인 중에도 택하신 백성이 있으면 복음을 전해 하나님 나라 백성이 되게 해야 합니다.

하나님 나라를 드러내는 교회를 건설해야 합니다. 이것은 옛 이스라엘을 대체하는 새 이스라엘 백성을 모으심이며, 새 나라의 건설입니다. 무서운 적그리스도와 거짓 선생들이 약한 성도들을 유혹합니다. 그때, 제자들은 연약한 백성들을 보호해야 합니다. 유대인들로부터 환난과 핍박이 옵니다. 그러면 복음 안으로 들어온 이들 가운데 얼마는 다시 옛날 신앙으로 돌아갑니다. 그렇게 옛 신앙으로 돌아가는 자들을 붙들어 새 나라의 백성답게 살 것을 권하고 인도해야 합니다. 이 사명을 감당하는 일은 결코 쉽지 않습니다.

사도들은 이것 때문에 핍박 받고, 감옥에 가고, 매를 맞으며, 굶주리고, 외로운 삶을 살아야 합니다. 가족들에게 손가락질 받으며, 온 사회가 사도들을 버릴 수도 있습니다. 마지막에는 화형을 당하거나 주님처럼 십자가형을 당해 죽음을 맞을지도 모릅니다. 그럼에도 불구하고 사도들은 죽음을 두려워하지 않고 사명을 다했습니다. 이 삶이 이제 교회에게 요구됩니다. 성도들은 사도들의 삶을 통해 자신의 정체성을 깨달아야 합니다.

### 이스라엘의 미래 [140]

예수님께서 가르치신 예루살렘 멸망과 성전의 파괴는 한 도시의 멸망이나 종교적 건물의 파괴를 넘어섭니다. 성전 파괴는 옛 언약 세계의 종결입니다. 이제 옛 언약의 법이 아니라 새 언약의 법에 따라, 새 언약 공동체(교회)가 구속역사의 중심이라는 뜻입니다. 이러한 이해는 필연적으로 이스라엘의 미래에 대한 궁금증을 유발합니다. 자기 동족에 대한 애착이 누구보다 강했던 바울은 로마서 9~11장에서 이스라엘의 현재와 미래를 소상히 다룹니다.

바울은 자신의 형제들 곧 이스라엘에 대한 염려와 근심이 가득했습니다(롬 9:2~3). 이스라엘은 양자 됨과 영광과 언약들과 율법과 예배의 특권을 가졌고, 육신으로 그리스도를 낳은 특별한 백성입니다(롬 9:4~5). 하지만, 바울은 여기에서 참 이스라엘이 누구인지 규정합니다. 참 이스라엘은 약속의 자녀입니다. 곧, 사라는 약속을 따라 이삭을 낳았고, 리브가는 에서와 야곱이 출생하기 전에 큰 자가 어린 자를 섬긴다는 말씀을 받았습니다(롬 9:6~13). 마치 토기장이가 자신의 뜻을 따라 그릇을 만드

---

140) 이스라엘의 미래에 대한 더 자세한 내용은 다음 책을 참고하라. 이동수 편역, 『신약의 구속사적 연구』, 170~208.

는 것처럼, 하나님께서는 자신의 기쁘신 뜻을 따라 자기 백성들을 부르십니다. 혈통적 이스라엘이 자기 백성이 아닙니다. 이제 자기 백성, 곧 하나님께서 만드신 그릇은 유대인 가운데 신실한 남은 자들과 택함 받은 이방인들입니다(롬 9:24~27).

그렇다면, 원래 하나님의 백성이라 자처한 유대인이 의에서 떠난 이유가 무엇입니까? 유대인들이 믿음에 의지하지 않고 행위에 의지했기 때문입니다(롬 9:32). 하나님의 의를 모르고 자기 의를 세우려고 하나님의 의에 순종하지 않았기 때문입니다(롬 10:3). 이제는 유대인이나 헬라인이나 차별이 없는 시대가 되었습니다(롬 10:12). 누구든지 주의 이름을 부르는 자는 구원을 얻습니다(롬 10:13). 결국, 많은 유대인은 복음을 들었지만, 그 복음을 거부했습니다. 복음은 이미 온 천하에 퍼졌고, 땅 끝까지 전파되었습니다(롬 10:18).[141]

이제 마지막 질문이 기다립니다. 바울의 혈육이자 형제들인 이스라엘은 끝이 났습니까? 하나님께서 자기 백성을 버리셨습니까? 답은 아주 간단합니다. 그렇지 않다고 합니다. 마치 엘리야 시대에 칠천 명의 남은 자가 있듯이 지금도 그러하다고 합니다(롬 11:2~5). 옛 언약 백성들은 눈과 귀가 가려지고, 어두워져 보지 못하고, 듣지 못하게 되었습니다. 옛 언약 백성이 넘어지고 실패한 것으로 모든 것이 끝났습니까? 그렇지 않습니다. 옛 언약 백성의 넘어짐은 이방인이 구원을 얻는 기회가 됩니다(롬

---

141) "땅 끝"은 사도행전 1장 8절에서도 언급되는데, 이곳은 로마 전역 곧 이방을 의미한다.

11:11~12). 이방인들이 구원을 얻어 하나님의 언약 안으로 들어오는 것은 유대인들을 시기 나게 합니다.

그리하여 바울은 유대인과 이방인의 관계를 통해 구속역사의 큰 흐름이 어떻게 될 것인지를 알려줍니다. 유대인들은 이방인들이 구원의 은혜를 받는 것을 보고 시기합니다. 유대인들의 시기는 신실한 남은 자를 구원하시려는 하나님의 소원입니다(롬 11:14, 사 19:23~25).[142]

이어 바울은 이방인 그리스도인들에게 권면합니다. 실로 이방인 그리스도인들은 참 감람나무에 접붙임 받은 돌 감람나무입니다(롬 11:17). 그러니 접붙임 받은 이들은 겸손해야 합니다. 동시에 하나님께서는 여전히 참 감람나무인 옛 언약 백성들에게 은혜를 베푸십니다(롬 11:24). 이것이 비밀입니다.

바울이 로마서 11장에서 가르치는 "비밀"은 선명합니다. 옛 언약 백성들 대부분은 복음을 거부했습니다. 그럼에도 불구하고 남은 자들이 있습니다. 일정기간 동안 많은 이방인들이 복음을 받아 하나님 나라의 백성이 됩니다. 그것을 보고 옛 언약 백성들은 시기심을 갖게 되고, 그로 인해 택함 받은 바울의 동족들이 참 감람나무로 인정됩니다. 이제, 이방인의 충만한 수가 들어올 때까지 이스라엘은 완악하게 되었습니다. 그 결과, 유대인들 중 신실한 남은 자는 모두 구원을 얻습니다.

구원자이신 예수님께서 오셨습니다. 유대인들을 향하여 천국

---

142) 톰 홀랜드, 『로마서 주석』, 614.

복음을 소개하셨습니다. 많은 유대인들이 복음을 거부합니다. 그러나 유대인들 중 하나님의 택하심을 입은 신실한 남은 자들은 복음을 받습니다. 그러는 중 많은 이방인들이 함께 복음을 받아 한 하나님의 백성이 됩니다. 유대인과 이방인은 구별 없이 한 몸이 됩니다. 유대인들에게 주어진 시간은 그리 길지 않습니다.

예루살렘 성전 파괴의 시간이 머지않은 때, 사도 바울은 땅 끝, 곧 로마에 도착했습니다. 그곳에서 바울은 유대인들에게 복음을 전했습니다. 그러자 믿는 이들과 믿지 않는 이들로 나뉘었습니다. 바울은 믿지 않는 유대인들을 향하여 이사야 6장 9~10절을 인용하면서, 유대인들에게 주어진 시간이 끝났다고 선언했습니다(행 28:23~27). 그리하여 사도 바울은 믿지 않는 옛 언약 백성들에게 선언합니다. "그런즉 하나님의 이 구원을 이방인에게로 보내신 줄 알라 저희는 또한 들으리라 하더라"(행 28:28). 옛 언약 백성 곧 유대인들의 시대는 끝났고, 복음은 드디어 본격적으로 이방인에게로 갑니다.

21세기, 팔레스타인에 살고 있는 유대인들은 이방인들과 동일한 신분을 가졌습니다. 유대인들의 민족적인 회심은 더 이상 일어나지 않습니다. 그 회심은 1세기 예루살렘 멸망 전에 이미 일어났습니다. 유대인들의 특권은 예루살렘 멸망과 성전 파괴를 통하여 사라졌습니다. 이제 그 특권을 새 언약 백성이요, 새 이스라엘이며, 새 성전인 교회가 이어받았습니다. 예수님의 재림 때까지 교회는 유일한 구원의 통로입니다. 교회야말로 진정한 아브라함의 후손입니다.

복습을 위한 질문

1. 예수님의 감람산 강화를 이해하는 두 가지 해석은 무엇입니까?

2. 성전 파괴에 대한 말씀은 하나님의 구속역사가 변곡점에 다다랐다는 뜻입니다. 왜 그러한지 그 이유를 말해 보세요.

3. 마가복음 13장 3~8절에서 말씀하는 예루살렘 성전 파괴 전에 일어날 전조 두 가지는 무엇입니까?

4. 마가복음 13장 10절에서 '만국'과 마태복음 24장 14절의 '온 세상'은 같은 의미입니다. '온 세상'에 대해 다른 신약 성경은 어떻게 가르칩니까? (참고, 롬 1:8, 10:18, 골 1:6,23)

5. 마가복음 13장 12절의 의미를 구약의 고엘 제도를 통하여 설명해 보세요.

6. '가증하다'는 말씀을 구약 성경의 용례를 따라 이해하면, 본문 14절의 '멸망의 가증한 것이 서지 못할 곳에 선다'는 말씀은 어떻게 이해할 수 있습니까?

7. 멸망의 가증한 것이 서지 못할 곳에 서면, 참 백성들이 취해야 할 다섯 가지 자세는 무엇입니까?

8. 본문의 천지 대격변에 대한 말씀을 구약 성경의 가르침과 연결하여 생각할 때, 본문 25절이 의미하는 바는 무엇입니까?

9. 본문 27절의 "천사들을 보내어 자기 택하신 자들을 땅 끝으로부터 하늘 끝까지 사방에서 모으리라"라는 말씀의 의미는 무엇입니까?

10. 본문 31절의 "천지는 없어지겠으나 내 말은 없어지지 아니하리라"는 말씀을 언약의 증인이라는 관점에서 해석해 보세요.

11. 32절의 "그 날과 그 때는 아무도 모르나니"라는 말씀에서 "모르나니"를 현재 완료 시제로 해석했습니다. 왜 그렇게 해석해야 합니까? 그렇게 해석할 때, 본문이 의미하는 바는 무엇입니까?

12. 로마서 9~11장을 통하여 옛 언약 백성인 이스라엘의 미래를 어떻게 이해해야 합니까?

제5부

# 오순절과 교회 건설

Shining Kingdom of God Being Built on the Ruins

# 제10장

# 오순절과 새 언약 공동체의 출현
## - 사도행전에 대한 짧은 고찰 -

　승천하셔서 보좌에 앉으신 예수님께서는 약속한 대로 성령님을 보내셨습니다. 사도들은 성령님으로 충만했고, 증인의 사명을 충실히 행했습니다. 그 결과, 새 언약 공동체인 교회가 출현했습니다. 교회는 이스라엘을 대신하여 왕 같은 제사장으로 부름 받았습니다. 옛 언약 백성인 이스라엘 중에 신실한 남은 자를 제외하고, 주류의 언약 백성들은 배교자들이 되었습니다. 증인으로 부름 받은 사도들은 양과 염소를 가르는 사역을 충실히 행했습니다. 이스라엘 중에 남은 자들과 이방인들이 한 아버지 아래 모였습니다. 유대인과 이방인이 한 아버지 아래, 한 성령님의 인도로 새롭게 출발했습니다. 교회입니다. 그러므로 오순절 이후의 역사는 옛 백성들에게는 마지막 초대이며, 이방인들에게는 새로운 하나님의 집으로 들어가는 첫 문을 통과하는 것과 같습니다. 사도행전은 이를 극적으로 보여줍니다.

'사도행전은 전도와 선교의 책이다'라고 합니다. 맞습니다. 사도행전은 복음이 이방의 로마까지 전파되는 과정을 자세히 보여줍니다. 사도행전을 '성령 행전'이라 말하기도 합니다. 실제로 그렇습니다. 2장에서 오순절 성령님의 강림을 소개하고, 이어 성령님으로 충만한 사도들이 죽음과 고난을 헤치고 복음을 전한 역사가 기록되어 있습니다. 사도행전은 '교회 건설의 책'이라고도 합니다. 예루살렘 교회가 세워지고, 이어 사마리아 지역에 교회가 건설됩니다. 복음은 예루살렘과 사마리아를 넘어 안디옥에 이르고 마지막으로 로마까지 전해집니다. 그 복음이 교회 건설이라는 열매를 맺습니다. 이것이 사도행전의 역사입니다.

사도행전은 '전도와 선교의 책', '성령 행전의 책', '교회 건설의 책' 중 어느 하나가 아니라 이 모든 것을 다 포괄합니다. 그러나 이런 주장들은 훨씬 더 근본적인 주제와 연결됩니다. 사도행전은 성령님과 사도들의 '증인 사역'이라는 큰 밑그림 위에 역사의 한 시기를 거대한 화폭에 담은 수채화와 같습니다. 그래서 사도행전은 '증인'이라는 대하(大河) 위에 '전도와 선교', '성령님의 사역', '교회 건설'이라는 배들이 유유히 항해하는 모습을 그린 법정 드라마입니다.

### 사도행전의 주제 구절 이해
사도행전의 주제 구절이 1장 8절이라는 것에 이의를 제기하는 분은 없습니다. 너무 당연하여 누구도 부인하지 않기에, 1장 8절은 오히려 제 위치에서 밀려나는 느낌입니다. 8절을 봅시다.

　"오직 성령이 너희에게 임하시면 너희가 권능을 받고 예루살렘과 온 유대와 사마리아와 땅 끝까지 이르러 내 증인이 되리라 하시니라"

　강조가 셋입니다. 첫째, 성령님께서 임하시면 사도들이 권능을 받는다는 점. 둘째, 사도들이 권능을 받아 예루살렘, 유대, 사마리아 그리고 땅 끝까지 간다는 점. 마지막으로 사도들이 주님의 증인이 된다는 점입니다.

　성령님께서 임하시면 사도들이 권능을 받는다는 점, 권능을 받은 사도들이 예루살렘, 유대, 사마리아와 땅 끝까지 간다는 점은 대부분의 성도들이 잘 압니다. 그러나 "내 증인이 되리라"라는 말씀은 너무나 잘 알려졌지만, 정작 증인 주제를 중심으로 본문을 읽고 해석하는 경우를 잘 만나지 못했습니다.

　사실 마지막 "내 증인이 되리라"라는 선언이 가장 중요합니다. 이 말씀이 앞의 두 가지가 가진 의미를 더 넓고 깊게 만드는 근거이기 때문입니다. 우리가 '증인'이라는 용어를 풍성하게 이해하면 할수록 사도행전 1장 8절은 훨씬 더 깊은 맛을 냅니다.

　'증인' 혹은 '증거하다'는 말은 법정 용어입니다. 이를 모르거나 부인하는 사람은 아무도 없습니다. 문제는 여기에서 시작됩니다. 법정 용어라면, 법정 용어에 맞게 읽어야 합니다. 그러나 대부분의 그리스도인들은 사도행전을 그렇게 읽지 않습니다. 예를 들면, 사도행전은 선교의 책이라 합니다. 물론, 사도행전은 선교에 대한 가르침이 많습니다. 사도행전이 복음 전파에 대한 다양한 원리와 정보를 제공하는 것은 틀림없지만, 그것을 법정 용어의 큰 흐름 안에서 이해해야 합니다.

사도행전의 주제 구절이 '증인'에 대한 가르침이라면, 마땅히 '선교'라는 주제도 '증인'이라는, 즉 법정에서 이루어지는 어떤 사건이라는 큰 흐름 아래에서 이해되어야 합니다. 많은 그리스도인들이 이 기본적인 원리를 가볍게 취급함으로 사도행전 읽기에 아쉬움을 남깁니다. 군침 도는 김치찌개에 돼지고기가 빠진 맛이라고나 할까요.

증인은 언약과 깊이 관련됩니다. 삼위 하나님께서 사람과 언약을 맺었습니다. 언약을 맺은 두 당사자는 스스로 맺은 언약에 충실해야 합니다. 어느 한쪽이 언약을 파기하면, 그에 상응하는 대가를 치러야 합니다. 그래서 두 당사자 간에 언약을 맺었다는 사실을 확증하는 증인이나 증거물은 모든 언약에 반드시 등장합니다.

구약 성경은 아주 다양한 증거물을 제시합니다. 그 증거물들은 특정 사건과 관련되며, 언약이 기억나도록 만듭니다. 구약 성경에 나타난 언약의 증거물이나 증인들은 아주 다양합니다. 노아 언약에서 무지개(창 9:13), 아브라함과 아비멜렉 사이에 맺은 언약의 증거물로서 암양 7마리(창 21:30), 야곱과 라반의 언약에서 돌무더기(창 31:45~52), 시내산 언약에서 열두 기둥(출

24:4)과 십계명을 새긴 두 돌판(출 25:21), 그리고 증거궤, 심지어 노래도 증거가 됩니다(신 31:19~21). 모세가 백성들에게 들려준 증거의 노래는 '하늘과 땅'이 증인으로 호출되기도 했습니다(신 32:1). 이렇듯 구약 성경에는 증거물과 증인들로 가득합니다.

특히, 선지자들은 하나님과 자기 백성이 맺은 언약의 증인들입니다. 선지자들이 언약의 증인들이기에, 이들은 백성들이 언약을 어기면 하나님과 맺은 언약에 신실하라고 강력히 경고합니다. 그래서 모든 선지서는 언약 고소문의 성격을 띱니다.

시대마다, 언약이 맺어질 때마다, 언약에는 언제나 증인이나 증거물이 있습니다. 1세기 당시, 예수님께서 공적 사역을 행하실 때, 여러 번 언약의 증거와 증인을 말씀하셨습니다.[143] 사도행전은 두 증인을 말씀합니다. 성령님과 사도들입니다.

"우리는 이 일에 증인이요 하나님이 자기를 순종하는 사람들에게 주신 성령도 그러하니라 하더라"(행 5:32)

언약을 맺었다는 것은 일종의 결혼과 같습니다. 선지자 예레미야는 옛 언약 백성들이 하나님과 맺은 언약을 파기한 일을 두

---

143) 복음서는 '증인', 증인의 말인 '증언', 그리고 '증언하다'라는 용어가 약 50회 사용된다. 특히, 요한복음에서 집중적으로 언급된다. 요한복음은 옛 언약의 증인으로 모세와 세례 요한을 언급하고, 이어 성부 하나님과 성자 예수님도 증언하신다고 말한다(요 1:7,8,15,19,32,34, 2:25, 3:11,26,28,32,33, 4:39,44, 5:31,32,33,34,36~38, 7:7, 8:13,14,17,18 등등).

고 말하길, "내가 그들의 남편이 되었어도 그들이 내 언약을 파하였음이니라"라고 했습니다(렘 31:32). 언약을 결혼으로 이해할 때, 그 언약을 파기하는 행위는 이혼을 선언하는 것과 같습니다. 그러니 언약의 증거물이나 증인들은 결혼 생활에 충실하지 않은 당사자를 향하여 경고하고, 언약에 신실해지길 요구해야 합니다. 만약, 남편과 아내 중 어느 한쪽이 결혼 관계를 완전히 파기할 만한 행위를 했다면, 증인은 그 당사자에게 속히 돌이킬 것을 권하고, 그 말을 듣지 않으면 부부 관계가 끝날 것을 경고해야 합니다. 이것이 증인의 직무입니다.

사도행전은 삼위 하나님과 옛 언약 백성들 사이에 맺은 언약이 완전히 파기될 위기에 놓인 상황에서 주어진 계시의 말씀입니다. 그러니 성령님과 사도들은 증인으로서 옛 언약 백성들을 향하여 마지막 경고의 메시지를 전할 역할을 담당합니다. 이것이 사도들이 이방인들보다 회당에 소속된 유대인들에게 복음을 먼저 소개하는 이유입니다. 심지어 이방인의 사도로 부름 받은 사도 바울의 경우도 그러합니다. 증인이신 성령님께서는 사도들의 이러한 사역에 풍성히 역사하셨습니다. 이 또한 동일한 이유 때문입니다.

그래서 예수님께서 보혜사 성령님에 대하여 자세히 가르쳤습니다. 성령님께서는 진리의 영이시기에 사도들에게 모든 것을 가르치시며, 예수님의 말씀을 생각나게 만드십니다(요 14:16,26). 성령님께서는 예수님과 사도들을 친구로 만드십니다

(요 15:14~15).[144] 성령님께서는 다른 증인인 사도들과 더불어 예수님을 증거하십니다(요 15:26~27). 성령님께서는 죄에 대하여, 의에 대하여, 심판에 대하여 세상을 책망하십니다(요 16:8~11). 이 모든 성령님의 사역은 그분이 증인으로서 행하신 것입니다.

정리하면, 사도가 증인이 된다는 말씀은 언약 백성들을 향하여 하나님과 맺은 언약에 충실 하라는 경고의 메시지를 전하는 사역을 한다는 뜻입니다. 만약, 백성들이 언약에 충실하지 않으면, 그들의 신분은 박탈당합니다. 이 증인 사역에 성령님의 임재는 결코 빠질 수 없습니다. 바로 이러한 관점에서 사도행전 1장을 이해해야 합니다. 그래서 사도행전 1장은 증인이 되라는 말씀(8절)에 이어 결원이 된 증인 가룟 유다를 대신하여 맛디아를 뽑는 것을 말씀합니다(15~26절). 사도행전 1장은 두 증인 중 하나(사도들)가 온전히 준비되었음을 계시합니다.

### 오순절과 성령님의 강림

사도행전 2장은 성령님의 오심과 성령님으로 충만한 사도들의 행적을 소개합니다. 두 증인 중 사도들이 준비되었고(1장), 이제 성령님께서 오셔서 증인으로서의 사역을 시작하십니다.

---

144) 사도들이 예수님의 '친구'가 된다는 말씀은 거저 좋은 관계가 된다는 뜻이 아니다. 친구는 사도들의 선지자적 사역에 대한 대표 호칭이다. 선지자 아브라함은 하나님의 친구였다(대하 20:7, 약 2:23, 창 20:7, 사 41:8). 모세 역시 하나님의 친구처럼 선지자적 사역을 했다(출 33:11). 왕정 시대에 왕의 친구는 왕의 사역을 돕는 핵심 측근이었다(왕상 4:5, 대상 27:33). 세례 요한은 예수님의 친구였다(요 3:29).

성령님께서는 독립적으로 사역하시기보다 사도들에게 충만히 임재하심으로 사도들로 증인이 되게 하셨습니다(2장). 사도들의 증인 사역에 성령님의 역사는 절대적입니다. 성령님께서는 사도들이 구약 성경과 예수님의 행적 그리고 하늘의 뜻을 풍성히 이해하고 깨닫게 만드셨습니다. 한마디로 사도들이 구속역사의 모든 비밀을 깨닫도록 성령님께서 사역하셨습니다. 그로 인해, 사도들은 하늘의 비밀을 담대히 선언하고, 가르침과 행적에서 권능을 나타내며, 심지어 성령님과 자신들이 동등하다고까지 말합니다(행 15:28). 그리하여 성령님의 오심은 사도들을 증인으로 만들었고, 이로써 두 증인이 온전히 준비되었습니다.[145]

증인은 자신이 보고 들은 것을 법정에서 진술하는 사람입니다(참고, 행 1:22, 요일 1:1, 5:21). 사도들은 자신들이 보고 들은 것을 하늘 법정에서 진술합니다. 사도들의 진술 한 마디 한 마디 때문에 어떤 이들에게는 유죄가 선언되고, 어떤 이들에게는 무죄가 선언됩니다. 사도들이 보고 들은 것은 예수님의 삶과 죽음과 부활과 승천입니다. 사도들이 보고 들은 것을 한마디로 요약하면, 복음입니다. 복음을 거절하는 유대 지도자들은 정죄당해 버림받고, 복음을 받아들이는 신실한 남은 이들과 이방인들은 새 언약 백성이 됩니다. 예루살렘, 유대, 사마리아, 로마까지 이 사역을 위해 헌신하는 이들이 사도들입니다. 바로 이것이 사도행

---

145) 두 증인이 준비되었다는 말은 재판이 시작되었다는 뜻이다. 물론, 두 증인은 구약 율법에서 요구하는 증인 규례에 근거한 것이다(신 17:6~7, 19:15~21).

전의 핵심 내용입니다.

성령님의 강림으로 사도들은 '새 언약의 증인들'로서 사역합니다. "새 영을 너희 속에 두고 새 마음을 너희에게 주되"라는 말씀이나 "내 신을 너희 속에 두어", "내가 나의 법을 그들의 속에 두며 그 마음에 기록하여"라는 말씀은 새 언약의 핵심 내용입니다(겔 36:26~27, 렘 31:33). 곧, 성령님께서 행하시는 사역이 어떠한지를 가르칩니다. 성령님께서 교회 가운데 강림하시고, 그 교회의 마음에 지워지지 않는 성령의 법을 새기십니다(롬 8:2). 그러므로 성령님을 선물로 받는 이들은 생명을 얻습니다. 그러나 성령님을 부인하고, 받지 못하는 이들은 영원한 죽음에 이릅니다. 증인된 사도들의 사역으로 누군가가 성령님을 받는다면, 그들은 새 언약 백성의 일원이 되었음을 인정받습니다. 사마리아 교회, 고넬료 집 사람들, 에베소 교회에 성령님께서 임하신 것은 이들이 모두 예루살렘 교회와 한 교회, 곧 새 언약 백성임을 증거 합니다(행 8:17, 10:44~48, 19:5~6). 그러므로 사도들이 새 언약의 증인이 되었다는 말씀은 새 백성들을 불러 교회를 세우는 사역이 시작되었다는 뜻입니다.

오순절에 사도들은 성령님으로 충만했고, 다른 방언으로 하나님의 큰일을 말했습니다(행 2:4,11). 여기 "다른 방언"은 외국어입니다. 흔히, 방언을 천사의 언어로 이해하는 이들이 있는데, 그렇지 않습니다. 성경에서 방언은 늘 외국어로 계시되었습니다.[146] 사도들은 방언으로 하나님의 큰일을 말했는데, 하나님의 큰일은 하나님의 구속역사입니다. 다르게 표현하면, 복음입니다. 예수님께서 옛 언약의 중보자요, 완성자이시며, 참 메시아요, 구원자라는 것입니다. 뿐만 아니라, 예수님께서 새 언약을 이루시는 분이라는 믿음이 진정한 복음입니다.

성령님께서 '오순절'에 새 언약 공동체에게 임하셨습니다(행 2:1). 다른 날이 아니라 '오순절'에 성령님께서 오셨기에, '오순절'과 '성령님의 강림'이 갖는 관계는 매우 중요합니다. 오순절은 출애굽을 기념하는 유월절로부터 오십 일째 되는 날입니다(레 23:15~16). 오순절은 유월절 이후 일곱 번의 안식일이 지났다는 뜻에서 '칠칠절'이라고 불리기도 합니다. 오순절의 다른 이름은 '맥추절'인데, 이는 첫 열매를 추수하는 것을 기념한데서 유래했습니다(출 23:16).

유월절이 죄와 사망에서 해방되어 생명을 얻음, 곧 구원의 시작이라면, 오순절은 유월절의 은혜를 맛본 성도들을 하나님께서 지속적으로 먹이시고 돌보신다는 증거입니다. 추수는 자기 자녀들을 돌보시는 아버지 하나님의 은혜의 표입니다. 지속적인 양식의 공급은 구원받은 백성들이 영의 양식인 말씀으로 살아야 함을 가르치는 도구이기도 합니다. 광야의 만나는 이를 너

---

146) 방언은 외국어이며, 하늘의 비밀을 알려주는 수단이며, 옛 언약 백성들을 향한 심판의 표이다. 방언은 사도 시대에 주어진 특별한 은사이다. 이러한 방언의 성격은 오늘날 예배 중 기도와 찬송으로 이어진다. 이에 대한 더 자세한 내용은 다음 책을 참고하라. 권기현, 『방언이란 무엇인가』,(경산: 도서출판 R&F, 2016).

무나 잘 보여줍니다(신 8:3). 이러한 오순절의 의미를 생각하면
서 성령님의 오심을 이해해야 합니다. 그러므로 오순절에 성령
님께서 오셨다는 것은 이미 구원의 은혜(유월절)를 얻은 성도들
이 지속적인 하나님의 돌봄 가운데 거한다는 뜻입니다. 교회가
임마누엘의 은혜 가운데 거한다는 증거입니다.

　오순절은 첫 추수를 기념하는 절기입니다. 예수님께서 사도
들을 추수꾼으로 부르셨습니다(마 9:37~10:1). 추수꾼인 사도들
은 먼저 이스라엘의 잃어버린 양을 구해야 하고, 이어 택함 받
은 이방인들을 하나님 나라의 백성으로 만들어야 합니다. 이것
이 사도들에게 주어진 증인의 사명 중 하나입니다. 오순절에 성
령님께서 임하셨다는 것은 이 추수가 본격적으로 시작되었다는
뜻입니다.

　실제로 사도들은 성령님을 받은 후에, 삼천 명이나 되는 큰 무
리를 추수합니다(행 2:41). 베드로와 요한이 나면서 앉은뱅이 된
이를 고친 사건을 계기로 말씀을 전하자, 오천 명의 하늘나라
백성을 얻었습니다(행 4:4). 이 추수가 유대, 사마리아, 로마까
지 이릅니다.

　오순절은 구약 역사에서 매우 독특합니다. 이스라엘은 출애굽
하고 그해 시내 광야에 도착했습니다(출 19:1). 이는 시내산 언약
이 맺어진 때가 오순절이라는 의미입니다. 오순절에 이스라엘
은 언약을 맺었고, 율법을 받았으며, 성막을 건축하라는 명령도
받았습니다. 출애굽 한 이스라엘 백성들에게 오순절은 예배하
는 날(언약 맺음)이요, 하나님 나라 건설의 도리를 배우는 날(율법

받음)이며, 성막을 통하여 자신들이 하나님의 집으로 지어져가는 것이 어떤 의미인지를 배우는 날입니다.

언약을 맺는 것은 예배의 원형입니다. 오순절에 성령님의 오심은 성령과 진리로 예배할 것이라는 예수님의 말씀이 성취되는 날입니다(요 4:23). 시내산에서 율법을 받았으니 오순절에도 법을 받습니다. 곧, 돌판에 새겨진 법이 아니라 성령님의 법을 받았습니다. 그리하여 시내산에서 제사장 나라와 거룩한 백성이 될 것을 약속받았듯이, 이제 성령님께서 오심으로 진정한 제사장 나라와 거룩한 백성이 등장합니다(렘 31:31~34, 겔 36:26~28).

교회는 새로운 성전입니다. 그 옛날 성막과 성전에 하나님께서는 불로써 임재하셔서 그곳에 좌정하셨습니다. 그러므로 성령님의 강림은 하나님께서 친히 새 성전인 교회 가운데 임재하시는 날입니다. 성막이 완성된 후, 여호와의 영광이 온 백성에게 나타나고 여호와의 불이 내려와 단 위의 번제물을 살랐습니다(레 9:23~24). 솔로몬이 성전을 완성하고 봉헌 기도를 드리기를 마치자, 불이 하늘에서 내려와서 번제물과 제물을 살랐습니다(대하 7:1). 오순절에 성령님께서 오신 것은 새 언약 백성들이 드디어 새로운 성전이 되었다는 표입니다. 오순절은 시내산에서 '제사장 나라와 거룩한 백성'으로 부름받은 그 백성들을 대신하여 드디어 새 백성인 교회가 '왕 같은 제사장과 거룩한 나라'가 되는 날입니다(벧전 2:9).

오순절 성령님께서 "불의 혀같이" 임하셨습니다(행 2:3). 성령님께서 불의 혀같이 하셨다는 말씀은 신명기 33장 2절과 관련됩니다.[147] 시내산에서 여호와 하나님께서는 일만 성도 가운데서 강림하셨고, 오른손에 "불같은 율법"을 가지셨습니다. 불의 임함은 교회가 새로운 성전임을 증거 합니다. 동시에 "불같은 율법"이라는 말씀은 율법 곧 하나님의 말씀이 어떤 역할을 하는지를 가르칩니다. 율법 곧 말씀은 불같이 임하여 교회가 새 성전임을 드러냅니다. 다른 한편으로 성령님의 오심이 언약에 불충성한 이들에 대한 심판의 표임을 함의합니다(렘 5:14, 21:12). 그래서 '불의 혀같은' 성령님을 받은 사도들은 언약의 증인으로서 하늘 법정에서 언약 백성들을 고소하고 재판합니다.

### 사도들의 봉사와 언약적 심판

#### (1) 예루살렘, 유대, 사마리아 그리고 세 사도

사도행전은 두 언약의 증인(사도와 성령님)을 통해 옛 언약 백성들을 고소하며 재판하고, 새 언약 백성들을 불러 모아 삼위 하나님과 언약을 맺게 함으로 새로운 신부가 되게 하는 것을 기술했습니다. 사도행전 3장부터 12장까지는 증인들을 통하여 이스라엘의 정체를 드러내며, 새 이스라엘인 교회 건설의 도리를 가르칩니다. 증인들의 이러한 사역이 예루살렘, 유대, 사마리아로 확대됩니다. 사도행전 1장 8절의 성취입니다. 사도들의 증인

---

147) "일렀으되 여호와께서 시내에서 오시고 세일 산에서 일어나시고 바란 산에서 비취시고 일만 성도 가운데서 강림하셨고 그 오른손에는 불 같은 율법이 있도다"(신 33:2).

사역이 이방으로 확대될수록 옛 언약 백성인 유대인들에게 주어진 회개의 시간은 점점 줄어듭니다. 동시에 교회는 더욱 힘을 얻고 부흥합니다.

두 증인의 사역으로 옛 백성인 이스라엘은 자신들의 정체를 확실히 드러냅니다. 우리는 사도행전 4장에서 "제사장들과 성전 맡은 자와 사두개인들", "관원과 장로와 서기관들", "관원과 장로들"로 불리는 한 무리의 집단을 만납니다(행 4:1,5,8). 이들은 다름 아니라 "공회"입니다(행 4:15).

베드로와 요한이 성전 미문에서 나면서 앉은뱅이 된 40세가량의 남자를 고쳤습니다(행 3:1~10). 앉은뱅이가 나은 것을 본 많은 이들이 놀라고, 솔로몬 행각에 사람들이 모입니다. 그곳에서 베드로는 복음을 전합니다. 베드로의 설교를 들은 공회는 복음을 싫어하여 베드로와 요한을 가두었습니다(행 4:1~3). 다음 날, 공회는 사도들을 심문했고, 더 이상 복음을 전하지 못하도록 협박하고 풀어주었습니다(행 4:17~18). 이를 통하여 '공회'는 그들의 정체를 스스로 드러냈습니다. 그들은 예수님을 십자가에 못 박은 주범이었고, 이제는 예수님을 증거하는 증인 된 사도들을 가두고 협박합니다. 공회의 행적은 그들 스스로가 어떤 사람들인지를 드러내는 표입니다. 그들은 하나님의 백성이 아니라 사단의 자식들임을 자백한 것이나 마찬가지입니다.

공회의 이러한 행적은 지속됩니다. 진리를 전하는 증인들을 옥에 가두고 핍박하며, 심지어 죽이기까지 합니다. 성령님과 사도들을 속인 아나니아와 삽비라 부부가 죽은 사건 이후 공회는 다시 사도들을 옥에 가둡니다(행 5:18). 그때, 주님의 사자가 옥 문을 열었고, 사도들은 더 담대히 복음을 전했습니다. 그러자 공회는 베드로와 사도들을 다시 잡아 협박하고, 사도들이 자신들의 말을 듣지 않자 죽이려고 합니다(행 5:27,33). 심지어 공회는 예루살렘 교회의 복음 전파자 중 한 사람인 스데반을 잡아 취조하고 죽입니다(행 6:12~15, 7:54~8:1).

오순절 성령님의 오심 이후, 증인인 사도들과 공회의 행적은 참 교회와 거짓 교회의 전쟁입니다. 사도들은 증인으로서 옛 언약 공동체의 대표들인 '공회'를 향하여 하나님과 맺은 언약에 충실할 것을 호소합니다. 곧, 예수님이야말로 그리스도이시요 구원자임을 믿으라고 요청합니다. 그러나 그들은 복음을 거부합니다. 그리하여 공회는 그들 스스로 사단의 자녀가 되었음을 선언했습니다. 그들은 스스로 거짓 백성이라 자처했습니다. 그러므로 옛 언약 공동체의 미래는 자명합니다. 예루살렘 성은 멸망할 것이요, 성전은 파괴될 것입니다. 그들에게 주어진 언약의 특권은 빼앗겨 새 언약 공동체인 교회에게 넘겨질 것입니다.

공회의 공적 배교에도 불구하고 새 백성인 교회가 출현했고, 든든히 세워집니다. 오순절에 삼천이나 되는 성도들이 탄생하여 세례를 받았습니다(행 2:41). 교회는 새로운 성전으로 하늘의 모습을 땅 위에 아로새깁니다(행 2:43~47). 언약의 저주를 받은 앉은뱅이가 낫습니다. 앉은뱅이는 은과 금으로 장식된 옛 성전 앞에서, 사람 성전인 베드로와 요한의 입에서 나오는 생명의 말씀을 통해 언약의 복을 누립니다(행 3:6). 동시에 사도들을 통하여 믿는 자의 수가 오천이나 되었습니다(행 4:4). 공회는 사도들을 옥에 가두었지만, 복음은 오히려 더 확산되었습니다.

그렇게 출현한 교회는 땅을 팔아 서로 나눔으로 성령님께서 내주하는 공동체가 되었습니다(행 4:32~37). 그 성령님의 역사를 거스르고 속이는 이들은 참 하나님의 교회에 머물지 못합니다. 아나니아와 삽비라는 성령님과 사도(두 증인)를 속임으로 죽습니다(행 5:1~11). 교회는 사도들의 가르침 위에 세워지고, 성령님의 내주로 굳건해집니다(행 6:7). 핍박은 교회를 더욱 강력하게 만드는 각성제가 되었습니다(행 8:1~4).

예루살렘과 유대를 지나 사마리아에도 복음이 전파되었고 교회가 건설되었습니다. 언약의 저주에 놓인 귀신들린 이, 중풍병자, 앉은뱅이가 나음을 입고 언약의 복에 참여하였습니다(행 8:7~8). 사마리아도 하나님의 말씀을 받았다는 소식에 고무된 사도들은 베드로와 요한을 보냈습니다. 두 사도가 안수하자 그들에게도 성령님께서 임하셨습니다(행 8:17). 복음은 사마리아를 넘어 에디오피아 여왕 간다게의 내시를 통해 이방을 향하여 전진합니다. 이러한 복음의 확산은 옛 언약 백성들에게는 마지막 경고이며, 새 언약 공동체인 교회가 역사의 주인공으로 등장하는 전환점이 됩니다.

옛 언약 백성들에 대한 심판과 더불어 새 언약 백성인 교회의 출현은 구속역사의 물줄기가 교회 중심으로 흐름을 알려줍니다. 이러한 측면에서 사울의 사도로서의 부르심과 이방인 고넬료 집안의 회심은 매우 의미심장합니다. 이는 유대인들에게는 심판의 때가 가까웠다는 신호요, 교회에게는 본격적인 추수가 시작되었다는 사인입니다.

드디어 핍박자였던 사울이 회심하였습니다. 다메섹 도상에서 예수님을 만난 사울은 사흘 동안 보지도 먹지도 못했습니다(행 9:9).[148] 보좌에 앉으신 예수님께서는 바울이 "내 이름을 이방인과 임금들과 이스라엘 자손들 앞에 전하기 위하여 택한 나의 그릇"이 될 것이라 하셨습니다(행 9:15). 마지막 사도, 곧 증인이 준비되었습니다. 그에게도 성령님께서 임하셔야 합니다. 바울도 성령님으로 충만해졌습니다(행 9:17).

마지막 사도인 사울의 회심은 복음이 이방인들에게 전해지는 구속사의 전환점입니다. 본 백성들은 바깥 어두운 곳에 쫓겨나올 것이며, 새 백성들은 구속의 은혜를 누릴 것입니다. 하늘 법정에서 선고된 판결이 마지막 집행을 기다립니다. 이방인 사도의 준비와 더불어 이방인 고넬료 집안이 교회로 들어왔습니다(행 10~11장). 사도 베드로는 이를 두고 "하나님은 사람의 외모를 취하지 아니하시고 각 나라 중 하나님을 경외하며 의를 행하는 사람은 하나님이 받으시는 줄 깨달았도다"라고 고백했습니다(행

---

148) 사울은 3일 동안 보지도 못하고 먹지도 못함으로 기도에 전념한다. 사울은 이를 통해 하나님으로부터 직접 계시를 받고 사도로 준비된다. 동시에 그의 보지 못함과 먹지 못함은 옛 언약 백성들의 영적 상태에 대한 재현이다. 이사야 6장에서 소개된 언약 백성들의 비참을 경험하는 시간이다.

10:34~35, 사 56:6). 베드로의 보고를 받은 사도들과 예루살렘 교회도 하나님께 영광을 돌렸습니다(행 11:18).

유대인이나 이방인이나 누구든지 하나님께서 부르시는 이들은 참 교회가 됩니다. 이렇듯 교회는 신분과 민족을 초월한 하나의 거룩한 공교회가 되었습니다(엡 2:11~19). 욥바의 고넬료 집이 교회가 되고, 안디옥에도 교회가 건설되었습니다. 예루살렘 교회는 바나바를 보내어 안디옥 교회를 돌보게 했습니다. 바나바는 다소에 있는 사울을 데려와 함께 안디옥 교회를 섬겼습니다. 그리하여 복음은 유대와 사마리아를 지나 땅 끝으로 갑니다.

예수님께서는 열두 제자 중 베드로, 요한, 야고보를 조금 특별하게 대하셨습니다(마 17:1, 막 5:37, 13:3, 14:33, 눅 8:51, 9:28, 22:8). 대표적으로 변화산 사건입니다. 변화산에서 예수님께서는 엘리야와 모세를 만나 자신의 죽음에 대해 말씀하셨습니다. 그 현장에 베드로, 요한, 야고보가 동행했습니다.

이러한 세 사도의 행적은 사도행전에서도 이어집니다. 성령님으로 충만한 베드로는 설교를 통하여 새 백성들을 모으는 사역의 주역이었습니다. 요한은 베드로와 더불어, 나면서 앉은뱅이 된 이를 고침으로 산헤드린 공회의 배교를 고발합니다. 베드로와 요한은 함께 산헤드린 공회에 의해 옥에 갇혔습니다. 사마리아 지역도 복음을 받았다는 소식을 들은 사도들이 베드로와 요한을 대표로 보냅니다(행 8:14). 이처럼 베드로와 요한은 옛 언약 백성의 배교를 고발하는 핵심 사도들입니다.[149] 동시에 새 언약 공동체인 교회가 출현하는 데 중심 역할을 담당했습니다. 그리고 야고보는 헤롯 아그립바 1세에 의해 죽임을 당합니다(행 12:1~2). 또한, 베드로도 옥에 갇힙니다(행 12:3~5). 하나님께서는 천사를 보내어 베드로를 옥에서 구출합니다. 옥에서 나온 베드로는 예루살렘 교회를 위로하고 다른 곳으로 갔습니다(행 12:17).[150] 이후 베드로의 사역은 사도행전에서 더 이상 언급되지 않습니다.

야고보 사도는 순교함으로 증인의 사명을 다합니다. 야고보 사도의 죽음은 옛 언약 백성인 이스라엘의 정체가 거짓 교회임을 증거합니다. 예수 그리스도를 십자가에 못 박은 그들은 이제 예수님의 사도인 야고보도 죽였습니다. 유대인들은 야고보의 죽음을 기뻐했습니다(행 12:3). 또한, 그의 죽음은 교회가 순교의 피 위에 세워짐을 강조합니다. 요한과 베드로 역시 옛 언약 백성들의 정체가 배교자들임을 증거합니다. 공회는 지속적

---

149) 베드로, 야고보, 요한은 할례자의 사도로, 바울은 이방인의 사도로 부르셨다는 사실은 사도행전 전반부(1~12장)에서 베드로, 요한, 야고보의 사역을 집중적으로 언급하는 이유이며, 후반부(13~28장)에서 바울의 사역을 중심으로 기술하는 이유이다(갈 2:8~9). 그래서 베드로, 요한, 야고보의 행적은 옛 언약 백성들에 대한 심판을 강조하고, 바울의 행적은 옛 언약 백성들에 대한 심판이 확정되어 실행될 때가 임박했음을 알린다. 또한, 바울의 행적은 복음이 이방인에게 갈 수밖에 없는 이유를 제시한다.

150) 베드로가 다른 곳으로 떠나는 것(행 12:17)에 대한 구속사적 의미에 대해서는 다음 책을 참고하라. 황창기, 『예수님, 교회 그리고 나』, 141~158. 송영목, 『신약신학』, 251~254.

으로 베드로와 요한을 옥에 가두고 협박하며, 복음 전파를 방해했습니다. 바울의 본격적인 사역 이전에 세 사도에 대한 독자적인 소개는 사도행전에서 더 이상 나타나지 않습니다. 이는 유대인들을 향한 하나님의 초대가 끝을 향하여 달려간다는 뜻입니다. 세 사도는 주로 예루살렘, 유대, 사마리아 지역에서 활동합니다. 이들을 대신하여 이방인의 사도인 바울이 땅 끝, 곧 로마로 갑니다.

### (2) 땅 끝까지와 사도 바울

드디어 복음은 이방인의 사도인 바울을 통하여 땅 끝으로 갑니다.[151] 구약 성경에서 땅 끝은 이방 세계를 의미합니다(사 5:26, 24:16, 40:28, 41:5,9, 42:10, 43:6, 45:22, 48:20, 렘 6:22, 10:13, 12:12, 단 4:11, 슥 9:10). 사도들이 땅 끝까지 이르러 증인이 된다는 말씀은 아담에게 주신 언약이 다시 시작되었음을 의미합니다. 생육, 번성, 땅에 충만, 땅의 정복과 다스림은 예수님의 오심을 통하여 다시 시작되었고, 사도들을 통하여 그 구체적 모습이 드러납니다. 이는 교회가 이루어야 할 사명입니다.

이방 땅에 세워진 안디옥 교회는 참 증인인 성령님의 인도로 바울과 바나바를 안수하여 파송합니다.[152] 바울과 바나바의 파

---

151) 다음 구절은 복음이 이미 땅 끝까지 전파되었다는 사실을 증거한다. 롬 1:8, 10:18, 골 1:6,23, 딤전 3:16.

152) 안디옥 교회가 바울과 바나바를 파송한 것은 성령님께서 교회의 선교 활동을 창설한 것이다. 우리는 여기에서 선교의 큰 원리를 발견한다. 선교의 주체는 교회이다. 선교 단체가 선교사를 파송하는 주체가 되어서는 안 된다.

송은 성령님의 주도로 이루어졌습니다(행 13:2,4). 구속역사의 무게 중심이 옛 언약 백성에게서 새 언약 백성에게로 넘어갑니다.

사도행전 13장에서 28장은 크게 두 가지 내용으로 구성됩니다. 첫째, 바울의 세 번에 걸친 복음 전파 사역입니다(행 13:1~21:17). 둘째, 사도 바울의 고소당함과 로마행입니다(행 21:18~28:31). 이제 우리는 이러한 구분을 따라 사도행전을 어떻게 읽어야 할지를 살피겠습니다.

바울의 세 번에 걸친 복음 전파 여행은 두 가지 큰 그림을 우리에게 제공합니다. 하나는 흩어진 유대인들 중에서 잃어버린 양을 찾아 새 이스라엘인 교회로 인도하는 것이요, 다른 하나는 교회 건설의 원리를 계시하는 것입니다. 로마 세계에 흩어진 유대인 중 신실한 남은 이들이 교회로 인도됨으로, 옛 백성들의 시간표는 끝을 향하여 달려갑니다. 바울은 유대인 중 신실한 남은 이들을 남김없이 거두어들입니다. 또한, 바울의 사역은 새 언약 공동체인 교회가 어떻게 건설되는지를 구체적으로 제시합니다.

바울의 1차 복음 전파 사역은 안디옥에서 시작하여 구브로 섬

---

선교사를 파송할 때는 기도해야 하며, 안수함으로, 파송 받은 선교사가 교회의 위임을 받았음을 확증한다. 선교사는 말씀을 가르치는 자여야 한다. 고재수,『구속사적 설교의 실제』, 153~160.

과 갈라디아 지역을 지나 다시 안디옥으로 돌아오는 여정입니다(행 13~14장). 구브로 섬의 바보라는 곳에서 사도 바울은 유대인 거짓 선지자 박수 엘루마를 만납니다. 비시디아 안디옥에서는 안식일에 회당에서 복음을 전하고, 복음을 거부한 일부 유대인들은 성내의 귀부인들과 유력자들을 선동하여 바울과 바나바를 핍박했습니다(행 13:50). 이고니온과 루스드라에서도 사도 바울 일행은 유대인들의 공격을 받았습니다. 루스드라에서 바울은 돌에 맞아 성 밖에 던져지기도 했습니다(행 14:19). 성령님의 인도로 사도는 증인의 사명을 충실히 감당합니다. 많은 유대인들이 복음을 거부합니다. 그런 중에도 신실한 남은 이들은 교회로 들어옵니다.

1차 복음 전파 사역에서 교회 건설과 관련된 중요한 내용은 단연코 직분을 세우는 것입니다(행 14:23).[153] 사도는 복음을 전한 도시를 되짚어 가면서 장로를 세웁니다. 교회는 장로 곧 감독에 의해 다스림 받습니다. 교회는 장로들의 봉사로 성장합니다. 장로는 두 종류가 있는데, 다스리는 장로와 가르치는 장로입니다(딤전 5:17). 오늘날 장로교회들은 전자를 치리 장로로, 후자를 목사로 이해합니다.[154]

---

153) 이에 대한 상세한 설명은 다음 책을 참고하라. 권기현, 『선교, 교회의 사명』, 52~68.

154) 장로 직분에 대한 더 자세한 내용은 다음 책을 참고하라. 권기현, 『장로들을 통해 찾아오시는 우리 하나님』,(경산: 도서출판 R&F, 2020). 허순길, 『잘 다스리는 장로』,(서울: 도서출판 영문, 2007). 코넬리스 반담, 『성경에서 가르치는 장로』, 김헌수·양태진 역,(서울: 성약, 2012). 김헌수 외, 『성

1차 복음 전파 사역 이후, 안디옥 교회는 위기를 맞습니다. 사도들의 허락 없이 유대에서 온 이들이 복음을 왜곡시켰습니다(행 15:1,24). 그들은 할례를 구원의 조건으로 제시합니다. 이 사건을 통해 안디옥 교회는 사절을 예루살렘에 파송하고, 예루살렘에서는 사도와 장로들(예루살렘 공회)이 이 문제를 해결합니다.[155] 여기에서도 유대인들의 복음에 대한 거부가 강조됩니다. 심지어 믿는 유대인 그리스도인 중에 이방인 그리스도인들도 할례를 받아야 하며, 율법을 지켜야 한다고 주장하는 이들이 있었습니다(행 15:5). 우리는 배교자들의 힘이 얼마나 강력한지를 봅니다. 거짓 복음이 교회 안까지 위력을 발휘했습니다. 이를 통해 이스라엘은 언약의 저주를 받아 버림받은 백성들이 되었음을 점점 더 선명하게 드러냅니다. 그럼에도 불구하고 사도들은 배교자들을 고소하며, 그들을 재판하는 증인의 사역을 성실하게 감당합니다.

복음을 거부하고, 사도들을 핍박하고 죽이는 산헤드린 공회를 대신하여, 교회의 공적 모임이 탄생했습니다. 바로 예루살렘에서 모인 사도들과 장로들의 회입니다. 옛 언약 백성들의 공회를

---

경에서 가르치는 집사와 장로』,(서울: 성약, 2013). 이성호, 『직분을 알면 교회가 보인다』,(서울: 좋은 씨앗, 2018). 안재경, 『직분자 반』,(서울: 세움북스, 2020). 정병길, 『은사와 직분』,(서울: 성약, 2017).

155) 안디옥 교회의 문제를 해결하기 위해 모인 사도와 장로들의 모임을 흔히 예루살렘 공회라 부른다. 엄밀히 말해, 이를 공회로 인정하기에 부족한 부분이 많다. 모든 교회의 대표들이 모이지 않았기 때문이다. 그러나 공회의 기원임에는 틀림없다.

대신하여 새 언약 백성인 교회의 공회적 성격의 모임이 그 자리를 대신합니다. 사도와 장로들은 이방인 성도들에게 할례를 행하지 않도록 결정합니다. 이 결정을 사도들은 "성령과 우리"의 결정이라 함으로 두 증인의 사역임을 강조했습니다(행 15:28). 예루살렘 회의는 자신들의 결정을 공문서로 만들어 이방 지역 교회에게 보냅니다. 바울과 실라의 두 번째 복음 전파 여행은 이 공문서를 전달하는 것은 중요한 사역 중 하나였습니다(행 15:22~35, 16:4).

우리는 이러한 모습을 통해 교회 건설의 큰 원리도 배웁니다. 교회의 모든 회의체는 교회가 마주한 믿음의 문제를 해결할 책무를 졌습니다. 동시에 교회는 한 말씀으로 연합하며, 사도들의 가르침 위에 굳건히 세워집니다. 이것이 바로 사도적 교회라는 말의 의미입니다.


사도 바울의 2차 복음 전파 사역(행 15:36~18:22)은 안디옥에서 출발하여 다소와 갈라디아 지역을 관통하여 드로아에서 배로 마게도냐로 건너간 후, 다시 아가야 지방의 고린도까지 이릅니다. 이때, 바울은 바나바 대신 실라와 함께하였고, 그 외에 여러 동행이 있었습니다. 바울은 고린도에서 일 년 육 개월을 사역했고, 겐그레아에서 배로 에베소에 갑니다(행 18:11,18~19). 에베소에서 다시 배편을 이용하여 가이사랴에 내렸다가, 안디옥으로 돌아옵니다.

사도 바울의 2차 복음 전파 사역은 주로 마게도냐와 아가야 지방에 집중되었습니다. 빌립보에서 이방인이면서 하나님을 공경하는 루디아와 그의 집안이 복음을 받았고, 간수의 집이 복음을 받고 세례를 받았습니다(행 16:14~15,32~34). 빌립보를 제외한, 데살로니가, 베뢰아, 아덴, 고린도는 모두 유대인 회당이 있었습니다. 사도 바울 일행은 데살로니가, 베뢰아, 아덴, 고린도에서 동일하게 유대인들의 시기와 핍박을 견뎌야 했습니다(행 17:5,13,17, 18:4~10,17). 유대인들은 사도의 증거를 통해 그들 스스로 사단의 자손임을 증명하셨습니다. 성령님과 사도는 증인의 사명을 온전히 수행했습니다.

바울의 두 번째 복음 전파 사역에도 교회 건설과 관련된 중요한 가르침이 많습니다. 그 중, 교회 성장의 중요한 도리를 가르치는 부분은 꼭 기억해야 합니다. 바울은 이방인들에게 할례를 행하지 말라 등 공회의 결정이 기록된 편지를 가지고 두 번째 여행을 떠납니다. 바울은 여러 성을 다니며 예루살렘 공회에서 작정한 규례를 주어 지키게 합니다. 바울은 이 지역(갈라디아)의 교회에 편지하면서 디도에게는 할례를 행하지 않았다고 했습니다(갈 2:2).[156] 이 시기 바울은 디모데에게 할례를 행했지만, 디모데는 헬라인 아버지와 유대인 어머니를 둔 자였습니다. 핵심은

---

156) 이에 대한 분명한 이해는 본서 제4부 8장을 참고하라. 디모데에게 바울이 할례를 행한 것은 예루살렘 회의의 결정을 무시한 것이 아니다. 이는 유대인 그리스도인들이 여전히 구약의 규례를 지키는 것을 허용했다는 뜻이다. 유대인들의 특권이 사라지기 전에는 구약의 법은 존중되었다. 우리는 이를 언약 중첩기의 특징으로 이해한다. 바로 이러한 사실을 명료하게 하는 것이 교회 회의나 직분자의 역할 중 하나이다.

사도 바울은 예루살렘에 있는 사도와 장로들의 작정한 규례를 교회로 하여금 지키게 했다는 점입니다. 이것이 교회 건설의 아주 중요한 교훈입니다.

교회가 사도와 장로들의 결정을 지켰다는 사실과 그 결과입니다. 공회의 결정을 지키자 교회는 믿음이 굳어지고 수가 날마다 더했습니다(행 16:5). 우리는 여기에서 교회 회의의 역할과 존재 목적을 배울 뿐만 아니라 교회 성장의 원리를 깨닫습니다. 교회 회의는 언제나 믿음의 도리를 선명하고 분명하게 해야 합니다. 곧, 말씀을 풍성하게 해설하는 역할입니다. 동시에 교회는 이러한 공회의 결정을 반듯하게 지킬 때, 믿음이 굳건하게 되며 성도들의 숫자도 많아집니다.


바울의 세 번째 복음 전파 사역(행 18:24~21:17)도 대동소이합니다. 바울의 세 번째 복음 전파 사역에서 사도행전이 가장 길게 소개하는 내용은 에베소에서의 사역입니다. 에베소 역시 회당이 있었고, 사도 바울은 그곳에서 3개월 동안 복음을 전했지만 복음을 거절하는 무리들이 있었습니다(행 19:8). 그래서 바울은 두란노 서원으로 옮겨 복음을 전했습니다. 바울은 에베소에서 약 3년 동안 사역했습니다(행 20:31). 스게와의 일곱 아들은 악귀 들린 사람에게 조롱을 당합니다(행 19:14~19). 우리는 이러한 사실을 통해 유대인들의 믿음 없음을 확인합니다. 유대인들은 여전히 복음을 거절할 뿐만 아니라 사도를 핍박합니다(행 20:3).

바울의 세 번째 복음 전파 사역에서 가장 중요한 교훈은 에베소 교회의 장로들에게 주신 권면입니다. 교회가 직분적 봉사를 통해 건강하게 세워진다는 원리를 가장 선명하게 가르쳐주는 부분이 바로 여기입니다(행 20:17~35). 감독과 장로는 동의어로 사용되었고, 목사(혹은 장로)는 비록 성도들의 투표로 뽑혔지만, 성령님께서 직분을 허락하셨다고 가르칩니다(행 20:28).[157] 하나님께서 자신의 피로 사신 양 무리인 교회를 살피는 목자가 목사입니다. 목사의 중요 사역 중 하나는 이리로부터 양 떼를 지키는 것입니다(행 20:29). 목사는 눈물로 성도들을 훈계해야 합니다(행 20:31).

세 번째 복음 전파 사역을 마치고 돌아온 바울에게 큰 고난이 예고되었습니다. 제자들과 선지자 아가보가 바울이 이방인

---

157) 직분자 선출과 관련된 사도행전의 기록은 계시의 점진성과 깊이 관련된다. 14장 23절에서 "장로들을 택하여"라는 했는데, 여기 "택하여"라는 단어는 '손을 들어 표한다'라는 뜻이다. 곧, 장로들을 성도들이 선출한다는 의미이다. 그럼에도 불구하고 20장 28절에서 "성령이 저들 가운데 너희로 감독자를 삼고"라고 했다. 성도들이 투표로 선출하지만 궁극적으로 성령님께서 직분자를 세운다는 가르침이다. 오순절 성령님께서 강림하시기 전의 직분자를 세우는 일반적인 방식은 제비뽑기나 하나님의 직접 부름이었다. 예수님께서는 열두 제자를 직접 부르셨다. 가룟 유다가 죽은 후, 맛디아를 선출할 때, 교회는 제비뽑기 방식을 사용했다. 그러나 성령님께서 오신 이후에는 모든 성도들 가운데 역사하시는 성령님의 사역으로 직분자가 선출된다. 바로 이러한 이유로 사도 바울은 직분자를 '성령님'께서 세운다고 가르친다. 그러므로 오늘날 교회 선거와 관련된 모든 영역에서 행해지는 부정한 선거 운동은 성령님의 역사를 거스르는 것이다. 우리는 선거 문화를 성령님의 뜻이 드러나는 현장으로 이해하고 시행해야 한다.

의 손에 넘겨질 것이라 했습니다(행 21:4,8~11). 바울은 자신의 고난을 알았지만 기꺼이 예루살렘으로 갔습니다. 예루살렘 교회는 바울을 환대했습니다. 그리고 바울에게 매우 중요한 요청을 합니다. 다름 아니라 유대인 신자들을 위해 나실인 서원을 한 네 명과 함께 결례를 행하고, 네 사람을 위해 비용을 지불하라고 했습니다.[158] 나실인은 서원이 끝나면 그에 합당한 제사를 드려야 합니다. 숫양 두 마리와 암양 한 마리, 소제물과 전제물을 드려야 합니다(민 6:13~21). 예루살렘 장로들은 바로 이 비용을 바울에게 부탁했습니다. 바울은 흔쾌히 장로들의 부탁에 응했습니다(행 21:26). 예루살렘 성전 파괴가 있기 전까지 유대인의 특권은 여전히 유효하며, 옛 언약의 법은 지켜져야 합니다. 이는 언약 중첩기의 가장 큰 특징입니다.

예루살렘에 들어온 바울은 결국 고소당합니다. 아시아에서 온 유대인들은 바울이 성전을 모독하고 율법을 무시한다고 주장했습니다(행 21:27~30). 바울을 잡은 군중들은 그를 죽이려 했습니다. 그러나 천부장에 의해 목숨을 보존합니다. 군중들 앞에서 자신을 변호할 기회를 얻어, 자신이 예수님을 어떻게 만났으며, 그 예수님께서 진정한 구원자임을 선포하고, 자신이 이방인의

---

158) 야고보를 중심으로 한 예루살렘 교회의 장로들이 바울에게 이러한 요청을 한 것은 유대인들의 구원관이 희미해졌거나 신앙의 퇴보 때문은 아니다. 예루살렘 교회의 장로들도 바울과 동일하게 옛 언약의 종결이 이루어지지 않았기 때문에 바울에게 결례와 그와 관련된 제사를 드릴 것을 요청한 것이다. 이것은 사도 바울에 대한 유대인들의 오해를 잠재울 수 있는 기회이기도 했다.

사도로 부름 받았음을 말하자 군중들은 더욱 흥분하여 바울을 죽이려 했습니다. 천부장은 바울을 보호했고, 바울은 자신이 로마 시민권자임을 천부장에게 알렸습니다. 결국, 바울은 산헤드린 공회로부터 정식 고소를 당했습니다(행 22:30, 23:1).

바울을 암살하려는 사십여 명의 암살단이 결성되었습니다(행 23:12~13). 바울을 죽이려는 모의에 산헤드린 공회도 동참합니다(행 23:14~15). 이 모든 음모는 천부장에게 전달되었고, 바울은 급히 로마 군인들의 호송을 받으며 가이사랴로 이송되었습니다. 보병 200명, 마병 70명, 창군 200명의 엄청난 군대가 동원된 바울 이송은 마치 전쟁 중 비밀 작전을 수행하는 것처럼 보입니다. 로마는 새 언약 백성들을 보호하는 보호자로 등장합니다.

가이사랴에서 바울은 산헤드린 공회와 긴 법정 투쟁에 돌입했습니다. 우리는 여기에서 옛 언약 백성들의 공적 기구인 공회의 역할이 오순절 이후 베드로, 요한, 야고보로 대표되는 사도들에게 행한 모습과 동일함을 확인합니다. 공회는 언제나 복음을 거부하고, 사도들을 핍박하며, 그들 스스로 멸망의 길로 달려갑니다. 사도행전에 기록된 공회와 관련된 구절들은 이를 너무나 극적으로 보여줍니다.[159] 공회는 사도 바울을 핍박함으로, 스스로 사단의 아들됨을 천명합니다. 이것은 무엇보다 중요한데, 사도 바울이 마지막 사도라는 측면에서 더욱 그러합니다.

159) 사도행전 4:15, 5:21,27,34,41, 6:12,15, 22:30, 23:1,6,15,20,28, 24:20 을 보라.

마지막 사도인 바울마저 핍박하고 원수로 대하면, 그들에게 남은 길은 오직 멸망의 길뿐입니다. 사도행전은 바로 이 역사를 기술했습니다. 공회의 이러한 행위는 두 증인인 성령님과 사도들의 행적과 연관되어 밀도 있게 논증되었습니다.

공회가 바울을 고소한 사건은 무려 2년이나 결론을 맺지 못했습니다(행 24:27). 옛 언약 백성들의 대표들은 자신들에게 주어진 회개의 기회를 날려버렸습니다. 벨릭스가 떠나고 베스도가 신임 총독으로 바뀌었으나 예루살렘의 대제사장들은 여전히 바울을 암살하려고 합니다(행 25:2~3). 산헤드린 공회원들은 신임 총독 베스도에게 가이사랴가 아닌 예루살렘에서 재판을 열어 달라고 청합니다. 그때, 바울은 예루살렘이 아닌 가이사 앞에서 재판받겠다고 요구합니다(행 25:10). 바울은 로마 시민권을 최대한 활용합니다.[160] 그렇게 하여, 바울의 로마행이 결정되었습니다.

바울의 로마행은 백부장 율리오의 손에 맡겨졌습니다(행 27:1).

---

160) 흔히 사도 바울이 자신이 가진 모든 것을 배설물로 여겼다는 말씀 때문에, 로마 시민권도 그러했으리라 오해하는 경우가 있다. 빌립보서 3장 8절에서 바울은 "내가 그를 위하여 모든 것을 잃어버리고 배설물로 여김은 그리스도를 얻고"라고 했다. 여기 바울이 말한 배설물은 자신이 소유한 모든 것을 의미하지 않는다. 문맥을 따라 본문을 읽으면, 바울이 배설물로 여긴 것은 자신이 유대교 안에서 누린 특권들이다. 곧, 빌립보서 3장 5~6절에서 언급한 것들이다. "내가 팔 일 만에 할례를 받고 이스라엘의 족속이요 베냐민의 지파요 히브리인 중의 히브리인이요 율법으로는 바리새인이요 열심히는 교회를 핍박하고 율법의 의로는 흠이 없는 자로라".

그러나 바울의 로마행은 로마 군인의 손이 아니라 여호와 하나님의 능력으로 진행되었습니다. 경험 많은 전문가들의 항해 결정은 광풍 유라굴로 때문에 무용지물이 되었습니다. 반면, 바울의 한마디 한마디는 생명을 살리는 방주였습니다(행 27:9~11,21~26,30~32,34~37). 모세를 따른 하나님의 백성들이 홍해를 건너 생명을 건진 것처럼 바울로 인해 276명이 생명을 얻었습니다.

"로마도 보아야 하리라"라는 바울의 소망과 "로마에서도 증거"할 것이라는 주님의 선언은 기가 막힌 방법으로 이루어졌습니다(행 19:21, 23:11). 드디어 땅 끝에 왔습니다. 땅 끝인 로마에서도 바울은 유대인들을 초대하여 복음을 전합니다. 여느 도시에서처럼 로마에서도 믿는 이들과 믿지 않는 이들로 나뉘었습니다. 증인은 자신이 보고 들은 바를 증거합니다. 바울은 예수님의 죽음과 부활을 증거했습니다. 복음을 받은 이들은 신실한 남은 자들이 되어 교회가 되었습니다. 그러나 복음을 거부한 이들은 하나님과의 언약 관계가 끝이 납니다. 곧, 주류의 유대인들은 언약을 파기하여 혼인 관계를 청산한 이혼녀가 됩니다.

바울은 로마에서 유대인 중에 남은 자들을 초대하여 교회가 되게 했습니다. 복음을 거부한 유대인들을 향하여 최종 선언을 합니다.

"성령이 선지자 이사야로 너희 조상들에게 말씀하신 것이 옳도다 일렀으되 이 백성에게 가서 말하기를 너희가 듣기는 들어

도 도무지 깨닫지 못하며 보기는 보아도 도무지 알지 못하는
도다 이 백성들의 마음이 완악하여져서 그 귀로는 둔하게 듣고
그 눈을 감았으니 이는 눈으로 보고 귀로 듣고 마음으로 깨달
아 돌아와 나의 고침을 받을까 함이라 하였으니 그런즉 하나님
의 이 구원을 이방인에게로 보내신 줄 알라 저희는 또한 들으
리라 하더라"(행 28:25~28)

바울의 이 선언은 이사야 6장 9~10절의 인용입니다. 예수님
께서도 제자들에게 비유를 가르치면서 이 본문을 인용하셨습니
다(마 13:13~17, 참고, 요 12:40). 이사야 당시, 유대인의 완악함
은 예루살렘 멸망과 성전 파괴 그리고 바벨론 포로로 귀결되었
습니다. 바울 당대의 유대인들도 그들 조상의 뒤를 따릅니다(마
23:29~39). 이사야 이후의 유대인에게는 회복의 기회가 주어졌
지만, 바울 시대의 유대인들에게는 그마저 사라집니다. 사도 바
울의 이 선언은 옛 언약 백성들을 향한 최후통첩입니다. 마지막
증인의 최후 증언으로, 하늘 법정의 재판관이신 삼위 하나님의
처분만 남았습니다. AD 70년의 예루살렘 멸망과 성전 파괴는
옛 언약 백성들에게 임할 사형 집행입니다.

### 사도들의 증인 사역을 정리하며
필자는 사도행전을 두 증인의 사역이라는 측면에서 정리했습
니다. 증인은 언약의 중요한 요소 중 하나입니다. 성경에서 언
약의 증인은 그 역할이 매우 독특합니다. 자신이 보고 들은 바

를 그대로 증언하는 역할을 맡기도 하지만, 때로는 언약 당사자를 고소하고, 책망하며, 어떤 경우에는 판결을 선언하기도 합니다. 사도들의 이러한 증인으로서의 사역은 성령님께서 그들에게 충만히 임했기 때문입니다. 곧, 성령님이야말로 진정한 증인이시기 때문입니다.

아무튼, 두 증인의 사역은 옛 언약 백성을 고소하고, 책망하며, 재판하는 것입니다. 그 결과, 옛 언약 백성들에게 주어진 특권은 조만간 박탈당할 것이며, 모든 권한이 새 언약 백성인 교회에게 이양될 것입니다. 그러므로 교회 건설의 원리를 제공하는 것 또한 사도들의 중요한 직무입니다. 교회 건설의 원리를 제공해야 된다는 측면에서 사도들의 사역을 더 풍성히 다루지 못한 아쉬움이 많습니다. 예수님께서는 사도들에게 가르치는 사역과 세례를 주는 사역을 통해 교회를 건설할 것을 명령했습니다(마 28:18~20). 이러한 주제를 따라 사도행전을 살피는 것도 중요한 부분입니다. 교회는 설교와 성례를 통해 건설됩니다.

1. 사도행전을 읽는 큰 주제는 무엇입니까?

2. 하나님과 자기 백성이 맺은 언약에는 늘 증인이나 증거물이 같이 언급됩니다. 구약 성경에 소개된 언약의 증인이나 증거물을 제시해 보세요. 그리고 사도행전이 소개하는 두 증인은 누구누구입니까?

3. 증인의 관점에서 사도행전 1~2장을 어떻게 정리할 수 있습니까?

4. 성령님께서 "오순절"에 임하셨다는 사실은 매우 다양한 가르침을 줍니다. 그 내용을 모두 간략하게 정리해 보세요.

5. 사도행전 3~6장에서 "공회"가 사도들에게 어떻게 행합니까? 그리고 그것이 의미하는 바는 무엇입니까?

6. 마지막 사도인 사울의 부르심과 이방인 고넬료 집안의 회심 사건을 서로 연결하여 생각할 때, 이를 통해 주시는 핵심 메시지는 무엇입니까?

7. 사도행전 3~12장에서 베드로, 요한, 야고보의 행적을 추적해 보고, 이들의 사역이 옛 언약 백성들에게 던지는 메시지는 무엇입니까?

8. 구약 성경에서 땅 끝은 어디를 의미합니까? 신약 성경에서 땅 끝까지 복음이 증거되었다는 근거 구절을 찾아보세요.

9. 사도 바울의 세 번에 걸친 복음 전파 여행이 보여주는 두 가지 큰 내용은 무엇입니까?

10. 안디옥 교회의 문제를 예루살렘의 사도와 장로들의 모임에서 해결합니다. 교회 회의가 가진 중요한 책무는 무엇입니까?

11. 세 번째 복음 전파 사역을 마치고 돌아온 사도 바울은 산헤드린 공회에 의해 고소당했습니다. 산헤드린 공회가 바울을 고소하는 것이 갖는 의미는 무엇입니까? 산헤드린 공회와 관련된 구절을 통해 설명해 보세요.

12. 바울은 드디어 로마에 도착했습니다. 바울이 로마에서 유대인들에게 복음을 전했습니다. 그리고 이사야서를 인용했습니다. 그것이 의미하는 바는 무엇입니까?

제11장

# 하나님 나라를 땅 위에 아로새기는 교회 건설

　신약 성경 27권 중 22권은 서신입니다. 로마서에서 요한계시록까지가 그러합니다. 문학 장르로 나누면, 요한계시록은 묵시문학에 가깝습니다. 그렇지만, 요한계시록은 아시아 일곱 교회에게 보낸 편지이기도 합니다(계 1:11). 서신서는 대체로 발신자와 수신자가 분명합니다. 물론, 그렇지 않은 책도 있습니다. 히브리서는 누가 쓴 서신인지 불분명합니다. 신약 성경의 상당수가 서신이라는 말은, 비록 발신인과 수신인이 불분명해도, '교회'에게 주신 계시의 말씀이라는 의미를 포함합니다. 모든 서신서는 교회를 위한 책입니다. 그러므로 우리가 서신서를 읽을 때, 어떤 개인에게 주신 말씀이 아니라 교회에게 주신 계시의 말씀으로 받아야 합니다. 심지어 목회 서신으로 분류되는 디모

데전·후서도 마찬가지입니다.[161]

　서신서는 교회를 위한 계시의 말씀입니다. 서신서를 교회를 위한 계시의 말씀이라는 측면에서 이해하려면, 교회가 새 언약 공동체라는 사실을 먼저 생각해야 합니다. 곧, 교회는 하나님의 새로운 언약 대상입니다. 이것은 언약의 다양한 요소들이 교회와 직접적으로 관련된다는 뜻입니다. 옛 언약이 다양한 요소들로 구성되었듯이 새 언약도 동일합니다. 언약은 서언, 관계 규명, 언약 조건, 증인, 복과 저주 등 여러 요소를 가지고 있습니다. 새 언약도 이런 요소들로 구성됩니다. 그러므로 새 언약 공동체인 교회는 이러한 언약 요소들과 직접적으로 연관됩니다.

　서언은 주로 하나님께서 어떤 분이신지, 그 하나님께서 행하신 일들은 어떠한지를 말씀합니다. 대체로 복음의 내용을 소개하는 부분입니다. 곧, 성부 하나님과 성자 예수님의 사역 그리고 성령님의 은혜를 통한 영생과 구원에 대한 선언은 거의 대부분 언약의 서언에 해당합니다. 관계 규명은 일반적으로 '아버지', '주', '주인', '왕', '자녀', '아들', '백성', '성도' 등으로 표현됩니다. 언약의 조건은 교회가 해야 할 일들이나 이루어야 할 사명입니다. 언약은 언제나 쌍방적 성격을 갖습니다. 교회는 하나님의 언약 대상이므로 하나님과 맺은 언약을 성실히 수행해야

---

161) 디모데전·후서는 바울이 디모데에게 보낸 편지이다. 디모데는 에베소교회의 목회자였다. 그러니 디모데서는 목양을 위한 안내서이면서 동시에 교회를 위한 책이다. 빌레몬서도 마찬가지이다. 바울이 골로새교회의 빌레몬에게 쓴 편지이지만, 그 성경 역시 골로새교회와 밀접한 관련이 있다.

합니다. 언약의 조건은 주로 명령 형태로 주어졌습니다. 언약의 증인들은 교회와 하나님이십니다(살전 2:10, 요일 5:9). 또한, 수많은 이들의 명단을 언급하며 증인들을 소개하기도 합니다. 종종 서신을 읽으라는 구절들은 언약서의 낭독에 해당하는 부분입니다.

언약에는 복과 저주가 동시에 제시되는데, 교회가 하나님과 맺은 언약에 충성하면 언제나 복을 받습니다. 그 복은 성경이 가르치는 교회의 본질과 정체성의 온전한 발현입니다. 반대로 저주는 교회가 하나님으로부터 징계를 받고, 교회의 본질을 상실하는 것입니다. 이러한 언약의 복은 주로 삼위 하나님의 은혜로 주어지는 것들을 의미하며, 언약의 저주는 교회가 육체가 되거나 죄에게 굴복하는 모습으로 소개됩니다. 그래서 흔히 윤리적 덕목을 갖추라고 명령하는 본문들은 대부분 언약의 조건이며, 이를 행함으로 주어지는 모든 좋은 것들은 언약의 복입니다. 언약의 저주는 교회의 권징 사역을 통하여 가시화됩니다. 교회의 잘못을 교정하는 권징은 언약의 저주가 주어지는 방편이며, 이러한 권징은 교회를 언약에 신실하도록 만듭니다.[162]

구약 성경은 언약의 복과 저주를 물질적인 것으로 제시합니다. 구약 성경이 언약의 복과 저주를 물질적인 것으로 제시하는 이유는 이스라엘이 하나님 나라의 모형이요 그림자이기 때문입

---

162) 서신서의 발신자들 중 사도들은 대체로 수신자들에게 여러 가지 권면을 한다. 그 권면들은 모두 권징 사역의 한 종류이다. 권징은 권면으로 시작한다(마 18:15).

니다(히 8:5). 그래서 예수님을 통하여 실체와 원형인 하나님 나라가 오면, 언약의 복과 저주도 물질적인 것이 아닌 실체와 원형으로 제시되어야 합니다. 이러한 측면에서 언약의 복과 저주는 성령님의 사역과 직접적으로 연관됩니다. 곧, 성령님께서 행하시는 모든 것들이 언약의 복이 됩니다. 그러나 교회가 성령님을 거스르고 거역하면 언약의 저주를 받는데, 육의 생각과 모습이 교회를 잠식하고, 종국에는 교회가 세상처럼 변질됩니다.

모든 서신서는 새 언약 공동체인 교회 건설과 직접적으로 연관됩니다. 옛 언약 공동체인 이스라엘이 율법과 제사와 직분을 통하여 하나님 나라를 이 땅에 아로새기는 것을 사명으로 받았듯, 교회는 성령의 법으로 하나님 나라를 땅 위에 아로새기는 사명을 받았습니다. 그러므로 교회는 하나님 나라를 땅 위에 아로새기는 성령님의 역사가 펼쳐지는 현장입니다. 새 언약의 가장 큰 특징은 성령님의 내주하심입니다. 성령님께서 성도들 가운데 역사하심으로 교회는 건설됩니다. 이러한 교회가 바로 성령의 법으로 세워지는 교회입니다.

또한, 서신서는 당대 교회의 어려움과 문제를 해결하는 내용으로 가득합니다. 옛 언약 백성인 이스라엘을 대신하여 새롭게 부름받은 교회는 계속해서 내부적으로 어려운 문제에 직면했고, 외부로부터 끊임없이 공격받았습니다. 교회가 마주하는 어려움과 문제를 해결하기 위한 지침이 서신서에는 가득합니다. 이는 교회가 완전하지 않음을 의미합니다. 교회는 주님이 재림하실 때까지 완전을 향하여 달려가는 경주자들입니다.

서신서를 교회를 위한 계시의 말씀으로 이해할 때, 우리는 비로소 서신서를 풍성히 이해하게 됩니다. 동시에 교회를 입체적으로 바라보는 안목을 얻습니다. 교회는 하나님 나라를 땅 위에 아로새기는 하늘 백성들의 모임입니다. 이는 서신서가 복음서와 한 주제로 연결되었음을 깨닫게 합니다. 복음서는 예수님을 통한 하나님 나라의 도래 선언이요, 사도행전은 옛 언약 공동체 대신에 새로운 언약 공동체가 준비되고 출현했음을 강조하고, 서신서는 그렇게 출현한 교회가 옛 언약 백성들(이스라엘)을 대신하여 하나님 나라를 땅 위에 아로새기는 사명을 실현시키는 거룩한 공동체임을 알려줍니다.

이제 우리는 서신서를 통해 교회를 만나려고 합니다. 서신서는 하나님 나라를 증시하는 교회가 직면한 문제를 말씀하며, 다른 한편으로 교회의 정체와 본질을 말씀하고, 또한 교회가 땅 위에 하나님 나라를 어떻게 아로새겨야 할지 그 원리를 가르치기도 합니다.

### 도전받는 말씀과 교회의 위기

새 언약 공동체인 교회가 직면한 심각한 도전은 거짓 선생들의 공격이었습니다. 사도 바울은 갈라디아서 첫 장부터 이를 언급합니다.

"그리스도의 은혜로 너희를 부르신 이를 이같이 속히 떠나 다른 복음 좇는 것을 내가 이상히 여기노라 다른 복음은 없나니 다만 어떤 사람들이 너희를 요란케 하여 그리스도의 복음을 변하려 함이라 그러나 우리나 혹 하늘로부터 온 천사라도 우리가 너희에게 전한 복음 외에 다른 복음을 전하면 저주를 받을지어다 우리가 전에 말하였거니와 내가 지금 다시 말하노니 만일 누구든지 너희의 받은 것 외에 다른 복음을 전하면 저주를 받을찌어다"(갈 1:6~9)

갈라디아 지역의 교회는 참 복음에서 속히 떠나 거짓 복음을 받아들였습니다(갈 1:6). 갈라디아교회는 바울의 첫 번째 복음 전파 여행 중에 방문한 지역의 교회들이었습니다. 갈라디아교회는 주로 유대인과 이방인 신자로 구성되었습니다. 이방인 신자들은 대부분 '하나님을 경외하는 이방인들'이었습니다(행 13:43). 이방인 신자들은 이미 유대교에 익숙한 이들이었습니다. 그러한 갈라디아교회에 거짓 복음이 들어왔습니다.

거짓 복음을 전하는 이들의 목적은 갈라디아 성도들을 종으로 삼으려는 것입니다(갈 2:4). 그 거짓 선생들은 이방인 신자들이 할례를 받아야 구원을 얻는다고 가르쳤습니다(갈 5:2,11, 6:11~13). 사도 바울은 이들의 가르침을 약하고 천한 초등학문으로 다시 돌아가는 것이라고 지적했습니다(갈 4:8~11).[163]

이러한 거짓 주장은 안디옥 교회에도 심각한 문젯거리였습니다(행 15:1). 이를 해결하기 위해 예루살렘의 사도들과 장로들이

---

163) 반더발, 『반더발 성경연구』 3권, 353.

함께 회의하였습니다. 새 언약 백성인 교회가 되는 길은 오직 한 길, 예수 그리스도를 믿는 믿음입니다. 다른 길은 없습니다.

거짓 복음을 가르치는 이들의 교회 침투는 갈라디아 지역의 교회나 안디옥교회만의 문제가 아니었습니다. 이 문제는 1세기 당대에, 여러 지역에 흩어진 대부분 교회들의 큰 걱정거리였습니다.

빌립보교회에도 "행악하는 자들"과 "손할례당"으로 불리는 이들이 있었고(빌 3:2~3), 골로새교회에는 "철학과 헛된 속임수로" 성도들을 미혹하고, "먹고 마시는 것과 절기나 월삭이나 안식일" 문제로 잘못된 주장을 하며, 심지어 "천사 숭배"를 가르치는 이들도 있었습니다(골 2:8,16~18).[164] 고린도교회도 예외가 아니었습니다. 사도 바울은 고린도교회가 뱀이 하와를 미혹케 한 것 같은 일을 당할 것처럼 염려하며, 유혹자들을 "거짓 사도요 궤휼의 역군이니 자기를 그리스도의 사도로 가장하는 자들"이라고 규정합니다(고후 11:13). 바울의 권고를 들어봅시다.

"만일 누가 가서 우리의 전파하지 아니한 다른 예수를 전파하거나 혹 너희의 받지 아니한 다른 영을 받게 하거나 혹 너희의 받지 아니한 다른 복음을 받게 할 때에는 너희가 잘 용납하

---

164) 많은 학자들은 골로새교회에 들어온 거짓 선생들을 영지주의자로 규정한다. 그러나 골로새서 본문에 의하면, 유대교도들 중에 영지주의적 영향을 받은 이들일 가능성이 더 높다.

는구나 … 중략 … 저런 사람들은 거짓 사도요 궤휼의 역군이
니 자기를 그리스도의 사도로 가장하는 자들이니라 이것이 이
상한 일이 아니라 사단도 자기를 광명의 천사로 가장하나니 그
러므로 사단의 일꾼들도 자기를 의의 일꾼으로 가장하는 것이
또한 큰 일이 아니라 저희의 결국은 그 행위대로 되리라"(고후
11:4,13~15)

데살로니가교회도 마찬가지였습니다. 데살로니가교회에 들어
온 거짓 선생들은 심지어 위조된 편지를 들고 왔습니다. 곧, 사
도들이 쓰지 않은 편지를 사도들이 쓴 편지라고 하며 교회를 속
였습니다(살후 2:2). 거짓 선생들이 위조된 편지까지 동원한 이
유는, 예수님의 강림을 통한 주의 날이 이르렀다고 가르침으로,
교회가 동요하고 두려움에 싸이도록 하려는 목적 때문입니다
(살후 2:2). 사도는 예수님의 말씀을 인용하여 가르침으로, 교회
가 두려움과 동요에서 벗어나 평안하기를 바랍니다. 예수 그리
스도의 강림은 "불법한 자"를 제거하기 위함이며, "진리를 믿지
않고 불의를 좋아하는 모든 자로 심판을 받게 하려"는 목적 때
문입니다(살후 2:8,12). 바울은 데살로니가교회에게 이러한 사실
을 이미 가르쳤습니다(살후 2:5). 바울은 데살로니가교회가 자신
의 가르침을 기억하여 잘못된 가르침에서 벗어나 평안을 얻기
를 원합니다.[165] 이렇듯 교회에는 언제나 거짓 선생들의 공격이

---

165) 데살로니가후서 2장 2절에서 바울은 마태복음 24장 6절과 동일한 의미의
     말을 한다. 이어 "배도하는 일"과 "멸망의 아들이 나타나기 전"이라 함으

있었습니다.

바울은 에베소교회의 목회자인 디모데에게도 유사한 권면을 합니다. 바울이 디모데를 에베소로 보낸 이유는 거짓 선생들이 "다른 교훈을 가르치지 못하도록" 하려는 것 때문이었습니다(딤전 1:3~4). 이 거짓 선생들은 믿음에서 떠난 자들이며, 거짓말하는 자들입니다. 이들은 심지어 혼인과 식물로 성도들을 유혹합니다(딤전 4:1~5). 거짓 선생들은 에베소교회에서 어느 정도 성공을 거두었습니다. 그들은 '어리석은 여자들을 유인'했고, 진리를 대적하는 자리에 이르렀습니다(딤후 3:6~8). 그리하여 바울은 에베소교회의 목사인 디모데에게 항상 설교할 것과 성도들을 경책하고 경계하며 권하라고 당부했습니다(딤후 4:2). 그럼에도 불구하고 에베소교회의 일부 사람들은 바른 교훈을 받지 않고 자기 사욕을 좇을 스승을 둘 것이며, 허탄한 이야기를 좇을 것입니다(딤후 4:3~4). 에베소교회는 그러한 어려움을 극복하여 거짓 복음을 정리하는 데 성공했습니다(계 2:2).

바울이 디도를 그레데 섬으로 보낸 이유도 동일합니다. 그레데에 세워진 교회에 "헛된 말을 하며 속이는 자가 많은 중 특별

---

로 마태복음 24장 15절에서 언급한 "멸망의 가증한 것"을 기억나게 한다. 바울은 '멸망의 아들'에 대해 설명하길, "하나님 성전에 앉아 자기를 보여 하나님이라 하느니라"라고 함으로, 이것이 성전을 배경으로 일어날 사건임을 가르친다(살후 2:4). 그러므로 바울은 예수님과 동일하게 AD 70년에 있을 예루살렘 멸망과 성전 파괴를 염두에 두고 있다. 우리는 이러한 관점에서 데살로니가교회에 들어온 거짓 선생들도 유대교적 사상으로 성도들을 유혹하는 이들로 이해할 수 있다. 반더발, 앞의 책, 429~430을 참고하라.

히 할례당 가운데 심하니"라고 했습니다(딛 1:9~11). 사도 베드로가 본도, 갈라디아, 갑바도기아, 아시아와 비두니아에 흩어진 교회들에게 권면한 내용도 마찬가지입니다. 베드로 사도는 민간에 거짓 선지자들이 일어난 것처럼 너희 중에도 "거짓 선생들이 있으리라"라고 하면서, 이들은 멸망케 할 이단을 가만히 끌어들여 주를 부인하고 임박한 멸망을 스스로 취하는 자들이라고 했습니다(벧후 2:1, 참고, 벧후 3:3~5).

사도 요한도 거짓말하는 자를 언급하면서 그가 적그리스도임을 분명히 선언했습니다(요일 2:18~23). 거짓말하는 자들은 예수님께서 그리스도이심을 부인하는 자들입니다. 사도 요한은 거짓 선지자가 세상에 나왔기에 "오직 영들이 하나님께 속하였나 시험하라"라고 했으며, 예수 그리스도께서 육체로 오신 것을 시인하는 영마다 하나님께 속했다고 가르쳤습니다(요일 4:1~3, 요이 1:7~9). 유다서 역시 교회에 가만히 들어온 사람들을 언급합니다.

"이는 가만히 들어온 사람 몇이 있음이라 저희는 옛적부터 이 판결을 받기로 미리 기록된 자니 경건치 아니하여 우리 하나님의 은혜를 도리어 색욕거리로 바꾸고 홀로 하나이신 주재 곧 우리 주 예수 그리스도를 부인하는 자니라"(유 1:4)

거짓 선생들의 침투와 잘못된 가르침은 초대 교회가 당면한 가장 심각한 문제였습니다. 이는 예수님께서 교회 건설의 대원리로 가르친 '가르침'과 '세례' 중, '가르침'에 대한 사단의 직접적인 도전입니다. 곧, 말씀과 성례로 교회가 세워지는데, 그중 핵심 사역인 '말씀 사역'에 대한 공격입니다. 교회는 바른 말씀의 터 위에 세워집니다. 바른 말씀은 교회가 하나님 나라를 땅 위에 아로새기게 만듭니다. 말씀의 왜곡은 교회의 가장 중요한 초석 중 하나가 제거되는 것과 같습니다.

여기에서 우리가 반드시 생각하고 넘어가야 할 사안이 있는데, 바로 거짓 교사들의 정체입니다. 이들은 옛 언약 백성으로서 말씀을 맡은 자들입니다(롬 3:1~2). 곧, 거짓 교사들은 옛 이스라엘의 지도자에 속한 자들입니다. 구약 성경에 등장하는 거짓 선지자들과 같은 부류의 사람들입니다(렘 23:13~22, 마 7:15~27). 교회 안에 거짓 교사가 많았습니다. 결국, 이들은 교회 밖에서 들어온 것이 아니라 교회 안에 있으면서 교회를 공격한 사단의 씨입니다. 이를 통해 우리는 교회의 가장 강력한 대적이 직분자의 말씀 왜곡임을 깨닫습니다.

현대 교회도 마찬가지입니다. 교회의 가장 강력한 적은 교회 안에 있습니다. 생명의 말씀을 사사롭게 풀거나, 성경 해석을 왜곡되게 하는 것이야말로 우리가 경계해야 할 첫째입니다. '성경은 오직 성경으로 해석해야 한다'라는 우리의 고백은 그래서 중요합니다(웨스트민스터 신앙고백서 1장 9절). 그러므로 우리는 종교 개혁의 두 외침, '오직 말씀'과 '모든 말씀'을 교회 건설의 핵심으로 삼아야 합니다. 바른 말씀의 선포는 교회의 표지입니다.

## 교회의 정체성과 본질

1세기 교회가 직면한 가장 심각한 문제는 거짓 교사들의 침투였습니다. 그러니 서신서는 언제나 교회를 향하여 바른 복음과 바른 믿음을 계속하여 설명할 수밖에 없습니다. 대부분의 서신서가 복음과 믿음의 기본적 도리를 다시 언급하며, 강조하는 이유가 여기에 있습니다.

사도 바울은 고린도교회를 향하여 "내가 너희에게 전한 복음을 너희로 알게 하노니 이는 너희가 받은 것이요 또 그 가운데 선 것이라"라고 했습니다(고전 15:1). 그러면서 고린도교회가 사도가 전한 말을 굳게 지키고 헛되이 믿지 않으면 구원을 얻는다고 강조했습니다. 여기에서 사도는 '헛된 믿음'을 언급했습니다. 교회는 사도들의 터 위에 굳건히 세워지지 않으면, 언제나 헛된 믿음으로 흘러갈 가능성이 높습니다. 사도가 전한 복음은 예수님께서 성경대로 자기 백성들의 죄를 위하여 죽으시고, 장사 되셨다가 사흘 만에 살아나셔서 부활했다는 사실입니다. 이것이 믿음의 핵심입니다. 이 복음에 무엇인가를 첨가하거나 빼서는 안 됩니다. 이 믿음이 교회의 터입니다.

사도 베드로가 "주는 그리스도시오 살아 계신 하나님의 아들이시니이다"라고 고백하자, 예수님께서는 바로 "이 반석" 위에 "내 교회"를 세우겠다고 말씀하셨습니다(마 16:16~19). 그래서 모든 서신서는 한결 되게 복음과 믿음의 도리에 대한 해설로 가득합니다. 교회는 온전한 신앙고백 위에 건설됩니다. 그것이 교회의 본질 가운데 하나입니다. 그 외에도 서신서는 교회의 정체성을 다양하게 가르칩니다.

    교회는 옛 이스라엘을 대신하여 부름받은 '새 이스라엘'입니다. 로마서는 이를 매우 탁월하게 보여줍니다. 흔히, 로마서는 복음에 대한 제시(1~8장)와 구원받은 성도의 삶(12~16장)으로 구성된 책이라고 말합니다. 물론, 이러한 가르침이 틀린 것은 아니지만, 그렇다고 정확한 주장도 아닙니다. 로마서는 옛 언약 공동체인 이스라엘의 실패가 무엇 때문인지를 조목조목 제시하며(1~8장), 그렇게 실패한 이스라엘의 미래를 말하고(9~11장), 이어 새 언약 공동체인 교회가 땅 위에 아로새겨야 할 하늘나라의 자태를 제시합니다(12~16장). 옛 언약 공동체인 이스라엘이 실패할 수밖에 없었던 이유는 율법에 대한 오해와 참 믿음을 소유하지 못했기 때문입니다. AD 30년 ~ AD 70년 사이에, 옛 이스라엘은 그 역할이 끝났고, 새 이스라엘인 교회가 출현하며, 그 교회가 하나님 나라를 어떻게 증시하는가가 로마서의 주제입니다. 흔히, 로마서 12장 이하를 성도들의 삶에 대한 가르침이라 주장하는데, 이 역시 틀린 말은 아니지만 정확한 말도 아닙니다. 로마서 12장 이하는 교회가 어떻게 땅 위에 하나님 나라를 건설할지에 대한 원리를 제공합니다. 그러니 교회는 하나님 나라를 증시하는 사명에 실패한 이스라엘을 대신하여, 하나님 나라의 실체를 보여주며, 하나님 나라를 성취하는 거룩한 백성들입니다. 사도행전 28장은 사도 바울의 로마 사역을 소개합니다. 바울은 로마의 유대인들에게 복음을 전했고, 교회를 건설했습니다. 그 교회를 위해 바울은 2년 동안 "하나님 나라를 전파하며 주 예수 그리스도께 관한 것을" 가르쳤습니다(행 28:31). 이렇듯 교회는 하나님 나라를 땅 위에 아로새기는 거룩한 백성들입니다.

그래서 사도 베드로는 교회를 "왕 같은 제사장들이요 거룩한 나라"라고 정의했습니다(벧전 2:9). 사도 베드로의 교회 정의는 시내산 언약에서 왔습니다(출 19:6).[166] 하나님께서 아담과 언약을 맺으셨고, 그 언약은 하나님의 왕국 건설이라는 가시적 모습으로 실현되었습니다. 아담 언약이 족장 언약과 시내산 언약에서 반복되고, 확대되며, 정교해졌습니다. 이어 다윗 언약을 통하여 이스라엘의 사명은 더욱 선명해졌습니다. 하나님의 왕국을 땅 위에 아로새기는 것이 이스라엘의 사명입니다. 그러나 이스라엘은 이 하나님의 약속을 저버렸습니다. 그 왕국의 실현을 위해 이 땅에 오신 예수님께서는 이스라엘을 버리시고 새로운 이스라엘을 부르셨는데, 그것이 바로 교회입니다.

또한, 교회는 옛 언약 백성들보다 훨씬 더 우월합니다. 옛 이

---

166) 시내산 언약은 "너희가 내게 대하여 제사장 나라가 되며 거룩한 백성이 되리라"라는 말씀으로 요약된다. 이스라엘에 대한 이러한 정체성의 부여는 족장 언약과 본질적으로 같은데, 족장 언약은 큰 민족, 가나안 땅, 복의 근원이다(창 12:1~9). 민족과 땅과 복의 근원으로 요약되는 족장 언약은 하나님 나라에 대한 약속이다. 이러한 족장 언약은 아담 언약에서 주어진 '하나님의 왕국 건설'의 구체적 실현이다. 그러므로 모든 언약은 그 본질에 있어서 동일하며, 영속된다. 예수님께서는 바로 그 왕국이 임했다고 선언하셨다. 사도 베드로는 교회가 예수님께서 선언하신 바로 그 왕국임을 가르쳤다.

스라엘에는 왕, 제사장, 선지자들이 기름부음을 받음으로 직분자가 되었습니다. 이들은 일반 백성들보다 더욱 존귀한 사람들이었습니다. 예수님께서 바로 그 직분을 완성하심으로 성도 모두가 왕, 제사장, 선지자처럼 되었습니다. 교회는 모든 구성원이 동등한데, 은사를 따라 각기 다른 직분으로 봉사합니다. 목사와 장로와 집사는 각기 다른 역할을 부여받았습니다. 이들 사이에는 높고 낮음이 없고 동등합니다. 사도 베드로의 교회를 향한 선언은, 옛 언약 백성들이 새 언약 백성으로 대체되었다는 것과 새 언약 공동체인 교회가 더 우월함을 강조합니다.

교회가 새 언약 공동체라는 가르침은 교회의 본질을 더욱 선명하게 드러냅니다. 곧, 새 언약의 핵심인 성령님의 내주는 교회가 옛 언약 공동체보다 더 우월함을 드러냅니다. 이는 성령님의 내주로 인해, 교회가 하나님 나라를 선포하신 예수 그리스도와 연합함으로 하나님 나라를 땅 위에 아로새기는 실체가 되었음을 의미합니다. 그러므로 교회는 하나님 나라를 맛보며 경험하는 땅 위의 유일한 기관입니다. 성령님의 내주라는 측면에서, 로마서는 그 성령님께서 교회를 도우시며, 이 땅에 하나님 나라를 아로새긴다고 가르칩니다(롬 8:26~28).

에베소서는 이러한 교회의 정체성을 삼위 하나님의 사역과 연결하여 설명합니다. 삼위 하나님께서 창세 전에 자기 백성들을 택하시고, 그리스도로 말미암아 아들들이 된 이들이 교회입니다(엡 1:3~5). 실제로 교회는 자신들의 허물과 죄로 죽었으나,

하나님께서 이들을 사랑하셔서 그리스도와 함께 살리셨고 믿음을 선물로 주셨습니다(엡 2:1,4,8). 그리스도께서는 그렇게 부름 받은 아들들 곧 교회의 머리가 되셨으며, 교회는 그분의 몸이 되었습니다(엡 1:23). 교회는 그리스도와 한 몸입니다.

교회는 그리스도와 한 몸이 되었고, 한 걸음 더 나아가 유대인과 이방인도 하나가 되었습니다(엡 2:11~19). 좀 더 정확하게 말하면, 옛 이스라엘 백성 중 신실한 남은 이들과 택함 받은 이방인들이 새로운 이스라엘이 되었습니다. 그래서 교회는 예수님을 모퉁잇돌로 한 성전으로 지어져갑니다(엡 2:21~22). 교회는 옛 성전을 대체하는 새로운 성전입니다. 그 새로운 성전은 성령님 안에서 함께 지어져 갑니다. 그러니 교회는 성령님께서 내주하시는 성령의 공동체입니다. 돌 성전이 아니라 사람 성전이요, 한 곳에 있는 성전이 아니라 온 세계 도처에 세워진 성전입니다.[167] 교회가 새로운 성전으로 지어져 간다는 말씀은, 교회가 하나님의 집이라는 뜻이기도 합니다(딤전 3:14~15).

성령님께서는 교회가 능력으로 강건하도록 만드시고, 그리스도의 사랑을 깨닫게 하시며, 하나님의 모든 충만하신 것으로 충만하게 만드십니다(엡 3:16~19). 교회는 성령의 하나 되게 하신 것을 힘써 지켜야 합니다(엡 4:3). 삼위 하나님께서는 성령님을

---

167) 교회가 성전이라는 가르침은 자연스럽게 구약의 에덴, 성막, 성전에 대한 모든 가르침이 성취되고 적용되는 공동체로 이해하도록 만든다. 이에 대한 내용은 다음 책을 참고하라. 그레고리 빌, 『성전신학』, 강성열 역,(서울: 새물결플러스, 2014).

통하여 교회에 직분자를 세우시고, 그 직분자들의 봉사를 통하여 교회가 그리스도의 장성한 분량이 충만한 데까지 건설되게 하십니다(엡 4:11~13). 교회는 옛 사람을 벗은 이들이요, 심령으로 새롭게 된 이들이며, 의와 진리의 거룩함으로 지으심을 받은 새 사람, 곧 그리스도로 옷 입은 공동체입니다(엡 4:22~24). 이러한 교회를 성령님께서 친히 세우십니다.

사도 요한은 "사귐"이라는 용어를 사용하여 교회의 정체성을 알려줍니다(요일 1:3,6~7). "사귐"은, 곧 교제(코이노니아)입니다. 교회는 사도들과 교제해야 합니다. 그렇지 않으면 그 교회는 온전한 교회가 되지 못합니다. 안디옥교회에 가만히 들어온 거짓 교사들은 사도들의 허락 없이 자기 마음대로 안디옥교회에 간 자들입니다. 이들은 교회를 괴롭게 하고 마음을 혹하게 하는 자들입니다(행 15:24).

사도는 1세기에 사신 분들입니다. 사도들은 지금 죽고 없습니다. 그렇다면, 교회는 어떻게 사도들과 교제합니까? 사도가 전한 복음, 사도들이 가르친 그 가르침으로 교제해야 합니다. 이것이 지금 우리가 사도와 교제하는 원리입니다. 사도 요한은 사도들의 복음 증거 사역을 "우리가 보고 들은 바를 너희에게 전함"이라고 했습니다(요일 1:3). 그러면서 "너희로 우리와 사귐이 있게 하려 함이니"라고 했습니다. 즉, 교회가 사도들과 사귐을 갖는다는 것은 사도들이 보고 들은 바를 전한 그 말씀과의 사귐입니다.

사도가 가르친 복음을 따라 교회를 세우는 것이야말로 참 교회가 되는 길입니다. 그러니 사도와 교제하지 않는 교회는 참 교회가 아닙니다. 사도 요한은 사도와 교제하지 않는 이들을 "세상"이라 부르며, 어두운 가운데 있는 자들이라 칭합니다(요일 1:6, 2:8~11,15~17).

사도 요한은 매우 의도적으로 사도들이 증인임을 말씀하면서, 옛 언약 백성들의 실패를 염두에 두고 "사귐"을 강조합니다. 옛 언약 백성들은 보고 들어도 깨닫지 못했습니다(사 6:9~10, 42:18~20, 시 115:4~8, 마 13:13~17). 그러나 새 언약 백성인 교회는 증인된 사도들이 보고 들은 것을 전할 때, 그 증인들과 사귐을 가짐으로 진정한 언약 공동체가 됩니다. 보고 들음에 실패한 이들은 우상숭배자들입니다. 사도 요한은 요한일서를 마무리하면서 바로 그 면을 강조합니다.

"자녀들아 너희 자신을 지켜 우상에서 멀리하라"(요일 5:21)

자녀들은 교회를 지칭합니다. 교회를 자녀라 부름은 교회가 하나님과 언약을 맺었다는 표입니다. 교회는 새 이스라엘이기에 옛 이스라엘처럼 우상숭배자들이 되면 안 됩니다. 그러기 위해서는 사도들의 가르침 위에 교회가 세워져야 합니다.

그뿐만 아니라, 사도 요한은 교회가 사도들과의 사귐을 통해 하나님 아버지와 그 아들 예수 그리스도와 사귐이 있게 된다고 했습니다. 삼위 하나님과의 사귐은 교회의 본질입니다. 삼위 하나님과의 사귐이 없는 교회는 가짜 교회입니다. 만약 교회가 사도들의 가르침 위에 세워지지 않으면, 그 교회는 삼위 하나님과의 사귐도 없습니다. 그러니 그 교회는 거짓 교회입니다. 하나님과 사귐을 가진 교회는 빛 가운데 거하며, 사랑의 하나님으로 인해 형제를 사랑합니다(요일 4:7~21). 삼위 하나님과의 사귐, 사도들과의 사귐은 교회가 사랑이라는 하늘의 모습을 땅 위에 아로새기게 하는 동인입니다. 그래서 하나님을 사랑하는 자는 그의 계명들을 지키는 것이라 했습니다(요일 5:3). 교회는 그 사랑의 신비를 세상 속에 드러내는 천국 백성들입니다.

### 직분적 봉사를 통해 세워지는 교회

복음서가 예수님을 통한 하나님 나라의 임함에 대한 선언이라면, 사도행전은 그 하나님 나라가 어떤 사람들로 채워질 것인지를 보여주는 안내서입니다. 사도행전은 옛 이스라엘을 대체하여 새 이스라엘인 교회의 출현 과정을 자세히 소개합니다. 서신서는 그렇게 출현한 교회가 옛 법이 아니라 새 언약의 법, 곧 성령의 법을 행함으로 건설될 교회의 모습을 보여줍니다. 그러니 서신서는 하나님 나라를 이 땅에 아로새기는 교회 건설의 원리와 모습을 자세히 소개합니다.

구약 시대는 제사장, 선지자, 왕이 나라를 다스렸습니다. 예수님께서는 참 대제사장이시오, 참 선지자이시며, 참 왕으로 오셨습니다. 그리하여 새로운 하나님 나라를 선언하셨고, 그 나라의 백성인 교회를 친히 부르셨습니다. 사도 베드로에게 "이 반석 위에 나의 교회"를 세우시겠다는 약속대로 친히 그 일을 이루셨습니다.

예수님께서는 이스라엘 열두 지파를 대신하여 열두 사도를 부르시고, 그 사도들이 새 언약 공동체인 교회의 초석이 되게 하셨습니다. 그래서 교회는 사도와 선지자의 터 위에 세워졌습니다(엡 2:20). 예수 그리스도께서는 교회에 사도, 선지자, 복음 전하는 자, 목사와 교사를 부르셔서 그리스도의 몸을 세우도록 했습니다(엡 4:11~12). 사도와 선지자들은 교회 창설 직분자들입니다. 이들은 1세기에만 활동했습니다. 사도와 선지자들은 하늘의 뜻을 전하는 도구였습니다. 그러나 교회의 초석인 창설 직분자들의 기능은 한시적이었습니다. 하나님께서는 하늘의 뜻을 온전히 담은 성경을 기록하게 하셨고, 그 성경을 구원의 진리를 전하는 터로 삼으셨습니다.

오순절 성령님의 강림은 많은 것을 변화시켰습니다. 돌판에 새겨진 법이 아니라 믿음과 성령의 법이 하나님의 백성들을 다스리고 인도했습니다. 약속의 땅 가나안이 아니라 성령님께서 내주하시는 교회가 약속의 땅이 되었습니다. 성전이 아니라 성령님께서 내주하시는 하나님의 백성들이 참 성전이 되었습니다. 이처럼 직분도 그 변화의 중심에 있었습니다. 하나님께서 친히 부르셔서 임명하거나, 제비뽑기를 통해 세우던 직분 임명

이 성도들의 투표를 통해 이루어졌습니다(행 14:23).[168]

사도들은 교회에 새로운 직분을 세웠는데, 장로(목사)와 집사입니다(딤전 3:1~13). 사도들도 스스로를 장로라 불렀습니다(벧전 5:1, 요이 1:1, 요삼 1:1). 이는 장로들의 사역이 어떠한지를 가르치는 매우 중요한 증거입니다. 한마디로 말해, 장로는 목양자입니다. 장로가 목양자라는 말은 예수님에게서 그 원형이 발견됩니다(벧전 2:25). 예수님께서는 스스로를 선한 목자로 계시하셨고, 그 선한 목자의 모습은 구약 성경에서 유래합니다(겔 34장, 요 10:11~18). 그래서 부활하신 예수님께서는 베드로에게 "네가 나를 사랑하느냐" 물으시고, "내 어린 양을 먹이라"라고 세 번이나 말씀하셨습니다(요 21:15~17).

사도 바울은 이러한 예수님의 가르침을 따라 장로를 "감독"이라 불렀고, 그 감독들에게 "온 양 떼를 위하여 삼가라 성령이 저들 가운데 너희로 감독자를 삼고 하나님이 자기 피로 사신 교회를 치게 하셨느니라"라고 했습니다(행 20:28). 감독 곧 장로는 하나님의 양 무리를 돌보는 이들입니다. 그래서 바울은 에베소 교회의 감독인 디모데에게 감독의 자격을 자세히 일러주었습니

---

168) 사도행전 14장 23절은 "각 교회에서 장로들을 택하여"라고 했다. 여기 '택하다'라는 말은 '손을 들어 표하다'라는 뜻이다. 곧, 각 지역 교회에서 성도들의 의사가 반영된 직분 선출이 시작되었다. 이는 교회가 성령님께서 내주하시는 공동체이기에, 각 성도의 투표 행위에 성령님의 역사가 있다는 의미이다. 그래서 성도들의 투표로 직분자가 선출되지만, 성령님께서 직분자를 세우신다고 해도 무방하다(행 20:28). 한편, 이러한 직분 선출 방식의 변화는 단순히 방법의 변화가 아니라 새 언약 시대에 하나님께서 자기 백성들을 다스리시는 새로운 원리이다. 곧, 새 시대의 표이다.

다(딤전 3:1~7). 디도에게도 바울은 동일한 가르침을 주었습니다
(딛 1:5~9).

장로는 두 종류로 나뉘는데, 다스리는 장로와 가르치는 장로
입니다. 디모데전서 5장 17절입니다.

"잘 다스리는 장로들을 배나 존경할 자로 알되 말씀과 가르
침에 수고하는 이들을 더할 것이니라"

다스리는 장로와 말씀과 가르침에 수고하는 이들을 오늘날
'치리 장로'와 '목사'로 이해합니다.[169] 사도 바울은 이렇게 두 장
로에 대해 말한 후에 장로의 직무와 예우, 그리고 장로의 범죄
를 어떻게 다루어야 할 것을 가르치고, 장로를 함부로 세우지
말 것을 강조합니다. 사도 바울은 두 종류의 장로를 언급하고,
곧이어 장로의 직무와 예우를 가르칩니다.

"성경에 일렀으되 곡식을 밟아 떠는 소의 입에 망을 씌우지
말라 하였고 또 일꾼이 그 삯을 받는 것이 마땅하다 하였느니
라"(딤전 5:18)[170]

---

169) 허순길, 『잘 다스리는 장로』, 53~63.

170) 본문 18절은 "성경에 일렀으되"로 시작한다. 곧, 그 뒤에 나오는 내용이
성경에 기록된 내용이라는 것이다. 그렇다면, 그 뒤에 나온 내용은 성경
어디에서 온 것인가? 바로 신명기 25장 4절과 누가복음 10장 7절이다. 이
는 구약 성경을 당대의 교회가 성경으로 받았다는 증거이며 동시에 누가
복음도 성경으로 받았다는 뜻이 된다. 그러므로 1세기의 교회는 이미 구약

사도는 이 구절에서 두 성경을 인용합니다. 신명기 25장 4절과 누가복음 10장 7절입니다.[171] 바울은 장로를 "곡식을 밟아 떠는 소"와 "일꾼"이라고 했습니다. 사도 바울은 고린도전서 9장 9절에서 동일한 신명기 25장 4절 말씀을 제시하면서, 이 말씀은 원래 "소들을 염려해서" 하신 말씀이 아니라 '우리를 위하여 말씀하셨다'라고 했습니다. 곧, 사도는 신명기 본문을 신약 교회의 직분자들에게 주신 말씀으로 이해했습니다. 바울은 고린도전서 9장에서 직분자들의 사례비 문제에 대한 해답을 알려줍니다.

직분자들은 곡식을 밟아 떠는 소처럼 일합니다. 그래서 그들은 일꾼입니다. 이러한 일꾼들에게 양식을 주지 않고 일을 시키는 법은 없습니다. 소에게 양식을 주면서 일을 시키듯이, 일꾼들에게 노동의 값을 지불하듯이, 교회는 직분자들에게 충분한 사례로 보답해야 합니다. 이것이 이 본문의 일차적 의미입니다.

뿐만 아니라 신약도 성경으로 받아들인 것으로 이해해야 한다. 우리에게 주어진 27권의 신약 성경이 정경이 된 것은 흔히 교회 회의에서 결정되었다는 주장은 설득력이 없다. 오히려 성령님께서 이미 초기 교회 가운데 역사하셔서 27권의 책을 신약 성경으로 받아들이도록 역사하셨다고 생각해야 한다. 이에 대한 자세한 이해는 다음 책을 참고하라. 캄파위스(Jacob Kamphuis), 『교회사가 비춰주는 종말론과 정경』, 허순길 역, (서울: 도서출판 영문, 1992). 변종길, 『신약 정경론』, (서울: 도서출판 생명의 양식, 2013).

171) 누가복음 10장 7절은 예수님께서 칠십 제자를 파송하면서 주신 말씀이다 (눅 10:1~16). 예수님께서 교회의 말씀 사역자들이 교회로부터 어떠한 대접을 받아야 하는지를 친히 가르치셨다. 교회는 사역자들에게 삯을 지불해야 한다. 그러므로 목회자에게 드리는 사례는 교회의 전통이 아니라 성경의 가르침이다.

이제 조금 다른 측면에서 이 본문을 봅시다. 곡식을 밟아 떠는 소나 일꾼은 반드시 추수를 합니다. 곧, 소나 일꾼은 열매를 거둡니다. 그렇다면, 우리는 필연적으로 이렇게 질문해야 합니다. 직분자들이 거두는 열매는 무엇입니까? 이러한 질문에 답이 되는 실마리는 신명기 25장의 문맥 속에 있습니다. 신명기 25장 4절은 곡식을 떠는 소에 대한 말씀입니다. 이어 5절부터 10절까지는 형사취수제를 소개합니다. 자녀가 없는 형제를 위해 자녀가 이어지게 하는 제도입니다. 구약 역사에서 자녀의 이어짐은 구속역사의 핵심 내용입니다. 자녀가 없이 죽은 형제를 대신하여 다른 형제가 약속의 자녀를 태어나게 하는 일을 합니다.[172]

우리는 이것을 사도 바울이 가르치는 말씀과 연결해 볼 수 있습니다. 신약 교회 직분자들의 참 형제요 장자인 예수님께서는 승천하셔서 땅에 계시지 않습니다. 직분자들은 장자요 형제인 예수님을 대신하여 복음을 부지런히 전하여 새로운 생명을 얻습니다. 새 생명을 얻는 것, 이것이 바로 곡식 떠는 소인 장로의 사역입니다. 그러므로 장로(목사와 장로)는 예수님의 뜻을 이어받아 새로운 생명을 잉태시키고 출산케 하는 사역을 합니다. 목사와 장로의 직무는 생명의 말씀을 가르치고, 그 생명의 말씀을 근거로 교회를 은혜롭게 다스림으로 새로운 하나님의 자녀들을

---

172) 이러한 가르침 위에서 우리는 창세기 38장의 사건을 이해해야 한다. 엘과 오난의 죽음 이후에 유다는 그 며느리에 대한 직무를 온전히 감당하지 않는다. 이로 인해 다말은 유다를 통하여 베레스와 세라를 낳았다. 그때, 유다는 며느리 다말의 행위를 평가하면서 "그는 나보다 옳도다"라고 했다(창 38:26).

탄생시켜야 합니다. 이것이 목사와 장로의 직무입니다. 이러한 장로들에게 교회는 마땅히 수고의 값을 지불해야 합니다.

그렇기에 새 생명을 탄생시키는 사역으로 부름받은 장로들에 대한 송사는 쉽게 허용되어서는 안 됩니다. "장로에 대한 송사는 두세 증인이 없으면 받지 말 것이요"(딤전 5:19). 만약, 장로들 중에 범죄한 자들이 있다면 공회 앞에서 꾸짖어 많은 이들이 경계하도록 해야 합니다(딤전 5:20). 이러한 장로 직분의 귀중함 때문에 아무에게나 안수하여 장로를 세워서는 안 됩니다(딤전 5:22). 그러므로 목사와 장로를 세우는 일은 신중에 신중을 기해야 합니다. 사람의 생명을 다루는 직분을 자격 없는 이들에게 준다면, 이것이야말로 교회 타락의 원인입니다. 직분의 타락은 교회의 타락입니다.

목사와 장로는 자신에게 주어진 직무를 끝까지 지켜야 합니다. 교회를 바르게 세우는 직분적 봉사야말로 진정으로 아름다운 것입니다. 그래서 사도 바울은 디모데에게 "네게 부탁한 것을 지키라"라고 했고, "네게 부탁한 아름다운 것을 지키라"라고 반복하여 강조합니다(딤전 6:20, 딤후 1:14). 목사와 장로는 이 아름다운 것을 지키기 위해 고난도 기꺼이 감수해야 합니다. 복음과 함께 고난을 받는 것이야말로 직분자의 영광입니다(딤후 1:8~14, 4:5~8). 사도들이 심은 씨앗이 목사와 장로들의 수고를 통하여 열매를 맺습니다. 그러나 자라게 하시는 분은 하나님이십니다(고전 3:6~7).

사도 베드로는 스스로를 장로라 부르며 함께 장로 된 이들에게 권면했습니다. 목사와 장로들은 사도의 이 권면을 자신의 직무 수행의 원리와 지침으로 삼아야 합니다.

"너희 중 장로들에게 권하노니 나는 함께 장로 된 자요 그리스도의 고난의 증인이요 나타날 영광에 참예할 자로라 너희 중에 있는 하나님의 양 무리를 치되 부득이함으로 하지 말고 오직 하나님의 뜻을 좇아 자원함으로 하며 더러운 이를 위하여 하지 말고 오직 즐거운 뜻으로 하며 맡기운 자들에게 주장하는 자세를 하지 말고 오직 양 무리의 본이 되라 그리하면 목자장이 나타나실 때에 시들지 아니하는 영광의 면류관을 얻으리라 젊은 자들아 이와 같이 장로들에게 순복하고 다 서로 겸손으로 허리를 동이라 하나님이 교만한 자를 대적하시되 겸손한 자들에게는 은혜를 주시느니라"(벧전 5:1~5)

디모데는 장로의 회에서 안수를 받아 목사가 되었습니다(딤전 4:14). 여기 "장로의 회"에서 '장로회'라는 말이 유래되었습니다. 오늘날 장로교회는 '장로회'를 줄여서 '노회'라 부릅니다. 그러니 노회는 성경에서 가르쳐진 공회입니다. 목사와 장로들의 모임은 사도행전 15장에서 그 의의를 찾을 수 있습니다. 물론, 예루살렘의 사도와 장로들의 모임이 공회라 이해하기에는 조심스러운 면이 있습니다. 그럼에도 불구하고 이 모임을 공회의 근거로 삼는 것은 공회에 대한 큰 원리를 제공하기 때문입니다.

안디옥교회에 닥친 어려움을 해결하기 위하여 예루살렘에서 사도와 장로들이 모였습니다. 안디옥교회는 거짓 선생들의 잘못된 가르침 때문에 어려움을 겪었습니다. 할례를 받아야 구원을 얻을 수 있다고 가르친 이들이 있었습니다. 이는 바울과 바나바가 가르친 복음의 내용과 다른 것이었습니다. 안디옥교회는 예루살렘의 사도와 장로들에게 문의합니다. 이 회의에서 이방인 그리스도인들은 할례가 필요 없고, 다만 우상의 더러운 것과 음행과 목매어 죽인 것과 피를 멀리할 것을 결정합니다(행 15:20). 이처럼 복음의 도리를 명확하게 하는 사도와 장로들의 사역이 교회 회의의 직무입니다.

디모데전서 4장에 의하면, 디모데는 장로의 회에서 안수를 받았습니다. 곧, 디모데는 장로회에서 목사로 임직되었습니다. 그러니 노회의 중요한 직무 중 하나는 목사 임직입니다. 동시에 사도행전 15장에 의하면, 노회의 중요한 직무는 교회가 직면한 믿음의 문제를 명료하게 하는 것입니다. 이것이 오늘날 당회, 노회, 총회가 감당해야 할 사명입니다.

초대 교회는 장로(목사와 장로)뿐 아니라 집사도 선출했습니다. 한글 개역성경은 집사의 선출을 사도행전 6장에서 소개합니다. 그러나 엄격히 말해, 사도행전 6장에서는 집사를 선출한 것이 아닙니다. 스데반을 포함한 일곱 분은 집사가 아닙니다. 신약 헬라어 성경 어디에도 집사라는 용어가 나오지 않습니다. 한글 개역성경은 사도행전 21장 8절에서 빌립을 "일곱 집사 중 하나인 전도자 빌립"이라고 소개합니다. 그러나 헬라어 성경에는 '집사'라는 용어가 없습니다. 곧, '일곱 사람 중 하나인 전도자' 빌립입니다. 그러므로 사도행전 6장에 등장하는 일곱 분은 집사가 아닙니다.[173]

그럼에도 불구하고 사도행전 6장에서 뽑힌 일곱 분의 사역은 집사직의 기원을 알려줍니다. 사도들은 과중한 공궤 사역을 맡길 일꾼들을 뽑았습니다. 사도인 자신들은 기도와 말씀에 전무하겠다고 했습니다(행 6:4). 집사는 공궤하는 사역을 담당한 이들입니다. 곧, 어려운 성도들을 돕는 사역이 집사의 직무입니다. 사도행전과 고린도후서에서 예루살렘교회를 위한 헌금 문제를 다룹니다(행 11:29~30, 고후 8:1~9:15). 이러한 연보는 교회의 직무이면서 집사 직분과 깊이 연관됩니다. 그래서 사도 바울은 이 직무가 그리스도의 복음을 진실하게 믿는 증거라고 했습니다(고후 9:13).

이러한 집사직은 여러 교회에 자리를 잡았고, 그로 인해 복음의 열매가 풍성히 맺힌 사례도 있습니다(빌 4:15~20). 빌립보서는 빌립보교회와 직분자들이 수신자인데, 그중에 집사들도 포함되었습니다(빌 1:1). 디모데전서 3장은 장로인 감독뿐 아니라 집사의 자격도 자세히 가르칩니다(딤전 3:8~13).

---

173) 사도행전 6장에서 구제 사역을 위해 뽑힌 일곱 분은 사도행전에 의하면, 복음 전도자에 가깝다. 스데반은 죽기 직전 설교와 다름없는 변론을 하였고, 빌립은 에디오피아 여왕 간다게의 내시에게 말씀을 전하고, 세례를 베푼다(행 7:1~53, 8:26~40).

직분의 타락은 교회의 위기입니다. 교회 역사에서 교회가 타락할 때마다 직분의 타락이 그 원인이 된 사례가 부지기수입니다. 로마 가톨릭교회의 타락은 직분의 타락이 근본 원인 중 하나였습니다. 종교개혁은 바로 이 직분을 성경의 가르침대로 회복했습니다. 목사와 장로와 집사의 직무가 성경을 따라 시행될 때, 교회는 하늘나라를 땅 위에 아로새깁니다.

## 고난과 핍박 위에 세워지는 교회

처음 복음을 듣고, 영생의 기쁨을 누린 성도는 그 이후의 삶이 만사형통이라 생각해서는 안 됩니다. 초대 교회는 결코 그러한 모습을 보여주지 않습니다. 새 언약 공동체인 교회는 언제나 핍박과 고난의 길을 걸었습니다. 사도들이 그러했고, 교회도 그러했습니다.

우리가 10장에서 살펴본 바와 같이, 산헤드린을 정점으로 한 유대인들은 사도들을 핍박하고 옥에 가두었으며 주의 백성들을 죽였습니다. 베드로와 요한은 여러 번 옥에 갇혔고, 스데반과 야고보는 순교했습니다(행 7:54~8:2, 12:1~3). 교회를 향한 유대인들의 핍박은 이미 예수님께서 예고한 바입니다. 예수님께서는 사도들에게 "사람들이 너희를 출회"하며, "너희를 죽이는 자가 생각하기를 이것이 하나님을 섬기는 예라 하리라"라고 하셨고, 그렇게 핍박받는 사도들에게 "너희가 환난을 당하나 담대하라 내가 세상을 이기었노라"라고 위로하셨습니다(요 16:1~2, 33).

사도들은 언제나 핍박받는 삶을 살았습니다. 사도 바울이 받은 핍박은 사도행전의 기록에서 이미 확인한 바입니다. 바울이 고린도교회 성도들에게 자신이 참 사도임을 주장하면서 쓴 내용은 그의 삶 전체가 어떠했는지를 너무나 잘 보여줍니다.

"저희가 그리스도의 일꾼이냐 정신 없는 말을 하거니와 나도 더욱 그러하도다 내가 수고를 넘치도록 하고 옥에 갇히기도 더 많이 하고 매도 수없이 맞고 여러 번 죽을 뻔하였으니 유대인들에게 사십에 하나 감한 매를 다섯 번 맞았으며 세 번 태장으로 맞고 한 번 돌로 맞고 세 번 파선하는데 일 주야를 깊음에서 지냈으며 여러 번 여행에 강의 위험과 강도의 위험과 동족의 위험과 이방인의 위험과 시내의 위험과 광야의 위험과 바다의 위험과 거짓 형제 중의 위험을 당하고 또 수고하며 애쓰고 여러 번 자지 못하고 주리며 목마르고 여러 번 굶고 춥고 헐벗었노라"(고후 11:23~27)

핍박의 주체는 언제나 유대인들이었습니다. 거짓 교회가 참 교회를 핍박하는 것은 역사의 진리입니다.[174] 사도 바울은 갈라

---

174) 1938년 9월, 한국장로교 총회가 신사 참배를 가결하고, 그 이후 장로교회의 역사는 배교한 교회가 어떻게 신실한 주의 백성들을 핍박했는지 잘 보여준다. 해방 이후, 신사 참배를 주도한 이들은 교권을 잡았고, 그 교권으로 신사 참배 반대자들의 편에 선 목회자와 교회를 무시하고 축출하기에 이른다. 그 고난의 중심에 우리 고신교회가 있었다. 우리 고신교회는 이를 거울로 삼아야 한다. 그러니 교권의 타락이 얼마나 무서운 범죄인지를 인식하고, 교권이 정당하게 사용되도록 온 힘을 기울여야 한다. 또한, 교권이 일부 지도자들의 전횡에 좌지우지되지 않도록 사력을 다해 막아야 한다.

디아서에서 이러한 유대인들의 핍박을 분명하게 고발했습니다. "육체를 따라 난 자가 성령을 따라 난 자를 핍박한 것같이 이제도 그러하도다"라고 했습니다(갈 4:21~29). 할례를 받아야 구원을 얻는다고 주장하는 유대인들이 참 교회를 핍박했습니다(갈 5:11).

마게도냐 지역의 교회는 이러한 핍박에 노출된 대표적인 교회였습니다. 바울은 마게도냐 지역의 교회가 받은 환난을 두고 말하길, "환난의 많은 시련 가운데서 저희 넘치는 기쁨과 극한 가난이 저희로 풍성한 연보를 넘치도록 하게 하였느니라"라고 했습니다(고후 8:2). 마게도냐 지역 교회 중 특별히 데살로니가교회가 받은 환난은 우리에게 잘 알려진 사실입니다.

유대인들은 데살로니가교회를 핍박했는데, 괴악한 사람들을 사주하여 그 일을 행했습니다(행 17:5). 특히, 야손은 반란죄로 고소당했고, 보석금을 내고 풀려났습니다. 데살로니가 유대인들은 베뢰아에서 복음을 전하는 사도 바울 일행을 찾아와 무리를 움직여 소동케 하고, 사도의 복음 전파 사역을 방해했습니다(행 17:13). 이러한 분위기는 사도 바울이 떠난 뒤에도 데살로니가교회에 지속되었습니다. 그럼에도 불구하고 데살로니가교회가 환난과 핍박을 능히 이긴 사실은 마게도냐와 아가야 지역의 교회에게 본이 되었습니다(살전 1:6~7).

바울은 환난당하는 데살로니가교회를 위해 디모데를 보내 믿음을 굳게 하고 위로했습니다(살전 3:2~3). 디모데 편으로 전해

들은 데살로니가교회의 승리 소식은 사도의 위로가 되었습니다(살전 3:7, 살후 1:4). 하나님께서는 교회의 환난에 침묵하시지 않습니다. 교회를 핍박하는 자들에게 환난으로 갚으시고 교회에게는 위로를 주십니다(살후 1:6~9).

사도 베드로도 흩어진 나그네 된 교회를 향하여 "믿음의 시련이 … 중략 … 예수 그리스도의 나타나실 때에 칭찬과 영광과 존귀를 얻게 하려 함이라"라고 했습니다(벧전 1:6~7). 사도 베드로는 교회가 고난을 어떠한 자세와 관점으로 받아야 할지를 자세히 가르쳤습니다.

"사랑하는 자들아 너희를 시련하려고 오는 불시험을 이상한 일 당하는 것 같이 이상히 여기지 말고 오직 너희가 그리스도의 고난에 참예하는 것으로 즐거워하라 이는 그의 영광을 나타내실 때에 너희로 즐거워하고 기뻐하게 하려 함이라 너희가 그리스도의 이름으로 욕을 받으면 복 있는 자로다 영광의 영 곧 하나님의 영이 너희 위에 계심이라 너희 중에 누구든지 살인이나 도적질이나 악행이나 남의 일을 간섭하는 자로 고난을 받지 말려니와 만일 그리스도인으로 고난을 받은즉 부끄러워 말고 도리어 그 이름으로 하나님께 영광을 돌리라 하나님 집에서 심판을 시작할 때가 되었나니 만일 우리에게 먼저 하면 하나님의 복음을 순종치 아니하는 자들의 그 마지막이 어떠하며 또 의인이 겨우 구원을 얻으면 경건치 아니한 자와 죄인이 어디 서리요 그러므로 하나님의 뜻대로 고난을 받는 자들은 또한 선을 행하는 가운데 그 영혼을 미쁘신 조물주께 부탁할지어다"(벧전 4:12~19)

교회는 환난과 핍박을 먹고 자랍니다. 핍박과 환난의 이유는 다른 말씀 이해와 다른 사상 때문이었습니다. 교회는 순교의 피 위에 세워집니다. 이것은 교회가 하늘의 모습을 땅 위에 아로새기므로 받게 되는 자연스러운 현상입니다. 초대 교회는 그만큼 선명한 삶을 살았습니다. 새 언약 공동체인 교회는 그 시대의 거짓 교회와 적절히 타협하거나, 로마 사회에 동화되어 살지 않았습니다. 바로 그 점이 환난과 핍박의 원인이었습니다.

오늘날 한국 교회는 말씀의 가르침에 선명한 삶으로 답하고 있습니까? 성경적 가르침 때문에 환난과 핍박을 받습니까? 오히려 교회가 세상에 동화되거나, 세상의 모습이 교회에 너무나 많이 들어와 있어서 아무런 핍박이나 환난이 없지는 않은지 자성해야 합니다. 교회의 세속화는 위장된 평화를 제공합니다. 세상으로부터 불편한 시선과 따가운 눈총을 받지 않는 교회는 한 번쯤 자신을 돌아보아야 합니다. 세속화는 세상이 주는 달콤한 유혹에 중독되어 생명을 잃어가는 교회를 양산합니다. 교회는 환난과 핍박 중에도 복음으로 인한 영혼의 평안으로 기뻐하는 공동체입니다.[175]

---

175) 이것이 빌립보서의 주제이다.

## 하늘을 아로새기는 교회 건설

서신서는 교회가 직면한 다양한 문제들에 대한 해답을 제공합니다. 그러한 해답은 단순히 하나의 교회 문제를 해결하는데 목적이 있지 않습니다. 문제를 해결하는 답변에는 교회가 하나님 나라의 원리를 실천함으로 하나님 나라를 건설하라는 큰 메시지가 담겨 있습니다. 로마교회, 고린도교회, 갈라디아교회, 에베소교회 등등 신약 성경에 소개된 모든 교회는 하늘을 땅 위에 아로새기는 사명을 받았습니다.

이스라엘은 가나안이라는 땅을 중심으로 건국되었습니다. 그러나 예수님의 죽음과 부활 그리고 승천을 통해 새로운 이스라엘인 교회가 출현했습니다. 그 교회는 가나안이라는 물리적 공간이 아니라 성령님께서 내주하시는 사람들의 모임입니다. 그러니 가나안 땅을 기반으로 한 옛 이스라엘 국가는 그 소임을 다했고, 성령님께서 내주하시는 거룩한 백성들의 모임인 교회가 구속역사의 사명을 이어갑니다. 그 결과, 이스라엘과 이방 국가의 관계는 사라졌고, 교회와 세속 국가라는 새로운 관계가 형성되었습니다.

사도 바울은 바로 이러한 변화를 로마서 13장에서 가르쳤습니다. "위에 있는 권세들에게 굴복하라"라고 했고, 관원들을 "하나님의 사자"로 칭하기까지 했습니다(롬 13:1~4). 그 권세들은 하나님의 사자로서 "칼"을 가졌습니다. 우리는 이를 통해 세속 권력과 정부 그리고 국가를 어떻게 바라보아야 할지 배웁니다.

모든 권세는 하나님께서 허락하셨습니다. 세속 국가는 칼의 권세를 가졌습니다. 그러므로 교회는 세속 국가를 존중해야 합니다.[176] 다만, 세속 국가는 믿음의 사안에 조금이라도 개입하여서는 안 됩니다(웨스트민스터 신앙고백서 23장 3절). 사도 베드로도 바울과 동일하게 가르칩니다. "인간에 세운 모든 제도를 주를 위하여 순복하되 혹은 위에 있는 왕이나 혹은 악행하는 자를 징벌하고 선행하는 자를 포장하기 위하여 그의 보낸 방백에게 하라"(벧전 2:13~14).

구약 시대에는 이스라엘이라는 국가와 이방 국가의 구도였다면, 교회 시대에는 교회와 세속 국가라는 구도의 시대입니다. 구약 시대는 이스라엘이 자체적으로 모든 국가적 기능을 수행했었다면, 교회 시대는 세속 국가가 국가적 기능을 수행하며, 성도는 세속 국가의 시민으로 살아갑니다. 동시에 교회는 세속 국가와 별개의 다른 왕국을 건설할 책무를 가졌는데, 그 왕국이 바로 하나님 나라입니다.[177] 성령님께서는 교회를 통하여 하나님

---

176) 웨스트민스터 신앙고백서는 이러한 가르침을 따라 다음과 같이 고백한다. "온 세계의 대주재시요 왕이신 하나님께서는 자기의 영광과 공공의 선을 위하여 국가 공직자를 자기 아래 그리고 백성들 위에 세우셨으며, 이를 위하여 그리고 선한 자들을 보호하고 격려하며 악인들을 징벌하실 목적으로 그들을 칼의 권세로 무장시키셨다."(웨스트민스터 신앙고백서 23장 1절)

177) 세속 국가와 교회의 이러한 관계는 필연적으로 성도의 '문화명령'이라는 사명으로 이어진다. 문화명령은 카이퍼의 '일반은총'에 대한 비판으로 스킬더가 주장한 개념이다. 스킬더의 후손들은 최근 전혀 다른 용어로 성도의 대사회적 책무를 말한다. 이에 대한 더 자세한 논의는 다음 책을 참고하라. 김재윤, 『개혁주의 문화관』(서울: SFC, 2015).

나라를 건설합니다. 교회는 세상을 복음 전파의 대상으로 바라봅니다. 때때로 세속 국가는 교회를 보호하는 도구로 사용되고, 다른 한편으로 세속 국가는 교회를 징계하는 하나님의 막대기로 사용됩니다.[178] 국가는 죄를 억제하는 사명을 받았습니다. 하나님께서는 세속 국가를 처음부터 그렇게 인류 역사 속에 두셨습니다(창 11:1~9). 그러니 국가가 교회처럼 될 수 없습니다. 교회는 성도들의 삶을 통하여 성경적 문화를 세상 속에 심고 키우는 사명을 받았을 뿐입니다.

가정과 혼인은 첫 사람 아담과 여자의 창조에서 매우 중요한 사건으로 소개되었습니다. 서신서 역시 같은 가르침을 줍니다. 특별히 부부 관계와 부모와 자식의 관계를 가르침으로 가정을 통하여 하나님 나라를 건설할 것을 요구합니다. 에베소서 5~6장이나 베드로전서 3장이 가장 대표적입니다.

남편은 아내를 사랑해야 하고, 아내는 남편에게 복종해야 합니다(엡 5:21~33). 아내는 남편에게 순복해야 하며, 남편은 아내를 귀히 여겨야 합니다(벧전 3:1~7). 자녀들은 부모에게 순종해야 하며, 부모들은 자녀들을 노엽게 하지 말고, 오직 주의 교양

---

178) 교회 역사는 교회와 국가의 두 가지 잘못된 관계를 모범 사례처럼 보여준다. 프랑크 왕국과 신성로마제국에서 교회는 세속 국가 위에 군림하면서 세속 권력을 손아귀에 넣으려 했다. 이것이 서방 기독교 역사의 어두운 면이다. 다르게, 동방 교회는 황제의 권위 아래 있으면서, 황제의 비호와 보호를 받기도 했고, 그 권위로 인해 교회의 독립이 심각하게 침해되기도 했다. 종교개혁은 두 개의 양 극단에서 균형을 유지하며, 교회와 국가의 관계가 어떠한지를 바르게 제시했다.

과 훈계로 양육해야 합니다(엡 6:1~4).

가정은 '그리스도와 교회의 관계'와 '하나님 아버지와 그분의 자녀인 교회의 관계'를 재현하는 현장입니다. 모든 그리스도인 가정이 성령으로 충만하여 이 관계를 재현할 때, 비로소 가정 속에 구원의 은혜가 넘치며, 하나님 나라가 발현됩니다. 그러니 시대와 세상의 시류에 따라 남편과 아내를 이해하고, 부모와 자식의 관계를 이해하는 것이야말로 언약의 저주 속으로 빠져드는 어리석음입니다.[179]

사도 바울은 부부 관계를 가르친 후, "이 비밀이 크도다 내가 그리스도와 교회에 대하여 말하노라"라고 했습니다(엡 5:32).[180] 이는 그리스도인 부부와 자녀의 관계가 삼위 하나님과 교회를 배우는 방편이라는 의미입니다. 그러니 정상적인 그리스도인 가정이라면, 가정생활을 통하여 삼위 하나님과 교회를 이해하는데 큰 진보가 있어야 하고, 그러한 진보는 하나님 나라를 땅 위에 아로새기는 구속역사의 한 페이지를 기록하게 됩니다.

---

179) 성경은 남녀가 평등함을 가르친다. 다만, 남편과 아내의 기능과 역할이 다르다고 말한다. 남편은 하나님 나라를 이루는 왕으로 부름 받았고, 아내는 그러한 남편의 돕는 배필로 지음 받았다.

180) 결혼과 가정 그리고 자녀 양육에 대한 더 깊은 가르침은 다음 책을 참고하라. 존 파이퍼(John S. Piper), 『결혼 신학』, 이은이 역,(서울: 부흥과 개혁사, 2018). 이성호, 『결혼한 자들에게 내가 명하노니』,(서울: 그 책의 사람들, 2020). 최낙재, 『하나님의 언약과 자녀 교육』,(서울: 성약, 2012). 김홍전, 『혼인, 가정과 교회』,(서울: 성약, 2002). 조엘 비키(Joes R. Beeke), 『하나님의 약속을 따르는 자녀 양육』, 조계광 역,(서울: 지평서원, 2012).

물질은 구약 성경 처음부터 하나님 나라를 이루는 도구였습니다. 생육, 번성, 땅에 충만, 땅을 정복하고 다스리는 첫 인류의 사명은 모두 물질적인 것입니다. 시내산 언약을 맺은 언약 백성들에게 언약의 복과 저주도 물질의 풍요와 결핍으로 제시되었습니다. 그러나 예수님께서는 산상보훈을 통하여 하나님 나라의 실체와 원형을 소개하셨고, 언약의 복과 저주는 물질을 넘어 삼위 하나님과 언약 백성의 관계를 통하여 계시되었습니다. 곧, 임마누엘 곧 성령님의 내주는 진정한 언약의 복이며, 이는 하나님 나라의 원형과 실체가 무엇인지를 더욱 풍성하게 드러냅니다.

헌금은 이러한 큰 가르침 위에서 다루어야 할 중요한 주제입니다. 안디옥교회는 흉년으로 어려움에 처한 예루살렘교회를 위하여 헌금을 보냈습니다(행 11:29~30). 마게도냐 지역의 교회와 고린도교회도 예루살렘의 형제들을 위해 헌금을 보냈습니다(고후 8:1~15). 사도 바울은 형제를 위한 헌금을 출애굽 한 이스라엘의 광야 여정에서 주어진 "만나"로 해설합니다.

"많이 거둔 자도 남지 아니하였고 적게 거둔 자도 모자라지 아니하였느니라"(고후 8:15)

광야에서 언약 백성들에게 주어진 '만나'는 모두에게 평균하게 제공되었습니다(출 16:18). 만나는 크게 두 가지 의미를 제공하는데, 그것이 하늘의 양식이라는 것과 모든 하나님의 백성에게

공평하게 주어졌다는 점입니다.

만나가 하늘의 양식이라는 점은 예수님께서 제정하신 성찬의 깊은 도리를 가르칩니다. 예수님께서는 오병이어의 기적을 설명하시면서 광야의 백성들에게 주신 만나와 자신의 몸과 피를 연결하여 설명하셨습니다(요 6:49~51). 그리고 진정한 하늘의 양식은 자신의 몸과 피를 마시는 것이라 했습니다(요 6:53~58). 만나는 그리스도로 말미암아 살아가는 교회의 정체를 드러내는 강력한 표입니다. 그래서 교회는 성찬을 행함으로 이를 기념하며, 성령님의 역사로 은혜를 누리고, 믿음이 강화됩니다. 교회는 말씀이신 그리스도를 먹고 마심으로, 생육하고 번성하며 땅을 정복하고 다스립니다.

이러한 만나의 의미가 어려움에 처한 형제를 위한 헌금을 통해 그대로 드러납니다. 곧, 헌금을 통해 하늘의 양식을 모든 형제가 함께 나눔으로 교회가 새로운 하나님의 가족임을 확증합니다. 여기에 만나의 두 번째 의미가 더해집니다. 온 교회는 헌금을 통하여 평균하게 됩니다. 교회는 헌금을 통하여 그리스도로 인해 생명을 유지하고 강건하게 되는 것에 머물지 않고, 한 걸음 더 나아가 '한 몸'이 됩니다. 그래서 헌금은 '너'와 '나'가 형제이며, '이 교회'와 '저 교회'가 한 그리스도의 백성임을 증거하는 언약의 증거물입니다.

바울은 이를 염두에 두고 말하길, "우리 주 예수 그리스도의 은혜를 너희가 알거니와 부요하신 자로서 너희를 위하여 가난하게 되심은 그의 가난함을 인하여 너희로 부요케 하려 하심이니라"라고 했습니다(고후 8:9). 하나님 아버지와 동등하신 예수님께서 하늘 보좌를 버리고 사람이 되셔서 역사에 개입하셨습니다. 하나님이신 그분께서 자신의 몸을 십자가에 던져 피 흘려 죽으시고, 다시 사심으로 자기 백성들을 사단의 권세에서 해방하셨습니다. 이것이 바로 예수님께서 자기 백성에게 베푸신 은혜입니다. 이 은혜가 교회를 부요하게 만들었습니다. 그러므로 어려움에 처한 형제를 위한 헌금은 바로 이 은혜를 재현하는 일입니다. 헌금은 하나님 나라가 이 땅에 찬란히 빛나는 현장입니다. 헌금은 돈의 나눔을 넘어서서 하나님 나라의 본질을 이루는 중요한 요소입니다.

사도 바울은 이러한 헌금이 하나님 나라를 확장시키는 도구가 되었다고 가르칩니다. 빌립보교회는 바울의 복음 전파 사역을 위하여 기꺼이 헌금을 보냈습니다.

"빌립보 사람들아 너희도 알거니와 복음의 시초에 내가 마게도냐를 떠날 때에 주고받는 내 일에 참예한 교회가 너희 외에 아무도 없었느니라 데살로니가에 있을 때에도 너희가 한 번 두 번 나의 쓸 것을 보내었도다"(빌 4:15~16)

빌립보교회의 바울을 위한 헌금은 바울의 마음에 위로를 준 것만이 아니라 실제로 열매를 맺었습니다. 바울은 "모든 성도들이 너희에게 문안하되 특별히 가이사 집 사람 중 몇이니라"라고 말했습니다(빌 4:22). 가이사의 집에 복음이 들어갔습니다. 로마의 왕족 중에 복음을 받은 이들이 생겼습니다. 이것은 빌립보교회의 헌금으로 인한 열매였습니다. 이렇게 헌금은 복음 사역을 진일보시키는 놀라운 결과를 낳습니다. 헌금은 하나님께 물질의 복을 달라고 요청하는 청구서가 아닙니다. 헌금은 하나님의 구속역사를 이루는 도구입니다.

복습을 위한 질문

1. 서신서를 교회를 위한 계시의 말씀으로 이해할 때, 가장 먼저 생각해야 하는 점은 무엇입니까?

2. 복음서는 예수님을 통한 하나님 나라의 도래 선언이요, 사도행전은 옛 언약 공동체 대신에 새로운 언약 공동체가 준비되고 출현했음을 강조합니다. 그렇다면, 서신서가 가르치는 바는 무엇입니까?

3. 갈라디아교회가 직면한 가장 심각한 문제는 무엇입니까?

4. 초대 교회가 직면한 가장 심각한 문제는 거짓 교사들의 침투와 잘못된 가르침이었습니다. 이를 통해 오늘날 교회가 반드시 기억해야 할 내용은 무엇입니까?

5. 로마서가 복음의 내용에 대한 설명과 구원받은 성도의 삶에 대한 지침이라는 주장에 대해 우리는 로마서의 주제를 무엇이라고 제안해야 합니까?

6. 에베소서는 교회를 어떻게 가르칩니까?

7. "사귐"이라는 주제로 교회를 설명해 보세요.

8. 사도 바울은 디모데전서 5장 17절에서 두 종류의 장로를 언급합니다. 그리고 18절에서 그들의 사역의 성격을 알려줍니다. 18절의 의미를 정리해 보세요.

9. 성경이 가르치는 집사의 사역과 오늘날 교회에서 이루어지는 집사의 사역에는 어떠한 일치점과 다른 점이 있습니까?

10. 초대 교회는 환난과 핍박 위에 세워졌습니다. 초대 교회가 환난과 핍박을 받은 근본 원인은 무엇입니까? 그것이 오늘날 우리의 교회에 어떤 메시지를 줍니까?

11. 교회와 세속 국가 간의 관계는 어떠해야 합니까?

12. 가정은 하나님 나라의 도리를 어떻게 드러냅니까?

13. 헌금 속에 담긴 진리는 무엇이며, 그 안에 담긴 도리를 교회는 어떻게 실천할 수 있을까요?

제12장

# 종말 가운데 살아가는 교회
## - 요한계시록이 전하는 위로와 격려 -

들어가면서

오늘날 요한계시록(이하 계시록)은 금단의 열매처럼 취급받습니다. 몇 가지 이유 때문에 그러한데, 무엇보다도 내용의 난해함 때문입니다. 4장부터 소개되는 요한의 환상은 읽는 이들에게 베일에 싸인 비밀처럼 느껴집니다. 또한, 수많은 이단이 계시록을 오용하여 연약한 성도들을 유혹했기 때문이기도 합니다. 심지어 그 해석의 종류가 얼마나 다양한지 모든 내용을 정리하는 것조차 쉽지 않습니다. 그만큼 계시록은 성도들에게서 먼 책입니다.

이러한 어려움에도 불구하고 계시록 본문은 "이 예언의 말씀을 읽는 자와 듣는 자들과 그 가운데 기록한 것을 지키는 자들이 복이 있나니"(계 1:3)라고 했습니다. 이 말씀을 읽고 들으며 지키는 자는 복됩니다. 읽고 듣고 지키라고 주신 책이 수수께끼처럼 취급받아서는 안 됩니다. 오히려 계시록은 누구나 읽고 듣고 지킬 수 있는 책입니다. 그러므로 우리는 계시록을 부지런히 읽고 듣고 묵상하여 지켜야 합니다.

하나님께서 성경을 우리에게 주신 목적은 영생의 길을 알려주려는 것입니다(요 5:39, 17:3, 히 1:1~2, 딤후 3:15~17, 벧후 2:1). 영생의 길을 깨달은 백성들은 성경을 통해 삶의 목적과 방향을 분명히 하고, 하나님 나라를 위해 살아갑니다. 성도들에게 성경은 하나님의 선물입니다. 선물은 받는 이로 하여금 쉽게 이해하고 깨닫도록 건네지, 수수께끼로 주지 않습니다. 계시록을 어려운 책이라 생각하는 이유는 자신의 사상과 방식으로 읽으려 하기 때문입니다. 성경은 결코 어려운 책이 아닙니다. 인간의 눈이 아니라 성경 자체가 일러주는 방식으로 읽으면 의외로 쉽게 읽힙니다.

### (1) 저자와 수신자 그리고 저작 연대

계시록은 요한에게 주어진 계시의 말씀입니다(계 1:1). 고대 교부들 다수는 계시록의 저자를 사도 요한이라고 생각했습니다. 오리겐, 클레멘트, 터툴리안, 순교자 저스틴 등등. 빌(G. K. Beale) 역시 "저자는 아시아의 모든 교회에 잘 알려져 있었고, 그 교회들에 이러한 성격의 편지를 쓰고 또 그 편지를 주의 깊게 읽으라고 촉구할 수 있을 정도로 충분한 권위를 가진 자였다. 히브리어로 된 구약 본문을 활용하는 솜씨를 보면, 저자는 원래 헬라어를 모국어로 사용하는 사람이 아니라 팔레스타인 출신의 유대인이었던 것으로 판단된다."라고 함으로 사도 요한이 저자라고 말합니다.[181] 사도 요한은 유대와 로마 전쟁 직후인 AD 66년경, 현재 튀르키예 땅인 소아시아로 이주한 것으로 보입니다.

계시록은 아시아에 있는 일곱 교회에 주신 계시입니다(계 1:11). BC 200년경 바벨론에 살던 많은 유대인이 이 지역으로 이주했습니다. 그러니 바울이 복음 전파를 위해 이 지역을 방문하거나 사도 요한이 이곳에서 말씀을 가르칠 때, 상당한 유대인 공동체가 있었던 것으로 보입니다. 이는 바울의 여정을 통해서 확인됩니다.[182] 그러므로 아시아 일곱 교회 구성원들은 유대인들과 경건한 이방인 그리고 소수의 이방인들이었습니다. 수신자가 일곱 교회로 한정된 것도 의미가 있는데, 사실 이 지역에는 골로새교회도 있었습니다. 하지만 사도 요한은 골로새교회를 언급하지 않습니다. 이는 의도적으로 숫자 '일곱'에 의미를 두었기 때문입니다.[183]

---

181) 그레고리 빌, 『요한계시록 주석』, 김귀탁 역,(서울: 복 있는 사람, 2015), 27.

182) 바울이 두 번째 복음전파 여행을 할 때, 에베소에 잠시 머문다(행 18:18~22). 이어 세 번째 여행 시에 에베소에서 복음을 전하여 회당에서 석 달 동안 가르쳤고, 후에 두란노 서원에서 이 년을 봉사하여 교회를 세웠다(행 19:8~10). 에베소는 스게와의 일곱 아들 사건, 마술을 행하던 사람들의 회심, 데메드리오가 자기 직업의 손해로 민중 봉기를 일으키고 가이오와 아리스다고가 연극장으로 끌려가는 사건도 있었다.

183) 교회는 하나님께서 새롭게 창조한 하나님의 백성인데, 이는 첫 창조의 사

저작 연대[184]에 대해서는 두 가지 주장이 팽팽하게 맞섭니다. 이른 연대설과 늦은 연대설입니다. 이른 연대설은 AD 70년 이전에, 늦은 연대설 AD 90년 중반에 계시록이 기록되었다고 주장합니다. 두 견해는 나름의 근거와 논리가 선명합니다. 그러나 가장 확실한 증거는 계시록 본문 자체에서 찾아야 합니다. 필자는 이른 저작 연대를 따릅니다.[185] 이에 대한 몇 가지 증거를 제시하면 다음과 같습니다.

첫째, 계시록 17장 10절에서 "또 일곱 왕이라 다섯은 망하였고[186] 하나는 있고 다른 이는 아직 이르지 아니하였으나"라고 했습니다. 곧, 다섯 명의 황제가 사라졌고, 지금 여섯 번째 황제 시기라고 합니다. 전통적으로 로마 역사에서 황제 곧 카이사르로 불린 왕들의 순서를 나열해 보면, 여섯 번째 황제는 네로입

---

역과 유비 관계를 갖는다. 삼위 하나님께서는 6일 동안 천지를 창조하셨고, 일곱째 날에 안식하셨다. 그래서 숫자 '7'은 안식과 완전의 의미를 갖는다. 계시록에서 일곱 교회는 역사 속의 모든 교회에게 주신 메시지이며, 또한 교회를 온전케 하시는 하나님의 뜻이 계시되었다.

184) 이른 저작 연대에 대한 심도 있는 연구서는 다음 책이다. 젠트리(Kenneth L. Gentry, Jr), 『The Beast of Revelation』,(Texas: Institute for Christian Economics), 81~181.

185) 계시록의 저작 연대를 AD 70년 이전으로 보는 이들은 다음과 같다. 반더발, 『반더발 성경 연구』 3권, 604. 젠트리, 『The Beast of Revelation』, 81~181. 데이비드 칠튼, 『낙원의 구속사』, 183~184. 송영목, 『요한계시록』,(서울: SFC, 2013), 20~29. 젠트리는 위의 책에서 이른 저작설을 주장하는 학자 100여 명의 이름을 소개했다.

186) '망했다'는 아오리스트이다. 곧, 과거를 말한다.

니다.[187] 네로는 AD 54~68년에 왕위에 있었습니다.

둘째, 계시록 2장 2절에 의하면, 에베소교회가 칭찬받는 내용을 언급합니다. 곧, "자칭 사도"들의 정체를 드러낸 것입니다. 후기 저작설을 주장하면, 모든 사도가 죽은 이후이기에 스스로 사도라고 칭하는 이들이 등장할 수 없습니다.

셋째, 계시록 1장 7절은 여러 면에서 중요한 구절입니다. 이 구절은 계시록의 주제 구절로 지목되기도 하지만, 동시에 이른 연대설을 주장하는 강력한 증거 중 하나입니다.[188] 주님은 구름과 함께 오십니다.[189] 여기 주님께서 구름과 함께 오신다는 말씀은 재림에 대한 말씀이 아닙니다. 신약 성경에서 '주님의 강림'은 판결자로 오시는 주님의 모습을 말할 때 사용된 표현이기도 합니다(마 16:28, 유 1:14).

"그를 찌른 자들도 볼 터이요"라고 했는데, 예수님을 찌른 자

---

187) 여섯 황제의 순서는 다음과 같다. 1.줄리우스 카이사르(BC 49~44) 2.아우구스투스 카이사르(BC 31~AD 14) 3.티베리우스 카이사르(AD 14~37) 4.가이우스 카이사르, "칼리굴라"로 불리기도 함(AD 37~41) 5.클라디우스 카이사르(AD 41~54) 6.네로 카이사르(AD 54~68). 그 이후에 갈바, 오토, 비텔리우스는 각각 7개월, 4개월, 8개월 동안 왕위에 있었다. 이는 10절의 그다음 내용 "다른 이는 아직 이르지 아니하였으나 이르면 반드시 잠간 동안 계속하리라"라고 한 것과 잘 어울린다.

188) 젠트리, 『The Beast of Revelation』, 88~101.

189) 한글 성경은 "그가 구름을 타고 오시리라"라고 했다. 그러나 이는 '구름과 함께'(μετὰ τῶν νεφελῶν)라고 번역하는 것이 더 정확하다. 구약 성경에서 구름을 타고, 혹은 구름과 함께 임재하시는 하나님은 항상 자기 백성과 언약을 맺거나 심판주로서 오시는 모습을 묘사할 때 사용되었다(시 18:7~14, 104:3, 사 19:1, 욜 2:1, 나 1:2~3, 습 1:14~15 등등).

들이 누구입니까? 물론, 직접적으로는 로마 군인들입니다. 그러나 예수님을 고발하고 십자가형에 처한 이들은 유대인들입니다 (마 27장, 요 19:6,15, 행 2:22~23,36, 7:52).

"땅에 있는 모든 족속이 그를 인하여 애곡하리니"라고 했습니다. 여기 땅은 '그 땅'입니다. 곧, 언약 백성들에게 주어진 가나안을 지칭합니다. 또한, "모든 족속"은 '모든 지파'로 번역할 수 있습니다(계 5:5, 7:4, 21:12). 결국, 1장 7절은 언약을 파기한 옛 백성들에 대한 하나님의 징계를 그들이 직접 목도할 것을 가르친 말씀으로 이해해야 합니다. 그러므로 본문은 AD 70년의 예루살렘 멸망과 성전 파괴에 대한 계시입니다.

마지막으로 계시록이 만약 AD 90년 중반에 기록되었다면, AD 70년에 있었던 예루살렘 멸망에 대하여 어떤 방식으로든 기록으로 남겼을 것입니다. 그러나 계시록에는 예루살렘이 멸망할 것이라는 예고로 가득합니다.[190] 이러한 점은 계시록이 예루살렘 멸망 전에 기록되었음을 강력히 지지합니다.

---

190) 예를 들면, 계시록 11장에서 요한은 힘센 천사(계 10:1, 예수님일 가능성이 가장 높다)로부터 성전을 측량하라는 명령을 받는데, 성전 밖 마당은 측량하지 말라고 한다. 이어 힘센 천사는 두 감람나무와 두 촛대를 증인으로 세우고, 그 두 증인에게 권세를 준다. 그 두 증인이 무저갱에서 올라오는 짐승을 죽인다. 그 짐승의 시체가 큰 성 길에 있다(계 11:8). 그 성에 대해 말하길, "저희 주께서 십자가에 못 박히신 곳이니라"라고 했다. 바로 예루살렘이다. 계시록 11장 8절에서 "큰 성"으로 불린 예루살렘은 16장 19절에서 "큰 성 바벨론"으로 불리고, 18장 2절에서 그 성은 "귀신의 처소와 각종 더러운 영의 모이는 곳과 각종 더럽고 가증한 새의 모이는 곳이 되었도다"라고 묘사된다.

## (2) 기록 목적

계시록은 위로와 경고의 책입니다. 1세기는 옛 언약 백성인 유대인들이 예수님을 십자가에 못 박고, 나아가 새 언약 백성인 교회를 핍박하는 시기입니다. 또한, 로마의 핍박이 노골적으로 이루어지는 시기이기도 합니다.[191]

두 세력(옛 언약 백성의 주류 세력인 대제사장과 서기관 그리고 바리새인으로 불리는 이들과 로마)이 교회를 핍박하는 것은 계시록의 배경입니다. 핍박 가운데 있는 교회를 향하여 계시록은 위로와 승리의 메시지를 보냅니다. 삼위 하나님께서 교회를 왕으로 삼으셨고, 그 교회는 고난과 핍박을 능히 이기고 승리할 것을 예언한 책이 계시록입니다(계 5:10, 11:15, 12:11, 20:1~3). 그래서 계시록은 위로와 승리의 책입니다.

다른 한편으로, 계시록은 경고와 언약적 진노의 책이기도 합니다.[192] 옛 언약 백성들은 그들의 불신앙으로 인해 언약의 저주를 받습니다. 언약 저주의 마지막 단계인 예루살렘 멸망과 성전 파괴를 향하여 달려가는 중, 옛 언약 백성들에게 계시록은 최종 구조 신호입니다. 이를 받아들이지 않으면 유대인들은 언약의 특권을 모두 잃은 채 심판을 받습니다. 그러므로 이는 새 언약

---

191) 이러한 이해는 사도행전과 계시록의 차이를 아주 선명하게 보여준다. 사도행전은 옛 언약 백성의 불신과 새 언약 백성인 교회의 출현 그리고 옛 백성들이 참 교회를 핍박하는 내용이 주를 이루는 반면, 로마는 오히려 교회를 보호하는 모습으로 등장한다. 그러나 계시록의 주제 중 하나는 유대인들의 참 교회에 대한 핍박에 더해, 참 교회의 배교와 로마의 변심이다.

192) 반더발, 『반더발 성경연구』 3권, 605.

공동체인 교회에게도 경고입니다. 교회는 이 역사를 거울로 삼아야 합니다.

### (3) 계시록을 해석하는 주요 관점

계시록을 해석하는 방법은 주로 네 가지로 제시되는데, 과거적 해석, 미래적 해석, 역사적 해석, 이상주의적 해석입니다.[193]

과거적 해석은 계시록을 1세기 당대에 "속히 일어날 일들"에 대한 계시로 이해합니다. 이 해석은 다시 크게 두 가지 관점으로 분류되는데, 완전 과거주의와 부분적 과거주의입니다. 완전 과거주의는 계시록이 예수님의 재림에 대해 말하지 않는다고 하며, 재림과 관련된 대부분의 구절이 이미 1세기 당시에 성취된 것이라 주장합니다. 부분적 과거주의는 바벨론 멸망을 옛 언약 백성에 대한 심판으로 해석하고, 그 외 일부를 예수님의 재림에 대한 가르침이라 주장합니다.

미래적 해석은 4~22장을 사도 요한 당대에서 멀리 떨어져 미래에 일어날 역사적 사건들을 가리키는 것으로 이해합니다. 그래서 계시록 1장 7절을 재림에 대한 예언으로 해석합니다. 주로 역사적 전 천년주의자들과 세대주의자들이 선호하는 입장입니다. 이들은 부분적으로 과거적 해석이나 상징적 해석에도 동의합니다.

역사적 해석은 6장 1절~20장 6절을 요한 당시부터 예수님의

---

193) 포이트레스(Vern S. Poythress), 『요한계시록 맥 잡기』, 유상섭 역,(경기: 크리스챤 출판사, 2002), 23~36.

재림 때까지 역사적 주요 사건들의 전개를 개괄적으로 예언한 것이라 생각합니다. 그래서 계시록을 각 시대마다 교회와 인류 역사에서 일어날 일에 대한 예언으로 봅니다. 그러니 어떤 특정 인물을 계시록에 예언된 내용의 성취로 이해하는 경향이 강합니다. 예를 들면, 계시록의 짐승을 '교황'으로 보거나, 심지어 이슬람의 창시자인 '마호메트'로 보는 이들도 있습니다.

이상적 해석은 과거나 미래에서 계시록의 성취를 찾기보다, 계시록이 교회 시대 전반에 걸쳐 일어난 하나님과 사탄의 전쟁이라는 구도 속에서 하나님의 승리를 말씀한다는 영적 교훈을 찾으려고 합니다. 그래서 교회가 박해를 어떻게 이겨내었는지를 주로 말합니다. 이러한 해석은 적용에 가까운 내용이 많습니다.[194]

성경 해석의 가장 큰 원리는 성경 자체입니다(웨스트민스터 신앙고백서 제1장 9절). 계시록은 스스로 우리에게 해석의 큰 방향을 제공합니다.

첫째, 1장 1,19절, 4장 1절, 22장 6절은 "반드시 속히 될 일", "네 본 것과 이제 있는 일과 장차 될 일", "마땅히 될 일", "속히 될 일"이라 말씀합니다. "속히 될 일"이라는 표현은 수천 년 뒤에 일어날 일에 대한 계시가 아니라 '짧은 시간 안에' 일어날 일에 대한 가르침이며, "이제 있는 일"은 요한 당대에 일어날 일을, "장차 될 일"은 요한을 기준으로 미래에 일어날 일에 대한

---

194) 네 가지 해석 방법에 대한 좀 더 자세한 내용은 다음 책을 참고하라. 송영목, 『요한계시록 주석』(서울: SFC출판부, 2023), 40~59.

말씀으로 이해하는 것이 자연스럽습니다. 그런데 1장 1절과 22장 6절은 "속히 될 일"이라고 말씀합니다. 그러므로 계시록을 "속히 될 일"과 관련되었다고 이해하는 것이 상식적입니다.

둘째, 계시록은 예언의 책입니다. 그 예언은 대부분 상징적으로 묘사되었습니다. 그러므로 상징적 표현을 문자적으로 해석해서는 안 됩니다. 이는 성경 전체를 해석하는 대원칙이기도 합니다. 주로 "내가 보매"로 시작되는 환상들인데, 환상을 문자적으로 해석해서는 안 됩니다. 오히려 환상은 상징적으로 해석해야 합니다.[195]

셋째, 계시록은 독립된 책이 아닙니다. 계시록은 성경의 다른 많은 책과 연결되어 있습니다. 특별히 구약 성경의 환상과 예언, 상징들이 계시록에는 너무나 많이 등장합니다. 계시록은 마치 상징의 저수지 같습니다. 그러므로 계시록을 바르고 풍성하게 이해하려면, 구약과 신약의 다른 책들과 긴밀히 연결하여 해석해야 합니다.

성경은 구원의 책입니다. 그러니 계시록도 하나님의 구속역사라는 관점에서 읽어야 합니다. 특히, 계시록은 복음서의 내용이 더욱 풍성하게 드러나며, 사도행전과는 일정 부분 동일한 메시

---

195) 성경에는 수많은 상징적 표현이 등장한다. 제사에서 짐승의 죽음은 문자적으로 짐승의 죽음을 지향하지 않고, 죄인의 죽음을 상징한다. 곧, 짐승의 죽음은 하나님 앞에 죄를 지은 인간의 죽음을 대신한 것이다. 해와 달과 별들에 대한 묘사는 문자적으로 실제 그러한 일이 일어나는 것을 의미하지 않고, 한 국가나 권세의 몰락과 관련된다(사 13:9~10, 24:21~23, 34:4, 겔 32:7~8, 암 8:9, 마 24:29).

지를 전달합니다.

이러한 세 가지 이유로 본서는 계시록을 부분적 과거주의적 관점에서 해석합니다.[196] 그렇다고 하여, 예수님의 재림에 대한 내용이 없다는 뜻은 결코 아닙니다. 계시록은 주님의 재림을 분명히 계시합니다. 더불어 역사적이며 이상적인 해석도 결코 배제할 수 없습니다. 오히려 계시록은 하나의 해석학적 관점이 아니라 거의 모든 해석학적 관점들을 종합적으로 고려하여 본문을 살필 때, 그 본문의 의미를 더욱 풍성하게 깨닫게 됩니다.

### (4) 계시록의 구조

계시록을 내용을 따라 분류하면 다음과 같습니다.

| | |
|---|---|
| 1:1~20 | 프롤로그 |
| 2:1~3:22 | 일곱 교회에게 보내는 칭찬과 권면 |
| 4:1~5:14 | 하나님과 그리스도의 영광 |
| 6:1~8:5 | 일곱 인의 심판 |
| 8:6~11:19 | 일곱 나팔의 심판 |
| 12:1~15:4 | 일곱 환상 |
| 15:5~16:21 | 일곱 대접 심판 |

---

196) 필자는 송영목 교수의 계시록 해석에서 많은 배움을 얻었다. 그의 계시록 해석 방식이 요한계시록 자체를 이해하는데 가장 적합한 것으로 필자는 이해한다. 아울러, 이 장(Chapter)은 젠트리, 그레고리 빌, 반더발의 견해를 가장 많이 참고했음을 밝힌다.

## 계시록 개요

### (1) 프롤로그 | 계 1:1~20 |

계시록은 모든 성경과 동일하게 '예수 그리스도의 계시'입니다(요 5:39). 이는 계시록을 영생과 구원의 책으로 읽어야 하며, 그리스도 중심적으로 해석해야 한다는 뜻입니다. 하나님께서는 천사들을 사용하여 사도 요한에게 계시의 말씀을 "지시"하셨습니다(계 1:1). 천사가 중요한 계시 전달자로 등장한다는 점은 계시록 전체를 이해하는 열쇠 중 하나입니다.[197] "지시하신 것이라"라는 말씀은 '표적이나 상징으로 알게 하다'라는 뜻입니다.[198] 그러므로 계시록은 상징의 책입니다.

이 책을 읽고 듣는 자들과 지키는 자들은 복됩니다(계 1:3). 읽는 이는 단수이고, 듣는 이들은 복수입니다. 다르게 표현하면, 예배하는 이들이 복되다는 뜻입니다. 예배하기 때문에 복되기도 하지만 더 근원적으로 때가 가까웠기에 예배하는 이들

197) 계시록의 천사에 대한 간략한 이해는 제임스 조르단, 『계시록의 구속사적 연구』, 이동수 편역,(서울: 도서출판 그리심, 2005), 95~111과 본서 443~450 부분을 참고하라.

198) 피트 라잇하르트, 『Revelation 1~11』, International Theological Commentary,(Bloomsbury T&T Clark, 2018), 81.

이 복됩니다. 때가 가까웠다는 말씀은 '임박성'을 강조합니다(마 24:32, 26:18, 요 2:13). 이는 심판의 임박성을 의미하는데, 옛 언약 백성에 대한 최종적인 심판을 뜻합니다. 바로 그때, 믿음을 지키는 자들은 복됩니다.[199]

4~6절에서 성부 하나님은 "이제도 계시고 전에도 계시고 장차 오실 이"로 소개되고(참고, 계 1:8), 성령님은 "그 보좌 앞에 있는 일곱 영"으로 소개됩니다.[200] 성자 예수님은 "충성된 증인으로 죽은 자들 가운데서 먼저 나시고 땅의 임금들의 머리가 되신"분이십니다. 삼위 하나님에 대한 이러한 묘사는 언약 요소에서 서언이나 역사적 서언에 해당합니다. 부활하시고 승천하셔서 왕권을 가지신 예수님께서는 교회를 "나라와 제사장으로" 삼

---

199) 계시록은 일곱 번 복됨을 말하는데, 이는 아브라함에게 말씀하신 "너는 복의 근원이 될지라"(창 12:2)는 말씀과 연결하여 생각해야 한다. 그 연장선에서 계시록에서 언급하는 일곱 번의 복은 흔히 생각하는 세상에서의 복이 아니라 구속과 관련된다(1:3, 14:13, 16:15, 19:9, 20:6, 22:7,14).

200) 일곱 영이 성령님이라는 주장은 계시록 자체의 증거를 통해 확인된다. 계시록 4장 5절에서 "보좌 앞에 일곱 등불 켠 것이 있으니 이는 하나님의 일곱 영이라"라고 했고, 5장 6절에서는 일찍 죽임을 당한 어린양을 소개하면서 그 어린양에게 일곱 뿔과 일곱 눈이 있다고 말한다. 이어 "이 눈은 온 땅에 보내심을 입은 하나님의 일곱 영이더라"라고 했다. 4장 5절과 5장 6절이 일곱 영을 보좌 앞에 있는 것으로 말하고, 동시에 '하나님의 영'으로 말하는 것은 성령님에 대한 묘사로 보는 결정적 증거이다. 그러나 성령님을 '일곱' 분으로 이해해서는 안 된다. 이는 상징적 표현이다. 일곱은 성령님의 완전성을 의미한다. 그뿐만 아니라, 성령님에 대한 이러한 표현은 성막과 성전에서 사용된 금 촛대와 직접적으로 연결되며, 특별히 스가랴 4장은 촛대와 성령님의 사역을 연결하여 설명한다.

으셨습니다.[201]

요한은 밧모에 유배되었습니다. 그는 복음 때문에 갇혔지만, 오히려 복음은 자유롭게 모든 세대와 교회에게 선물이 되었습니다. 12~16절은 요한이 본 환상인데, 예수님의 모습을 자세히 묘사합니다. 예수님께서는 "인자 같은 이"로 소개되는데, 다니엘 7장 13~14절과 10장 5~21절에도 등장합니다. 이분은 승귀하신 그리스도이십니다. 금띠를 가슴에 띤 것은 사역의 완성을(단 10:5~6), 흰 머리털은 승리를(단 7:9~10, 계 3:5, 4:4), 불꽃 같은 눈은 자기 백성을 살피며 원수의 공격을 격파하는 능력을, 입에서 나오는 날 선 검은 말씀의 능력을 의미합니다(엡 6:17, 히 4:12). 얼굴이 해 같은 것은 치료와 권위를 상징합니다(말 4:2, 눅 1:78~79, 계 10:1~2). 이러한 예수님께서 일곱 교회의 사자(말씀 사역자)들을 오른손에 잡고 계시며, 동시에 일곱 교회와 함께하십니다(계 1:20).

계시록은 로마 전역에 복음의 불꽃이 타오를 때 주어진 계시입니다. 도시마다 교회가 출현했지만, 유대인들의 핍박은 끊이지 않았습니다. 거짓 교회가 참 교회를 핍박하는 시대였습니다. 그로 인해, 교회로 들어온 이들 가운데 다시 유대교로 돌아가는 이들까지 등장했습니다. 계시록은 바로 이러한 환경 곧 핍박과 환난 가운데 있는 교회들에게 위로의 메시지입니다. 주님은 승

201) '우리를 나라와 제사장으로 삼으셨다'라는 말씀은 개인적인 성경 읽기를 철저히 배제한다. 교회는 옛 언약 백성들을 대신하는 새로운 언약 백성들이다(출 19:4~6, 벧전 2:9).

리자이십니다. 그분을 붙들고, 그분을 의지하며, 그분에게 기도하는 길이 환난과 핍박을 이기는 길입니다.

### (2) 일곱 교회가 받은 칭찬과 권면 | 계 2:1~3:21 |

계시록은 아시아의 일곱 교회에게 주신 편지입니다. 그래서 각각 교회의 "사자에게 편지하기를"이라는 말씀으로 시작합니다. "사자"(앙겔로스, ἄγγελος)는 신약 성경에서 두 가지 용어로 번역되는데, '천사'와 '사자(메신저)'입니다.[202] 계시록 2~3장에서 "사자"는 모두 사람 메신저를 의미합니다. 이들은 모두 각 교회의 설교자들입니다. 오늘날로 말하면 목회자들입니다. 1장 20절의 "일곱 별은 일곱 교회의 사자"라는 말씀에서도 확인됩니다.[203] 그러니 편지를 받아 읽는 이는 교회의 목회자들이지 하늘의 천사들일 수 없습니다.

### 일곱 교회와 구속역사

일곱 교회에게 주신 말씀은 두 가지 점이 도드라집니다. 첫째는 각 교회에게 주신 말씀이 구속역사의 흐름을 따르고 있다는 점이며, 둘째는 "귀 있는 자는 성령이 교회들에게 하시는 말씀

---

202) 이 용어는 신약 성경에서 자주 사람 메신저를 의미한다(마 11:10, 24:31, 눅 7:24, 9:52, 고전 11:10, 갈 4:14, 약 2:25, 벧후 2:4, 유 1:6).

203) 별은 창세기 1장에서 넷째 날에 창조된다. 별은 해, 달과 함께 창조 때부터 그 기능이 정해지는데, 바로 다스리는 역할이다. 그러므로 해, 달, 별들은 이후 성경 역사에서 늘 권위 혹은 권세, 권위자를 상징하는 용어가 되었다.

을 들을지어다"라는 표현이 반복된다는 점입니다.

에베소교회가 핍박과 환난에서 승리한다면, 생명나무 과실을 먹을 것입니다(계 2:7). 서머나교회에게는 부활의 주님이 말씀하시고, 이기는 자는 둘째 사망의 해를 받지 않습니다(계 2:8,11). 버가모교회에는 발람의 교훈을 지키는 자들이 있었는데, 그런 중에도 버가모교회가 승리하면 만나와 흰 돌을 받습니다(계 2:14,17). 두아디라교회는 자칭 선지자라 하는 여자 이세벨을 용납했습니다(계 2:20). 사데교회는 살았다는 이름을 가졌지만, 실상은 죽은 교회였습니다(계 3:1). 빌라델비아교회는 적은 능력을 가지고도 말씀을 지켰습니다(계 3:8). 라오디게아교회는 가련하고, 가난하고, 눈멀고, 벌거벗었지만 스스로 부자라고 착각했습니다(계 3:17).

이러한 특징들은 하나님의 구속역사를 요약합니다. 곧, 에베소(아담 언약 시대), 서머나(족장 시대), 버가모(광야 시대), 두아디라(왕정 시대), 사데(포로 시대), 빌라델비아(포로 회복 시대), 라오디게아(새 언약 시대)교회에게 주신 말씀은 하나님의 전(全) 구속역사를 재현해 놓았습니다. 이를 통해 하나님께서 역사의 시공간을 초월하여 당신의 구원역사를 이끄시며 완성하신다는 강력한 메시지를 던집니다.[204]

---

204) 일곱 교회에게 주신 권면의 말씀은 매우 독특한 용어들을 사용했다. 에베소교회는 "생명나무 과실"이, 서머나교회는 "죽었다가 살아나신"이라는 표현이, 버가모교회는 "발람의 교훈"이라는 표현이 사용되었다. "이세벨", "살았다 하는 이름을 가졌으나 죽은 자", "인내의 말씀을 지켰은즉", "차지도 아니하고 더웁지도 아니하도다"라는 말씀은 각각 시대의 특징을 압

두 번째로, 성령님에 대한 반복적 언급은 듣는 것에 장애를 가지지 말고 귀를 열어 잘 들어야 함을 강조합니다. 이사야 6장 9~10절과 시편 115편 4~8절은 옛 언약 백성들의 완악함을 말씀합니다. 그 완악함은 감각기관 장애를 통해 드러나고, 감각기관의 장애는 언약 백성들이 우상숭배자가 되었다는 표입니다. 그래서 예수님께서는 눈먼 자들과 귀 막힌 자들을 치료하셨습니다(마 9:27~31, 11:5, 15:30, 20:30~34, 21:14, 막 7:35, 8:22~26, 10:46~52, 눅 7:21, 요 9:1~7). 일곱 교회는 새로운 언약 백성들입니다. 그러므로 옛 백성들처럼 눈멀고 귀가 막히면 안 됩니다. 그들은 눈과 귀가 열려 하늘의 비밀을 깨달아 참 하나님 나라로 세워져야 합니다. 곧, 핍박과 고난 중에 배교하는 자들이 되지 말고, 승리의 주님을 바라보는 충성스러운 백성이 되어야 합니다.

### 일곱 교회가 처한 어려움과 그에 대한 권면

교회의 직분자들을 붙들고 교회를 돌보시는 주님께서 에베소 교회에게 말씀하십니다. 이는 이 교회가 직분적 봉사와 관련하여 어려움이 있었다는 반증입니다. 이 교회는 니골라 당의 행위를 미워했습니다(계 2:6). "니골라"라는 용어는 '이기다'(νικάω)와 '백성'(λαός)의 합성어입니다. 곧, 백성을 정복한 자들인데, 2

___

축적으로 표현한 것이다. 이러한 용어들은 에덴에서 그리스도의 초림까지의 역사를 요약하는 것이며, 이를 통해 계시록은 단순히 아시아 일곱 교회에게 주신 계시가 아니라 모든 시대의 교회에게 주신 계시의 말씀이 된다.

장 14~15절에서 알 수 있듯이, 발람의 교훈을 지키는 자들과 같은 부류로 이해됩니다. 버가모교회에 주신 말씀에서, 이들은 교회가 우상 제물을 먹고 행음하게 했다고 말씀합니다. 출애굽한 이스라엘의 광야 여정에서 발락은 발람을 이용하여 언약 백성들이 행음하도록 만들었습니다(참고, 민 22장).[205] 이로 보건대, 니골라 당은 교회 안에 가만히 들어온 거짓 교사들일 가능성이 매우 높습니다.

서머나교회는 환난과 궁핍을 잘 이긴 교회입니다. 이 교회는 "사단의 회(會)"의 공격을 받았습니다(계 2:9). "사단의 회"는 '자칭 유대인'이라 하지만 실상은 사단의 회입니다. 버가모교회도 비슷한 고통을 받았는데, "사단의 위"라고 표현되었습니다(계 2:13). 빌라델비아교회에도 이들에 대한 설명이 등장하는데, "사단의 회 곧 자칭 유대인이라 하나 그렇지 않고 거짓말하는 자들 중에서 몇을 네게 주어 저희로 와서 네 발 앞에 절하게 하고"라고 했습니다(계 3:9). 이들은 유대인이지만 실상은 거짓말하는 자들입니다. 신약 성경에는 거짓말하는 자로 규정되는 대표

---

205) 발락은 십볼의 아들로서 모압의 왕이었다(민 22:4). 그는 발람에게 제물을 주고 이스라엘을 저주케 하고자 했다. 그러나 발람은 오히려 언약 백성들을 축복했다. 발락과 발람은 처음에는 실패했지만, 이스라엘이 심각한 범죄를 저지르게 했는데, 언약 백성들의 음행이었다(민 25:1~5, 16~18, 31:16). 결국, 이 일로 발람은 하나님께서 미디안을 심판하실 때 함께 죽었다(민 31:8). 발람은 불의의 삯을 사랑하다가 나귀에게 책망을 들었다. 성경은 발람을 "선지자"라고 표현한다(벧후 2:15~16). 사도 베드로는 발람을 전형적인 거짓 선지자의 모습으로 해설했다.

적인 사람들이 등장하는데, 이들은 바로 유대 지도자들입니다(요 8:31~45). 이들은 스스로 아브라함의 자손이라 생각하지만, 주님은 저들을 향하여 마귀의 자녀라 하셨습니다(요 8:44). 서머나, 버가모, 빌라델비아교회가 공통적으로 직면한 어려움은 교회에 가만히 들어온 유대인 거짓 선생들입니다. 이들은 일찍이 안디옥교회에서 문제를 일으켰고, 지속적으로 사도들의 사역을 훼방한 자들입니다.

두아디라교회는 자칭 선지자라 하는 여자 이세벨 때문에 어려움을 당했습니다(계 2:20). 이세벨이 교회에게 끼친 해악은 음행입니다. 여기 음행을 남녀 간의 불륜으로 이해해서는 안 됩니다. 성경에서 음행은 훨씬 더 영적인데, 우상숭배를 의미합니다.[206] 그래서 이 유혹을 물리치고 승리하면 주어지는 선물이 "만국을 다스리는 권세"입니다(계 2:26). 만약, 이세벨의 유혹이 성적 유혹이라면 승리자들에게 '권세'를 선물로 줄 이유가 없습니다. 그러니 이세벨을 통해 교회 안에 들어온 범죄는 우상숭배입니다.[207]

---

206) 선지자 호세아는 음녀 고멜과 혼인했다. 선지자의 결혼은 그 시대 교회가 행한 범죄의 성격과 본질을 보여준다. 교회가 하나님을 믿고 의지하는 것이 아니라 이웃 국가의 힘을 두려워해서 이방을 의지하는 것이다.

207) 이세벨은 북 이스라엘 왕 아합의 아내로 시돈 제사장의 딸이었다. 그녀는 자신의 남편인 아합으로 우상을 섬기는 길을 걷게 했다(왕상 16:31~33). 아합의 치세 시기, 바알과 아세라 제사장은 최소한 850명이었다(왕상 18:19). 이세벨은 북 이스라엘에서 가장 강력한 왕권을 행사한 사람이었다.

빌라델비아교회에 나타나신 주님은 다윗의 열쇠를 가지셨습니다(계 3:7). 그 주님께서 이 교회에게 문을 활짝 여셨습니다.[208] 이것은 천국의 문을 연다는 뜻인데, 대적들을 굴복시키는 복음의 능력이 나타남을 의미합니다. 빌라델비아교회는 실제로 사단의 회에 소속된 자들을 굴복시켰습니다(계 3:9). 이 교회의 위대함은 적은 능력으로 대적을 물리치고 굴복시킨 것입니다. 우리는 이를 통해 능력의 많고 적음보다 어떤 열매를 맺느냐가 훨씬 더 중요함을 배웁니다.

라오디게아교회는 스스로 부자라고 생각했습니다. 그러나 실상은 가난한 자들이었습니다. 그들은 자신들이 가난하고, 눈멀고, 벌거벗었음을 알지 못했습니다(계 3:17). 그래서 라오디게아교회는 흰옷을 입고 안약을 발라 눈을 열어야 했습니다. 예수님 당대의 교회는 그리스도로 오신 예수님을 거절했습니다. 그들은 말씀을 맡은 부요한 자들이었지만 가장 가난한 자들이었습니다(롬 3:1~2, 눅 16:1~13, 약 5:1~3). 예수님께서 문밖에 서서 기다리십니다(계 3:20). 이는 예수님의 초대입니다. 이 초대는 오늘날의 전도와 같은 것이 아닙니다. 언약 백성들에게(즉 교회

---

208) 3장 7절의 "다윗의 열쇠"는 이사야 22장의 셉나가 맡은 직무를 엘리아김이 대신 한 내용을 언급한 본문에서 인용되었고, 이는 마태복음 16장에서 천국의 열쇠를 가진 교회의 권위와 연결된다. 마태복음 16장은 예수님의 부름을 받은 새 언약 공동체인 교회가 옛 백성으로부터 열쇠권을 이양받았다는 것을 간접적으로 가르친다. 바로 이러한 배경에서 빌라델비아교회는 새 언약 공동체의 일원으로 그 열매를 맛본 교회가 되었다.

에게) 임박한 심판을 예고하는 말씀입니다. 성경에서 문은 심판의 장소입니다(출 21:6, 신 17:5, 21:19, 25:7, 약 5:9). 그 심판에서 문을 열면 주님과 더불어 먹고 마시며, 하나님의 보좌에도 함께 앉습니다.

### (3) 하나님과 그리스도의 영광 | 계 4:1~5:14 |

일곱 교회에게 말씀을 주신 예수님께서 이제 하늘을 보여주십니다. 주님은 사도 요한에게 "마땅히 될 일"을 보여주셨습니다. 마땅히 될 일은 먼 미래에 대한 예언이 아니라 삼위 하나님께서 행하신 일과 앞으로 행하실 구속역사의 비밀이라는 의미로 이해해야 합니다.[209] 요한은 하늘 보좌를 보았는데, 성부 하나님께서 벽옥과 홍보석 같습니다. 두 보석은 제사장의 흉패에 달렸고, 에덴에도 있었던 것들입니다(출 28:17,20, 겔 28:13). 구속역사의 상징물인 보석들은 그 역사를 하나님께서 주도하셨으며, 동시에 하나님의 뜻이 땅 위에서 이루진다는 사실을 확증합니다. 보좌 주위에 무지개가 둘렸습니다. 무지개는 하나님의 언약의 신실성을 강조하는 표입니다(창 9:12~17). 이는 자기 백성과 맺은 언약을 마지막까지 충실하게 지키시겠다는 뜻입니다. 실제로 언약은 하나님의 맹세입니다(창 22:16~17, 출 6:8, 신 29:12~13).

---

209) 4장 1절은 "이 일 후에"로 시작하는데, 이 말은 사건이 발생하는 시간적 순서를 의미하지 않는다. 계시록에서 이 표현은 새로운 환상이 주어졌다는 의미로 사용된다(7:1,9, 15:5, 18:1, 19:1). 그레고리 빌, 『요한계시록. 상권』, 오광만 역,(서울: 새물결플러스, 2016), 534. 빌은 "마땅히 될 일"도 미래는 물론이고 종말론적인 과거와 현재를 포함한다고 해석한다.

보좌 주위에는 흰옷을 입고 금 면류관을 쓴 이십사 장로들이 앉아 있습니다. 보좌 주위에 네 생물이 있는데, 사자, 송아지, 사람의 얼굴을 가진 생물, 독수리와 같습니다. 네 생물과 이십사 장로들은 하나님을 찬송합니다.

구약 성경은 하나님의 뜻을 알려줄 때, 짐승을 사용하기도 합니다. 다니엘서는 사자, 곰, 표범, 열 뿔 달린 짐승이 제국과 왕을 의미한다고 가르칩니다(단 7:1~8,15~22). 다니엘서 8장에는 두 뿔 가진 숫양과 숫염소가 등장하는데, 이들은 메대와 바사 그리고 헬라의 왕들입니다(단 8:1~14,20~24).

에스겔서 1장은 계시록 4장의 네 생물과 동일한 짐승을 소개합니다. 네 생물은 네 얼굴과 네 날개가 있고, 그 네 얼굴의 모양은 사람, 사자, 소, 독수리입니다(겔 1:4~10). 이 생물은 여호와의 영광의 형상인 예수님과 동행하며(겔 1:26~28), 마치 그분의 수행원처럼 활동합니다(겔 1:15~21). 에스겔서는 짐승들이 천사의 역할을 행하고 있는 것으로 묘사합니다. 짐승은 다니엘서와 에스겔서를 통해 확인되듯이 세상의 권세자와 하늘의 천사입니다.

이러한 이해 위에서, 계시록 4~5장에 등장하는 짐승들의 행적은 매우 의미심장합니다. 이들은 이십사 장로들과 더불어 삼위 하나님께 찬송과 경배를 드리며(계 4:8~9, 5:6~10,14, 19:4), 하나님의 심판을 선언합니다(계 6:1~8). 이마에 어린 양의 이름을 쓴 십사만 사천 성도들이 네 생물 앞에서 찬송하고(계 14:3), 네 생물 중 하나가 하나님의 진노의 대접을 일곱 천사에게 전달합니다(계 15:7). 네 생물은 경배와 찬송, 심판 선언, 하나님의 뜻을 전달하는 사역을 합니다. 이들은 어느 모로 보나 큰 권세를 가진 천사들입니다.

이십사 장로들의 행적이 네 생물과 같이 언급되고, 이들도 하나님을 찬양합니다. 이십사 장로 중 한 분이 사도 요한에게 계시를 전달합니다(계 5:5). 장로들은 어린 양이신 예수님 앞에서 거문고와 성도들의 기도가 담긴 금 대접을 가졌습니다(계 5:8). 14장 3절에, 장로들 앞에서 이마에 어린 양의 이름을 받은 구약 백성들이 찬송합니다. 이들은 신실한 남은 자들입니다. 19장 4절에서, 장로들은 네 생물과 함께 하나님께 경배하는데, 그때 보좌에서 소리가 있어 말하길, 네 생물과 장로들을 "하나님의 종들"이라 부릅니다(계 19:5). 이십사 장로들은 하나님의 계시를 사도에게 전달하고, 성도들의 기도를 하나님께 드리며, 하나님의 종들로 불립니다. 동시에 이들은 "장로"로 불립니다. 그래서 이들은 땅 위의 직분자들의 원형인 천사로서 이스라엘 12지파와 새 이스라엘의 12사도를 상징하는 것으로 이해됩니다.[210]

---

210) 네 생물과 이십사 장로들에 대한 해석은 다양한데, 송영목 교수는 네 생물을 이 땅의 모든 생명체를 상징하는 것으로, 이십사 장로들을 구약 12지파와 신약 교회의 12사도의 합으로 구약과 신약의 하나님의 백성들이라 주장한다. 송영목, 『요한계시록』, 128~130을 보라. 이에 반해 그레고리 빌은 네 생물을 전체 생명체의 창조 질서를 대표하는 존재로 보며, 이십사 장로들은 이십사 제사장(대상 24:3~19), 이십사 성전 문지기(대상 26:17~19), 레위 지파의 이십사 예배 지도자(대상 25:6~31)에 기반을 둔 구약 성도들을 포함한 교회 전체를 대표하는 천사들이라 주장한다. 그레고리 빌, 『요한계시록 주석』, 181~186을 보라.

계시록 다른 어떤 성경보다 다양한 부류의 천사들을 소개하는데, 이러한 천사에 대한 이해는 계시록을 더욱 잘 깨닫도록 하는 소재 중 하나입니다. 이미 살핀 바대로, 계시록 1장의 천사와 2장에 등장하는 천사는 다릅니다. 1장에 등장하는 천사들은 천상의 존재들을, 2장에 등장하는 천사들은 사람 천사 곧 일곱 교회 목회자들입니다.

사실, 천사에 대한 바른 이해는 창세기에서 시작해야 합니다. 아담과 하와는 범죄로 인해 에덴동산에서 쫓겨났습니다(창 3:24).[211] 동산의 문은 화염검을 든 천사들이 지키게 되었습니다. 그리하여 천사는 사람의 직분적 사역을 대신하게 되었습니다. 이후, 천사는 하나님의 구속역사에서 매우 다양한 방식으로 등장합니다.

아브라함은 자기 집에 찾아온 세 사람을 대접했습니다(창 18:2). 세 사람은 다름 아닌 하나님과 천사들이었습니다(창 18:13,17,20,22, 19:1). 성경은 분명 여호와 하나님과 천사들을 "사람"(창 18:2)이라 표현했습니다. 하나님과 천사는 때때로 필요에 따라 다른 모습으로 등장합니다. 하나님께서는 아브라함

---

211) 아담과 하와가 동산에서 쫓겨나는 것은 범죄의 결과이다. 동시에 아담에게 주어진 직분적 사역이 훼손되었다는 의미도 있다. 아담은 생육, 번성, 충만, 땅을 정복하고 다스리라는 명령을 받았다. 그는 왕과 제사장으로서 사역해야 한다. 하지만 범죄로 인하여 그에게 주어진 직분적 사역이 중단되었고, 다른 어떤 존재에게로 이양되었다. 특히, 동산의 문을 천사가 지킨다는 것은 아담이 감당해야 할 제사장적 사역이 천사들에게로 돌려졌음을 의미한다. 동일하게, 왕적 통치 – 이러한 통치는 판결이 필연적으로 동반된다 – 의 사역도 천사들에게 넘어간다.

이 선지자적 사역을 하도록 인도하시고(창 18:17 이하), 소돔에 이른 두 천사는 제사장과 왕적 사역을 행합니다(창 19장). 천사들은 소돔과 고모라에 멸망의 대접을 부으며, 그러한 심판 중에 롯을 구원합니다. 이러한 천사의 사역은 인간 제사장에게서 재현됩니다.[212]

하나님께서는 이스라엘 역사에서 왕과 제사장과 선지자를 주셨는데, 이러한 직분은 아무렇게나 주어진 것이 아닙니다. 이는 천상의 모습이 땅 위에 아로새겨진 것입니다. 천상의 모습이 땅 위에 재현되는 가장 대표적인 것은 성막과 성전입니다.[213] 그래서 천상의 천사들도 그 역할에 있어서 각기 다른 직무를 행합니다. 바로 이러한 이해가 계시록의 천사를 이해하는 중요한 열쇠

---

212) 일반적으로 제사장은 제사를 주관하는 분으로 이해된다. 그러한 이해가 틀린 것은 아니지만, 제사장의 사역은 매우 다양하다. 레위인들은 언약 백성들이 시내산에서 금송아지를 섬겼을 때, 심판을 행했다. 제사장은 백성들의 질병을 검사하여 판결한다. 먹을 수 있는 짐승과 먹을 수 없는 짐승을 구별하여 알려준다. 심지어 부부간의 문제도 판결한다. 제사장은 하나님의 집을 지키는 사람들이기도 하다.

213) 성막과 성전은 하나님께서 모세와 다윗에게 보여준 대로 건축되었다(출 25:9, 대상 28:19). 성막과 성전에는 많은 천사들이 수놓아져 있었고, 하나님의 보좌인 언약궤 위에도 천사는 조각되었다. 이러한 모양은 계시록 4~5장의 보좌 주위에 있으면서 찬송하는 천사들의 모습을 통해 확인된다. 한 걸음 더 나아가 다윗은 장차 자기 아들이 지을 성전의 설계도를 받았고, 성전에서 봉사할 이들의 직무를 더욱 구체화했다. 24명의 제사장을 뽑았고(대상 24:7~19), 24조로 찬양대를 나누어 각각 12명씩 모두 288명을 뽑았으며(대상 25:7~31), 문지기 역시 동서남북, 그리고 곳간과 낭실에 22명을 배치했다(대상 26:17~19). 이를 통해 성전에서의 봉사자는 천상의 봉사자들인 천사를 모델로 한 것으로 이해된다.

입니다.[214]

아담과 하와의 타락 이후, 사람에게 주어진 사명이 천사들에게 넘겨졌습니다. 곧, 하나님 → 사람 → 천사로 이어지던 질서가 파괴되어, 하나님 → 천사 → 사람으로 변화되었습니다.[215] 그래서 히브리서 1장은 예수님의 신분을 천사와 비교하여 말씀하고, 그 결과 주님의 백성들의 신분도 천사들과의 관계에서 변화되었음을 설명합니다. 히브리서 1장 7절은 삼위 하나님께서 "그는 그의 천사들을 바람으로, 그의 사역자들을 불꽃으로 삼으시느니라"라고 합니다. 시편 104편 3~4절의 인용입니다.[216]

히브리서 2장은 예수님의 구속사역으로 사람에게 일어난 신분의 변화를 천사와 비교하여 설명합니다. 곧, 성도들이 예수님과 한 몸이 되었기 때문에 천사들이 사람을 섬기는 본래의 자리로 되돌아갔음을 말씀합니다(히 2:5~18). 그래서 천사들은 구원 얻을 후사들을 위하여 섬기라고 보냄 받은 존재들입니다(히 1:14, 참고, 고전 6:3).

---

214) 제임스 조르단의 천사들에 대한 분류는 우리에게 상당한 통찰력을 제공한다. 제임스 조르단, 『계시록의 구속사적 연구』, 100~101을 보라.

215) 하나님의 보좌의 법궤에 천사가 새겨져 있고, 이 법궤를 인간 제사장들이 어깨에 메고 다니는 것은 범죄 후 사람과 천사의 질서가 변화되었음을 상징적으로 보여준다.

216) "물에 자기 누각의 들보를 얹으시며 구름으로 자기 수레를 삼으시고 바람 날개로 다니시며 바람으로 자기 사자를 삼으시며 화염으로 자기 사역자를 삼으시며". 구름은 하나님의 수레이고, 바람은 날개와 사자가 되고, 불꽃은 하나님의 사역자가 된다. 에스겔 1장의 환상에서 이러한 천사들의 사역에 대한 생생한 묘사를 발견한다.

처음 사람에게 주어진 직무가 천사에게 넘겨졌다가 다시 사도들에게 주어졌습니다. 예수님께서는 열두 제자에게 "내가 세상에 화평을 주러 온 줄로 생각지 말라 화평이 아니요 검을 주러 왔노라"라고 하셨습니다(마 10:34). 천사들에게 주어졌던 "화염검"(창 3:24)이 사도들에게 넘어갑니다. 사도인 제자들은 실제로 검을 사용합니다. 사도들은 오순절 성령님으로 충만하게 된 후, 바로 이 검, 재판권을 사용합니다. 오순절에 사도들에게 임한 성령님은 화염검으로 이 땅에 오신 성령님을 형상화한 것입니다. 에덴의 동산을 지키던 천사들에게 주어진 화염검이 사도들에게 주어졌고, 그 칼은 다시 교회로 이양되었습니다. 교회는 말씀의 검으로 세상과 자신을 심판합니다.

그러니 계시록에서 천사의 사역은 본문의 의미를 정확하게 이해하는 중요한 열쇠 중 하나입니다. 천사가 여전히 사도와 언약 백성들에게 주어진 왕과 제사장과 선지자적 사역을 행하고 있다면, 그 본문은 새로운 시대와 관련된 것이 아닙니다. 대신, 천사가 행해야 할 권세를 사도와 교회가 행한다면, 이는 새로운 시대가 도래했다는 증거입니다(계 19:10, 22:8~9).


5장은 일곱 인으로 봉인된 책과 관련된 계시입니다. 인봉을 떼고 책을 펴거나 볼 이가 없었습니다(계 5:3). 그 때문에 요한이 울자 장로 한 분이 유대 지파의 사자 다윗의 뿌리가 이겼다고 알려주며, 어린 양이 성부 하나님으로부터 책을 취하여 인을 뗍니다(계 5:7, 6:1). 어린 양이 책을 취하자 네 생물과 이십사 장로

들은 거문고와 성도들의 기도가 가득한 금대접을 가지고 새 노래를 노래합니다.[217]

"책을 가지시고 그 인봉을 떼기에 합당하시도다 일찍 죽임을 당하사 각 족속과 방언과 백성과 나라 가운데서 사람들을 피로 사서 하나님께 드리시고 저희로 우리 하나님 앞에서 나라와 제사장을 삼으셨으니 저희가 땅에서 왕 노릇하리로다"(계 5:9~10).

우리는 여기에서 새 노래가 담고 있는 놀라운 구속역사의 한 단면을 봅니다. 이 노래는 예수 그리스도의 죽음으로 인해 이루어진 구속의 은혜와 그분의 백성들이 이제 왕 같은 제사장이 되었다는 내용을 담고 있습니다.[218] 이어 수많은 천사들도 죽임당한 어린 양을 찬양합니다. 이는 어린 양이신 예수 그리스도께서 행하신 사역의 본질을 알려줍니다. 예수님의 어린 양 되심은 예수님의 공생애 사역을 계시합니다. 그러므로 계시록 4~5장은 먼 미래에 일어날 어떤 일들에 대한 계시가 아니라 예수님의 초림과 관련된 계시입니다.

---

217) 여기에서 "새 노래"는 새로운 계시를 담은 노래라는 뜻이다.
218) 이 찬송은 베드로전서 2장 9절에서 사도 베드로가 새 언약의 공동체인 교회의 정체성을 계시한 말씀에서도 확인된다. "오직 너희는 택하신 족속이요 왕 같은 제사장들이요 거룩한 나라요 그의 소유된 백성이니".

## (4) 일곱 인의 심판 |계 6:1~8:5|

일곱 인, 일곱 나팔, 일곱 대접 심판에 대한 해석은 매우 다양합니다. 부분적 과거주의 관점은 세 심판을 대개 예수님의 초림에서 예루살렘 성전 파괴 사이에 일어날 일들에 대한 예언으로 이해합니다. 좀 더 세분하면, 인, 나팔, 대접 심판을 시간순으로 해석하거나, 주님의 초림에서 예루살렘 성전 파괴 사이에 일어날 일의 반복으로 해석하기도 합니다.

두루마리가 봉인이 되었다는 것은 비밀이 감추어졌다는 뜻입니다(단 12:4,9). 어린 양이신 예수님께서 그 인을 떼심으로 비밀을 밝히 드러내십니다. 이사야 29장은 계시가 가려졌다가 다시 열리는 것이 어떤 의미인지 알려줍니다(사 29:9~21). 외식하는 자들의 눈과 귀는 가려집니다. 그러나 겸손히 말씀을 경청하는 이들에게는 하늘의 비밀이 드러납니다. 어린 양께서 그 비밀을 드러내고 보여주시기에 계시록을 읽고 듣는 자들은 복됩니다.

첫째 인에서 넷째 인까지는 모두 네 종류의 말이 등장합니다. 흰 말, 붉은 말, 검은 말, 청황색 말입니다. 말들을 탄 이가 심판을 행합니다. 흰 말을 탄 이는 활을 가졌고, 붉은 말을 탄 이는 화평을 제하며 큰 칼을 가졌습니다. 검은 말을 탄 이는 저울을 가지고 기근을 내리며, 청황색 말을 탄 이는 땅 사분의 일의 권세를 얻어 심판을 행합니다. 이러한 환상은 예수님께서 행하신 사역을 설명합니다.

예수님께서는 첫 사역부터 사단과 전쟁하여 승리하셨습니다(마 4:1~11). 제자들에게 화평이 아니라 검을 주러 오셨다고 말씀하셨습니다(마 10:34~37). 영적 기근으로 고통당하는 백성들을 향하여 목자 없는 양이라 하셨고, 그 백성들을 풍족히 먹이셨습니다(막 6:34 이하, 요 6장). 사랑하는 제자들과 백성들에게는 풍족한 양식을 제공하셨지만, 참 양식인 예수님을 거부하여 굶주린 대제사장들과 서기관들과 장로들을 열매 없는 나무처럼 저주하셨습니다(마 26:26~29, 막 11:12~25).[219]

다섯째 인을 떼자 죽임 당한 영혼들이 신원하여 달라고 청원합니다. 하지만 주님은 잠시 기다리라 말씀하십니다. "저희 동무 종들과 형제들도 자기처럼 죽임을 받아 그 수가 차기까지 하라"(계 6:11). 예수님께서는 신원하여 달라는 과부의 요청을 거절하지 않으셨습니다(눅 18:1~8). 오히려 낙망하지 말고 기도하라고 하셨습니다.

여섯째 인을 떼자 지진이 나며, 해가 검어지고 달이 피같이 되며 별들이 떨어졌습니다. 이는 예수님의 죽음과 관련된 환상입니다. 예수님께서는 죽음 직전, 슬퍼하는 여성들에게 "산들을 대하여 우리 위에 무너지라 하며 작은 산들을 대하여 우리를 덮으라 하리라"라고 하셨습니다(눅 23:30, 계 6:16). 예수님께서 십자가에 달리실 때, 해가 빛을 잃었고, 땅에 어두움이 가득했습니다(눅 23:44). 계시록은 이를 "진노의 큰 날"이라 말씀합니다(계 6:17). "진노의 큰 날"이라는 말씀은 "형벌의 날"입니다(눅 21:22).

---

219) 마태복음 23장의 팔 화는 이 면을 가장 강력하게 보여준다.

바로 그때, 네 천사가 땅 네 모퉁이에서 땅과 바다를 해롭게 하려고 기다립니다(계 7:1~2). 하지만 다른 천사가 와서 잠시 동안 기다려 달라고 청합니다. 이 기다림의 시간은 옛 언약 백성 가운데 신실한 백성을 구원하는 때입니다. 곧, 도장을 받은 십사만 사천이 살아남습니다(계 7:4~8). 이들은 흰옷을 입고 보좌와 어린 양 앞에서 찬송합니다. 흰옷 입은 이들은 어린 양의 피에 그 옷을 씻어 희게 된 이들입니다. 하나님께서는 바로 그 성도들 위에 장막을 치십니다(계 7:15).[220] 어린 양은 새 언약 백성들의 목자가 되시며, 그들에게 생수의 강을 마시라고 권하셨습니다(요 7:38).

환난과 핍박 중에 있는 이들에게 이보다 더 큰 위로는 없습니다. 비록 순교의 피를 맛보았지만, 그것이 오히려 복이 됩니다. 옛 언약 백성 가운데 신실한 남은 백성들은 이제 주리지도 목마르지도 않습니다. 이미 주님이 십자가 위에서 그들을 대신하여 목마르다 하셨고, 다 이루셨기 때문입니다. 새 백성들의 눈에서 눈물이 사라졌습니다.

어린 양이신 그리스도께서 일곱 번째 인을 떼자 나팔을 가진 천사 일곱이 등장합니다. 다른 천사는 제단 곁에서 금향로를 가지고 많은 향을 받았는데, 이 향은 성도들의 기도입니다. 성도의 기도가 하나님께로 올려지자 천사가 향로에 제단의 불을 담

---

220) 요한복음 1장 14절은 "말씀이 육신이 되어 우리 가운데 거하시매"라고 했다. 주님은 자기 백성들 위에 장막을 치셨고, 교회는 참 성전이 되었다.

아 땅에 쏟습니다. 그러자 뇌성, 음성, 번개와 지진이 동반됩니다.

일곱째 인이 떼어질 때 아주 독특한 현상이 일어나는데, 하늘이 반 시 동안 고요합니다. 7장에서 하늘의 모든 천사들이 큰 소리로 찬송하는데, 그 찬송이 갑자기 중단되고 고요가 찾아옵니다. 여섯째 인이 떼어지는 환상을 예수님의 죽음과 부활 사건에 대한 것으로 이해하면, 성도들이 찬송하는 모습은 너무나 자연스럽습니다. 그리고 갑자기 찬송이 멈춥니다. 이어 나팔 환상이 등장합니다.

찬송이 중단되고 고요가 시작되자, 천사가 성도들의 기도를 받아 하나님 앞에 올립니다. 그리고 천사가 단 위의 불을 땅에 쏟습니다. 그 불이 뇌성과 음성과 번개와 지진을 동반합니다.[221] 지진은 문자적으로 땅이 흔들리는 것이 아니라 기존의 체계를 완전히 흔들어 놓는 대변화를 의미합니다. 불이 "땅에" 쏟아집니다. 땅은 바로 약속의 땅입니다. 예루살렘입니다. 오순절에 성도들은 기도했고, 불같은 성령님께서 땅에(성전에) 쏟아지셨습니다. 곧, 오순절 성령님의 강림을 의미합니다.

### (5) 일곱 나팔의 심판 | 계 8:6~11:19 |

일곱 천사가 차례로 나팔을 붑니다. 나팔은 성경에서 일종의 신호이며, 동시에 하나님의 임재의 표입니다(출 19:13~19). 나팔을 불면 백성이 행진을 시작합니다(민 10장). 나팔을 불면 절

---

221) 하나님께서 시내산에서 자기 백성과 언약을 맺으실 때와 엘리야가 광야에서 하나님을 만날 때 일어난 현상을 보라(출 19:16~18, 왕상 19:11~12).

기가 시작됩니다(민 29:1). 나팔 소리를 신호로 백성들이 소리치자 여리고 성이 무너졌습니다(수 6장). 나팔 소리는 여호와의 심판이 시작되었다는 신호입니다(호 8:1, 욜 2:1, 암 3:6, 습 1:16, 슥 9:14).

첫째 천사부터 넷째 천사까지의 공통점은 삼분의 일이 심판 받는 것입니다. 땅과 수목과 각종 푸른 풀이, 바다와 바다 생물과 배들, 강과 물 샘, 해와 달과 별들 삼분의 일이 심판 받았습니다. 땅에 대한 심판은 옛 언약 백성을, 바다에 대한 심판은 이방 세계가 심판 받음을 의미합니다. 강과 물 샘은 쑥으로 불리는 사단이 생수의 복음에 거짓 복음을 뿌리는 것으로 이해할 수 있습니다. 해, 달, 별은 권세를 의미하는데, 이는 옛 언약 백성들의 지도자들에 대한 심판입니다(행 4:5~22).

다섯째 천사가 나팔을 불자 무저갱의 사자가 열쇠를 받아 무저갱을 엽니다. 무저갱에서 황충이 올라오는데, 정확하게 번역하면 '메뚜기'입니다. 메뚜기는 아볼루온의 신하입니다(계 9:11). 아볼루온은 사단의 다른 이름입니다. 메뚜기들은 전쟁에 적합한 능력을 가졌는데(계 9:7~10), 그 권세로 하나님의 인을 맞지 아니한 사람들을 5개월 동안 괴롭힙니다. 이것은 복음을 거부한 유대인에게 임할 큰 고통을 의미합니다.[222]

---

222) 어떤 이들은 황충을 알비누스의 후임 총독인 플로루스로 보기도 한다. 플로루스는 유대인들을 탄압하다가 1차 유대인 폭동을 유발하기도 했다. 다른 주장은 로마 군대가 5개월간 유대인들을 탄압한 것이라 한다.

여섯째 천사가 나팔을 불자 결박당한 네 천사가 유브라데에서 놓입니다(계 9:14). 이 천사들은 사람 삼분의 일을 죽이기로 예비 되었습니다. 네 천사의 마병 대는 2만 만입니다. 그 마병대는 불과 연기와 유황을 가지고 사람을 죽입니다(계 9:18). 그럼에도 불구하고 이 재앙에 죽지 않고 살아남은 자들은 여전히 회개하지 않습니다. 우리는 여기에서 옛 언약 백성들의 완고함을 발견합니다.

여섯째 천사가 나팔을 부는 사건과 함께, 10장 1절~11장 14절에 또 다른 환상이 주어집니다. 옛 언약 백성들의 회개하지 않음과 더불어, 일곱째 천사가 나팔을 불 때 하나님의 비밀이 이루어진다고 했습니다(계 10:7). 곧, 여섯째 천사가 나팔을 부는 사건은 일곱째 천사가 나팔을 불 때 일어날 일을 미리 알려줍니다.

그 비밀의 핵심 요지는 순교자의 피가 채워지기까지 심판이 지연되는 것입니다. 계시록 11장은 이를 극적으로 보여줍니다. 요한이 지팡이 같은 갈대를 받아 성전을 측량합니다. 측량한다는 말씀은 심판한다는 뜻입니다. 성전 밖 마당은 그냥 두는데, 이방인이 이곳을 42달 동안 짓밟습니다. 42달은 3년 6개월인데, 이는 언약의 저주가 내리는 대표적 기간입니다(왕상 17:1, 약 5:17). 동일한 기간에 두 증인이 예언합니다(계 11:3). 두 증인은 두 감람나무와 두 촛대입니다. 이들은 사도와 교회로 보입니다.[223] 두 증인은 무저갱으로부터 올라온 짐승에 의해 죽임을 당

---

223) 로마서 9~11장에 의하면, 옛 언약 백성 중 신실한 남은 이들은 참 감람나무이며, 그 감람나무에 접붙임을 받은 이들은 돌 감람나무 곧 새 언약 백

합니다(계 11:7). 땅에 거하는 자들은 두 증인의 죽음을 즐거워하고 기뻐하며 서로 선물을 주고받습니다(계 11:10). 이는 오순절 성령강림 이후부터 마지막 예루살렘 멸망 직전까지의 사도와 교회가 겪는 고난을 의미합니다. 이 시기에 예루살렘은 언약의 저주를 받아 자기 정체를 드러냅니다. 동시에 교회와 사도들은 지속적인 핍박 속에 머뭅니다. 야고보는 죽고, 베드로와 요한은 옥에 갇히며, 바울은 끝없는 유대인의 핍박에 노출됩니다. 교회도 마찬가지입니다. 땅의 백성들은 오히려 그것을 즐거워합니다. 그때, 예루살렘은 소돔과 애굽처럼 됩니다(계 11:8).

마지막 일곱째 천사가 나팔을 붑니다(계 11:15). 위로의 메시지가 주어집니다. 비록 사도와 교회는 핍박과 죽음의 고통을 받지만 부활합니다(계 11:11~12). "세상 나라가 우리 주와 그 그리스도의 나라가 되어 그가 세세토록 왕 노릇 하시리라"라고 합니다(계 11:15). 그러자 이십사 장로들이 경배와 찬송을 드립니다. 곧, 예배합니다. 드디어 하늘의 모습이 다시 보입니다. 그 하늘의 모습은 땅 위에 일어난 전쟁의 배경을 알려줍니다. 12장 이하의 일곱 환상은 이에 대한 계시입니다.

### (6) 일곱 환상 | 계 12:1~15:4 |

빌(G. K. Beale)은 일곱 환상을 다음과 같이 분류했습니다.[224]

---

성인 교회이다. 촛대는 요한계시록 1장 20절에서 교회를 의미한다. 그러니 두 증인은 새 언약 공동체의 핵심인 사도와 교회로 이해된다.

224) 그레고리 빌, 『요한계시록 주석』, 393.

가. 뱀과 여자 및 여자의 후손 간의 싸움(12장)

나. 바다에서 나온 짐승의 박해(13:1~10)

다. 땅에서 나온 짐승의 박해(13:11~18)

라. 시온산에서 서 있는 어린 양과 십사만 사천(14:1~5)

마. 세 천사의 복음과 심판에 대한 선포(14:6~13)

바. 인자의 땅의 추수(14:14~20)

사. 바다에서 나온 짐승에 대한 성도들의 승리와
승리의 노래(15:1~4)


인, 나팔, 대접 심판을 예수님의 초림에서 예루살렘 성전 파괴의 반복으로 생각하든지, 역사적 순서로 이해하든지 관계없이 일곱 환상 부분은 너무나 자연스럽게 예수님의 공생애와 교회의 출현, 그리고 옛 언약 백성을 심판하시는 계시입니다.

**가. 뱀과 여자 및 여자의 후손 간의 싸움 |계 12장|**

해를 입고 열두 별의 면류관을 쓴 여자가 아이를 낳습니다. 아이는 당연히 예수님에 대한 상징입니다. 왜냐하면, 그가 철장으로 만국을 다스리고, 보좌 앞에 가기 때문입니다.[225] 용은 옛 뱀 곧 마귀라고도 하고 사단이라고도 불립니다(계 12:9). 옛 언약 백성인 교회가 아이를 낳으려 하자, 용이 아이를 죽이려 합니다.

---

225) 그리스도께서 세례 받으실 때 시편 2편 7절의 하나님의 아들로 불리셨다. 시편 2편 9절은 그분이 "철장으로 저희를 깨뜨림이여 질그릇같이 부수리라"라고 한다.

여자는 광야로 피신했고, 1,260일 동안 지냅니다. 하늘에서 이용과 천사장 미가엘 사이에 전쟁이 일어났고, 사단은 땅으로 쫓겨났습니다. 1,260일간의 피신을 12장 14절에서는 "한 때와 두 때와 반 때"라고 했습니다. 용이 여자를 공격하지만 실패합니다. 그래서 용은 여자의 남은 자손, 곧 경건한 백성들과 싸우려고 바다 모래 위에 섭니다.

사도 요한은 땅 위의 교회 역사에서 벌어진 영적 전투의 근원을 보았습니다. 요한은 자기 시대에 일어난 구속역사를 이 편지를 읽는 모든 이들이 깨닫도록 자세히 안내합니다. 그 옛날, 아담과 여자를 유혹하여 범죄 하게 만든 뱀의 정체를 드러내고, 예수님의 탄생을 공격하는 이들의 정체가 무엇인지도 낱낱이 고발합니다. 예루살렘 성전 파괴로 끝날 하나님의 구속역사의 대 드라마가 어떻게 진행되어 왔는지를 아시아 일곱 교회는 읽는 즉시 깨닫습니다. 그러므로 초대 교회는 그들에게 닥친 환난과 핍박, 그들이 달려가야 할 목적과 사명을 더욱 온전히 이해하고 인내할 힘을 얻습니다.

### 나. 바다에서 나온 짐승의 박해 | 계13:1~10 |

머리가 일곱이고 뿔이 열 개인 짐승이 바다에서 올라옵니다. 바다에서 짐승이 올라왔다는 말씀은 그 짐승이 이방 국가임을 의미합니다(참고, 사 60:5~9). 이 짐승은 용으로부터 능력과 보좌와 큰 권세를 받았습니다(계 13:2). 그 짐승은 42달 동안 – 이것은 심판의 기간이다 – 일할 권세를 받았습니다. 참믿음을 가진 성도들 외에 다른 이들은 모두 이 짐승에게 경배합니다(계 13:8). 이 짐승은 로마일 가능성이 높습니다.[226]

### 다. 땅에서 나온 짐승의 박해 | 계 13:11~18 |

새끼 양 같은 다른 짐승이 땅에서 올라옵니다. 이 짐승은 용처럼 말합니다. 모양은 바다 짐승 보다 훨씬 부드럽게 보입니다. 그러나 이 짐승도 사단 곧 용의 앞잡이입니다. 이 짐승은 땅에 거하는 사람들을 미혹하는 능력을 가졌습니다. 그리고 우상을 만들어 경배하게 합니다. 이 짐승은 사람들이 표를 받게 하여 경제적 이득을 취하기도 합니다.

이 짐승은 유대주의자들입니다.[227] 이들은 오순절 성령님의 강림으로 복음이 왕성하게 전파되자 앞장서서 교회를 핍박했고, 신실한 하나님의 백성들을 유혹했습니다. 율법을 행하지 않으면 구원을 얻을 수 없다고 거짓 복음을 가르쳤습니다(행 15:1, 갈 1:6~9, 고후 11:4,14). 성전은 더 이상 구원의 복음을 드러내는 하늘이 아니라 우상숭배의 현장이 되었습니다. 짐승에게 강력한 권세가 주어지는데, 이는 예루살렘 성전을 통해 극대화되었습니다. 실제로 예루살렘 성전은 AD 64년경에 완성되었습니다. 유대인들의 입장에서는 이때 가장 강력한 힘을 가졌습니다.

---

226) 송영목, 『요한계시록』, 233~242.
227) 위의 책, 242~251.

### 라. 시온산에서 서 있는 어린 양과 십사만 사천 | 계 14:1~5 |

로마와 유대주의자들의 강력한 공격에도 불구하고 참 교회는 믿음을 이어갑니다. 십사만 사천의 성도들과 어린 양은 시온산에 섭니다. 7장에 등장한 바로 그 신실한 남은 자들입니다. 이들은 첫 열매입니다. 그래서 14장 4절에 "사람 가운데서 구속을 받아 처음 익은 열매로 하나님과 어린 양에게 속한 자들이니"라고 했습니다.

### 마. 세 천사의 복음과 심판에 대한 선포 | 계 14:6~13 |

신실한 남은 자들이 시온산에 서 있지만 반대로 예루살렘은 심판받습니다. 천사가 외치길, "무너졌도다 무너졌도다 큰 성 바벨론이여 모든 나라를 그 음행으로 인하여 진노의 포도주로 먹이던 자로다"라고 했습니다(8절). 이는 11장 8절과 연결되는데, "저희 시체가 큰 성 길에 있으리니 그 성은 영적으로 하면 소돔이라고도 하고 애굽이라고도 하니 곧 저희 주께서 십자가에 못 박히신 곳이니라"라고 했습니다. "저희 주께서 십자가에 못 박히신 곳"이라는 말씀을 통해, "큰 성"이 예루살렘임을 알 수 있습니다. 예루살렘이 우상숭배의 도시 바벨론처럼 되었습니다. 유대주의자들과 로마는 하나님의 백성들에게 진노의 포도주를 먹이던 자들이었습니다. 그때, 주 안에서 죽는 자들은 복됩니다(계 14:13). AD 70년, 예루살렘과 성전이 파괴될 수밖에 없는 이유가 밝혀집니다.

**바. 인자의 땅의 추수** |계 14:14~20|

금 면류관을 쓴 인자가 낫을 들고 추수합니다. 또 다른 천사가 성전에서 나와 추수에 동참합니다. 이 추수에 포도송이들이 추수됩니다. 이들은 14장 13절에서 "죽는 자들"이라 했습니다. 성도들의 죽음 때문에 하나님께서 진노하십니다. 19절의 "하나님의 진노의 큰 포도주 틀에 던지매"라는 말씀은 하나님이 진노하시고 그 진노의 표로 포도를 틀에 던진다는 뜻이 아니라, 포도주 틀을 보시는 하나님께서 진노하신다는 의미입니다. 그래서 19절은 '하나님을 진노케 하는 포도주 틀'이라고 번역하는 것이 더 좋습니다.

예수님께서도 성도들을 핍박하고 죽이는 예루살렘을 향하여 탄식하셨습니다. "너희가 너희 조상의 양을 채우라"(마 23:32). "예루살렘아 예루살렘아 선지자들을 죽이고 네게 파송된 자들을 돌로 치는 자여"(마 23:37). 베드로와 요한은 옥에 갇혔고, 야고보는 죽었습니다. 바울은 죽음의 고비를 수없이 넘겼습니다. 이 모든 일을 옛 언약 백성의 대표인 산헤드린 공회가 주도했습니다.

**사. 바다에서 나온 짐승에 대한 성도들의 승리와 승리의 노래**
|계 15:1~4|

사도 요한은 일곱 천사가 일곱 재앙을 가진 것을 보았습니다. 마지막 재앙입니다. 하나님의 진노가 이것으로 마칩니다. 이는 옛 언약 백성에 대한 하나님의 마지막 심판을 의미합니다. 곧,

AD 70년에 있을 예루살렘 멸망과 성전 파괴를 의미합니다.

하나님의 진노가 예고되자 순교당한 성도들(짐승과 그의 우상과 그의 이름의 수를 이기고 벗어난 자들)이 유리 바다를 지나 하나님의 보좌로 나아갑니다. 승리한 성도들이 찬송을 부르는데, 그 찬송은 모세의 노래, 어린 양의 노래입니다. 모세의 노래와 어린 양의 노래는 출애굽기 15장, 신명기 31장, 사무엘상 2장 1~11절, 삼하 22장, 시편 18편, 누가복음 1장에 기록되었습니다.

### (7) 일곱 대접 심판 | 계 15:5~16:21 |

인, 나팔을 지나 드디어 대접 심판이 계시됩니다. 인이 예수님의 공생애, 나팔이 오순절부터 예루살렘 성전 파괴 직전까지에 대한 계시가 중심 내용이었다면, 대접 심판은 예루살렘 성전 파괴와 직접적으로 관련된 계시로 이해됩니다.

하나님의 진노가 가득 담긴 대접을 첫째 천사가 땅에 쏟자 악하고 독한 헌데가 짐승의 표를 받은 자들에게 생깁니다. 대접이 "땅"에 쏟아졌기에 이는 유대인들에 대한 심판입니다. 그들은 예수님을 십자가에 못 박으면서 가이사 외에 우리에게 왕이 없다고 선언함으로 공적 배교자들이 되었습니다(요 19:15).[228]

둘째 천사가 대접을 쏟으니 바다가 죽은 자의 피같이 되고 모든 바다 생물이 죽습니다. 바다에 대한 심판은 이후 새로운 세

---

228) 가이사 외에 우리에게 왕이 없다는 고백은 일반 민중의 고백이 아니다. 이 고백을 한 이들은 대제사장들이었다. 이는 공적 고백이다.

계에서 바다가 사라지는 것과 관련됩니다. 이는 이방 세계에 대한 심판입니다.[229]

셋째 천사가 대접을 쏟자 강과 물 근원이 심판 받습니다. 원래 예루살렘 성전은 생명수를 흘러 보내어 만물을 소성케 하는 직무를 맡았습니다. 그러나 생명의 물을 공급해야 할 성전이 쓴 물을 쏟아내고, 생명 대신 죽음을 전파했기에 심판받습니다. 생명의 말씀이 시온에서 나오는데(미 4:1~4), 옛 언약 백성들은 이곳에서 독이 흐르게 했습니다(마 21:13).

넷째 천사의 심판은 해가 불로 사람을 태우는 것입니다. 성경에서 해와 달과 별은 통치자를 의미합니다(사 13:10~13, 겔 32:7~8). 통치자들의 잔인한 행위 때문에 하나님의 형벌이 주어집니다. 성전 파괴는 로마의 장군 디도에 의해 이루어졌습니다. 그런데도 옛 언약 백성들은 회개하지 않습니다.

다섯째 천사의 심판은 짐승의 보좌에 쏟아집니다. 바다에서 올라온 짐승은 용으로부터 권세를 받았는데(계 13:4), 하나님의 백성들을 핍박하고 세상을 다스리는 권세를 받은 로마를 의미합니다. 음녀 바벨론(유대주의자들)은 이 짐승을 타고 이용하지

---

229) 새 하늘과 새 땅이 도래하면 바다는 없어진다(계 21:1). 이것은 구속역사의 진전으로 나타나는 교회 시대의 특징 중 하나이다. 옛 언약 아래에서 바다는 땅에 대비되는 이방을 상징했지만 새 언약 백성이 출현하면서 더 이상 바다는 존재하지 않게 된다. 예루살렘 멸망을 기준으로 유대인의 특권은 사라진다. 그러니 땅과 바다의 구별도 없다. 바다는 옛 언약 아래에서 이스라엘 백성과 이방인을 구별하는 중요한 표였다. 예루살렘 성전 파괴는 이 구별 자체를 사라지게 한다. 새 시대에는 신자와 불신자로 구별될 뿐이다. 교회는 모든 피조세계에 거한다.

만, 음녀는 오히려 이 로마에 의해 멸망당합니다. 더불어 이 짐승도 하나님의 백성을 핍박했기에 마땅히 심판 받습니다.

여섯째 천사의 심판은 큰 강 유브라데에 쏟아집니다(계 16:12). 유브라데강은 약속의 땅과 이방의 경계입니다(창 15:18, 신 11:24, 대하 9:26). 이 강이 마르고 동방에서 왕들이 옵니다. 세 더러운 영 곧 귀신의 영이 나타나는데, 이들은 전쟁을 위하여 군대를 모읍니다. 세 영은 왕들을 아마겟돈, 곧 겉으로는 므깃도 산이지만 실상은 집회의 산인 예루살렘으로 모읍니다.[230]

마지막 일곱째 대접이 쏟아지자 큰 음성이 보좌로부터 나와 큰 성 바벨론을 심판합니다. 이로써 옛 언약 세상은 끝납니다. 이스라엘의 특권을 사라졌고, 세상은 신자와 불신자로만 구별될 뿐, 더 이상 가나안(땅)과 이방(바다)으로 구별되지 않습니다.


### (8) 바벨론에 대한 심판과 그리스도의 승리 | 계 17:1~19:21 |

일곱 대접의 심판이 끝나고 큰 음녀가 받을 심판에 대해 말합니다(계 17:1). 성경에서 음녀는 주의 백성들이 하나님을 떠나 이방 국가를 섬기고 따를 때 사용하는 언약 용어입니다(사 1:21, 23:15~17, 겔 16:16~23, 호 3장, 4:13, 7:11, 14:1~3). 이 음녀는 큰 바벨론으로 불리는데, 성도들의 피와 예수의 증인들의 피에 취해 있습니다(계 17:5). 음녀의 이름이 바벨론이라는 것은 창세기 11장의 바벨에서 왔습니다. 창세기 11장의 바벨을 건설한 주역

---

230) 16장 16절의 "아마겟돈"은 히브리어로 '하르 므깃도'인데, 직역하면 '축제 모임의 산'이다. 곧, '집회의 산'이라는 의미이다.

은 거짓 교회입니다. 그러므로 음녀는 유대주의자들입니다. 계시록 11장 8절에서 예루살렘을 큰 성이라 했고, 소돔과 애굽이라고도 했습니다(참고, 계 17:18).

음녀는 짐승을 탔는데, 그 짐승의 몸에는 참람된 이름들이 있고 일곱 머리와 열 개의 뿔이 있습니다(계 17:3). 이 짐승은 무저갱에서 올라와 멸망으로 들어갈 자입니다(계 17:8). 그리고 일곱 머리는 일곱 왕이라 했는데, 이 왕들은 로마의 일곱 황제를 말합니다. 짐승에 탄 음녀는 유대인들이 로마를 이용하여 자신들의 목적을 이루려는 것에 대한 설명입니다. 예수님께서는 빌라도의 재판에서 사형 언도를 받으셨지만, 그 배후에는 유대인들이 있었습니다. 바로 이러한 유대인들의 최후가 예고되었습니다. 곧, 짐승이 음녀를 미워하여 불로 사릅니다(계 17:16). 예루살렘의 멸망과 성전 파괴를 의미합니다(마 23:36, 24:34, 행 2:40). 로마 장군 디도는 예루살렘 성전을 돌 하나도 돌 위에 남기지 않고 파괴했습니다.

18장 2절에서 "무너졌도다 무너졌도다 큰 성 바벨론이여 귀신의 처소와 각종 더러운 영의 모이는 곳과 각종 더럽고 가증한 새의 모이는 곳이 되었도다"라고 천사가 소리칩니다. 예수님께서 예루살렘 성전을 방문하셨을 때 하신 평가를 우리는 기억합니다. 성전은 장사하는 집이었고, 강도의 소굴이었습니다(요 2:16, 막 11:17). 예루살렘, 곧 유대주의자들의 죄는 하늘에 사무쳤고 하나님께서는 그 불의한 일을 기억하십니다(계 18:5). 결

국, 그들은 과부가 되고 자녀를 잃을 것입니다(계 18:7, 참고, 사 47:9).[231]

땅의 상고들은 울고 애통합니다. 바다의 선장들도 티끌을 자기 머리에 뿌리고 울고 애통합니다(계 18:17~19). 왜냐하면, 더 이상 장사를 할 수 없기 때문입니다. 그들의 수입원이 사라졌기 때문입니다. 예루살렘 성의 멸망은 이를 통해 이득을 누리는 모든 이들에게 슬픈 소식입니다. 엄격한 의미에서, 예루살렘 성전의 주인이라 자처하던 자들은 물품을 통해 부를 축적한 것이 아니라 사람의 영혼을 팔아 부를 축적했습니다(계 18:13).

이러한 예루살렘과 성전에 대한 심판을 보며 찬송하는 이들이 있습니다. "하늘과 성도들과 사도들과 선지자들아 그를 인하여 즐거워하라 하나님이 너희를 신원하시는 심판을 그에게 하셨음이라"(계 18:20). 드디어 신원이 이루어졌습니다. 다섯째 인이 떼어질 때, 성도들은 삼위 하나님께 신원했습니다(계 6:10). 그러나 아직 피가 채워지지 않았습니다. 드디어 마지막 성도들의 순교를 통하여 피가 채워지자 하나님께서는 큰 성 바벨론 곧 예루살렘을 멸망시키셨고, 성전을 파괴하셨습니다.

힘센 천사가 나타나 큰 돌을 바다에 던집니다(계 18:21). 큰 성

---

231) 이사야 47장은 바벨론 멸망에 대한 예언이다. 바벨론은 언약 백성을 치는 막대기였다. 그러나 그들이 하나님께서 허용하신 권세보다 더 악하게 행하자 즉시 멸망하였다. 계시록 18장에서 바벨론 역시 구약의 바벨론처럼 멸망할 것을 말한다. 예루살렘의 멸망 원인을 바벨론의 범죄를 통해 구체적으로 묘사했다.

바벨론이 이렇게 될 것이라 말씀합니다. 예수님께서 이미 예고하신 말씀입니다. "내가 진실로 너희에게 이르노니 누구든지 이 산더러 들리어 바다에 던지우라 하며 그 말하는 것이 이룰 줄 믿고 마음에 의심치 아니하면 그대로 되리라"(막 11:23)[232] 순교자의 피가 모두 찼습니다(계 18:24).

그래서 천상에서 찬송이 울려 퍼집니다(계 19:1~2). 이십사 장로와 네 생물도 찬송합니다(계 19:4~5). 드디어 어린 양의 혼인 잔치가 시작됩니다. 신부가 준비되었습니다. 이 신부는 깨끗한 세마포를 입은 교회입니다(계 19:8, 고후 11:1~2).

신부가 준비되었으니 신랑이 등장해야 합니다. 19장 11~16절에 소개된 백마 탄 분은 예수님의 모습을 너무나 잘 보여줍니다. 주님은 만왕의 왕이며 만주의 주이십니다. 그리고 마지막 전쟁이 일어납니다. 백마 탄 예수님께서는 교회를 핍박하는 모든 자들을 죽이십니다(계 19:19~21).

### (9) 천년 왕국과 완전한 심판 | 계 20:1~15 |

천년 왕국과 예수님의 재림에 대하여 말씀합니다. 천사가 무저갱의 열쇠를 들고 내려와 마귀, 옛 뱀이며 사단을 잡아 천 년 동안 결박합니다. 천 년을 문자적으로 이해할 필요는 없습니다. 계시록을 문자적으로 이해하지 않았는데, 여기에서 갑자기 문

---

232) 마가복음 11장 23절 앞 문맥은 무화과나무를 저주하신 일과 성전 청결 사건이다. 바로 그 문맥에서 산이 바다로 던짐 받을 것을 기도하라고 하셨다. 이는 산 위에 건설된 예루살렘을 두고 하신 말씀이다.

자적으로 이해하는 것은 전체 해석의 원리에 어긋납니다. 요한은 여전히 환상을 보았습니다. 그러니 천 년이라는 숫자도 상징으로 이해해야 합니다. 이는 하나님께서 계획하신 완전한 기간을 의미합니다.[233]

이 기간에 성도들은 그리스도와 더불어 천 년 동안 왕 노릇 합니다(벧전 2:9, 계 5:10, 20:6). 천 년이 지나면 사단이 옥에서 잠시 놓입니다. 마지막 전투가 벌어지고 마귀와 그를 따르는 모든 세력이 불과 유황 못에 던져집니다.

이어 완성된 하나님 나라의 모습을 소개합니다(계 20:11~15). 땅과 하늘은 사라지고 생명책에 기록된 대로 심판이 시행됩니다. 누구든지 생명책에 기록되지 못하면 불 못에 던짐을 받습니다. 영원한 심판입니다.

### (10) 영광스러운 교회 | 계 21:1~22:5 |

대개 21장 이후(계 21:1~22:5)는 예수님의 재림으로 이루어진 영광스러운 하나님 나라의 모습으로 이해합니다. 그러나 이러한 이해는 한 가지 중요한 문제를 해결해야 합니다. 곧, 21장 24~27절에는 만국이 들어오며 속된 것과 거짓말하는 자는 그리로 들어오지 못한다고 말씀하는데, 예수님의 재림과 더불어

---

233) 여기에서 일반적으로 말하는 천년 왕국 이론이 나왔다. 천년 왕국 이론은 세 가지로 나뉘는데, 예수님의 재림을 기준으로 한다. 곧, 예수님의 재림이 앞에 오고 이어서 천 년 동안 왕국이 지속되면, 이를 전 천년설이라 하고, 예수님의 재림이 천년왕국 이후이면 후 천년설이라 한다. 무 천년설은 후 천년설에 가까운데, 천 년이라는 기간을 문자적으로 이해하지 않는다.

완성된 하나님 나라가 임한다면 과연 이러한 일이 일어날 수 있을지 의문스럽습니다.

본문은 오히려 예루살렘 멸망, 곧 성전 파괴 이후의 교회 시대를 다시 한번 요약하여 말씀한 것으로 이해할 수 있습니다. 새 하늘과 새 땅에서 거룩한 성 새 예루살렘이 신부로 준비되었습니다. 곧, 교회입니다. 보좌에 계신 하나님께서는 만물을 새롭게 하십니다. 그래서 교회는 새로운 피조물입니다(고후 5:17).

구약 성경 내내 언약의 완성을 말씀한 구절이 성취됩니다. 곧, "나는 저의 하나님이 되고 그는 내 아들이 되리라"라는 말씀입니다(계 21:7, 출 6:7, 레 25:38, 렘 7:23, 11:4, 겔 36:28). 그리고 마지막 천사가 요한에게 와서 신부를 보여줍니다.[234] 새 예루살렘입니다(계 21:10). 그 신부인 교회, 곧 새 예루살렘은 구약과 신약의 대표인 12지파와 12사도의 이름이 있습니다. 그 성은 각양 보석으로 치장되어 최고의 아름다움을 자랑합니다. 온종일 성문이 열려있습니다. 만국 중에 택함 받은 성도들은 그 문으로 들어옵니다. 생명수 강이 하나님과 어린 양의 보좌로부터 흘러 모든 것을 새롭게 치료합니다. 교회가 세세토록 왕 노릇 합니다.

### (11) 에필로그 | 계 22:6~21 |
마지막은 아주 흥미롭습니다. 서론에서 밝혔듯이 "속히 될 일

---

234) 계시록 21장 9절은 그리스도의 신부를 소개하는데, "내가 신부 곧 어린 양의 아내를 네게 보이리라"라고 했다. 예수님을 어린 양으로 묘사한 것은 이 본문이 주님의 공생애 사역과 연결되어 주어진 계시임을 의미한다.

을 보이시려고" 천사를 보내셨습니다. 요한이 천사 앞에 경배하려 하자 천사는 거절합니다(계 22:8~9). 이것은 천사의 사역이 인간을 대신하는 시대가 지났다는 표입니다.

이제, 복된 자리에 있는 성도들의 삶과 교회 밖에 있는 이들의 삶을 뚜렷이 대비시킴으로 어느 길이 생명의 길인지 알려줍니다. 이는 계시록의 목적과 너무나 잘 어울립니다. 환난과 핍박 중에도 신앙을 지키며 살아가는 이들에게 주어질 복입니다. 그리고 성령님과 교회의 마지막 초대가 선포됩니다.

"성령과 신부가 말씀하시기를 오라 하시는도다 듣는 자도 오라 할 것이요 목마른 자도 올 것이요 또 원하는 자는 값없이 생명수를 받으라 하시더라"(계 22:17)

더불어 주님께서도 마지막 선언을 하십니다. "내가 진실로 속히 오리라"(계 22:20). 이 선언을 듣고 모두가 "아멘 주 예수여 오시옵소서"라고 답해야 합니다. 답하는 이들에게 영생의 복이 선물로 주어집니다.

### 계시록을 정리하며

계시록은 예수 그리스도께서 상징으로 자기 백성에게 주신 계시의 말씀입니다. 그 배경은 언약의 중첩기를 살아가는 새 백성들(교회)의 환난과 핍박입니다. 그러니 계시록은 박해 중에 있는 새 언약 공동체에게 위로와 격려의 메시지입니다.

또한, 주님의 공생애 사역과 십자가와 부활, 오순절 성령님의 강림 이후로 펼쳐지는 교회의 출현, 그리고 그 교회를 핍박하는 유대인들과 로마 제국에 대한 심판이 주 내용입니다. 이제 옛 언약 백성인 유대인들은 마지막 심판을 향하여 달려가는 배교한 교회요 사단의 회가 되었습니다. 이들을 대신하여 새 신부인 교회가 예비 되었고, 그 새 언약 백성인 교회는 주님과 더불어 왕 노릇 합니다. 이러한 소망이 핍박과 고난을 이기는 능력이며 힘입니다. 주님의 재림은 이 모든 것에 대한 판결이 이루어지는 영광스러운 날입니다. 우리는 그날을 기다리며 하나님 나라를 땅 위에 아로새기는 사명에 충성해야 합니다. "아멘 주 예수여 오시옵소서!"

1. 계시록의 저작 시기가 AD 70년 이전이라는 근거 네 가지는 무엇입니까?

2. 계시록을 해석하는 관점을 계시록 본문 자체가 알려줍니다. 그 결과, 우리는 계시록을 부분적 과거주의 관점에서 읽어야 합니다. 이러한 주장의 근거가 되는 세 가지를 정리해 보세요.

3. 계시록 1장 1절의 "지시하신 것이라"라는 말씀의 의미는 무엇이며, 이것을 통해 배우는 계시록 해석의 중요한 원리 한 가지는 무엇입니까?

4. 일곱 교회에게 주신 말씀 중 도드라진 두 가지 점은 무엇이며, 그것을 통해 얻는 교훈은 무엇입니까?

5. 계시록 이해를 위해 천사의 역할은 매우 중요합니다. 어떤 의미에서 그러합니까?

6. 일곱 인을 떼는 심판을 예수님의 사역과 연결하여 정리해 보세요.

7. 일곱 나팔 환상이 의미하는 바가 무엇인지 간략하게 요약해 보세요.

8. 계시록 12장의 내용 중 여자와 아이의 출생 그리고 용의 공격이 의미하는 바는 무엇입니까?

9. 계시록 13장에 등장하는 두 짐승은 무엇을 의미합니까?

10. 14장 8절에 나오는 "큰 성 바벨론"의 멸망은 무엇을 의미합니까?

11. 일곱 대접 심판은 예루살렘 성전 파괴를 의미하는데, 그 근거는 무엇입니까?

12. 구약 성경의 용례를 따라 "음녀"를 규정하고, 계시록 17장 이하의 음녀와 짐승의 관계를 정리하여 보고, 음녀의 최후는 어떠한지 설명해 보세요.

13. 계시록 21~22장을 예수님의 재림 이후에 나타난 완성된 하나님 나라에 대한 가르침으로 해석할 경우, 조화되지 않는 구절은 어디입니까? 그렇다면, 계시록 21~22장을 어떻게 이해해야 합니까?

성구색인

| | | | | | | |
|---|---|---|---|---|---|
| 25:16~18 | 440 | 21:19 | 138,325,443 | 10:1~11 | 250 |
| 27:17 | 107 | 21:22~23 | 123 | 10:12 | 127 |
| 29:1 | 455 | 24:12~13 | 230 | 21:43~44 | 102 |
| 31:8 | 440 | 24:19~21 | 172 | | |
| 31:16 | 440 | 25장 | 402 | 사사기 | |
| | | 25:4 | 283,400,401, | 1:16 | 118 |
| 신명기 | | | 402 | 3:13 | 118 |
| 1:8 | 102 | 25:5~6 | 308 | 13:2~3 | 20 |
| 1:22~24 | 96 | 25:5~10 | 402 | 13:5 | 68 |
| 1:35 | 102 | 25:7 | 138,325,443 | 13:24 | 20 |
| 2장 | 241 | 26:12~13 | 172 | 16:3 | 325 |
| 2:14~15 | 241 | 28장 | 115,155,277, | 21:25 | 29 |
| 3:20 | 243 | | 305 | | |
| 4:11 | 124 | 29:12~13 | 443 | 룻기 | |
| 4:26 | 166 | 29:12~14 | 102 | 4:1 | 138,325 |
| 4:31 | 102 | 29:16~17 | 311 | 4:11 | 325 |
| 5장 | 101 | 30:19 | 166 | 4:17 | 56 |
| 5:12~15 | 243 | 31장 | 463 | | |
| 5:23 | 124 | 31:19~21 | 347 | 사무엘상 | |
| 6장 | 101 | 31:28 | 166 | 1:3 | 29 |
| 6:10 | 102 | 32장 | 22 | 1:10~11 | 29 |
| 6:13 | 103 | 32:1 | 166,347 | 1:11 | 28,29 |
| 6:16 | 100 | 32:11 | 22 | 2:1 | 30 |
| 7:2 | 168 | 33:2 | 355 | 2:1~10 | 30 |
| 8:3 | 99,353 | 34:3 | 118 | 2:1~11 | 463 |
| 8:18 | 102 | | | 2:12 | 29 |
| 11:9 | 102 | 여호수아 | | 2:12~17 | 29 |
| 11:24 | 465 | 1:6 | 102 | 2:22 | 29 |
| 14:3~21 | 281 | 6장 | 455 | 3:1 | 29 |
| 14:29 | 172 | 6:26 | 228 | 4장 | 313 |
| 17:5 | 138,325,443 | 8:29 | 325 | 4:21~22 | 59 |
| 17:6~7 | 350 | 9장 | 127 | 9:15~24 | 31 |
| 19:11~13 | 308 | 9:21 | 127 | 10:17~24 | 31 |
| 19:15~21 | 350 | 10:1~6 | 127 | 11:1~7 | 250 |

| 11:1~11 | 127 | 17:1 | 456 | 20:7 | 349 |
|---|---|---|---|---|---|
| 16:1~13 | 31 | 17:17~24 | 248 | 24:20~22 | 198 |
| 16:7 | 61 | 18:16~19:2 | 198 | 28장 | 44 |
| 17:12 | 56 | 18:19 | 441 | 36:17~21 | 119 |
| 17:43 | 173 | 19:4 | 130 | 36:23 | 142 |
| 18:3 | 88,249 | 19:11 | 125,137 | | |
| 20:16~17 | 88 | 19:11~12 | 454 | **느헤미야** | |
| 31:9~10 | 304 | 19:17 | 247,304 | 9:19~29 | 320 |
| | | 21:1~16 | 172 | | |

**사무엘하**

| 7장 | 21,91 | | | **에스더** | |
|---|---|---|---|---|---|
| 7:11~12 | 34 | **열왕기하** | | 8:9 | 62 |
| 7:11~17 | 263 | 4:32~37 | 248 | | |
| 7:12 | 90 | 4:42~44 | 246 | **시편** | |
| 7:13~14 | 90 | 6:31 | 198 | 1:1 | 163 |
| 7:14 | 66,163 | 8:13 | 173 | 1:3 | 184 |
| 7:16 | 34 | 13:20~21 | 248 | 2장 | 91 |
| 15:2 | 138 | 16장 | 44 | 2:6 | 91 |
| 22장 | 463 | | | 2:7 | 88,91,458 |
| | | **역대상** | | 2:9 | 458 |
| **열왕기상** | | 24:3~19 | 445 | 9:9 | 245,314 |
| 4:5 | 251,349 | 24:7~19 | 447 | 18장 | 463 |
| 6:1 | 90,298 | 25:6~13 | 445 | 18:2 | 245,314 |
| 6:7 | 196 | 25:7~31 | 447 | 18:7~8 | 125 |
| 6:29 | 118 | 26:17~19 | 445,447 | 18:7~14 | 427 |
| 6:38 | 298 | 27:33 | 251,349 | 22장 | 67,126,127 |
| 8:6~11 | 59 | 28:19 | 297,447 | 22:1 | 126 |
| 8:10~11 | 300 | | | 22:16 | 173 |
| 9:3 | 262 | **역대하** | | 23:5 | 204,235 |
| 9:6~9 | 262 | 3:1 | 91,261 | 24:3~4 | 162 |
| 11:1~13 | 35 | 4:6 | 240 | 28:8 | 245,314 |
| 11:4~5 | 311 | 7:1 | 354 | 31:3 | 245 |
| 16:31~33 | 441 | 9:26 | 465 | 31:3~4 | 314 |
| 16:34 | 229 | 16:7~10 | 198 | 32:5 | 224 |
| | | 18:12~26 | 198 | 36:1 | 208 |

| 29:9~21 | 451 | 45:22 | 362 | 4:1 | 311 |
|---|---|---|---|---|---|
| 32:15~20 | 186 | 47장 | 467 | 5:14 | 355 |
| 33장 | 224 | 47:9 | 467 | 5:20~22 | 208 |
| 33:22~24 | 224 | 48:20 | 362 | 6:22 | 362 |
| 33:24 | 224 | 49:6 | 124 | 7장 | 263 |
| 34:4 | 432 | 56장 | 120 | 7:11 | 119 |
| 34:4~5 | 319 | 56:3~8 | 64 | 7:23 | 470 |
| 35장 | 242 | 56:6 | 360 | 7:30 | 119 |
| 35:1~6 | 242 | 56:6~7 | 120 | 10:13 | 362 |
| 35:10 | 242 | 56:7 | 120 | 11:4 | 470 |
| 40장 | 92,224 | 58:3~6 | 172 | 11:5 | 102 |
| 40:1~2 | 224 | 60:1~3 | 124 | 11:7 | 227 |
| 40:2 | 233 | 60:5~9 | 459 | 11:10 | 276 |
| 40:3 | 232 | 60:21 | 184 | 11:15 | 136 |
| 40:28 | 362 | 61장 | 84,85 | 11:17 | 184 |
| 40~53장 | 231 | 61:1~2 | 85 | 12:12 | 362 |
| 41:5 | 362 | 62장 | 116 | 14:12 | 172 |
| 41:8 | 349 | 62:1 | 116,124 | 15:3 | 173 |
| 41:9 | 362 | 62:3 | 116 | 15:4 | 86 |
| 42장 | 92,93 | 62:10 | 116 | 16:16 | 141 |
| 42:1 | 88,92,92 | 62:11 | 116 | 18:2~6 | 122 |
| 42:3 | 93 | 65장 | 226 | 19:1~11 | 122 |
| 42:6 | 93,124 | 65:1~5 | 226 | 21:12 | 355 |
| 42:7 | 93,231 | 65:2 | 227 | 22:3 | 172 |
| 42:10 | 362 | 65:4 | 227 | 22:9 | 276 |
| 42:16~20 | 231 | 65:5 | 227 | 23:10 | 136 |
| 42:18~20 | 396 | 65:11~12 | 228 | 23:13~22 | 389 |
| 42:19~20 | 139 | 65:17~25 | 228 | 26:20~23 | 198 |
| 42~53장 | 67 | 66:18~21 | 64 | 29:4~14 | 42 |
| 43:6 | 362 | | | 29:10~14 | 93 |
| 43:8~10 | 231 | 예레미야 | | 29:12~13 | 93 |
| 43:25 | 224 | 1:10 | 184 | 31장 | 224 |
| 44:9~20 | 231 | 2:13 | 98 | 31:31~34 | 263,271,354 |
| 44:28~45:4 | 142 | 3:8 | 208 | 31:32 | 45,276,348 |

| | | | | | | |
|---|---|---|---|---|---|---|
| 31:33 | 86,351 | 16:59 | 276 | 39:11~12 | 234 |
| 31:34 | 224 | 17:19 | 276 | 39:17 | 234 |
| 32:6~15 | 122 | 20:6 | 102 | 39:18 | 234 |
| 34:17~22 | 115,276 | 22:7 | 172 | 39:25 | 234 |
| 37:1~38:13 | 198 | 23장 | 45 | 40:16 | 118 |
| 44:4~5 | 312 | 23:1~21 | 136 | 40:26 | 118 |
| 45:4 | 184 | 28:13 | 443 | 40:31 | 118 |
| | | 29:1~7 | 141 | 40:34 | 118 |
| 에스겔 | | 30:3 | 321 | 40:37 | 118 |
| 1장 | 444,448 | 30:18~19 | 321 | 40~47장 | 42 |
| 1:4~10 | 444 | 32:7~8 | 432,464 | 41:18~20 | 118 |
| 1:15~21 | 444 | 34장 | 34,107,202, | 41:25~26 | 118 |
| 1:26~28 | 444 | | 399 | 47장 | 240 |
| 5:11~12 | 311 | 34:2~5 | 58 | 47:1~12 | 135,235 |
| 5:12~13 | 157 | 34:7~16 | 58 | | |
| 6:2 | 157 | 34:10 | 202 | 다니엘 | |
| 8장 | 119,263 | 34:11 | 107 | 2:12~14 | 62 |
| 8:1~18 | 59 | 34:12 | 201 | 2:21 | 103 |
| 8:3~4 | 300 | 34:15 | 34 | 2:33 | 151 |
| 8:6 | 237 | 34:23~24 | 33,58,107 | 2:40~45 | 151 |
| 8~10장 | 311 | 34:24 | 34,117 | 2:44 | 270 |
| 8~11장 | 313 | 36:22~36 | 263 | 2:48 | 62 |
| 9:3 | 59,237 | 36:26 | 87 | 4:10~18 | 53 |
| 9:4 | 160 | 36:26~27 | 351 | 4:11 | 362 |
| 10:4 | 59,237,300 | 36:26~28 | 270,354 | 4:17 | 54 |
| 10:18 | 59,237 | 36:28 | 470 | 4:25 | 54 |
| 10:18~19 | 300 | 37장 | 42,125,204, | 4:25~26 | 53 |
| 11:16 | 42,59,300 | | 253 | 4:32 | 54,103 |
| 11:22~23 | 300 | 37:1~14 | 135 | 4:35 | 54 |
| 11:23 | 59,237 | 37:10 | 42 | 7:1~8 | 444 |
| 12:2 | 139 | 37:12 | 42 | 7:9~10 | 436 |
| 16장 | 45,170 | 37:14 | 42 | 7:13~14 | 10,105,187, |
| 16:8 | 102 | 39장 | 233,234 | | 321,436 |
| 16:16~23 | 465 | 39:1~5 | 234 | 7:15~22 | 270,444 |

| | | | | | |
|---|---|---|---|---|---|
| 27:46 | 126 | 5:17 | 228 | 11:23 | 468 |
| 27:46~48 | 128 | 5:37 | 360 | 12장 | 197 |
| 27:51 | 137 | 6:14~29 | 198 | 12:1~12 | 197 |
| 27:51~52 | 125 | 6:30~44 | 244 | 12:12 | 198,199 |
| 27:62 | 122 | 7:1~8 | 167 | 12:18~27 | 135 |
| 28장 | 142 | 7:5 | 168 | 13장 | 120,201,295 |
| 28:1 | 136 | 7:9 | 168 | 13:1 | 301 |
| 28:2 | 137 | 7:19 | 283 | 13:1~2 | 297 |
| 28:7 | 141 | 7:20~23 | 283 | 13:2 | 290,301 |
| 28:9~10 | 137 | 7:34 | 231 | 13:3 | 360 |
| 28:16~20 | 141 | 7:35 | 439 | 13:3~8 | 302 |
| 28:18 | 106,268 | 8:11 | 69 | 13:4 | 69 |
| 28:18~20 | 83,108,142, | 8:11~12 | 237 | 13:5~6 | 303 |
| | 149,375 | 8:12 | 222,326 | 13:7 | 303 |
| 28:19 | 281 | 8:22~26 | 439 | 13:7~8 | 303 |
| 28:19~20 | 323 | 8:31 | 135 | 13:8 | 303 |
| | | 8:31~33 | 229 | 13:9 | 305,306 |
| | | 8:38 | 326 | 13:9~13 | 305 |
| 마가복음 | | 9:7 | 163 | 13:10 | 296,305,306 |
| 1:9~13 | 81 | 9:9 | 135 | 13:11 | 305,307 |
| 1:10 | 84 | 9:9~10 | 229 | 13:12 | 305,307 |
| 1:11 | 84,88 | 9:19 | 326 | 13:13 | 305,309 |
| 1:17 | 141 | 9:30~32 | 229 | 13:14 | 309 |
| 2:1~12 | 222 | 9:31 | 135 | 13:14~23 | 313 |
| 2:5 | 223 | 10:29~30 | 132 | 13:22 | 69 |
| 2:10 | 224 | 10:30 | 309 | 13:24 | 317 |
| 3:31~35 | 132,309 | 10:32~34 | 229 | 13:24~25 | 317 |
| 4:1~9 | 183 | 10:34 | 135 | 13:25 | 317 |
| 4:11 | 180 | 10:35~45 | 83 | 13:26 | 321,322 |
| 4:26~29 | 195 | 10:45 | 117,187 | 13:26~27 | 319 |
| 4:29 | 197 | 10:46~52 | 228,439 | 13:27 | 322 |
| 5:1 | 314 | 11:1~10 | 115 | 13:28~31 | 325 |
| 5:1~17 | 225 | 11:12~25 | 452 | 13:29 | 325 |
| 5:9 | 226 | 11:17 | 119,289,466 | 13:30 | 326 |
| 5:15 | 226 | | | | |

| | | | | | |
|---|---|---|---|---|---|
| 11:32 | 221 | 19:41 | 219 | 24:26 | 139 |
| 12:49~53 | 308 | 19:46 | 119 | 24:44 | 166 |
| 13:32 | 135 | 20:9~18 | 197 | 24:50 | 143 |
| 14:13 | 201 | 20:27~40 | 135 | | |
| 14:21 | 201 | 21장 | 120,310 | **요한복음** | |
| 15장 | 201,207 | 21:1~4 | 208 | 전체 | 164 |
| 15:1~2 | 282 | 21:5 | 289,301 | 1장 | 233 |
| 15:2 | 201 | 21:6 | 290 | 1:1 | 232 |
| 15:4 | 201 | 21:7 | 69 | 1:1~14 | 26 |
| 15:15~16 | 173 | 21:11 | 69 | 1:4~5 | 124 |
| 15:29 | 204 | 21:20 | 310 | 1:7 | 347 |
| 16:1~13 | 206,442 | 21:22 | 452 | 1:8 | 347 |
| 16:1~14 | 272 | 21:23 | 315 | 1:9 | 124,232 |
| 16:9 | 206 | 21:25 | 69 | 1:9~12 | 202 |
| 16:11 | 207 | 22:2 | 122 | 1:14 | 60,236,242, |
| 16:13 | 207 | 22:8 | 360 | | 300,453 |
| 16:14 | 206 | 22:66 | 122 | 1:15 | 347 |
| 16:16 | 166,208 | 23:4 | 122 | 1:19 | 347 |
| 17:20~21 | 209 | 23:14 | 122 | 1:19~28 | 232 |
| 17:21 | 151 | 23:22 | 122 | 1:29 | 39,73,232 |
| 17:23 | 209 | 23:26~38 | 130 | 1:29~34 | 82 |
| 17:24~25 | 209 | 23:30 | 452 | 1:32 | 347 |
| 18장 | 162 | 23:33~34 | 205 | 1:33 | 94 |
| 18:1 | 208 | 23:34 | 129 | 1:34 | 347 |
| 18:1~8 | 208,452 | 23:42 | 130 | 1:35 | 232 |
| 18:5 | 208 | 23:43 | 129,130 | 1:36 | 73 |
| 18:6~7 | 208 | 23:44 | 452 | 1:43 | 232 |
| 18:8 | 208 | 23:44~56 | 131 | 1:46 | 67 |
| 18:10~14 | 162 | 23:45~46 | 131 | 1:47 | 162 |
| 18:11~12 | 204,227 | 23:46 | 129,131 | 1~2장 | 232 |
| 18:33 | 135 | 24장 | 138 | 2:1 | 232 |
| 18:35~43 | 228 | 24:1 | 136 | 2:1~11 | 133,232 |
| 19:10 | 107 | 24:13~35 | 138 | 2:11 | 69,236 |
| 19:28~40 | 115 | 24:16 | 139 | 2:16 | 119,289,466 |